제주시/서귀포시/제주특별자치도

공무직

필기시험(한국사, 사회)

제주시/서귀포시/제주특별자치도
공무직
필기시험(한국사, 사회)

개정3판 발행	2025년 2월 7일
개정4판 발행	2026년 3월 27일

편 저 자	공무원시험연구소
발 행 처	(주)서원각
등록번호	1999-1A-107호
주　　소	경기도 고양시 일산서구 덕산로 88-45(가좌동)
대표번호	031-923-2051
팩　　스	031-923-3815
교재문의	카카오톡 플러스 친구 [서원각]
홈페이지	goseowon.com

▷ 이 책은 저작권법에 따라 보호받는 저작물로 무단 전재, 복제, 전송 행위를 금지합니다.

▷ 내용의 전부 또는 일부를 사용하려면 저작권자와 (주)서원각의 서면 동의를 반드시 받아야 합니다.

▷ ISBN과 가격은 표지 뒷면에 있습니다.

▷ 파본은 구입하신 곳에서 교환해드립니다.

공무직 채용 시험은 안정적인 직장을 준비하는 많은 수험생들에게 중요한 기회입니다. 특히 제주특별자치도 및 제주시·서귀포시 공무직 채용 시험은 시험의 출제 경향을 정확히 이해하고 효율적으로 준비하는 것이 무엇보다 중요합니다.

이 책은 제주특별자치도 공무직 필기시험을 준비하는 수험생들이 보다 체계적으로 학습할 수 있도록 구성하였습니다. 한국사와 사회 과목을 중심으로 시험에서 요구하는 핵심 이론을 챕터별로 정리하고, 이를 바탕으로 실제 시험에 대비할 수 있도록 다양한 문제를 함께 수록하였습니다. 이론 학습과 문제 풀이를 동시에 진행할 수 있도록 구성하여 학습 효율을 높이고자 하였습니다.

또한 2025년부터 2022년까지 출제된 기출문제를 복원하여 최근 시험의 출제 경향과 난이도를 직접 확인할 수 있도록 하였습니다. 기출문제는 시험의 방향을 가장 정확하게 보여주는 자료이기 때문에, 반복적인 풀이를 통해 실전 감각을 익히는 데 도움이 될 수 있도록 하였습니다.

[본서의 구성]

1 채용시험에 출제가 예상되는 내용만을 정리하여 효율적인 학습이 가능하도록 하였습니다.

2 한국사와 사회의 핵심을 한눈에 파악할 수 있도록 요약 정리하였습니다.

3 2025~2022년 기출복원문제와 과목별 출제예상문제로 채용시험을 효율적으로 준비할 수 있습니다.

이 책이 공무직 필기시험을 준비하는 수험생 여러분에게 실질적인 길잡이가 되기를 바랍니다. 꾸준한 학습과 반복적인 문제 풀이를 통해 원하는 결과를 이루시길 진심으로 응원합니다.

채용시험을 준비하는 수험생들에게 합격의 영광이 함께 하기를 기원합니다.

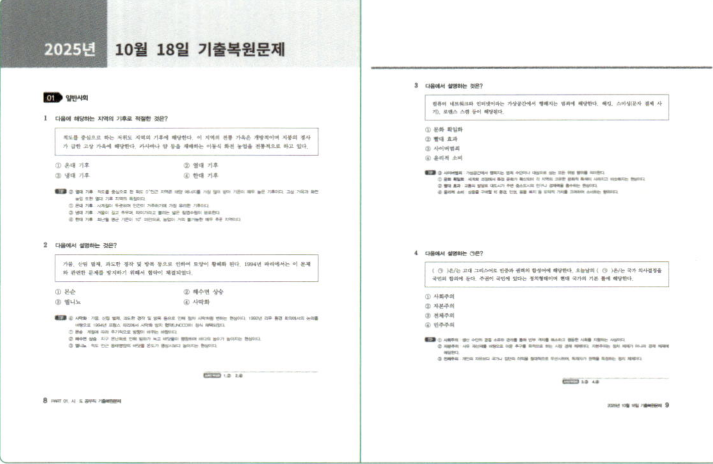

기출문제 복원

2025~2022년 시·도 공무직 기출문제를 복원·재구성하여 수록하였습니다. 기출복원문제를 풀어보면서 실제 시험에 출제되는 기출문제 유형을 익혀보세요.

실제 시험문항 구성

시·도 공무직 기출문제를 복원하여 실전 시험 감각을 키울 수 있도록 구성하였습니다.

한국사 및 사회 핵심이론

한국사에서는 고대사에서부터 현대사까지 상세한 이론과 함께 실제 유형에 맞춰 문항을 구성하여 수록하였습니다.

사회는 정치와 법, 경제, 사회·문화를 수록하였습니다. 방대한 사회 범위를 중요한 요점만을 정리하여 수록하였습니다.

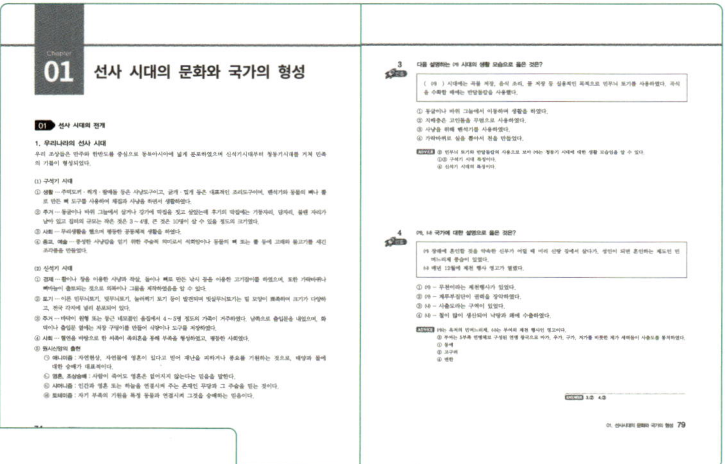

면접

면접에 대한 상세한 설명과 함께 공무직 면접을 평정요소별 정리하여 면접에 대한 이해도를 높일 수 있도록 하였습니다.

또한 최근 공무직에서 물어봤던 질문을 복원하여 수록하였습니다.

Contents

시·도 공무직
기출복원문제

2025년 10월 18일 기출복원문제

2024년 4월 26일 기출복원문제

2023년 4월 22일 기출복원문제

2022년 4월 30일 기출복원문제

01 일반사회

1 다음에 해당하는 지역의 기후로 적절한 것은?

> 적도를 중심으로 하는 저위도 지역의 기후에 해당한다. 이 지역의 전통 가옥은 개방적이며 지붕의 경사가 급한 고상 가옥에 해당한다. 카사바나 얌 등을 재배하는 이동식 화전 농업을 전통적으로 하고 있다.

① 온대 기후
② 열대 기후
③ 냉대 기후
④ 한대 기후

> **TIP** ② **열대 기후** : 적도를 중심으로 한 위도 0°인근 지역은 태양 에너지를 가장 많이 받아 기온이 매우 높은 기후이다. 고상 가옥과 화전 농업 또한 열대 기후 지역의 특징이다.
> ① **온대 기후** : 사계절이 뚜렷하며 인간이 거주하기에 가장 유리한 기후이다.
> ③ **냉대 기후** : 겨울이 길고 추우며, 타이가라고 불리는 넓은 침엽수림이 분포한다.
> ④ **한대 기후** : 최난월 평균 기온이 10° 미만으로, 농업이 거의 불가능한 매우 추운 지역이다.

2 다음에서 설명하는 것은?

> 가뭄, 산림 벌채, 과도한 경작 및 방목 등으로 인하여 토양이 황폐화 된다. 1994년 파리에서는 이 문제와 관련한 문제를 방지하기 위해서 협약이 체결되었다.

① 몬순
② 해수면 상승
③ 엘니뇨
④ 사막화

> **TIP** ④ **사막화** : 가뭄, 산림 벌채, 과도한 경작 및 방목 등으로 인해 점차 사막처럼 변하는 현상이다. 1992년 리우 환경 회의에서의 논의를 바탕으로 1994년 프랑스 파리에서 사막화 방지 협약(UNCCD)이 정식 채택되었다.
> ① **몬순** : 계절에 따라 주기적으로 방향이 바뀌는 바람이다.
> ② **해수면 상승** : 지구 온난화로 인해 빙하가 녹고 바닷물이 팽창하여 바다의 높이가 높아지는 현상이다.
> ③ **엘니뇨** : 적도 인근 동태평양의 바닷물 온도가 평상시보다 높아지는 현상이다.

ANSWER 1.② 2.④

3 다음에서 설명하는 것은?

> 컴퓨터 네트워크와 인터넷이라는 가상공간에서 행해지는 범죄에 해당한다. 해킹, 스미싱(문자 결제 사기), 로맨스 스캠 등이 해당된다.

① 문화 획일화
② 빨대 효과
③ 사이버범죄
④ 윤리적 소비

> **TIP** ③ **사이버범죄** : 가상공간에서 행해지는 범죄 수단이나 대상으로 삼는 모든 위범 행위를 의미한다.
> ① **문화 획일화** : 세계화 과정에서 특정 문화가 확산되어 각 지역의 고유한 문화적 특색이 사라지고 비슷해지는 현상이다.
> ② **빨대 효과** : 교통의 발달로 대도시가 주변 중소도시의 인구나 경제력을 흡수하는 현상이다.
> ④ **윤리적 소비** : 상품을 구매할 때 환경, 인권, 동물 복지 등 도덕적 가치를 고려하여 소비하는 행위이다.

4 다음에서 설명하는 ㉠은?

> (㉠)은/는 고대 그리스어로 민중과 권력의 합성어에 해당한다. 오늘날의 (㉠)은/는 국가 의사결정을 국민의 합의에 둔다. 주권이 국민에 있다는 정치형태이며 현대 국가의 기본 틀에 해당한다.

① 사회주의
② 자본주의
③ 전체주의
④ 민주주의

> **TIP** ① **사회주의** : 생산 수단의 공동 소유와 관리를 통해 빈부 격차를 해소하고 평등한 사회를 지향하는 사상이다.
> ② **자본주의** : 사유 재산제를 바탕으로 이윤 추구를 목적으로 하는 시장 경제 체제이다. 자본주의는 정치 체제가 아니라 경제 체제에 해당한다.
> ③ **전체주의** : 개인의 자유보다 국가나 집단의 이익을 절대적으로 우선시하며, 독재자가 권력을 독점하는 정치 체제이다.

ANSWER 3.③ 4.④

5 다음 대화에서 ⊙에 들어가는 문화 이해 태도는?

> 甲 : 나는 한글보다 영어가 고급스러워 보여.
> 乙 : 한글보다 영어가 우월하다고 생각해?
> 甲 : 응. 그리고 우리나라 문화보다는 유럽 문화가 더 우수한 것 같아.
> 乙 : 다른 문화를 우월하다고 여기고 우리나라 문화를 낮춰 보는 것은 (⊙   ) 같아.

① 문화 상대주의

② 문화 사대주의

③ 문화 제국주의

④ 자문화 중심주의

TIP ② **문화 사대주의** : 다른 사회의 문화가 자신이 속한 사회의 문화보다 우월하다고 믿고 자기 문화를 비하하며 무분별하게 동경하거나 추종하는 태도이다.
① **문화 상대주의** : 문화를 그 사회의 맥락에서 이해하며 우열을 가리지 않고 존중하는 태도이다.
③ **문화 제국주의** : 강대국의 문화가 약소국의 문화를 잠식하고 지배하여 문화를 획일화하려는 경향이다.
④ **자문화 중심주의** : 자기 문화를 가장 우월한 것으로 보는 것이다.

6 헌법에 의해 입법부, 사법부, 행정부에 해당하는 대표기관을 바르게 연결한 것은?

① 입법부 – 국회

② 입법부 – 대통령

③ 행정부 – 국무회의

④ 사법부 – 중앙행정기관

TIP ①② **입법부** : 법을 만드는 기관으로 국회의원들로 구성된다. 국민의 뜻을 반영하여 법률을 제정하거나 개정한다.
③ **행정부** : 국회에서 만든 법을 실제로 집행하고 국가를 운영하는 기관이다. 최고 책임자는 대통령이고 국무총리와 각 부처 장관 등으로 구성된다.
③ **사법부** : 법을 해석하고 사회 갈등을 해결하는 기관에 해당한다.

ANSWER 5.② 6.①

7 헌법재판소에 대한 설명으로 옳은 것은?

① 탄핵 심판을 한다.
② 국민투표의 공정한 관리 및 정당에 관한 사무를 처리한다.
③ 국회의 동의를 얻어 대통령이 임명한다.
④ 정부의 권한에 속하는 중요한 정책을 심의한다.

> **TIP** ① 헌법재판소는 법원의 제청에 의한 법률의 위헌여부 심판, 탄핵의 심판, 정당의 해산 심판, 국가기관 상호간, 국가기관과 지방자치단
> 체간 및 지방자치단체 상호간의 권한쟁의에 관한 심판 등을 한다.
> ② 선거관리위원회의 역할이다.
> ③ 대법원장의 역할이다.
> ④ 국무회의의 역할이다.

8 민주선거의 4원칙에 해당하지 않는 것은?

① 보통선거 　　　　　② 공명선거
③ 직접선거 　　　　　④ 비밀선거

> **TIP** ② 공명선거는 선거가 공정하게 치러져야 한다는 원칙 · 이념이다.
> ①③④ 민주선거에는 보통선거, 평등선거, 직접선거, 비밀선거 4원칙이 있다.

9 민법상 결혼의 성립요건으로 적절하지 않은 것은?

① 부모 동의 없는 미성년자의 결혼
② 혼인을 하겠다는 의사가 합치된 성인
③ 법적으로 혼인이 제한되는 친족 관계가 없는 경우
④ 만 18세 이상의 연령

> **TIP** ① 미성년자가 혼인을 하려는 경우에는 부모의 동의를 얻어야 한다.

ANSWER 7.① 8.② 9.①

10 다음에서 설명하는 상속제도는?

> 피상속인의 유언이 있는 경우 법정 상속인에게 법으로 보장되는 유류분을 제외하고 유언에 따르는 것이다.

① 법정상속
② 유언상속
③ 한정승인
④ 상속포기

> **TIP** ② 유언상속 : 유류분을 제외하고 유언 자유의 원칙에 따라 자기 재산을 어떻게 처분할지 결정한 유언이 있다면 그 의사를 최우선으로 존중한다.
> ① 법정상속 : 유언이 없거나 무효일 때, 민법이 정한 순위와 비율에 따라 상속이 이루어지는 것이다.
> ③ 한정승인 : 상속받은 재산의 범위 내에서만 피상속인의 빚을 갚겠다는 조건으로 상속을 받는 것이다.
> ④ 상속포기 : 피상속인의 재산과 빚에 대한 모든 권리와 의무를 처음부터 거부하는 것이다.

11 주택임대차에 대한 설명으로 옳은 것은?

① 계약기간까지 그 주택에 거주할 수 있는 권리가 있다.
② 임차주택이 경매로 처분되면 임대차 보증금은 후순위 저당권에서 우선 돌려받을 권리는 없다.
③ 계약기간을 2년 미만으로 정한 임대차는 계약할 수 없다.
④ 임차인의 사실혼 배우자는 임차권을 승계할 수 없다.

> **TIP** ① 주택임대차보호법에 주택의 인도(입주)와 주민등록(전입신고)을 마치면 제3자에게도 임차권을 주장할 수 있는 대항력에 대한 권리이다. 임차인은 계약으로 정한 기간 동안 해당 주택을 사용할 권리가 있다.
> ② 임차인이 확정일자를 받으면, 경매 시 후순위 권리자보다 우선하여 보증금을 변제받을 수 있는 우선변제권이 생긴다.
> ③ 기간을 정하지 않았거나 2년 미만으로 정한 임대차는 그 기간은 2년이다.
> ④ 주택 임대차 보호법 제9조에 따라, 임차인이 상속인 없이 사망한 경우 그 주택에서 가정공동생활을 하던 사실상의 혼인 관계에 있는 자가 임차권을 승계할 수 있다.

12 국민의 기본권에 해당하지 않는 것은?

① 직업선택의 자유
② 재판을 받을 권리
③ 선거권
④ 납세의 의무

> **TIP** ④ 납세의 의무는 기본권이 아닌 기본의무에 해당한다. 기본의무는 국민이 국가에 부담해야 하는 책임에 해당한다.
> ①②③ 기본권은 국민이 국가에 요구할 수 있는 것이다. 국가가 침해하면 안되고 보장하는 것이다. 자유권, 평등권, 참정권, 청구권, 사회권은 헌법에서 보장하는 국민의 기본적인 권리에 해당한다.

ANSWER 10.② 11.① 12.④

13 행정기본법에 따른 행정의 법 원칙으로 적절하지 않은 것은?

① 국민의 권리를 제한하거나 의무를 부과하는 경우 법률에 근거해야 한다.
② 행정청은 공익 또는 제3자의 이익을 현저히 해칠 우려가 있는 경우에도 권한을 행사한다.
③ 행정청은 행정작용을 할 때 상대방에게 해당 행정작용과 실질적인 관련이 없는 의무를 부과하지 않는다.
④ 행정청은 합리적 이유 없이 국민을 차별하지 않는다.

> **TIP** ② 「행정기본법」 제12조에 따라 행정청은 공익 또는 제3자의 이익을 현저히 해칠 우려가 있는 경우를 제외하고는 행정에 대한 국민의 정당하고 합리적인 신뢰를 보호하여야 한다.
> ① 「행정기본법」 제8조(법치행정의 원칙)
> ③ 「행정기본법」 제13조(부당결부금지의 원칙)
> ④ 「행정기본법」 제9조(평등의 원칙)

14 환율에 대한 설명으로 옳은 것은?

① 환율이 인상하면 원화 가치가 상승한다.
② 환율이 인상하면 수입이 증가하면서 국제수지가 악화된다.
③ 환율이 인하하면 해외여행을 가는 데 유리하다.
④ 환율이 인하하면 수입원자재 가격이 상승한다.

> **TIP** ③ 환율이 인하하면 원화 가치가 상승하면서 해외여행을 가는 데에 유리하다.
> ① 환율이 인상하면 원화 가치는 하락한다.
> ② 환율이 인상하면 수출이 늘어나면서 국제수지가 개선된다.
> ④ 환율이 인하하면 수입원자재 가격이 하락한다.

15 사회 계층 구조별 완전 불평등한 계층구조는?

① 수직형 계층구조
② 수평형 계층구조
③ 피라미드형 계층구조
④ 다이어몬드형 계층구조

> **TIP** ② 완전 평등. ③ 부분 불평등. ④ 부분 평등

ANSWER 13.② 14.③ 15.①

16 상품이나 서비스를 사고팔아서 벌어들인 돈과 사용한 돈의 차이를 의미하는 것으로 국가의 기초적인 경제 실력을 나타내는 지표는?

① 자본수지

② 경상수지

③ 기초수지

④ 종합수지

TIP ① **자본수지** : 자산 소유권의 무상 이전이나 비생산·비금융 자산(특허권, 상표권 등)의 취득 및 처분을 기록한다.
③ **기초수지** : 경상수지와 장기자본수지(금융계정 중 직접투자 등 장기 성격의 자본)를 합친 개념이다.
④ **종합수지** : 기초수지에 단기자본수지와 오차 및 누락까지 모두 합산한 것이다.

17 다음 기사에서 설명하는 것에 해당하는 용어는?

> 미국과 유럽에서 중국산 저가 전기차가 자국 시장을 잠식하는 것을 막기 위해서 수입 관세를 대폭으로 인상하고 있다. 미국은 중국산 전기차에 대해 관세를 기존 25%에서 100%까지 4배가량을 인상하는 조치를 시행하며 자국 산업을 보호하고 있다.

① 덤핑

② 리쇼어링

③ 자유무역

④ 보호무역

TIP ④ **보호무역** : 국내 산업을 보호하고 육성하기 위해서 관세나 수입규제 등으로 대외무역을 통제하는 것이다.
① **덤핑** : 시장 점유율을 높이기 위해 생산 원가보다 낮은 가격으로 물건을 파는 행위이다.
② **리쇼어링** : 해외로 나갔던 자국 기업의 공장들이 다시 본국으로 돌아오는 현상이다.
③ **자유무역** : 무역에 참가하는 모든 나라가 이익을 얻을 수 있도록 자유롭게 무역을 하는 것이다.

18 GDP에 포함되지 않는 것은?

① 급여

② 설비 투자비용

③ 주식 매수 금액

④ 가사도우미의 서비스

TIP ③ 주식 매수는 이미 존재하는 자산의 소유권 이전으로 새로운 재화나 서비스가 생산되지 않는다. 그러므로 GDP에 포함되지 않는다.
①②④ 재화·서비스 생산의 결과이거나 자본재에 대한 투자는 GDP에 포함된다.

ANSWER 16.② 17.④ 18.③

19 다음 기사에서 설명하는 것에 해당하는 용어는?

> 취업자도, 실업자도 아닌 비경제활동인구 중 '쉬었음'을 선택한 청년의 비중이 눈에 띄게 늘어나는 추세이다. 현재 노동시장은 양적으로는 일자리가 존재하지만, 청년층이 기대하는 임금 수준과 고용 안정성을 충족하는 양질의 일자리는 부족한 상황이다. 기업들은 저임금·단기 계약·불안정한 고용 형태의 일자리를 중심으로 채용을 늘리고 있다. 이로 인해 고학력·고스펙을 갖춘 청년들이 자신이 준비해 온 역량과 맞지 않는 일자리를 선택하지 않고 구직을 미루는 현상이 나타나고 있다. 또한 자동화와 디지털 전환, 산업 구조 재편으로 인해 전통 제조업과 단순 사무직 일자리는 줄어드는 반면, 첨단 기술 인력을 요구하는 직무는 증가하고 있다. 하지만 이러한 변화 속도를 교육·훈련 체계가 따라가지 못하면서 청년들의 기술 수준과 기업이 요구하는 역량 간의 미스매치가 심화되고 있다.

① 구조적 실업   ② 경기적 실업
③ 계절적 실업   ④ 마찰적 실업

TIP ① **구조적 실업** : 산업 구조 변화로 기술·직무 미스매치 발생하면서 발생하는 실업이다. 2030 청년층에서 시장에 맞는 일자리 자체가 부족한 것은 구조적인 실업에 해당한다.
② **경기적 실업** : 경기가 침체하면서 수요가 감소함에 따라 해고가 증가하면서 발생하는 실업이다.
③ **계절적 실업** : 계절, 날씨, 성수기·비수기 영향 등에 의해서 발생하는 실업이다.
④ **마찰적 실업** : 일을 바꾸는 과정에서 생기는 일시적 실업이다.

20 다음은 경기순환주기에 대한 그림이다. ㉠에 해당하는 시기는?

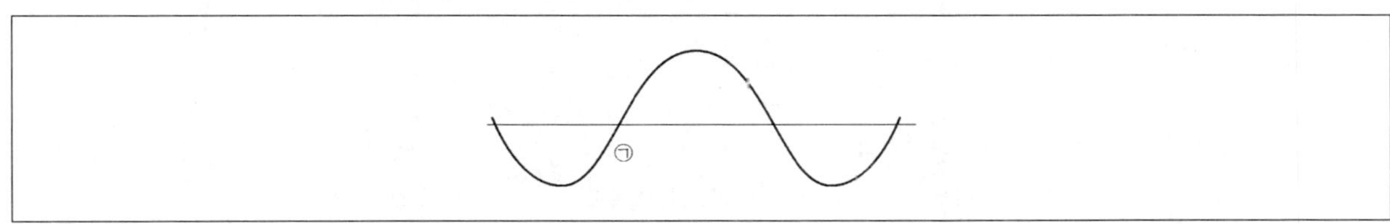

① 정점   ② 호경기
③ 회복기   ④ 침체기

TIP ③ ㉠은 회복기에 해당한다.

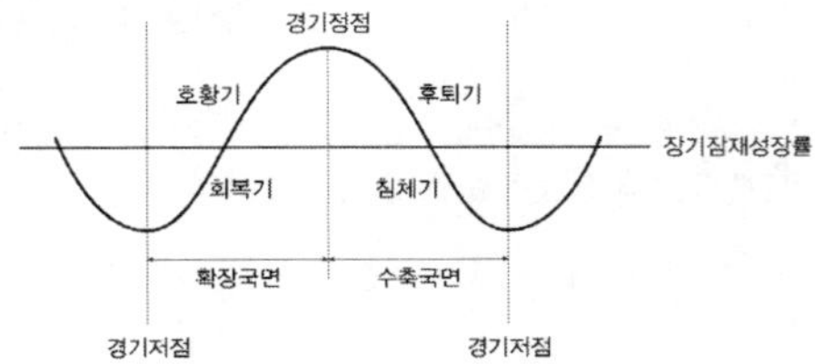

ANSWER 19.① 20.③

1 다음 설명에 해당하는 사건으로 적절한 것은?

> 1980년 신군부가 계엄령을 확대하면서 광주에서 격렬하게 시위가 일어났다. 광주의 학생과 시민들은 광주 시민 궐기문을 발표하고 신군부의 무력 진압에 맞섰다.

① 5.18 민주화 운동

② 동학농민운동

③ 6 · 25전쟁

④ 홍경래의 난

TIP ① **5 · 18 민주화 운동** : 1980년 신군부의 비상계엄 확대와 무력 진압에 맞서 광주 시민들이 민주주의와 자유를 요구하며 저항한 사건이다.

② **동학농민운동** : 1894년 탐관오리의 수탈에 항거하여 일어난 농민들의 대규모 봉기이다.

③ **6 · 25전쟁** : 1950년 북한군의 기습 남침으로 시작된 전쟁이다.

④ **홍경래의 난** : 1811년 조선 순조 때 평안도 지역에 대한 차별과 세도 정치의 수탈에 저항하여 몰락 양반 홍경래를 중심으로 일어난 농민 봉기이다.

2 다음에서 설명하고 있는 사건과 가장 밀접한 것은?

> 1943년 이집트에서 개최되었다. 제2차 세계 대전 전후 처리 논의를 위한 목적으로 미국, 영국, 중국이 참여하였다. 회담에서는 적당한 시기에 한국의 독립 약속하는 것을 내용으로 하였다.

① 강화도 회담

② 카이로 회담

③ 얄타 회담

④ 화백 회의

TIP ② **카이로 회담** : 1943년 제2차 세계대전 중 미국, 영국, 중국의 수뇌부가 이집트에 모여 전후 처리 문제를 논의한 회담이다.

① **강화도 회담** : 일본의 군사적 위협 아래 체결된 운요호 사건의 사후 수습 회담이다.

③ **얄타 회담** : 1945년 전쟁의 끝 무렵 미국, 영국, 소련의 지도자가 모여 독일의 패전 처리와 소련의 대일전 참전 등을 결정한 회담이다.

④ **화백 회의** : 신라 시대의 귀족들이 모여 국가의 중대사를 결정하던 만장일치제 중심의 귀족 회의 기구이다.

ANSWER 1.① 2.②

3 1896년 서재필을 중심으로 창간된 한국 최초의 민간 일간지이자 최초의 한글 전용 신문으로 구한말 민중 계몽과 자주독립 의지를 고취하는 역할을 한 것은?

① 한성순보　　　　　　　　　　　② 대한매일신보
③ 독립신문　　　　　　　　　　　④ 경국대전

> **TIP** ① **한성순보** : 통리기무아문 산하 박문국에서 발행한 한국 최초의 근대적 신문이다. 국민들에게 근대 문물과 국제 정세를 소개해 개화 사상을 전파하는 데 기여했다.
> ② **대한매일신보** : 영국인 베델과 양기탁이 함께 창간한 신문이다. 국채보상운동을 적극적으로 후원하고 전국에 확산시키는 등 구한말 구국 운동의 중심 언론 역할을 했다.
> ④ **경국대전** : 조선 세조 때 시작해 성종 때 완성된 조선의 기본 법전이다.

4 다음에서 설명하고 있는 사건은?

> 1905년 제2차 한·일 협약 체결로 대한 제국의 외교권이 박탈되었다. 이를 항의하면서 양반 유생뿐만 아니라 신돌석과 같은 평민 출신 의병장도 등장하여 활약하였다.

① 아관파천　　　　　　　　　　　② 갑오개혁
③ 대동단결선언　　　　　　　　　④ 을사의병

> **TIP** ① **아관파천** : 을미사변 이후 신변의 위협을 느낀 고종이 러시아 공사관으로 거처를 옮긴 사건이다.
> ② **갑오개혁** : 군국기무처를 중심으로 전개된 한국 최초의 근대적 제도 개혁이다. 신분제 폐지와 과거제 폐지 등 봉건적 질서를 타파하는 성과를 거두었다.
> ③ **대동단결선언** : 상하이에서 신규식, 박은식 등 독립운동가들이 발표한 선언이다. 경술국치 이후 주권이 군주에게서 국민에게로 넘어왔음을 선포했다.

5 다음 유물의 제작된 시대를 바르게 연결한 것은?

① 구석기 시대 – 빗살무늬 토기　　② 신석기 시대 – 가락바퀴
③ 청동기 시대 – 세형동검　　　　　④ 철기 시대 – 반달 돌칼

> **TIP** ② 신석기 시대에 주요 유물은 빗살무늬 토기, 갈판과 갈돌, 가락바퀴, 뼈바늘 등이다.
> ① 구석기 시대에 주요 유물은 주먹도끼, 찍개, 슴베찌르개 등이다.
> ③ 청동기 시대에 주요 유물은 비파형 동검, 거친무늬 거울, 반달 돌칼, 미송리식 토기 등이다.
> ④ 철기 시대에 주요 유물은 세형동검, 철제 농기구(보습, 낫), 명도전, 붓 등이다.

ANSWER 3.③ 4.④ 5.②

6 다음 중 조선시대 세종의 정책으로 적절한 것은?

① 규장각 육성
② 「경국대전」 편찬
③ 노비안검법 실시
④ 북방에 4군 6진 개척

TIP ④ 세종은 북방에 4군 6진을 개척하고 한반도 국경선을 확정지었다.
① 정조는 왕실 도서관이자 정책 연구 기관인 규장각을 설치하여 자신의 개혁 정치를 뒷받침할 인재들을 양성했다.
② 「경국대전」은 조선 성종 시기에 완성되었다.
③ 노비안검법은 고려 광종 시기에 실시되었다.

7 다음에서 설명하는 문화유산은?

- 공주에서 발견된 백제 고분이다.
- 중국 양나라의 영향을 받아서 만들어진 연꽃무늬 벽돌로 쌓은 독특한 구조의 벽돌무덤에 해당한다.
- 무덤 입구에서 왕과 왕비의 이름, 사망 시기 등이 기록된 지석이 발견되어 무덤의 주인을 확정할 수 있다.

① 천마총
② 무령왕릉
③ 첨성대
④ 황남대총

TIP ① **천마총** : 돌무지 덧널무덤에 해당한다. 신라 특유의 무덤양식을 보여준다.
③ **첨성대** : 선덕여왕 시기에 건립된 천문대이다.
④ **황남대총** : 경주에서 가장 큰 규모를 자랑하는 두 개의 무덤이 붙은 쌍분에 해당한다.

8 고려 후기 승려 일연이 저술한 역사서로 단군 신화에 대한 기록을 수록된 것은?

① 삼국유사
② 삼국사기
③ 동의보감
④ 향약집성방

TIP ② **삼국사기** : 고려 인종 때 김부식이 왕명을 받아 편찬한 정사에 해당한다.
③ **동의보감** : 조선 광해군 때 허준이 완성한 의학 백과사전이다.
④ **향약집성방** : 조선 세종 때 우리 풍토에 맞는 약재와 치료법을 정리하여 편찬한 의학서이다.

ANSWER 6.④ 7.② 8.①

9 다음 중 고려시대의 정치기구에 해당하는 것은?

① 집사부   ② 어사대

③ 한성부   ④ 통리기무아문

TIP ② **어사대** : 고려시대의 관리 감찰 기구에 해당한다. 관리의 부정부패를 감시하고 풍속을 바로잡는 역할을 했다.
      ① **집사부** : 통일 신라의 핵심 정치 기구에 해당한다. 왕명을 집행하고 기밀 업무를 담당했다.
      ③ **한성부** : 조선시대 수도인 한양의 행정과 치안, 판결 등을 담당하던 관청이다.
      ④ **통리기무아문** : 조선 후기(1880년) 개항 이후 근대적 개화 정책 추진을 위해 설치한 최고 기구이다.

10 다음 중 발해에 대한 설명으로 옳은 것은?

① 김흠돌의 난을 진압하여 왕권을 강화하였다.
② 나당전쟁에서 승리하여 삼국통일을 하였다.
③ 온조가 하남 위례성을 도읍으로 하여 세웠다.
④ 중국으로부터 해동성국으로 불리었다.

TIP ① 통일신라 신문왕 시기에 대한 설명이다.
      ② 통일신라 태종 무열왕 시기에 대한 설명이다.
      ③ 백제의 건국에 대한 설명이다.

11 다음에서 ㉠에 해당하는 사람은?

> (㉠)은 신라 흥덕왕에게 건의하여 청해진을 설치하여 서해안에 기승을 부리던 해적을 소탕하였다. 신라와 당과 일본의 무역을 중개하여 해상경제권을 형성했다.

① 설총   ② 대조영

③ 장보고   ④ 이순신

TIP ① **설총** : 신라의 대학자로, 한자의 음과 뜻을 빌려 우리말을 기록하는 표기법인 이두를 정리하여 유교 경전의 이해와 보급에 크게 기여했다.
      ② **대조영** : 발해를 건국했다.
      ④ **이순신** : 임진왜란 당시 조선 수군을 이끌며 거북선과 혁신적인 전술을 활용해 한산도, 명량 등 주요 해전에서 일본군을 압도했다.

ANSWER 9.②   10.④   11.③

12 다음에서 설명하고 있는 제도는?

> 신라시대의 신분 제도에 해당한다. 신분에 따라 올라갈 수 있는 관등의 상한선이 정해져 있었다. 6두품은 6관등인 아찬까지 승진이 가능했다.

① 화백회의

② 화랑도

③ 골품 제도

④ 진대법

TIP ① **화백회의** : 신라의 귀족 세력들이 국가의 중대사를 결정하기 위해 모였던 회의 기구이다.
② **화랑도** : 신라 진흥왕 때 국가적 조직으로 개편된 청소년 수양 단체이다.
④ **진대법** : 고구려 고국천왕 때 을파소의 건의로 시행된 최초의 춘대추납(봄에 빌려주고 가을에 갚음) 빈민 구제 제도이다.

13 다음에서 설명하고 있는 자는?

> 신라시대의 승려로 6두품 출신에 해당한다. '나무아미타불'만 외워도 극락에 갈 수 있다고 전파하면서 불교의 대중화에 기여하였다. 「대승기신론소」, 「금강삼매경론」 등의 저서를 남겼다.

① 의상

② 원효

③ 혜초

④ 지눌

TIP ① **의상** : 통일·신라 시기의 승려로, 부석사를 창건하고 관음 신앙을 전파하였다.
③ **혜초** : 8세기 통일 신라의 승려로, 불교의 발상지인 인도를 포함한 중앙아시아와 아랍 지역까지 답사한 세계적인 여행가이다.
④ **지눌** : 고려 후기 조계종을 정립하였으며 불교 개혁 운동을 전개하였다.

ANSWER 12.③ 13.②

14 다음 중 발해시대의 유물에 해당하는 것은?

① 이불병좌상

② 호우총

③ 익산 미륵사지 석탑

④ 무구정광대다라니경

> **TIP** ① **이불병좌상** : 발해의 대표적인 불상에 해당한다.
> ② **호우총** : 경주에 있는 신라 시대 돌무지덧널무덤이다.
> ③ **익산 미륵사지 석탑**: 백제 무왕 때 만들어진 석탑이다.
> ④ **무구정광대다라니경**: 신라 경주 불국사 삼층석탑(석가탑) 안에서 발견된 세계에서 가장 오래된 목판 인쇄물이다.

15 다음에서 설명하는 인물 ㉠은?

> 고려 중기 왕실과 거듭된 혼인으로 (㉠)의 가문은 극정을 장악하였다. 인종은 (㉠)의 독주를 막기 위해 제거하려 했지만 (㉠)이 군사력을 동원하여 반란을 일으켰다. 척준경과 연합하여 (㉠)은 권력을 유지하였으나 인종은 척준경을 회유하여 (㉠)을 제거하였다.

① 서희

② 묘청

③ 이자겸

④ 최승로

> **TIP** ① **서희** : 거란의 1차 침입 당시 적장 소손녕과 뛰어난 외교 담판을 통해 전쟁을 막았다.
> ② **묘청** : 고려 중기 개경 문벌 귀족 사회의 부패를 비판하며 서경(평양) 천도와 금나라 정벌 등을 주장했다.
> ④ **최승로** : 고려 성종에게 시무 28조를 올려 유교적 통치 이념을 바탕으로 한 국가 기틀 마련과 중앙 집권 체제 확립을 건의했다.

16 고려시대 서민의 질병을 치료하는 기구로 의약품을 제공하는 사회제도로 적절한 것은?

① 식목도감

② 혜민국

③ 어사대

④ 정방

> **TIP** ① **식목도감** : 고려시대 고위 관료들이 법이나 시행규칙을 논의하던 중앙정치기구이다.
> ③ **어사대** : 고려시대 관리가 비리를 감찰하는 중앙정치기구이다.
> ④ **정방** : 고려시대 최우가 설치한 기구이다. 인사 행정을 전담하였다-.

ANSWER 14.① 15.③ 16.②

17 다음에서 설명하는 사건은?

> 조광조는 현량과 실시를 건의하며 개혁 정책을 펼쳤다. 급진적인 정책에 훈구는 조광조를 비롯한 사림 세력을 공격하였다.

① 무오사화
② 갑자사화
③ 을사사화
④ 기묘사화

TIP ① 무오사화 : 김종직이 세조의 왕위 찬탈을 비판하며 쓴 글인 조의제문이 발단이 되어 일어난 사화이다.
② 갑자사화 : 연산군의 생모인 폐비 윤 씨 사건의 전말이 드러나면서 사림과 훈구 세력 모두가 화를 입었다.
③ 을사사화 : 명종이 즉위한 후, 외척 세력인 대윤(윤임 일파)과 소윤(윤원형 일파) 간의 권력 다툼 과정에서 사림 세력이 휩쓸려 희생된 사화이다.

18 다음에서 설명하는 왕의 업적은?

> • 국왕의 친위부대인 장용영을 창설하였다.
> • 규장각을 육성하여 젊은 문신을 선발하였다.

① 4군 6진 개척
② 수원 화성 축조
③ 백두산정계비 정립
④ 농사직설 편찬

TIP ② 장용영 창설과 규장각 육성은 조선 정조의 업적에 해당한다. 정조는 수원 화성을 축조하였다.
①④ 4군 6진 개척과 농사직설 편찬은 조선 세종의 업적에 해당한다.
③ 백두산정계비는 조선 숙종의 업적에 해당한다.

ANSWER 17.④ 18.②

19 다음에서 설명하는 정부는?

> 외환위기를 극복하기 위해서 금 모으기 운동을 전개하였으며 국제 통화 기금(IMF) 지원 자금을 상환하였다.

① 김대중 정부
② 이승만 정부
③ 노무현 정부
④ 박정희 정부

TIP ② **이승만 정부** : 농지 개혁을 실시하였다.
③ **노무현 정부** : 미국과 자유무역협정(FTA)에 서명하였다.
④ **박정희 정부** : 경제 개발 5개년 계획을 실시하였다.

20 다음에서 설명하는 단체는?

> 1931년 중국 상하이에서 조직된 독립운동단체로 단장인 김구를 비롯하여 윤봉길, 이봉창, 유상근 등이 단원으로 있었다. 1932년 4월 29일 윤봉길은 상하이 훙커우 공원에서 폭탄을 던져 일본 주요 인사를 살상하였다.

① 흥사단
② 한인애국단
③ 대조선국민군단
④ 의열단

TIP ① **흥사단** : 안창호의 주도로 1913년 5월 미국 샌프란시스코에서 조직되었다.
③ **대조선국민군단** : 1914년 6월 하와이 오하우 섬에서 독립군사군을 양성하기 위한 목적으로 만들어진 군사교육단체이다.
④ **의열단** : 1919년 11월 만주에서 조직된 독립운동 단체로 신흥무관학교 출신이 중심이 되었다. 단장으로 김원봉이 있다.

ANSWER 19.① 20.②

01 일반사회

1 다음 헌법재판소에 대한 설명으로 옳지 않은 것은?

① 법원의 제청에 의한 법률의 위헌여부를 심판한다.
② 헌법재판소의 장은 국회의 동의를 얻어 재판관 중에서 대통령이 임명한다.
③ 헌법재판소 재판관의 임기는 2년으로 한다.
④ 헌법재판소 재판관은 정당에 가입하거나 정치에 관여할 수 없다.

> **TIP** ③ 헌법재판소 재판관의 임기는 6년으로 한다.
> ① 헌법재판소에서 관장하는 것이다.
> ②「대한민국헌법」제111조 제4항에 해당한다.
> ④「대한민국헌법」제112조 제3항에 해당한다.

2 다음 국회에 대한 설명으로 옳은 것은?

① 국회의원의 수는 200인 이상으로 한다.
② 국회의원의 임기는 5년으로 한다.
③ 국회의원은 법률이 정하는 직을 겸할 수 있다.
④ 국회는 회계연도마다 예산안을 편성한다.

> **TIP** ② 국회의원의 임기는 4년으로 한다.
> ③ 국회의원은 법률이 정하는 직을 겸할 수 없다.
> ④ 국회는 국가의 예산안을 심의 · 확정한다. 회계연도마다 예산안을 편성은 정부에서 한다.

ANSWER 1.③ 2.①

3 정부에서 운영하는 것으로 개인이 소득 활동을 할 때 납부한 보험료를 퇴직이나 은퇴 후에 지급하여 기초적인 생활을 유지하도록 하는 제도는?

① 국민연금　　　　　　　　　　　　　② 건강보험

③ 고용보험　　　　　　　　　　　　　④ 산재보험

TIP　② **건강보험** : 고액의 진료비 부담을 방지하기 위해 국민건강보험공단에서 관리 · 운영하다가 필요할 때 의료서비스를 받을 수 있게 하는 사회보장제도이다.
　③ **고용보험** : 근로자가 실직을 하여 생활 안정을 위해서 일정기간동안 급여를 지급하는 제도이다.
　④ **산재보험** : 산재근로자의 생활을 유지하는 것을 보장하기 위해 국가가 책임을 지는 의무보험에 해당한다.

4 시장경제에서 정부의 역할로 적절하지 않은 것은?

① 공정한 경쟁 촉진　　　　　　　　　② 이윤 창출

③ 공공재 생산　　　　　　　　　　　④ 소득의 불평등 완화

TIP　② 정부에서는 이윤의 추구하지 않는다. 이윤 추구는 기업의 역할어 해당한다.

5 근로3권에 해당하지 않는 것은?

① 단결권　　　　　　　　　　　　　　② 단체교섭권

③ 경영참여권　　　　　　　　　　　　④ 단체행동권

TIP　③ 「대한민국헌법」 제33조 제1항에 의해서 근로자는 자주적인 단결권 · 단체교섭권 및 단체행동권을 가진다.

6 다음 ㉠의 핵심 원리로 적절하지 않은 것은?

> (　㉠　)은/는 생산 수단(공장, 기계, 자본 등)을 개인 또는 민간이 소유하고 운영하면서 시장 경제를 통해 상품과 서비스를 거래하는 경제 체제를 의미한다.

① 사유재산권　　　　　　　　　　　　② 이윤 추구

③ 자유시장경쟁　　　　　　　　　　　④ 생산수단 국유화

TIP　④ ㉠은 자본주의를 의미한다. 자본주의의 핵심 원리는 사유재산권, 이윤 추구, 자유 시장 경쟁에 해당한다.

ANSWER　3.①　4.②　5.③　6.④

7 다음 ㉠이 설명하고 있는 국제기구는?

> (㉠)은/는 시장경제와 다원적 민주주의, 인권존중을 기본가치로 회원국들의 경제성장과 인류의 복지 증진을 도모하는 정부 간에 정책 연구 협력기구이다.

① 아프리카연합
② 경제협력개발기구(OECD)
③ 세계무역기구(WTO)
④ 믹타(MIKTA)

TIP ① **아프리카연합** : 아프리카 대륙의 사회, 경제 통합을 촉진하기 위한 역내 기구에 해당한다.
③ **세계무역기구(WTO)** : 국가 간에 경제 분쟁에 대한 판결권과 그 판결의 강제집행권 이용, 규범에 따라 국가 간에 분쟁이나 마찰조정 등을 목적으로 하는 단체이다.
④ **믹타(MIKTA)** : 멕시코(Mexico), 인도네시아(Indonesia), 한국(Korea), 튀르키예(Türkiye), 호주(Australia) 5개 중견국으로 구성된 지역 간 cross-regional 협의체이다.

8 다음에서 ㉠과 ㉡에 해당하는 국제연합의 주요 기관을 바르게 연결한 것은?

> (㉠)은/는 모든 회원국이 참여하는 회의로 국제문제에 대한 논의와 결정을 내린다.
> (㉡)은/는 국가 간 분쟁을 국제법에 따라 판결하며 헤이그에 위치한 주요 사법기관이다.

	㉠	㉡
①	안전보장이사회	경제사회이사회
②	신탁통치이사회	총회
③	사무국	국제사법재판소
④	총회	국제사법재판소

TIP 국제연합(UN) 주요 기관
㉠ **총회**(General Assembly) : 모든 회원국이 참여하는 회의로, 국제문제에 대한 논의와 결정을 내린다.
㉡ **안전보장이사회**(Security Council) : 국제 평화와 안전 유지를 위해 주요 결정을 내리는 기관으로, 5개의 상임이사국과 10개의 비상임이사국으로 구성된다.
㉢ **경제사회이사회**(Economic and Social Council, ECOSOC) : 경제, 사회, 환경 문제를 다루며, 전문 기구들과 협력하여 국제적인 경제 및 사회 발전을 촉진한다.
㉣ **신탁통치이사회**(Trusteeship Council) : 비활성화가 된 기관으로, 과거에 신탁통치지역의 자치와 독립을 지원하던 역할을 한다.
㉤ **국제사법재판소**(International Court of Justice, ICJ) : 국가 간 분쟁을 국제법에 따라 판결하며, 헤이그에 위치한 주요 사법기관이다.
㉥ **사무국**(Secretariat) : UN의 행정과 업무를 총괄하며, 사무총장이 이끈다.

ANSWER 7.② 8.④

9 다음 「형법」에 대한 설명으로 옳은 것은?

① 대한민국 영역 내에서 죄를 범한 내국인에게만 적용한다.

② 대한민국 영역 외에서 외환의 죄를 범한 외국인에게 적용한다.

③ 범죄의 성립과 처벌은 범죄계획 시에 법률에 따른다.

④ 19세가 되지 아니한 자의 행위는 벌하지 아니한다.

TIP ② 「형법」 제5조에 따라 대한민국 영역 외에서 내란의 죄, 외환의 죄, 국기에 관한 죄, 통화에 관한 죄, 유가증권·우표와 인지에 관한 죄, 문서에 관한 죄중, 인장에 관한 죄중의 죄를 범한 외국인에게 적용한다.
　① 「형법」 제2조에 따라 대한민국 영역 내에서 죄를 범한 내국인고 외국인에게 적용한다.
　③ 「형법」 제1조에 따라 범죄의 성립과 처벌은 행위 시의 법률에 따른다.
　④ 「형법」 제9조에 따라 14세가 되지 아니한 자의 행위는 벌하지 아니한다.

10 다음 ㉠과 ㉡의 특징으로 바르지 않은 것은?

> ㉠ 협의상 이혼
> ㉡ 재판상 이혼

① ㉠은 가정법원의 확인을 받아 이혼을 신고함으로써 효력이 생긴다.

② ㉠은 협의상 이혼한 자의 일방은 다른 일방에 대하여 재산분할을 청구할 수 있다.

③ ㉡은 사유 없이 청구할 수 있다.

④ ㉡에서 배우자의 부정행위가 2년을 경과한 때에는 이혼을 청구하지 못한다.

TIP ③ 「민법」 제840조에 정해진 사유가 있는 경우에 가정법원에 이혼을 청구할 수 있다.
　① 「민법」 제836조에 따라 가정법원의 확인을 받아 「가족관계의 등록 등에 관한 법률」의 정한 바에 의하여 신고함으로써 그 효력이 생긴다.
　② 「민법」 제839조의2 제1항에 따라 재산분할을 청구할 수 있다.
　④ 「민법」 제841조에 의해서 배우자에 부정행위가 있었을 때 다른 일방이 사전 동의나 사후 용서를 한 때 또는 이를 안 날로부터 6월, 그 사유 있은 날로부터 2년을 경과한 때에는 이혼을 청구하지 못한다.

ANSWER 9.② 10.③

11 인플레이션이 발생하는 경우 나타나는 경제 상황은?

① 사치품이나 여가 소비가 늘어난다.

② 정부에서 인플레이션을 잡기 위해서 금리를 내린다.

③ 국산 제품 가격이 저렴해지면서 해외 경쟁력 상승한다.

④ 부동산, 금, 원자재 등 가치가 떨어지지 않는 자산으로 자금이 몰린다.

> **TIP** ④ 돈의 가치가 떨어지기 때문에 현금을 들고 있기보다 가치가 보존되는 물건에 자금이 몰린다.
> ① 생필품 가격 부담이 커지면서 꼭 필요한 것만 사고 사치품이나 여가 소비는 줄이는 경향이 나타난다.
> ② 정부와 중앙은행은 물가를 잡기 위해 금리를 인상한다.
> ③ 국산 제품 가격이 비싸져 해외 경쟁력 하락한다.

12 예금자보호법에 따라 예금보호를 적용받는 금융기관이 아닌 것은?

① 새마을금고

② 한국산업은행

③ 중소기업은행

④ 농협은행

> **TIP** ① 새마을금고는 「예금자보호법」에 따라 보호를 받지 못한다. 새마을금고 예금의 경우는 새마을금고중앙회에 설치된 예금자보호준비금
> 을 통해서 보호받는다.
> ②③④ 「예금자보호법」에 따라 예금보험의 적용을 받는 금융회사에 해당한다.

13 금융상품 판매업자가 준수해야 하는 판매원칙을 모두 고른 것은?

㉠ 적합성 원칙	㉡ 적정성 원칙
㉢ 적정상품 권유 원칙	㉣ 담보 · 편익 요구

① ㉠, ㉡

② ㉡, ㉢

③ ㉢, ㉣

④ ㉠, ㉣

> **TIP** ① 금융상품 6대 판매원칙 준수의무는 적합성 원칙, 적정성 원칙, 설명의무, 불공정영업 행위금지, 부당권유 행위 금지, 허위 · 과장 광
> 고 등 금지가 있다.

ANSWER 11.④ 12.① 13.①

14 사회계약설에 대한 설명으로 옳은 것은?

① 국가나 정치권력이 신으로부터 부여받은 것이라는 정치사상이다.

② 주요 사상가에는 홉스, 로크, 루소가 있다.

③ 공산주의의 초석이 되었다.

④ 오늘날 민주국가의 민법의 기초에 해당한다.

> **TIP** ① 사회계약설은 국가나 정치권력이 신으로부터 부여받은 것이 아니라, 개인들의 자유로운 합의를 통해 탄생했다는 근대 정치사상이다.
> ③ 국가가 국민의 생명과 재산을 보호하지 못할 경우 정당성을 잃는다는 논리를 제공하여 민주주의에 초석이 되었다.
> ④ 사회계약설은 민법의 기초가 아니라 민주주의 정치원리의 기초가 된다.

15 공공재의 특성으로 옳지 않은 것은?

① 비배제성을 가지고 있다.

② 비경합성을 가지고 있다.

③ 가격을 책정하기 어렵다.

④ 시장기능에 맡겨 공급을 한다.

> **TIP** ④ 시장기능에 맡기는 경우 적절한 수준의 공공재를 제공하기 어렵기 때문에 정부가 직접 생산 · 공급을 한다.

16 지방자치법에 대한 설명으로 옳은 것은?

① 지방자치단체에는 시, 군, 구 세 가지만 있다.

② 지방자치단체의 구역에 주소를 가진 자는 그 지방자치단체의 주민이 된다.

③ 주민은 주민생활에 영향을 미치는 지방자치단체의 정책의 결정 과정에 참여할 수 없다.

④ 주민은 지방자치단체의 조례를 개정하거나 폐지할 수 있다.

> **TIP** ① 지방자치단체는 특별시 · 광역시 · 특별자치시 · 도 · 특별자치도, 시 · 군 · 구 두 가지 종류로 구분한다.
> ③ 주민은 법령으로 정하는 바에 따라 주민생활에 영향을 미치는 지방자치단체의 정책의 결정 및 집행 과정에 참여할 권리를 가진다〈지방자치법 제17조(주민의 권리) 제1항〉.
> ④ 주민은 지방자치단체의 조례를 제정하거나 개정하거나 폐지할 것을 청구할 수 있다〈지방자치법 제19조(조례의 제정과 개정 · 폐지 청구) 제1항〉.

ANSWER 14.② 15.④ 16.②

17 다음 빈칸에 들어가는 것으로 올바르지 않은 것은?

> • (㉠)은/는 자동차와 휘발유와 같이 함께 사용하면서 효용이 커지는 재화를 의미한다.
> • (㉡)은/는 희소성이 없으며 누구나 이용할 수 있는 햇빛, 공기와 같은 것에 해당한다.
> • (㉢)은/는 소득이 증가할수록 수요가 감소하는 재화이다.
> • (㉣)은/는 콜라나 사이다와 같이 대신해서 쓸 수 있는 재화를 의미한다.

① ㉠ 보완재
② ㉡ 기펜재
③ ㉢ 열등재
④ ㉣ 대체재

TIP ㉠ 보완재, ㉡ 자유재, ㉢ 열등재, ㉣ 대체재
※ **기펜재** … 가격이 올라도 수요가 늘어나는 특이한 열등재를 의미한다.

18 다음 ㉠과 ㉡의 특징으로 적절한 것은?

> (㉠) 빈곤은 인간이 생존을 유지하기 위해 필요한 최소한의 자원을 충족하지 못하는 상태에 해당한다. (㉡) 빈곤은 사회의 평균적인 생활수준과 비교했을 때 상대적으로 낮은 소득과 생활수준을 가지는 상태이다.

① ㉠은 특정 사회에 따라서 기준이 달라진다.
② ㉠은 개발도상국이나 저소득 국가에서 중요한 문제이다.
③ ㉡은 생존에 필요한 최소한의 자원 부족에 초점을 맞춘다.
④ ㉡의 해결방법은 식량지원, 긴급 구호 등이다.

TIP ㉠은 절대적 빈곤, ㉡은 상대적 빈곤에 해당한다.
② 절대적 빈곤은 생존의 문제를 해결하는 데 초점이 있고, 개발도상국에서 주로 다루는 문제이다.
① 절대적 빈곤은 전 세계적으로 동일하거나 국가 내에서 일정한 기준으로 설정된다.
③ 상대적 빈곤은 평균 소득의 50~60% 이하를 기준으로 빈곤의 기준을 설정한다.
④ 상대적 빈곤은 소득 재분배, 복지 시스템 강화, 사회적 안전망 구축 등이 필요하다.

ANSWER 17.② 18.②

19 다음 사회복지체계의 특징으로 옳은 것은?

① 사회서비스는 강제 가입을 하여 이용해야 한다.

② 공공부조는 국민 전체가 가입해서 위험에 대비하는 것이다.

③ 사회보험은 보편적 복지 원리에 따라 사회적 약자를 보호하기 위함이다.

④ 사회보험과 공공부조는 금전적으로 제공한다.

TIP ① 사회서비스는 자발적으로 가입하거나 필요에 따라 이용한다.
② 공공부조는 소득·자산이 기준이하인 저소득층을 대상으로 한다.
③ 사회보험은 사고 위험을 대비하기 위한 보험 원리에 따라 운영된다.

20 다음 설명으로 옳은 것은?

① 경제 침체기에는 생산 활동이 줄면서 잠재 GDP가 실질 GDP보다 낮아진다.

② 경제 호황기에는 생산 활동이 늘면서 실질 GDP가 잠재 GDP보다 낮아진다.

③ 경제 성장하면서 물가가 상승하여 명목 GDP가 실질 GDP보다 자연스럽게 높아진다.

④ 명목 GDP는 기준 연도의 가격을 실질 GDP는 당해 연도의 가격을 적용하여 계산한다.

TIP ③ 경제가 성장하면서 물가가 상승(인플레이션)하면 명목 GDP는 당해 연도의 현재 시장 가격을 기준으로 계산하기 때문에 실질 GDP
보다 자연스럽게 높아지는 경향이 있다.
①② 경제 침체기에는 생산 활동이 줄면서 실질 GDP가 잠재 GDP보다 낮아지면서 경제가 본래의 생산 능력만큼 생산하지 못하는
GDP 갭이 발생한다. 경제 호황기에는 생산 활동이 늘면서 잠재 GDP가 실질 GDP보다 낮아진다.
④ 명목 GDP는 당해 연도의 가격을 사용하고 실질 GDP는 기준 연도의 가격을 사용하여 계산한다.

ANSWER 19.④ 20.③

1 신석기시대 유물로 적절하지 않은 것은?

① 빗살무늬 토기
② 뼈바늘
③ 조개껍데기 가면
④ 반달돌칼

TIP ④ 반달돌칼은 청동기 시대에 곡식의 낟알을 수확하기 위해 사용한 간석기에 해당한다.

2 다음 유적이 발견되는 지역은?

- 항파두리 항몽 유적
- 고산리 유적
- 알뜨르 비행장

① 평양
② 공주
③ 제주
④ 진주

TIP ③ 고려시대 삼별초 최후의 항전을 했던 항파두리 항몽유적과 신석기 시대의 고산리 유적. 일제강점기에 건설된 알뜨르 비행장은 제주에 위치한다.

ANSWER 1.④ 2.③

3 다음에서 설명하는 인물은?

> • 항일비밀결사 신민회 조직
> • 1913년 흥사단을 조직
> • 대한민국임시정부 내무총장 · 국무총리대리 등 역임
> • 1932년 상하이에서 독립운동에 진력

① 안창호　　　　　　　　　② 서재필
③ 장준하　　　　　　　　　④ 김원봉

TIP ② 독립신문을 창간하고 1896년 독립협회를 창설하였다.
③ 잡지 '사상계'를 간행하였다.
④ 의열단을 조직하고 조선 의용대를 창설하였다.

4 발해의 중정대의 주요 역할로 적절한 것은?

① 국정 운영 총괄
② 관리의 비리 감찰
③ 왕의 명령을 기록
④ 인재를 육성하는 교육기구

TIP ② 중정대는 발해의 중앙 관부에 해당한다. 형법, 전장에 관한 일과 관료들의 비리를 감찰하는 역할을 하였다.

5 태조 왕건의 업적으로 적절하지 않은 것은?

① 사심관 제도 실시
② 훈요 10조를 남김
③ 공신들에게 역분전 지급
④ 노비안검법 실시

TIP ④ 고려 광종이 실시한 제도에 해당한다.

ANSWER 3.① 4.② 5.④

6 대한민국 임시 정부에서 시행하지 않은 것은?

① 삼권 분립 시행

② 연통제 실시

③ 3·1 운동

④ 「한일관계사료집」 발간

TIP ③ 3·1운동을 계기로 대한민국 임시 정부가 수립되었다.

7 정조가 시행한 것이 아닌 것은?

① 경복궁 축조

② 규장각 육성

③ 장용영 창설

④ '대전통편' 편찬

TIP ① 정조는 경복궁이 아닌 수원 화성을 축조하였다.

8 조선시대 호패법에 대한 설명으로 옳은 것은?

① 16세 이상 남성과 여성이 지니고 다녔다.

② 군역과 부역을 정확하게 파악하기 위함이었다.

③ 서민과 노비만이 가지고 다녔다.

④ 정조 때에 처음 실시되어 바로 정착되었다.

TIP ② 호패법은 국가 통치체제 강화를 위한 것이었다. 군대에 가야 하는 사람(군역)과 나라의 공사에 동원할 사람(요역)을 정확히 파악하기 위함이다.

①③ 16세 이상 모든 신분의 남성이 지니고 다녔다.

④ 호패법은 태종 때 처음 실시되었다. 초기에는 반발이 심하여 폐지와 실시가 반복되었다가 숙종 때에 이르러서 정착되었다.

9 조선시대 '삼사'에 해당하지 않는 것은?

① 의금부

② 홍문관

③ 사헌부

④ 사간원

TIP ① 의금부는 조선시대의 사법기관에 해당한다.

②③④ 조선시대 '삼사'는 언론을 담당한 사헌부, 사간원, 홍문관을 의미한다.

ANSWER 6.③ 7.① 8.② 9.①

10 6월 민주항쟁에 대한 설명으로 옳지 않은 것은?

① 전두환 정부에 대항하기 위한 민주화 운동이다.

② 시민들은 대통령 직선제 개헌을 요구하였다.

③ 6월 민주항쟁을 계기로 신군부가 국가보위비상대책위원회를 설치하였다.

④ 이한열이 최루탄에 쓰러지면서 국민적 민주화 운동으로 확산되었다.

TIP ③ 국가보위비상대책위원회는 신군부가 5 · 18 민주화 운동을 무력 진압한 후에 설치한 것이다.

11 1896년 대한제국 황실에서 운산 일원의 채굴권을 얻어 운산광산을 1939년까지 운영한 국가는?

① 일본   ② 미국

③ 영국   ④ 독일

TIP ② 운산광산(雲山鑛山)은 현재 북한 평안북도 운산군에 위치한 금광이다. 1896년 미국인 광산 개발자 존 모스(John T. Morgan)가 조선 정부로부터 운산광산의 채굴권을 확보했다. 조선 정부가 외국 자본과 기술을 도입하기 위해 허가한 것이다. 1910년 한일강제병합 이후 일본은 대한제국에 있던 대부분의 광산 채굴권을 장악하면서 미국의 채굴권은 일본으로 이전되었다.

12 고려시대의 사회의 특징을 모두 고른 것은?

㉠ 혜민국에서 서민의 질병을 치료하였다.
㉡ 음서의 혜택이 제공되었다.
㉢ 자녀에게 균등하게 재산을 상속하였다.
㉣ 출생 순서대로 호적에 기재되었다.

① ㉠   ② ㉡, ㉢

③ ㉠, ㉢, ㉣   ④ ㉠, ㉡, ㉢, ㉣

TIP ㉠ 고려시대는 서민의 질병 치료를 위해서 혜민국을 두었다.
㉡㉢㉣ 고려시대에는 음서의 혜택이 제공되었으며, 재산 균등 상속, 출생 순서대로 호적에 기재되는 가족제도가 운영되었다.

ANSWER 10.③   11.②   12.④

13 다음을 행동 규범을 정신적 기저로 삼았던 단체는?

<세속오계(世俗五戒)>
- 사군이충(事君以忠) 충성을 다하여 임금을 섬긴다.
- 사친이효(事親以孝) 효를 다하여 부모를 섬긴다.
- 교우이신(交友以信) 친구를 사귈 때는 믿음을 가진다.
- 임전무퇴(臨戰無退) 싸움에서 물러서지 않는다.
- 살생유택(殺生有擇) 살생은 가려서 한다.

① 화랑도

② 향교

③ 성균관

④ 속오군

TIP ① **화랑도** : 신라시대 청소년 단체로 군사적 · 교육적 성격을 지녔다. 원광의 세속오계를 행동규범으로 삼아서 화랑과 낭도들은 심신훈련을 하였다.

② **향교** : 조선시대 지방의 공립 교육기관으로 유교 경전과 윤리를 교육하며 지방 관료와 유학자를 양성하기 위한 곳이다.

③ **성균관** : 조선시대 최고의 국립 교육기관이다.

④ **속오군** : 조선 중기 이후 편성된 지방 민병 체제에 해당한다.

14 다음의 정치를 펼친 조선시대의 왕은?

- 대동법 시행
- 허준의 「동의보감」 편찬 완료
- 명과 후금 사이에서 중립외교

① 선조

② 광해군

③ 숙종

④ 태종

TIP ② 광해군은 점차 약해지는 명과 강해지는 후금 사이에서 중립외교를 펼쳤다. 또한 경기도에서 대동법을 시행하였고, 이 시기에 허준이 동의보감 편찬을 완성하였다.

ANSWER 13.① 14.②

15 다음 (개)에 들어가는 사건으로 적절한 것은?

> 병인박해 → 병인양요 → (개) → 신미양요

① 오페르트 남연군 묘 도굴 미수사건
② 운요호 사건
③ 강화도 조약
④ 임오군란

TIP ① 병인박해(1866) → 병인양요(1866) → 오페르트 남연군 묘 도굴 미수사건(1868) → 신미양요(1871)
② 1875년 9월 20일 일본의 운요호가 강화도로 침투한 사건이다
③ 1876년 2월 강화도에서 조선과 일본이 체결한 불평등 조약에 해당한다.
④ 1882년 6월 9일 구신군대가 별기군에 대한 차별로 폭동을 일으킨 사건이다.

16 다음에서 설명하는 국가에 대한 설명으로 옳은 것은?

> 국가적 의례로 매년 12월 하늘에 제사를 지낸다. 이를 영고라 하는데 이 의식에서는 농경 사회에서 풍요와 번영을 기원을 하며 백성들의 사회적 결속과 단합을 도모하였다.

① 제사장으로 천군이 있다.
② 신부의 집에 서옥을 지어 신랑이 거주하는 서옥제가 있다.
③ 물건을 훔치면 12배로 갚는 1책 12법이 있다.
④ 왕이 없으며 읍군이 부족을 다스린다.

TIP ③ 제천행사 영고는 부여의 특징이다.
① 삼한의 특징이다.
② 고구려의 혼인 풍습에 대한 설명이다.
④ 옥저의 특징이다.

<hr>

ANSWER 15.① 16.③

17 선덕여왕 때 축조된 천문을 관측하기 위한 건축물은?

① 첨성대

② 무구정광대다라니경

③ 석굴암

④ 호우총

> **TIP** ② **무구정광대다라니경** : 경주 불국사에서 발견된 통일신라 목판 인쇄물에 해당한다.
> ③ **석굴암** : 인공 석굴 사원으로 김대성에 의해 창건되었다.
> ④ **호우총** : 신라시대 돌무지덧널무덤에 해당한다.

18 고려 시대 무신집권기에 의해서 일어난 사건이 아닌 것은?

① 이자겸의 난

② 망이 · 망소이의 난

③ 만적의 난

④ 김사미 · 효심의 난

> **TIP** ① 외척 세력이었던 이자겸이 왕권을 찬탈하기 위해 일으킨 반란으로 무신정변 이전에 발생하였다.
> ②③④ 무신정권 시기에 가혹한 수탈과 신분제도 등의 원인으로 발생한 봉기이다.

ANSWER 17.① 18.①

19 다음에서 설명하고 있는 사화는?

> • 조광조가 주장한 개혁 정책에 반발하면서 발생하였다.
> • 주초위왕 사건으로 중종은 조광조에게 사약을 내렸다.

① 무오사화

② 갑자사화

③ 을사사화

④ 기묘사화

TIP ① **무오사화** : 연산군 시기에 김종직의 「조의제문」이 세조를 비판한 글로 해석되면서 사림파가 훈구파에 의해 탄압을 받은 사건이다.

② **갑자사화** : 연산군이 생모 폐비 윤씨 사건을 계기로 훈구파와 사림파를 대대적으로 숙청한 사건이다.

③ **을사사화** : 명종 즉위 후 외척 세력 간의 권력 다툼으로 윤원형(소윤) 세력이 윤임(대윤) 세력을 제거한 사건이다.

20 다음에서 ㈎에 들어가는 것으로 적절한 것은?

> 남북협상 → 5 · 10 총선거 → ㈎ → 반민족 행위처벌법 시행

① 제주 4 · 3 사건

② 6 · 25전쟁

③ 이승만 초대 대통령 선출

④ 5 · 16 군사정변

TIP ③ 남북협상(1948.4) → 5 · 10 총선거(1948.5) → 이승만 대통령 선출(1948.7) → 반민족 행위처벌법 시행(1948.10)

① **제주 4 · 3 사건** : 1948년 4월 3일에 진행되었다. 이 사건으로 제주도에서는 5 · 10 총선거를 진행하지 못했다.

② **6 · 25전쟁** : 1950년에 시작되었다.

④ **5 · 16 군사정변** : 1961년에 발생하였다.

ANSWER 19.④ 20.③

4월 22일 기출복원문제

01 일반사회

1 매년 1 ~ 2월에 열리며, 세계경제포럼(WEF)이라고도 불리는 국제민간회의는?

① APEC

② ASEM

③ 다보스포럼

④ 그린라운드

> **TIP** ① APEC : 아시아 · 태평양지역 국가의 경제협력을 촉진하기 위해 1989년 11월에 창설된 지역적 국제 경제협력기구다.
> ② ASEM : 아시아와 유럽의 주요 국가들이 정치 · 경제 · 사회 · 문화 등에서 포괄적 협력을 도모하기 위해 만든 협의체다.
> ④ 그린라운드 : 국제적 환경기준을 마련해. 이를 무역거래와 연계하여 국제환경기준에 미달하거나 위반하는 제품의 수출금지 및 해당 국가와의 수출입제한. 상계관세 부과, 환경 부담금 부과 등을 내용으로 하는 환경보호에 관한 다자간 국제환경협상이다.

2 쓰레기 소각장, 방사능 폐기장, 공동묘지, 송전 탑, 유류저장소 등과 같은 혐오시설의 필요성을 인지하고 있으나 자신이 사는 근처 지역에 들어서는 것을 꺼리는 현상은?

① 님비현상

② 님투현상

③ 핌피현상

④ 바나나현상

> **TIP** ② 님투현상 : '나의 공직 재임기간 중에는 안 된다(Not In My Terms Of Office)'는 뜻이다. 공직자가 자신의 남은 임기 중 무리하게 일을 추진하지 않고 시간이 흐르기만을 안일하게 기다리는 현상을 말한다.
> ③ 핌피현상 : '제발 내 앞마당에서(Please In My Front Yard)' 즉, 자신이 거주하는 지역에 사회기반시설이나 행정기관. 고용효과가 많은 대기업을 유치하려는 지역이기주의다.
> ④ 바나나현상 : '어디에든 아무것도 짓지 마라(Build Absolutely Nothing Anywhere Near Anybody)'라는 뜻이다. 유해시설 설치 자체를 반대하는 것이다.

ANSWER 1.③ 2.①

3 국회의원의 헌법상 의무가 아닌 것은?

① 청렴의무
② 국익우선의무
③ 품의유지의무
④ 지위남용금지의무

TIP ③ 「대한민국헌법」 제46조에 의해 국회의원은 청렴의무, 국익 우선 의무, 지위남용금지 의무가 있다.

4 법의 종류와 특징의 연결이 옳은 것은?

① 민법 – 범죄의 종류와 형벌에 대해 규정한 법
② 상법 – 개인 간의 재산 관계 또는 가족생활 등을 규정한 법
③ 형법 – 개인이나 기업 간 경제생활 관계를 규정한 법
④ 헌법 – 국민의 권리와 의무, 국가의 통치 구조 등을 규정한 국가 최고법

TIP 공법 및 사법 구분

구분	공법	사법
의미	개인과 국가 간 또는 국가기관 간의 공적인 생활관계를 규율하는 법	개인과 개인 사이의 사적인 관계를 규율하는 법
종류	•헌법 : 국민의 권리와 의무, 국가의 통치 구조, 국가기관의 구성 원리 등을 규정한 국가 최고법 •형사법 : 범죄의 종류와 형벌에 대해 규정하며 공공질서를 유지하고 국민을 보호하는 법 •행정법 : 행정 기관의 조직과 작용 및 행정으로 인해 침해를 당한 국민의 권리 구제 방법을 규정한 법 •소송법 : 재판의 절차와 방법을 규정하는 법 •기타 : 세법, 선거법, 병역법 등	•민법 : 개인 간의 재산 관계 또는 가족생활 등을 규정 •상법 : 개인이나 기업 간의 경제생활 관계를 규정한 법

ANSWER 3.③ 4.④

5 우리나라 법의 위계를 옳은 순서로 나열한 것은?

① 헌법 – 명령 – 법률 – 조례 – 규칙
② 헌법 – 법률 – 명령 – 조례 – 규칙
③ 법률 – 헌법 – 조례 – 명령 – 규칙
④ 법률 – 명령 – 헌법 – 규칙 – 조례

> **TIP** ② 상위법 우선원칙으로 '헌법(국민) – 법률(국회의원) – 명령(대통령, 국무총리, 장관) – 조례(지방의회, 지방자치단체) – 규칙(지방자치단체)' 순이다.

6 정당에 대한 설명으로 옳은 것은?

① 정당은 국민들이 투표를 함으로써 성립한다.
② 합당으로 신설하는 정당은 합당 전 정당의 권리 · 의무를 승계할 수 없다.
③ 정당은 헌법과 법률에 의하여 활동의 자유를 가진다.
④ 정당이 헌법재판소의 결정으로 해산된 때에는 해산된 정당의 강령과 유사하게 정당을 창당할 수 있다.

> **TIP** ① 「정당법」에 의하여 정당은 중앙당이 중앙선거관리위원회에 등록함으로써 성립한다.
> ② 합당으로 신설 또는 존속하는 정당은 합당 전 정당의 권리 · 의무를 승계한다.
> ④ 정당이 헌법재판소의 결정으로 해산된 때에는 해산된 정당의 강령(또는 기본정책)과 동일하거나 유사한 것으로 정당을 창당하지 못한다.

7 다음 ㉠에 들어갈 내용으로 적절한 것은?

(㉠)은 생산량이나 판매량의 변화와 관계없이 일정한 기간 동안 동일하게 발생하는 비용을 의미한다. (㉠)은 식당의 임대료, 공장기계의 감가상각비, 정규직 직원의 기본 급여 등이 해당한다. 단기적으로 (㉠)의 규모를 바꾸기 어렵지만 장기적으로 조정은 가능하다.

① 고정비용
② 기회비용
③ 매몰비용
④ 평균비용

> **TIP** ② **기회비용** : 어떤 한 가지 대안을 선택했을 때, 포기한 다른 대안들 중 가치가 가장 큰 것을 의미한다.
> ③ **매몰비용** : 이미 지출되어 어떤 선택을 하더라도 다시 회수할 수 없는 비용이다.
> ④ **평균비용** : 총비용을 총생산량으로 나눈 값으로, 제품 한 단위를 생산하는 데 드는 평균적인 비용이다.

ANSWER 5.② 6.③ 7.①

8 UN이 구분한 고령사회 인구 비율은?

① 7% 이상

② 14% 이상

③ 20% 이상

④ 25% 이상

TIP ② UN은 총 인구 중 65세 이상 인구가 차지하는 비율이 14% 이상일 때 고령사회라고 분류한다.

9 다음에서 설명하는 ㉠에 해당하는 것은?

> (㉠)은 정부, 공공기관, 또는 기업이 거액의 자금을 빌리기 위해 발행하는 차용증에 해당한다. 투자자는 돈을 빌려주고 정해진 기간 동안 이자를 받으며, 만기 시 원금을 돌려받는다. (㉠)은 발행 주체가 미래에 원금과 이자를 지급할 것을 약속한 유가증권에 해당한다.

① 주식

② 연금

③ 세금

④ 채권

TIP ① 주식 : 기업이 사업 자금을 마련하기 위해 발행하는 것이다. 기업의 자본을 이루는 단위이자, 주주의 지위를 나타내는 증서이다.
② 연금 : 노후에 소득이 없을 때를 대비하여 젊을 때 조금씩 저축하거나 적립해 두는 돈이다.
③ 세금 : 국가나 지방자치단체가 공공 서비스를 제공하기 위한 비용을 마련하기 위해 국민으로부터 징수하는 돈이다.

10 죄형법정주의와 연관이 없는 것은?

① 부당결부 금지의 원칙

② 관습법 금지의 원칙

③ 유추해석 금지의 원칙

④ 소급효 금지의 원칙

TIP ① 부당결부 금지의 원칙이란 행정기관이 행정활동을 행함에 있어서 그것과 실질적인 관련이 없는 반대급부와 결부시켜서는 안 된다는 행정법상의 원칙이다.
※ **죄형법정주의** … 범죄와 형벌을 미리 법률로써 규정하여야 한다는 근대형법상의 기본 원칙이다.

ANSWER 8.② 9.④ 10.①

11 집단적 정치참여에 해당하지 않는 것은?

① 투표 참여 ② 시민단체

③ 정당활동 ④ 이익집단 활동

TIP 집단적 정치참여 및 개인적 정치참여

집단적 정치참여	개인적 정치참여
시민단체, 정당활동, 이익집단 등	선거 및 투표 참여, 공무담임권 행사, 청원, 서명운동, 집회 및 시위 등

12 5부 요인에 포함되지 않는 것은?

① 대통령 ② 국회의장

③ 대법원장 ④ 국무총리

TIP ① 5부 요인은 국회의장, 대법원장, 헌법재판소장, 국무총리, 중앙선거관리위원장을 일컫는 말이다. 헌법상 행정부 수반이자 국가원수인 대통령은 제외한다. 국가 의전 서열은 '대통령 → 국회의장 → 대법원장 → 헌법재판소장 → 국무총리 → 중앙선거관리위원장' 순이다.

13 일상에서 필요한 다양한 서비스와 기능을 하나의 애플리케이션으로 통합하여 제공하는 모바일 앱 또는 웹으로 옳은 것은?

① 웹앱 ② 네이티브앱

③ 슈퍼앱 ④ 하이브리드앱

TIP ① 웹앱 : 브라우저 기반으로 별도의 앱 설치가 필요 없다. 네이티브앱에 비해 상대적으로 구동 속도가 느리고 안전성도 낮다.
② 네이티브앱 : 모바일 기기에 최적화된 네이티브 언어로 개발된 대부분의 애플리케이션을 말한다.
④ 하이브리드앱 : 웹앱과 네이티브앱 개발 방식을 모두 사용하는 것으로, 앱 화면이나 기능 등 콘텐츠 영역은 웹을 기반으로 한다.

ANSWER 11.① 12.① 13.③

14 GDP의 G가 의미하는 것은?

① Gross

② Global

③ General

④ Genetically

> **TIP** ① GDP는 Gross Domestic Product(국내 총생산)을 뜻한다.

15 개발 NGO의 특징으로 옳지 않은 것은?

① 정부와는 독립적으로 운영하는 비정부기구이다.

② 빈곤 완화, 교육 등 공공복지를 위한 활동을 한다.

③ 영리를 목적으로 수익창출을 위해서 활동한다.

④ 주로 개발도상국이나 빈곤 지역을 위주로 활동을 한다.

> **TIP** ③ 비영리적인 특징을 가지고 있다. 공공의 이익을 위해서 활동을 한다.

16 핌피현상이 아닌 것은?

① 공항 건설

② 도서관 설치

③ 고속철도 개통

④ 쓰레기 매립장 설치

> **TIP** ④ 핌피현상은 개인이나 지역 단체가 공공의 이익을 목적으로 하는 개발 사업, 공공시설, 또는 자원을 자신의 지역에 유치하려는 경향을 의미한다. 공항 건설, 도서관 설치, 고속도로 개통 등과 같이 자기가 거주하는 지역에 유치하려는 강한 요구를 하는 것이다.

17 대출을 받아 주식매도를 하거나 전세를 받아 부동산 매매를 하는 것처럼 타인의 자본으로 이익을 내는 효과는?

① 구축효과

② 레버리지 효과

③ 사일로 효과

④ 프레이밍 효과

> **TIP** ① **구축효과** : 정부의 재정지출 확대가 기업의 투자위축을 발생시키는 현상을 말한다.
> ③ **사일로 효과** : 조직의 부서들이 서로 다른 부서와 교류하지 않고 자기 부서의 이익만을 추구하는 현상이다.
> ④ **프레이밍 효과** : 문제를 해석하는 방법에 따라서 사람의 선택이 달라지는 효과를 말한다.

ANSWER 14.① 15.③ 16.④ 17.②

18 정부가 경기 침체기에 경기회복을 위해 시행하던 완화 정책이 부작용이 생기지 않도록 서서히 정책을 거두어들이는 것은?

① 양적완화

② 출구전략

③ 베블런 효과

④ 더블 딥

> **TIP** ① **양적완화** : 중앙은행이 통화를 시중에 직접 공급해 경기를 부양하는 통화정책이다.
> ③ **베블런 효과** : 가격이 오르는데도 일부 계층의 과시욕이나 허영심 등으로 인해 수요가 줄어들지 않는 현상이다.
> ④ **더블 딥** : 기침체가 발생한 후 잠시 경기가 호전되다가 다시 경기침체로 접어드는 연속적인 침체 현상을 의미한다.

19 현재 존재하지 않거나 사람들에게 알려져 있지 않아 경쟁자가 없는 유망한 시장을 의미하는 용어는?

① 블루오션

② 레드오션

③ 그린오션

④ 퍼플오션

> **TIP** ② **레드오션** : 경쟁자가 많아 포화상태가 된 시장을 일컫는다.
> ③ **그린오션** : 친환경정책을 바탕으로 새로운 부가가치를 창출하고자 하는 시장이다.
> ④ **퍼플오션** : 기존의 레드오션에서 발상의 전환을 꾀하여 새로운 가치의 시장을 만드는 전략이다.

20 경기침체에도 불구하고 물가가 오르는 현상은?

① 스태그플레이션

② 디플레이션

③ 디맨드풀인플레이션

④ 로플레이션

> **TIP** ② **디플레이션** : 물가가 지속적으로 하락하는 현상이다.
> ③ **디맨드풀인플레이션** : 경기의 호황이 과열단계에 이르러 수요에 대한 공급 부족으로 생기는 물가상승 현상이다.
> ④ **로플레이션** : 물가상승률이 지나치게 낮은 현상이다.

ANSWER 18.② 19.① 20.①

1 1906년 윤효정, 장지연, 나수연, 김상범, 임병향 등이 헌정연구회를 확대 개편하여 발족하였으며, 국민 교육을 강화하고 국력을 배양하여 독립의 기초를 다지는 목적으로 설립한 민중계몽단체는?

① 대한자강회

② 대한광복회

③ 신민회

④ 신간회

> **TIP** ② 대한광복회 : 1915년 국권 회복, 공화정치 실현을 목적으로 결성된 항일독립운동단체다.
> ③ 신민회 : 1907년 민중계몽, 국권 회복, 실력 양성을 목적으로 설립된 항일독립운동단체다.
> ④ 신간회 : 1927년 조선민족의 정치 · 경제적 해방과 조선 독립을 목적으로 설립된 항일단체다.

2 다음이 설명하는 문화재로 옳은 것은?

> 백제 말 무왕(639년)에 세워졌으며, 1962년에 국보로 지정되었다. 우리나라 석탑 중 가장 규모가 크고 창건시기가 명확하게 밝혀진 석탑 중 가장 이른 시기에 건립된 것이다. 원래는 9층으로 추정되고 있으나 반파된 상태로 6층 일부까지만 남아 있었다. 창건 당시의 정확한 원형은 알 수 없으며, 17 ~ 18세기 이전 1층 둘레에 석축이 보강되고 1915년 일본인들이 무너진 부분에 콘크리트를 덧씌운 상태로 전해졌다.

① 미륵사지석탑

② 정혜사지 십삼층석탑

③ 정림사지 오층석탑

④ 분황사 모전석탑

> **TIP** ② 정혜사지 십삼층석탑 : 경주 정혜사터에 세워져 있는 탑으로, 통일신라시대인 9세기 즈음에 세워졌을 것으로 추측된다.
> ③ 정림사지 오층석탑 : 부여 정림사터에 세워져 있는 석탑으로, 익산 미륵사지 석탑과 함께 2기만 남아 있는 백제 시대 석탑이다.
> ④ 분황사 모전석탑 : 현재 남아 있는 신라 석탑 가운데 가장 오래된 것으로, 돌을 벽돌 모양으로 다듬어 쌓아올린 모전석탑(模塼石塔)이다. 원래 9층이었다는 기록이 있으나 지금은 3층만 남아 있다. 선덕여왕 3년(634) 분황사의 창건과 함께 건립된 것으로 추측된다.

ANSWER 1.① 2.①

3 다음은 후대 왕들의 귀감을 위해 만든 10가지 유훈이다. 이를 남긴 고려시대의 왕은?

첫째. 불교의 힘으로 나라를 세웠으니 불교를 장려할 것.
둘째. 모든 사원은 풍수 사상에 따라 개창하였으니, 함부로 짓지 말 것.
셋째. 왕위 계승은 적자적손을 원칙으로 하되, 장자가 자격이 없을 때에는 인망 있는 자가 대통을 이을 것.
넷째. 중국 풍속을 따르지 말고, 거란 등 야만국 풍속을 배격할 것.
다섯째. 서경을 중시할 것.
여섯째. 연등회·팔관회 등의 중요한 행사를 소홀히 하지 말 것.

·

·

·

아홉째. 모든 관료의 녹봉을 제도에 따라 공적으로 정할 것.
열째.　널리 경전과 역사서를 보아 온고지신의 교훈으로 삼을 것.

－고려사－

① 혜종
② 태조
③ 공민왕
④ 광종

TIP ② 고려 시대 태조 왕건이 남긴 후대 왕들이 지켜야 할 방향을 제시한 훈요10조다.

4 우리나라 최초의 한문소설은?

① 혈의 누　　　　　　　② 불놀이
③ 금오신화　　　　　　④ 홍길동전

TIP ① 우리나라 최초 신소설
② 우리나라 최초 자유시
④ 우리나라 최초 한글소설

ANSWER 3.② 4.③

5 다음 사건이 일어난 순서대로 나열한 것은?

> ㉠ 세조를 비방한 조의제문을 사초에 기록한 것을 트집잡아 훈구파가 연산군을 충동질하여 사림파를 제거하였다.
>
> ㉡ 연산군의 생모 윤씨의 폐출사건을 들추어서 사림파를 제거하였다.
>
> ㉢ 조광조 등이 현량과를 실시하여 사림을 등용하여 급진적 개혁을 추진하자 이에 대한 훈구세력의 반발로 조광조는 실각되고 말았다.
>
> ㉣ 인종의 외척인 윤임과 명종의 외척인 윤형원이 왕위계승을 두고 대립한 것이 발단이 되었다. 왕실 외척인 척신들이 윤임을 몰아내고 정국을 주도하여 사림의 세력이 크게 위축되었다.

① ㉠ → ㉡ → ㉢ → ㉣

② ㉠ → ㉢ → ㉡ → ㉣

③ ㉡ → ㉣ → ㉠ → ㉢

④ ㉠ → ㉣ → ㉡ → ㉢

TIP ① ㉠ 무오사화(1498년, 연산군 4) → ㉡ 갑자사화(1504년, 연산군 10) → ㉢ 기묘사화(1519년, 중종 14) → ㉣ 을사사화(1545년, 명종 즉위년)

6 조선왕조실록에 대한 설명으로 옳지 않은 것은?

① 기전체 역사서이다.

② 조선 태조 ~ 철종까지의 역사를 기록했다.

③ 유네스코 세계기록유산으로 등재되었다.

④ 사초(史草)를 기본으로 만들어졌다.

TIP ① 조선왕조실록은 편년체로 기술한 역사서이다.

7 향, 부곡, 소에 대한 설명으로 옳지 않은 것은?

① 고려의 특수 행정 구역이다.

② 향·부곡은 농업에 종사, 소는 수공업에 종사하였다.

③ 조세 공납에서 제외되었다.

④ 주민들은 해당지역에 속박되어 사회적 이동이 제한되었다.

TIP ③ 향, 부곡, 소에 거주하며 과중한 세금을 부담하였다.

ANSWER 5.① 6.① 7.③

8 흥선대원군에 대한 설명으로 옳지 않은 것은?

① 삼군부를 부활시켜 군국 기무를 전담시켰다.

② 속대전을 편찬하여 통치제도를 정비하였다.

③ 군정개혁으로 양반에게도 군포를 징수하는 호포제를 실시하였다.

④ 환곡의 폐단을 시정하기 위해 사창제를 실시하였다.

TIP ② 속대전은 조선의 기본 법전인 경국대전의 속편으로, 영조가 통치 기틀을 마련하여 왕권을 강화하기 위해 편찬했다. 경국대전과 속대전을 통합한 법전이 정조의 대전통편이다. 흥선대원군은 경국대전, 속대전, 대전통편을 모두 통합한 대전회통을 편찬했다.

9 우리나라 신석기 시대 문화의 특징으로 옳은 것은?

① 가락바퀴와 뼈바늘을 이용해 옷을 만들었다.

② 동굴이나 바위그늘에서 살았으며 유적은 상원의 검은모루동굴, 제천 창내 등이 있다.

③ 주먹도끼, 찍개 등의 사냥도구를 이용하여 채집과 수렵을 시작하였다.

④ 일부 저습지에서는 벼농사가 시작되었다.

TIP ②③ 구석기 시대
④ 청동기 · 철기 시대

10 ㈎ 시기에 발생한 역사적 사실로 옳은 것은?

1차 남북협상 － ㈎ － 반민특위 설치 － 사사오입 개헌

① 제1차 미 · 소 공동 위원회　　　　② 8 · 15 광복

③ 이승만 대통령 당선　　　　　　　④ 6 · 25 전쟁

TIP ③ 1차 남북협상(1948. 4.) → 이승만 대통령 당선(1948. 7.) → 반민특위 설치(1948. 10.) → 사사오입 개헌(1954. 11.)
① 1946. 3. 20.
② 1945. 8. 15.
④ 1950. 6. 25.

ANSWER 8.② 9.① 10.③

11 다음의 사건들이 일어난 순서대로 나열한 것은?

> ㉠ 정묘호란
> ㉡ 병자호란
> ㉢ 삼포왜란
> ㉣ 정유재란

① ㉠ － ㉣ － ㉢ － ㉡

② ㉡ － ㉠ － ㉣ － ㉢

③ ㉢ － ㉣ － ㉠ － ㉡

④ ㉣ － ㉡ － ㉠ － ㉢

TIP ③ ㉢ 삼포왜란(중종 5, 1510년) → ㉣ 정유재란(선조 30, 1597년) → ㉠ 정묘호란(인조 5, 1627년) → ㉡ 병자호란(인조 14, 1636년)

12 다음이 설명하는 사건이 일어난 시기로 옳은 것은?

> 진덕여왕이 김춘추를 당나라에 파견하여 "신의 나라가 대국을 섬긴 지 여러 해가 되었으나 백제는 강성하고 교활하여 침략을 일삼아 왔습니다. … (중략) … 만약 폐하께서 군사를 보내 그 흉악한 무리들을 없애지 않는다면 우리나라 백성은 모두 포로가 될 것입니다. 육로와 수로를 거쳐 섬기러 오는 일도 다시는 기대할 수 없을 것입니다." 이에 당나라 태종이 크게 감동하여 신라에 군대를 파견할 것을 허락했다.

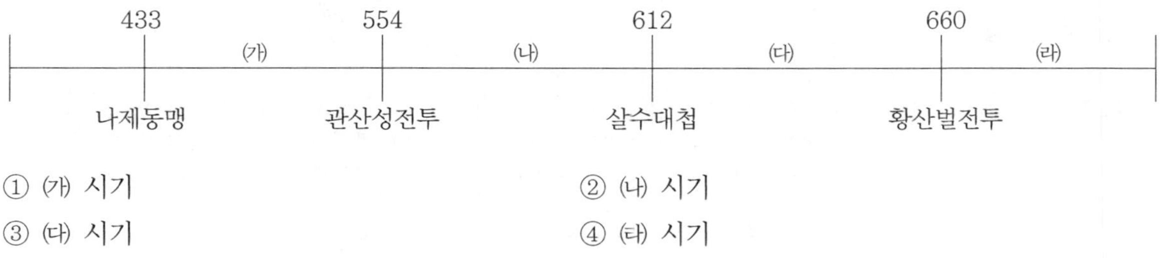

① (가) 시기

② (나) 시기

③ (다) 시기

④ (라) 시기

TIP ③ 제시된 자료에서 설명하는 사건은 진덕여왕 나당연합군에 대한 설명이다. 신라와 당나라는 648년에 군사동맹을 맺었다.

ANSWER 11.③ 12.③

13 다음이 설명하는 동예의 법속은?

> 산천을 중시하며, 산과 내마다 읍락의 경계가 있어 함부로 들어가지 않는다. 다른 읍락을 침범하면 노비와 소, 말 등으로 변상하게 한다.

① 책화
② 골장제
③ 1책 12법
④ 영고

TIP ② 골장제 : 가족이 죽으면 시체를 가매장했다가 나중에 그 뼈를 추려 무덤에 안치하는 가족공동무덤제도로 옥저의 사회 풍습이다.
③ 1책 12법 : 도둑질한 자에게 12배로 배상하게 하는 부여 법속이다.
④ 영고 : 12월에 여는 부여의 제천 행사다.

14 대한 제국 시기 다음의 상황 이후에 일어난 사건으로 옳지 않은 것은?

> 대군주 폐하께서 내리신 조칙에서 "짐이 신민(臣民)에 앞서 머리카락을 자르니, 너희들은 짐의 뜻을 잘 본받아 만국과 나란히 서는 대업을 이루라"라고 하셨다.

① 을미의병
② 동학농민운동
③ 아관파천
④ 광무개혁

TIP ② 을미개혁의 단발령에 대한 상황이다. 을미사변과 단발령에 항거하기 위해 을미의병(고종 32, 1895년)이 일어났다. 이후 조선 정부 내 친러 세력이 성장하고 을미사변으로 일본의 위협이 증대하여 고종이 러시아 공사관으로 처소를 옮겼다(아관파천). 아관파천 이후 구본 신참의 원칙하에 점진적 개혁과 복고성 및 개혁성을 절충한 광무개혁이 이루어졌다.

ANSWER 13.① 14.②

15 청동기 시대 생활상으로 옳은 것은?

① 사유재산이 생겨나면서 계급사회가 형성되었다.

② 빗살무늬토기를 사용하여 음식을 저장하고 운반하였다.

③ 가락바퀴로 실을 뽑는 원시적 수공업이 이루어졌다.

④ 동굴이나 바위그늘에서 무리 지어 살았다.

TIP ②③ 신석기 시대
④ 구석기 시대

16 인물 업적끼리 짝이 아닌 것은?

① 의천 – 천태종을 개창하였다.

② 지눌 – 수선사 결사를 조직하였다.

③ 강감찬 – 별무반을 편성하여 여진족을 토벌하였다.

④ 윤관 – 동북 9성을 축조하였다.

TIP ③ 강감찬(948 ~ 1031년)은 고려시대 문신이자 명장으로 거란의 침략을 세 번에 걸쳐 막아내고 귀주대첩(1019년)에서 큰 승리를 이끌어낸 인물이다.

ANSWER 15.① 16.③

17 백제 성왕의 업적으로 옳은 것은?

① 사비로 천도하고 국호를 남부여로 고쳤다.

② 탐라를 복속하였다.

③ 지방의 22담로에 왕족을 파견하였다.

④ 불교를 공인하였다.

TIP ② 동성왕 때 탐라를 복속시켰다.
③ 무령왕 때 지방의 22담로에 왕족을 파견하여 지방에 대한 통제를 강화하였다.
④ 침류왕 때 불교를 공인하여 중앙집권체제를 사상적으로 뒷받침하였다.

18 철기 시대 유물로 옳은 것은?

① 비파형 동검

② 독무덤

③ 고인돌

④ 덧무늬토기

TIP ①③ 청동기 시대
④ 신석기 시대

19 태조 왕건이 지방세력 견제를 위해 실시한 왕권강화 정책은?

① 조세 경감

② 흑창 설치

③ 노비안검법

④ 혼인 정책

TIP ①② 태조의 민생안정 정책이다.
③ 광종의 왕권강화 정책이다.

20 공민왕의 반원 자주정책으로 옳지 않은 것은?

① 친원파(기철 일파) 숙청

② 쌍성총관부 수복

③ 몽골풍 폐지

④ 노비안검법 실시

TIP ④ 노비안검법은 고려 광종 시기에 실시된 것이다.

01 일반사회

1 4대 보험에 포함되지 않는 것은?

① 국민연금
② 공무원연금
③ 건강보험
④ 고용보험

> **TIP** ② 공무원이 퇴직할 경우나 공무 수행 중 사망하거나 부상, 질병에 걸리는 경우 지급하는 연금 제도로, 1960년에 시행되었다. 공무원 연금공단이 운영하고 있으며, 공무원과 국가 또는 지방자치단체가 공동으로 비용을 부담한다.
> ① 18세 이상 60세 미만 국내 거주국민(공무원·군인·사립학교 교직원 제외)을 대상으로 국민 개개인이 소득 활동을 할 때 납부한 보험료를 기반으로 하여 나이가 들거나, 갑작스런 사고나 질병으로 사망 또는 장애를 입어 소득활동이 중단된 경우 본인이나 유족 에게 연금을 지급함으로써 기본 생활을 유지할 수 있도록 하는 정부 운영의 공적연금제도이다.
> ③ 고액의 진료비로 인한 부담을 방지하고자 국민건강보험공단에서 국민의 보험료를 관리·운영한다. 필요시 보험급여를 제공함으로써 위험을 분담하고 필요한 의료 서비스를 받을 수 있도록 하는 사회보장제도이다.
> ④ 1인 이상의 근로자를 고용하는 모든 사업 또는 사업장을 대상으로 근로자가 실직한 경우 생활안정을 위하여 일정 기간 동안 급여 를 지급하는 사회보험 중 하나이다.

2 중대재해처벌법의 목적에 따라 처벌대상이 아닌 것은?

① 사업주
② 경영책임자
③ 종사자
④ 공무원

> **TIP** ③ 「중대재해 처벌 등에 관한 법률」은 사업 또는 사업장, 공중이용시설 및 공중교통수단을 운영하거나 인체에 해로운 원료나 제조물을 취급하면서 안전·보건 조치의무를 위반하여 인명피해를 발생하게 한 사업주, 경영책임자, 공무원 및 법인의 처벌 등을 규정함으로 써 중대재해를 예방하고 시민과 종사자의 생명과 신체를 보호함을 목적으로 한다.

ANSWER 1.② 2.③

3 다음에서 설명하는 인구 이동으로 적절한 것은?

> • 당시 유럽은 인구 폭발과 토지 부족, 그리고 기근이라는 삼중고를 겪고 있었다. 특히 1840년대 아일랜드를 덮친 감자 기근은 약 100만 명의 아사자를 냈고, 살아남은 이들은 살기 위해 미국행 배에 몸을 실었다.
> • 미국은 1862년 홈스테드법(Homestead Act)을 시행하며 미개척지에 정착하는 이들에게 무상으로 토지를 나누어 주었다. '땀 흘려 일하면 누구나 땅 주인이 될 수 있다'는 소식은 유럽의 소작농들에게 단순한 희망을 넘어 생존을 위한 탈출구가 되었다.

① 기후적 이동
② 종교적 이동
③ 경제적 이동
④ 정치적 이동

TIP ③ 실업, 낮은 임금, 경제적 빈곤 등에 의해 더 높은 소득과 일자리를 찾아 움직이는 경제적 이동에 해당한다.
① **기후적 이동** : 자연재해나 기후 변화로 인해 거주지가 파괴되어 생존을 위해 이동하는 경우이다.
② **종교적 이동** : 자신의 종교적 신념을 지키거나 종교적 박해를 디하기 위해 이동하는 경우이다.
④ **정치적 이동** : 정치적 불안정이나 전쟁, 사상의 자유를 억압받는 상황에서 발생하는 이동이다.

4 집단학살, 전쟁 범죄, 반인도적 범죄를 저지른 개인을 처벌하는 전쟁범죄재판소는?

① 국제사면위원회
② 국가인권위원회
③ 국제형사재판소
④ 국제사법재판소

TIP ③ 2002년 7월 1일에 설립되어 국제범죄를 범한 개인을 처벌하는 국제재판소이다. 국제 범죄자에 대한 재판을 맡는 국제법원으로 1998년에 마련된 로마조약에 근거해 발족되었으며 해당 국가가 전쟁범죄 등에 대한 재판을 거부하거나 재판할 능력이 없다고 판단될 때 재판 절차를 밟는다. 집단살해, 인도에 반한 죄, 전쟁 범죄, 침략 범죄의 4개 범죄군을 관할하며 우리나라는 2003년 2월 국제형사재판소 정식 가입국이 되었다.
① 국제앰네스티로, 양심수로서 고통을 받는 사람들에 대한 구제활동을 전개하는 국제비정부기구이다.
② 국적, 인종, 신앙의 차이를 초월한 인권 보호와 신장을 목적으로 설립된 비정부기구로 1946년 국제연합 경제사회이사회 산하에 설치된 보조기관이다.
④ 국가 간 분쟁의 법적 해결을 목적으로 1945년에 창설된 국제기관이다. 국제연합과 함께 설립되었다.

ANSWER 3.③ 4.③

5 **국무위원에 대한 설명으로 옳은 것은?**

① 국회는 국무위원에 대한 해임권을 갖는다.

② 국무위원은 국무총리의 제청으로 대통령이 임명한다.

③ 군인은 현역에 국무위원으로 임명될 수 있다.

④ 행정각부의 장은 국무위원이 임명한다.

TIP ① 국회는 국무위원의 해임을 대통령에게 건의할 수 있다.
　　③ 군인은 현역을 면한 후가 아니면 국무위원으로 임명될 수 없다.
　　④ 행정각부의 장은 국무위원 중에서 국무총리의 제청으로 대통령이 임명한다.

6 **GDP가 증가하지만 물가상승 없이 안정적인 경제 상태는?**

① 골디락스　　　　　　　　　　　② 어닝쇼크

③ 펀더멘탈　　　　　　　　　　　④ 블랙스완

TIP ① **골디락스** : 일반적으로 너무 뜨겁지도, 너무 차갑지도 않은, 딱 적당한 상태를 가리킨다. 높은 경제 성장을 이루고 있더라도 물가 상승이 없는 상태이다.
　　② **어닝쇼크** : 기업이 실적을 발표할 때 시장에서 예상했던 수치보다 저조한 실적을 발표하는 것을 말한다.
　　③ **펀더멘탈** : 한 나라의 경제 상태를 나타내는 가장 기초적인 자료로 주요 거시경제 지표를 말한다.
　　④ **블랙스완** : 도저히 일어날 것 같이 않은 일이 일어난 것으로 발생 가능성이 없어 보이지만, 발생하면 엄청난 충격과 파급 효과를 주는 사건이다.

7 **LTV, DTI, DSR에 대한 설명으로 옳지 않은 것은?**

① LTV는 주택을 담보로 대출할 때 인정되는 자산가치 비율을 말한다.

② DTI는 금융부채 상환능력으로, 소득으로 대출한도를 정하는 계산 비율이다.

③ DTL 수치가 낮을수록 빚을 상환하는 능력이 높다고 인정된다.

④ DSR은 3년간 소득을 기준으로 나눈 비율로 산정한다.

TIP ④ DSR은 개인이 받은 모든 대출의 연간 원리금을 연소득으로 나눈 비율로 산정한다.

ANSWER 5.② 6.① 7.④

8 근로자의 노동쟁의 행위로 옳지 않은 것은?

① 프로보노
② 파업
③ 태업
④ 준법투쟁

TIP ① 프로보노는 '공공의 이익을 위한 무료봉사'라는 뜻으로, 공익을 위하여 변호사가 소외계층에 대해 무료로 법률 서비스를 제공하는 행위를 말한다.
② 노동자들이 자신들의 요구사항을 관철시키기 위해 업무 수행을 일시적으로 중단하는 집단행동을 말한다.
③ 표면적으로는 업무를 하면서 집단적으로 작업능률을 저하시켜 사용자에게 손해를 주는 행위를 말한다.
④ 법규를 규정대로 지키면서 사용자에게 손해를 주는 노동쟁의 방법으로 단체 휴가, 정시 퇴근, 안전 운전을 핑계로 하는 지나친 서행 운전 등이 있다.

9 법이 보장하고 있는 노동기본권 중에 하나이다. 노동조합 대표자가 노동 조건의 유지, 개선 또는 노동 협약의 체결에 관하여 직접 타협할 수 있는 권리는?

① 단결권
② 기본권
③ 단체교섭권
④ 단체행동권

TIP ① **단결권** : 헌법이 보장하고 있는 노동기본권의 하나로 노동자가 노동 조건을 유지·개선하기 위하여 단체를 결성하고 이에 가입할 수 있는 권리이다.
② **기본권** : 헌법에 의하여 보장되는 국민의 기본권리를 말한다.
④ **단체행동권** : 헌법이 보장하고 있는 노동기본권의 하나로 노동자가 노동 조건의 유지, 개선을 위하여 사용자에 대항하여 단체적인 행동을 할 수 있는 권리이다.

10 G7 국가에 포함되지 않는 국가는?

① 미국
② 러시아
③ 프랑스
④ 독일

TIP ② G7은 1970년대 국제사회가 세계경제의 위기를 대처하는 과정어서 출범하여, G7 정상 간 대화협의체로 국제정치·경제 사안에 대한 자유로운 토론의 장이다. G7 국가는 미국, 영국, 프랑스, 독일, 일본, 이탈리아, 캐나다 7개국이다.

ANSWER 8.① 9.③ 10.②

11 다음 사례에서 설명하는 권리는?

> 국민이 국가의 정치 과정에 직접 혹은 간접적으로 참여할 수 있는 권리에 해당한다. 국가에의 자유라고도 부른다. 국가의 의사 결정에 참여할 수 있는 능동적 권리로 선거권, 피선거권, 공무담임권 등이 있다.

① 사회권
② 자유권
③ 참정권
④ 평등권

TIP ① **사회권** : 국가에 대해 인간다운 생활의 보장을 요구할 수 있는 권리이다.
② **자유권** : 국가 권력으로부터 간섭이나 침해를 받지 않고 자유롭게 생활할 수 있는 권리이다.
④ **평등권** : 성별, 종교, 사회적 신분 등에 의해 부당하게 차별받지 않을 권리이다.

12 국제은행 간 통신협회 결제망으로 외국환거래의 데이터 통신망을 구축하기 위해 설립된 국제협회는?

① Fed
② S&P
③ AMEX
④ SWIFT

TIP ④ 세계은행 간 금융데이터 통신협회의 약칭으로, 세계 각국의 금융기관을 중심으로 데이터를 송신한다. 데이터통신 조직으로서 자금결제능력은 없다.
① 미국 연방준비제도로 미국의 중앙은행이다. 우리나라 한국은행과 같은 역할을 한다.
② 미국의 신용평가회사이다. 세계적인 신용과 금융분석 및 신용등급기관으로, 무디스 · 피치와 함께 세계 3대 신용평가기관으로 꼽힌다.
③ 뉴욕증권거래소와 함께 미국을 대표하는 증권거래소로, 세계 5대 증권거래소 가운데 하나이다. 상대적으로 뉴욕증권거래소보다 상장 조건이 덜 까다로운 편이다.

ANSWER 11.③ 12.④

13 형벌의 종류 중에서 명예형에 해당하는 것은?

① 사형

② 자격상실

③ 징역

④ 벌금

TIP ② 형벌에서 범죄자의 명예나 특정한 사회적 자격을 박탈하는 형벌인 명예형에는 자격정지와 자격상실이 있다.
① 사형은 생명을 박탈하는 생명형이다.
③ 징역은 자유를 박탈하고 노역에 종사하게 하는 자유형이다.
④ 벌금은 일정 금액을 국가에 납부하게 하는 재산형이다.

14 BIS(국제결제은행)에 대한 설명으로 옳지 않은 것은?

① 1930년 헤이그 협정을 모체로 설립되었다.

② 세계에서 두 번째로 오래된 국제금융기구이다.

③ BIS 자기자본비율은 바젤위원회에서 정한다.

④ 은행이 유지해야 할 최저 수준의 BIS 자기자본비율은 8%이다.

TIP ② BIS(국제결제은행)는 세계에서 가장 오래된 국제금융기구로서 중앙은행 간 정책협력을 주요기능으로 한다.
※ **바젤위원회(BCBS)**
1974년 11개 국가의 중앙은행 총재들이 설립한 국제금융감독기구로서 은행의 BIS 자기자본비율 등 국제표준을 제정하고 은행의 건전성을 규율하기 위한 국제협력의 장을 제공하고 있다. BIS 자기자본비율은 위험가중자산 대비 자기자본비율로 산출하는데, 6 ~ 8%는 경영개선 권고, 2 ~ 6% 경영개선 요구, 2% 미만은 경영 개선을 명령한다. 은행이 유지해야 할 최저 수준은 8%이다.

ANSWER 13.② 14.②

15 나프타(NAFTA)를 대체하는 미국 · 캐나다 · 멕시코 간 무역 협정은?

① USMCA   ② RCEP

③ CPTPP   ④ FTA

> **TIP** ① 미국 · 캐나다 · 멕시코 등 북미의 3개국으로 구성된 자유무역협정이다. 2017년 NAFTA(북미자유무역협정) 재협상을 시작했으나 합의에 실패했고, 2018년 개정 협상을 재개하며 북미 3국의 새로운 무역협정의 명칭을 미국 · 멕시코 · 캐나다 협정이라고 명명했다.
> ② 역내포괄적경제동반자협정으로, 동남아시아국가연합(ASEAN) 10개국과 한 · 중 · 일 3개국, 호주 · 뉴질랜드 등 15개국이 참여한다. 우리나라와 일본이 체결한 첫 FTA이다.
> ③ 포괄적 · 점진적 환태평양경제동반자협정으로, 기존에 미국과 일본이 주도하던 TPP에서 미국이 빠지면서 아시아 · 태평양 11개국이 새롭게 추진한 경제동맹체. 다양한 분야의 제품에 대한 역내 관세를 전면 철폐하는 것을 원칙으로 한다.
> ④ 자유무역협정으로, 국가 간 상품의 자유로운 이동을 위해 모든 무역 장벽을 완화하거나 제거하는 협정을 말한다.

16 다음에서 설명하는 것은?

> 일정한 기준 이하의 빈곤자에게 보험료를 부담할 수 없는 사람의 보호를 전적으로 국가가 맡아 부조하는 것이다.

① 의료보호   ② 국민연금

③ 고용보험   ④ 국민건강보험

> **TIP** ① 의료보호제도는 1977년 의료보호법의 제정으로 그 보호내용이 확대되고 보호의 질적 개선이 이루어졌으며, 1986년부터는 저소득층에까지 확대 실시하고 있다.
> ②③④ 사회보험제도이다.

17 인터넷상의 주민번호 도용 등 개인정보를 도용하는 문제에 관해 국가가 입법을 마련할 경우 이는 무엇을 위한 정책인가?

① 정보화의 발전   ② 정보화의 안전화

③ 사생활 보호   ④ 공공기관의 보호

> **TIP** ③ 개인정보(사생활) 보호를 위함이다.

ANSWER 15.①   16.①   17.③

18 국가 권력이 국민의 기본권을 침해했을 때 국민이 직접 헌법재판소에 구제를 요청하는 제도는?

① 권력분립

② 헌법소원심판

③ 민사재판

④ 소송

TIP ① **권력분립** : 국가 권력의 남용을 막기 위해 권력을 여러 기관에 나누어 맡기고 서로 견제하게 하는 원리이다.
③ **민사재판** : 개인과 개인 사이에서 발생하는 재산상 또는 신분상의 다툼을 해결하기 위한 재판이다.
④ **소송** : 법원에 판결을 내려달라고 요구하는 공식적인 절차이다.

19 다음 ㉠에 들어가는 것은?

> 물가 수준이 지속적으로 상승하여 화폐 가치가 하락하는 현상은 (㉠)이라고 한다. 제1차 세계대전 패전 후 독일(바이마르 공화국)이 겪은 역사상 가장 유명한 (㉠)이다. 독일은 전쟁 배상금을 갚기 위해서 막대한 양의 화폐를 찍어냈다. 물가는 수천억 배로 폭등했다.

① 슈링크플레이션

② 디플레이션

③ 인플레이션

④ 스킴플레이션

TIP ① **슈링크플레이션** : 가격은 그대로 두되 제품의 크기나 양을 줄여 사실상 가격 인상 효과를 노리는 현상이다.
② **디플레이션** : 물가가 지속적으로 하락하는 현상이다.
④ **스킴플레이션** : 가격은 그대로지만 제품이나 서비스의 질(Quality)을 낮추는 현상이다.

20 국가형벌권의 한계를 제시하여 그 남용을 방지함으로써 국민의 인권을 보장하기 위한 형법의 가장 중요한 기본원칙은?

① 관습형벌의 배제

② 죄형법정주의

③ 일사부재리의 원칙

④ 형벌불소급의 원칙

TIP **죄형법정주의**
㉠ **의의** : 공동생활의 질서를 해하는 행위인 범죄와 이에 대한 제재인 형벌의 내용을 미리 법률로 정해야 한다는 원칙이다. 죄형법정주의는 국가형벌권의 한계를 제시하여 그 남용을 방지함으로써 국민의 인권을 보장한다.
㉡ **죄형법정주의의 파생원칙** : 관습법 적용의 금지, 유추해석의 금지, 형벌불소급의 원칙, 절대적 부정기형의 금지 등이 있다.

ANSWER 18.② 19.③ 20.②

1 1905년에 일본이 한국의 외교권을 빼앗기 위해 강제적으로 맺은 불평등 조약은?

① 을사늑약   ② 정미 7조약

③ 강화도조약   ④ 제물포조약

> **TIP** ② 1907년에 일제가 우리나라의 주권을 빼앗기 위해 강요한 조약으로, 정미년에 맺은 7개 항목의 조약이라는 뜻에서 정미 7조약 (한일신협약)이라고 한다.
> ③ 1876년에 조선과 일본 사이에 체결된 최초의 근대적 국제조약으로, 일본이 군사력을 동원하여 강압적으로 체결한 불평등조약이다.
> ④ 1882년에 임오군란으로 발생한 일본의 피해보상문제 등을 다룬 조선과 일본 사이에 체결한 조약이다.

2 대한민국 임시정부에 대한 설명으로 옳은 것은?

① 3 · 1운동을 지원했다.
② 김구를 초대 대통령으로 추대하였다.
③ 좌익과 우익의 세력이 합작하여 결성된 항일단체이다.
④ 한국광복군을 창설했다.

> **TIP** ① 3 · 1운동 이후 원활하고 독립국가 건설 목적으로 조직되었다.
> ② 대한민국 임시정부 초대 대통령은 이승만이다.
> ③ 1927년에 결성된 신간회에 대한 설명이다. '민족 유일당 민족협동전선'이라는 표어 아래 민족주의를 표방하고 민족주의 진영과 사회주의 진영이 제휴하여 창립되었다.

3 조선시대에 공물을 쌀로 통일하여 바치게 한 세금 제도로 옳은 것은?

① 대동법   ② 영정법
③ 균역법   ④ 호포법

> **TIP** ② **영정법** : 조선 후기에 시행된 전세 징수법으로 토지 1결당 미곡 4두를 징수하였다.
> ③ **균역법** : 조선 후기 영조 때 군역 부담을 경감하기 위해 만든 세법이다.
> ④ **호포법** : 조선 후기에 양반과 평민 구분 없이 집집(戶)마다 군포를 내도록 한 세금 제도이다.

ANSWER 1.① 2.④ 3.①

4 국제회담이 진행된 시기의 순서를 바르게 나열한 것은?

㉠ 카이로회담

㉡ 모스크바 3국 외상 회의

㉢ 미소공동위원회

㉣ 얄타회담

㉤ 포츠담선언

---

① ㉠ → ㉡ → ㉢ → ㉤ → ㉣

② ㉠ → ㉣ → ㉤ → ㉡ → ㉢

③ ㉡ → ㉣ → ㉤ → ㉢ → ㉠

④ ㉢ → ㉡ → ㉠ → ㉣ → ㉤

TIP ② '㉠ 카이로회담(1943) → ㉣ 얄타회담(1945. 2.) → ㉤ 포츠담선언(1945. 7.) → ㉡ 모스크바 3국 외상 회의(1945. 12.) → ㉢ 미소 공동위원회(1946)' 순으로 진행되었다.

※ **국제회담**
㉠ **카이로회담**(1943) : 제2차 세계대전 때 이집트의 카이로에서 개최된 회담으로, 세계대전의 수행과 전후(戰後) 처리를 협의하기 위해 열렸다.
㉡ **모스크바 3국 외상 회의**(1945. 12.) : 모스크바에서 미국·영국·소련의 3개국이 제2차 세계대전의 전후(戰後)문제 처리를 위해 소집한 외상 회의이다. 이 회의에서 한국에 임시 민주 정부를 수립하고 미·영·중·소에 의한 최고 5년간의 한반도 신탁 통치 등을 결정하였다.
㉢ **미소공동위원회**(1946) : 모스크바 3국 외상 회의 합의에 따라 설치된 한국 문제 해결을 위해 열린 미·소 양국 대표자 회의다.
㉣ **얄타회담**(1945. 2.) : 제2차 세계대전 종반에 소련 얄타에서 미국·영국·소련의 수뇌들이 모여 패전국에 대한 처리, 국제 연합의 창설, 소련의 대일(對日) 참전 따위에 관하여 협의하였으며 얄타 비밀 협정을 체결하였다.
㉤ **포츠담선언**(1945. 7.) : 미국·영국·중국의 3개국 대표가 포츠담에 모여 일본의 항복 조건과 일본 점령지의 처리에 관하여 발표한 선언이다.

5 고려 현종 때 거란의 침입을 막아내고 국난을 극복하고자 간행한 것은?

① 속장경

② 초조대장경

③ 팔만대장경

④ 직지심체요절

TIP ② 초조대장경은 현종 때 거란의 퇴치를 염원하며 편찬하였으나, 몽골의 침입 때 소실되었다.
① 초조대장경을 보완하기 위해 교장도감을 설치하여 속장경을 간행하였는데, 몽골의 침입 때 소실되었다.
③ 판수가 8만여 개에 달하고 8만 4천 번뇌에 해당하는 8만 4천 법문을 실었다고 하여 팔만대장경이라고 부른다. 몽골이 침입하자 불교 힘으로 물리치기 위해 당시 무신 집권자였던 최우의 지휘하에 만들어졌다.
④ 금속활자로 인쇄된 책 중 가장 오래된 것으로 2001년 유네스코 세계 기록 유산에 등재되었다.

ANSWER 4.② 5.②

6 다음에서 설명하는 국가의 법률 제도로 옳은 것은?

> • 영고라는 제천행사가 12월에 열렸다.
> • 여러 가(加)들이 사출도를 별도로 주관하였다.
> • 은력(殷曆)을 사용하였다.
> • 순장하는 장례문화와 형사취수제라는 혼인풍속이 있었다.

① 서옥제   ② 족외혼
③ 8조법   ④ 1책 12법

TIP ④ 설명하는 국가는 부여. 부여는 도둑질을 하다가 걸리면 12배를 배상하도록 하는 1책 12법이 있었다. 1책 12법으로 노비(계급)이 발생하고, 화폐를 사용하며 사유재산을 중시한다는 것을 알 수 있다.
     ① 고구려의 혼인 제도로 여성의 집에 서옥을 짓고 사위를 머무르게 한 제도이다.
     ② 조상이 같은 씨족끼리는 결혼을 하지 않는 제도로 동예의 혼인 제도이다.
     ③ 고조선의 법으로 현재 8조항 중 3조항만 전해지고 있다. '남을 죽인 사람은 사형에 처한다', '남을 때려 다치게 한 사람은 곡식으로 보상한다', '남의 물건을 훔친 사람은 그 물건 주인의 노예가 되어야 한다. 풀려나려면 50만 전을 내야 한다' 내용으로 생명중시, 노동력 중시, 사유재산 중시를 알 수 있다.

7 광복이후 최초의 남북정상회담에서 발표한 선언은?

① 6 · 15 남북 공동 선언   ② 10 · 4 남북 공동 선언
③ 9 · 19 평양 공동 선언   ④ 4 · 27 판문점 선언

TIP ① 2000년 6월 15일에 발표한 제1차 정상회담 후 발표한 남북 공동 선언으로, 광복 이후 남북 최고지도자가 합의하여 발표한 최초의 선언이다.
     ② 2007년 제2차 남북정상회담에서 채택된 공동 선언으로, 6 · 15 공동선언 적극 구현 및 상호 존중과 신뢰의 남북관계로 전환 등을 골자로 한다.
     ③ 2018년 9월에 열린 제3차 남북정상회담에서 발표한 공동 선언으로 비핵화 분야, 군사분야, 경제 분야, 이산가족 분야, 문화 체육 분야에 대한 양국 정상 간 합의 내용이 포함되어 있다.
     ④ 2018년 4월 판문점 평화의 집에서 발표한 남북정상회담 합의문이다.

8 7 · 4 남북 공동성명에 대한 설명으로 옳지 않은 것은?

① 분단 후 최초 통일 성명이다.   ② 통일의 3대 원칙을 천명하였다.
③ 한반도 비핵화를 선언하였다.   ④ 서울과 평양에서 동시 발표되었다.

TIP ③ 7 · 4 남북 공동성명은 1972년에 서울과 평양에서 동시에 발표된 성명으로 통일의 3대 원칙 자주 · 평화 · 민족대단결을 골자로 하였다.

ANSWER 6.④   7.①   8.③

9 유신헌법 내용으로 옳은 것은?

① 대통령의 중임을 폐지한다.

② 직선제로 대통령을 선출한다.

③ 대통령에게 긴급조치권을 부여한다.

④ 대통령은 국회를 해산할 수 없다.

TIP ③ 대통령에게 헌법효력까지도 일지 정지시킬 수 있는 긴급조치권을 부여한다.
　　① 대통령의 임기는 6년으로 하되 중임 제한을 폐지한다.
　　② 통일주체 국민회의에서 간선제(간접선거)로 대통령을 선출한다.
　　④ 대통령에게 국회해산권 및 국회의원 1/3 임명권을 부여한다.

10 다음 밑줄 친 '전투'가 있었던 시기로 옳은 것은?

> 영양왕(嬰陽王)이 즉위하자 온달(溫達)이 아뢰었다. "우리 한북(漢北)의 땅을 신라가 빼앗아 군현(郡縣)으로 삼았습니다. 백성들이 가슴 아파하고 원망하면서 한시도 부모의 나라를 잊은 적이 없습니다. 저를 어리석고 못나다 생각하지 마시고 저에게 군사를 주신다면 반드시 우리 땅을 되찾아서 돌아오겠습니다." 왕이 온달의 청을 허락하였다. 온달은 출전에 즈음하여 맹세하며 말하기를, "계립현(鷄立峴) · 죽령(竹嶺)의 서쪽 지역을 다시 우리의 땅으로 되돌려 놓지 못한다면, 나는 다시 돌아오지 않겠다!"라고 하였으나, 출전하여 신라군과 아단성(阿旦城) 아래에서 '전투'하다가 날아오는 화살에 맞아 결국 쓰러져 죽었다.

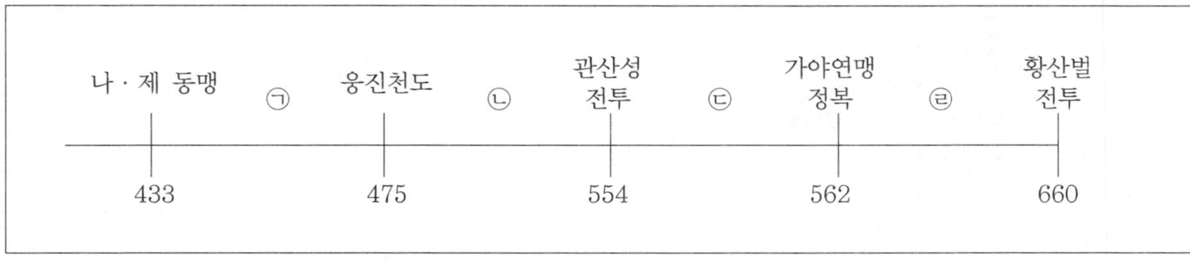

① ㉠

② ㉡

③ ㉢

④ ㉣

TIP ④ 밑줄 친 '전투'는 6세기 아차산성 전투(590년)이다. 나 · 제 동맹이 고구려를 공격하고 이후 신라가 한강을 차지하였는데, 고구려 영양왕 때 온달 장군이 신라가 차지했던 한강 유역을 빼앗고자 출정했다가 아차산성 전투에서 전사한다.

ANSWER 9.③ 10.④

11 백두산정계비를 건립한 조선시대의 왕은?

① 성종

② 광해군

③ 정조

④ 숙종

TIP ④ 숙종 때 백두산정계비가 건립되었다.

12 다음 중 조선시대 영조가 시행한 것은?

① 균역법 실시

② 사심관 제도 실시

③ 「경국대전」 반포

④ 6조 직계제를 실시

TIP ② 고려시대 태종이 실시한 것이다.
③ 조선시대 성종이 실시한 것이다.
④ 조선시대 태종이 실시한 것이다.

13 다음의 사건을 순서대로 정리한 것은?

> ㉠ 전태일 분신사건
> ㉡ 6 · 25전쟁 발발
> ㉢ 제1차 남북 정상회담(평양)
> ㉣ 박종철 고문치사 사건

① ㉠ → ㉣ → ㉡ → ㉢

② ㉡ → ㉢ → ㉣ → ㉠

③ ㉡ → ㉠ → ㉣ → ㉢

④ ㉢ → ㉣ → ㉠ → ㉡

TIP ㉡ 1950년 6월 25일 6 · 25전쟁이 발발하였다.
㉠ 1970년대에 발생하였다.
㉣ 1987년에 발생하였다.
㉢ 2000년에 개최되었다.

ANSWER 11.④ 12.① 13.③

14 다음 신라 시대의 사회적 특징이 아닌 것은?

① 골품제도로 신분을 규정하였다.

② 빈민구제책으로 진대법을 실시하였다.

③ 화백회의로 귀족회의를 하였다.

④ 화랑과 낭도로 구성된 화랑도에서 인재를 양성하였다.

TIP ② 고구려 고국천왕이 실시한 것이다.

15 통일 신라 시대 신문왕의 정책이 아닌 것은?

① 지방행정을 9주 5소경을 정비하였다.

② 군사를 9서당 10정으로 정비하였다.

③ 국학을 설립하였다.

④ 상수리제도를 시행하였다.

TIP ④ 문무왕이 지방 세력을 견제하기 위해 시행한 것이다.

16 고려시대에 다음의 정책을 시행한 왕은?

> • 흑창을 설치하고 공신들에게 역분을 지급하였다.
> • 사심관 제도를 실시하였다.
> • 훈요 10조를 작성하였다.

① 태조

② 성종

③ 숙종

④ 공민왕

TIP ① 고려시대 태조는 흑창을 설치하고 공신들에게 역분을 지급하였다. 또한 사심관 제도, 기인제도를 실시하였고 훈요 10조를 남겼다.

ANSWER 14.② 15.④ 16.①

17 다음 사건을 순서대로 정리한 것은?

> ㉠ 제1차 한 · 일 협약
> ㉡ 을사늑약
> ㉢ 한국 병합 조약
> ㉣ 한 · 일 의정서

① ㉠ → ㉡ → ㉣ → ㉢
② ㉡ → ㉣ → ㉢ → ㉠
③ ㉢ → ㉡ → ㉠ → ㉣
④ ㉣ → ㉠ → ㉡ → ㉢

TIP ④ ㉣ 한 · 일 의정서(1904) → ㉠ 제1차 한 · 일 협약(1904) → ㉡ 을사늑약(1905) → ㉢ 한국 병합 조약(1910) 순서에 해당한다.

18 다음 사건을 순서대로 정리한 것은?

> ㉠ 신미양요
> ㉡ 갑신정변
> ㉢ 병인양요
> ㉣ 동학 농민 운동

① ㉠ → ㉡ → ㉢ → ㉣
② ㉡ → ㉠ → ㉣ → ㉢
③ ㉢ → ㉠ → ㉡ → ㉣
④ ㉣ → ㉢ → ㉠ → ㉡

TIP ③ ㉢ 병인양요(1866) → ㉠ 신미양요(1871) → ㉡ 갑신정변(1884) → ㉣ 동학 농민 운동(1894) 순서로 진행되었다.

ANSWER 17.④ 18.③

19 다음에서 설명하는 것은?

> 1960년 학생들이 중심이 되어서 일으킨 민주주의 혁명에 해당한다. 3 · 15 부정 선거에 시위가 시작되었다. 부정선거를 규탄하는 여론이 들끓는 와중에, 최루탄을 눈에 맞은 김주열 학생의 시신이 발견된 후에 시위가 전국적으로 확산되었다.

① 5 · 18민주화 운동
② 4 · 19혁명
③ 사사오입 개헌
④ 6월 민주항쟁

TIP ② 4 · 19혁명 : 이승만 정권의 독재와 3 · 15부정 선거에 대한 분노로 4 · 19혁명이 시작되었다.
　① 5 · 18 민주화 운동 : 1980년 광주를 중심으로 전두환 등 신군부 세력의 퇴진과 계엄령 철폐를 요구하며 일어난 운동이다.
　③ 사사오입 개헌 : 1954년 이승만 대통령의 장기 집권을 위해 정족수 미달의 개헌안을 반올림 논리로 강제 통과시킨 사건이다.
　④ 6월 민주항쟁 : 1987년 전두환 정권의 독재에 맞서 대통령 직선제 개헌을 이끌어낸 범국민적 민주화 운동이다.

20 다음에서 설명하는 단체는?

> 1931년에 만들어진 단체로 우리말을 연구하기 위한 곳이다. 최현배와 이윤재가 주도하여 조직되었다. 한글 맞춤법과 외래어 표기법의 통일안을 마련하면서 표준어를 제정하였다. '우리말 큰사전' 편찬을 추진하였다.

① 의열단
② 독립협회
③ 조선어 학회
④ 한인 애국단

TIP ① 의열단 : 1919년 만주에서 시작된 단체로 신흥무관학교를 나온 독립운동가가 만들었다.
　② 독립협회 : 1896년 지식인이 중심이 되어 만든 근대적인 사회단체에 해당한다.
　④ 한인 애국단 : 1913년 김구가 중국 상하이에 만든 독립운동 단체게 해당한다. 윤봉길의 상하이 의거, 이봉창의 도쿄 의거가 대표적인 활동이다.

ANSWER 19.② 20.③

한국사

선사 시대의 문화와 국가의 형성

01 ▶ 선사 시대의 전개

1. 우리나라의 선사 시대

우리 조상들은 만주와 한반도를 중심으로 동북아시아에 넓게 분포하였으며 신석기시대부터 청동기시대를 거쳐 민족의 기틀이 형성되었다.

(1) 구석기 시대

① 생활 … 주먹도끼 · 찍개 · 팔매돌 등은 사냥도구이고, 긁개 · 밀개 등은 대표적인 조리도구이며, 뗀석기와 동물의 뼈나 뿔로 만든 뼈 도구를 사용하여 채집과 사냥을 하면서 생활하였다.

② 주거 … 동굴이나 바위 그늘에서 살거나 강가에 막집을 짓고 살았는데 후기의 막집에는 기둥자리, 담자리, 불땐 자리가 남아 있고 집터의 규모는 작은 것은 3 ~ 4명, 큰 것은 10명이 살 수 있을 정도의 크기였다.

③ 사회 … 무리생활을 했으며 평등한 공동체적 생활을 하였다.

④ 종교, 예술 … 풍성한 사냥감을 얻기 위한 주술적 의미로서 석회암이나 동물의 뼈 또는 뿔 등에 고래와 물고기를 새긴 조각품을 만들었다.

(2) 신석기 시대

① 경제 … 활이나 창을 이용한 사냥과 작살, 돌이나 뼈로 만든 낚시 등을 이용한 고기잡이를 하였으며, 또한 가락바퀴나 뼈바늘이 출토되는 것으로 의복이나 그물을 제작하였음을 알 수 있다.

② 토기 … 이른 민무늬토기, 덧무늬토기, 눌러찍기 토기 등이 발견되며 빗살무늬토기는 밑 모양이 뾰족하며 크기가 다양하고, 전국 각지에 널리 분포되어 있다.

③ 주거 … 바닥이 원형 또는 둥근 네모꼴인 움집에서 4 ~ 5명 정도의 가족이 거주하였다. 남쪽으로 출입문을 내었으며, 화덕이나 출입문 옆에는 저장 구덩이를 만들어 식량이나 도구를 저장하였다.

④ 사회 … 혈연을 바탕으로 한 씨족이 족외혼을 통해 부족을 형성하였고, 평등한 사회였다.

⑤ 원시신앙의 출현

  ㉠ 애니미즘 : 자연현상, 자연물에 영혼이 있다고 믿어 재난을 피하거나 풍요를 기원하는 것으로, 태양과 물에 대한 숭배가 대표적이다.

  ㉡ 영혼, 조상숭배 : 사람이 죽어도 영혼은 없어지지 않는다는 믿음을 말한다.

  ㉢ 샤머니즘 : 인간과 영혼 또는 하늘을 연결시켜 주는 존재인 무당과 그 주술을 믿는 것이다.

  ㉣ 토테미즘 : 자기 부족의 기원을 특정 동물과 연결시켜 그것을 숭배하는 믿음이다.

2. 고조선과 청동기 문화

(1) 청동기의 보급

① 사회 변화 … 생산경제의 발달, 청동기 제작과 관련된 전문 장인의 출현, 사유재산제도와 계급이 발생하게 되었다.

② 유물

    ㉠ 석기 : 반달돌칼, 바퀴날도끼, 홈자귀

    ㉡ 청동기 : 비파형 동검과 화살촉 등의 무기류, 거친무늬거울

    ㉢ 토기 : 미송리식 토기, 민무늬토기, 붉은간토기

    ㉣ 무덤 : 고인돌, 돌널무덤, 돌무지무덤

(2) 철기의 사용

① 철기문화의 보급 … 철제 농기구의 사용으로 농업이 발달하여 경제 기반이 확대되었으며, 철제 무기와 철제 연모의 사용으로 청동기는 의식용 도구로 변하였다.

② 유물 … 명도전, 오수전, 반량전을 통하여 중국과의 활발한 교류를 알 수 있으며 경남 창원 다호리 유적에서 나온 붓을 통해 한자를 사용했음을 알 수 있다.

③ 청동기의 독자적 발전 … 비파형 동검은 세형동검으로, 거친무늬 거울은 잔무늬 거울로 형태가 변하였으며 거푸집도 전국의 여러 유적에서 발견되고 있다.

(3) 청동기 · 철기시대의 생활

① 경제생활의 발전 … 조, 보리, 콩, 수수 등 밭농사 중심이었지만 일부 저습지에서 벼농사가 시작되었다. 또한 사냥이나 고기잡이도 여전히 하고 있었지만 농경의 발달로 점차 그 비중이 줄어들었고 돼지, 소, 말 등의 가축의 사육이 증가되었다.

② 주거생활의 변화

    ㉠ 집터 유적 : 대체로 앞쪽에는 시냇물이 흐르고 뒤쪽에는 북서풍을 막아 주는 나지막한 야산이 있는 곳에 우물을 중심으로 자리 잡고 있다.

    ㉡ 정착생활의 규모의 확대 : 집터는 넓은 지역에 많은 수가 밀집되어 취락형태를 이루고 있으며, 이는 농경의 발달과 인구의 증가로 정착생활의 규모가 점차 확대되었음을 보여 주는 것이다.

③ 사회생활의 변화 … 여성은 가사노동, 남성은 농경 · 전쟁에 종사하였다. 생산력의 증가에 따른 잉여생산물은 빈부의 격차와 계급의 분화를 촉진하였고 이는 무덤의 크기와 껴묻거리의 내용에 반영되었다.

④ 고인돌의 출현 … 고인돌은 청동기 시대의 계급사회의 발생을 보여주는 대표적인 무덤으로 북방식 고인돌이 전형적인 형태이며 우리나라 전역에 걸쳐 분포되어 있는데 당시 지배층이 가진 정치권력과 경제력을 잘 반영해 주고 있다.

⑤ 군장의 출현 … 정치, 경제력이 우세한 부족이 선민사상을 가지그 주변의 약한 부족을 통합하거나 정복하고 공납을 요구하였으며 군장이 출현하게 되었다.

(4) 청동기 · 철기 시대의 예술

청동으로 만든 도구의 모양이나 장식에는 미의식과 생활모습이 표현되었고, 흙으로 빚은 사람이나 짐승모양의 토우는 본래의 용도 외에도 풍요를 기원하는 주술적 의미를 가지고 있다. 울주반구대 바위그림은 사냥과 고기잡이의 성공과 풍성한 수확을 기원하였음을 알 수 있고, 고령 양전동 알터 바위그림은 태양 숭배와 풍요를 기원하는 의미를 가진다.

(5) 단군과 고조선

① 고조선의 건국 … 족장사회에서 가장 먼저 국가로 발전한 고조선은 단군왕검이 건국하였다(B.C. 2333).

② 고조선의 발전 … 초기에는 요령지방, 후기에는 대동강 유역의 왕검성 중심으로 독자적인 문화를 이룩하면서 발전하였다. 부왕, 준왕 같은 강력한 왕이 등장하여 왕위를 세습하였고 상(相), 대부(大夫), 장군 등의 관직을 두었으며 요서지방을 경계로 하여 연(燕)과 대립하였다.

(6) 위만의 집권

① 위만 조선의 성립 및 발전 … 준왕을 축출하고 중국 유이민 집단인 위만이 왕이 되었으며 지리적인 이점을 이용한 중계 무역의 이득을 독점하기 위해 한과 대립하였다.

② 고조선의 멸망 … 위만 조선에 위협을 느낀 한의 무제는 대규모 침략을 강행하였으나 고조선은 한의 군대에 맞서 완강하게 대항하여 장기간의 전쟁으로 지배층의 내분이 일어나 왕검성이 함락되어 멸망하였다(B.C. 108). 고조선이 멸망하자 한은 고조선의 일부 지역에 군현을 설치하여 지배하고자 하였으나 고구려의 공격으로 소멸되었다.

(7) 고조선의 사회

① 8조법과 고조선의 사회상 … 권력과 경제력의 차이 및 사유 재산의 발생은 형벌과 노비가 생겨나게 하였다.

② 한 군현의 엄한 율령 시행 … 한 군현의 설치 후 억압과 수탈을 당하던 토착민들은 이를 피하여 이주하거나 단결하여 한 군현에 대항하였다. 이에 한 군현은 엄한 율령을 시행하여 자신들의 생명과 재산을 보호하려 하였으며 법 조항도 60여 조로 증가시켜 풍속도 각박해져 갔다.

3. 여러 나라의 성장

(1) 부여

① 정치

　㉠ 왕 아래에는 가축의 이름을 딴 마가, 우가, 저가, 구가와 대사자, 사자 등의 관리가 있었다.

　㉡ 가(加)마다 따로 행정구획인 사출도를 다스리고 있어서 왕이 직접 통치하는 중앙과 합쳐 5부를 이루었다.

　㉢ 왕의 권력이 미약하여 제가들이 왕을 추대·교체하기도 하였고, 수해나 한해로 농사가 잘 되지 않으면 그 책임을 왕에게 묻기도 하였다. 그러나 왕이 나온 대표 부족의 세력은 매우 강해서 궁궐, 성책, 감옥, 창고 등의 시설을 갖추고 있었다.

② 법률(부여의 4조목)

　㉠ 살인자는 사형에 처하고, 그 가족은 데려다 노비로 삼는다.

　㉡ 절도죄를 지은 자는 12배의 배상을 물린다.

　㉢ 간음한 자는 사형에 처한다.

　㉣ 부인이 투기가 심하면 사형에 처하되, 그 시체는 산 위에 버린다. 단, 그 여자의 집에서 시체를 가져가려면 소·말을 바쳐야 한다.

③ 풍습

    ㉠ 순장 : 왕이 죽으면 많은 사람들을 껴묻거리와 함께 묻는 순장의 풍습이 있었다.

    ㉡ 흰 옷을 좋아했고, 형사취수와 일부다처제 풍습이 있었다.

    ㉢ 은력(殷曆)을 사용하였다.

    ㉣ 제천행사 : 12월에 하늘에 제사를 지내고 노래와 춤을 즐기는 영고를 열었다.

    ㉤ 우제점복 : 소를 죽여 그 굽으로 길흉을 점치기도 하였다.

(2) 고구려

① 정치 ⋯ 왕 아래 상가, 고추가 등의 대가들이 있었으며, 대가들은 독립적인 세력을 유지하였다. 이들은 각기 사자, 조의, 선인 등의 관리를 거느리고 있었다.

② 풍속

    ㉠ 서옥제 : 혼인을 정한 뒤 신부 집의 뒤꼍에 조그만 집을 짓고 거기서 자식을 낳고 장성하면 아내를 데리고 신랑 집으로 돌아가는 제도이다.

    ㉡ 제천행사 : 10월에는 추수감사제인 동맹을 성대하게 열었다.

    ㉢ 조상신 제사 : 건국 시조인 주몽과 그 어머니 유화부인을 조상신으로 섬겨 제사를 지냈다.

(3) 옥저와 동예

① 옥저 ⋯ 비옥한 토지를 바탕으로 농사를 지었으며, 어물과 소금 등 해산물이 풍부하였으며 민며느리제와 골장제(가족공동 무덤)가 유행하였다.

② 동예

    ㉠ 경제 : 단궁(활)과 과하마(조랑말), 반어피(바다표범의 가죽) 등이 유명하였다.

    ㉡ 풍속 : 무천이라는 제천행사를 10월에 열었으며 족외혼을 엄격하게 지켰다. 또한 각 부족의 영역을 함부로 침범하지 못하게 하고 만약 침범하면 노비와 소, 말로 변상하게 하였다(책화)

(4) 삼한

① 진(辰)의 성장과 발전 ⋯ 고조선 남쪽지역에는 일찍부터 진이 성장하고 있었는데 고조선 사회의 변동에 따라 대거 남하해 온 유이민에 의하여 새로운 문화가 보급되어 토착문화와 융합되면서 진이 발전하여 마한, 변한, 진한의 연맹체들이 나타나게 되었다.

② 삼한의 제정 분리 ⋯ 정치적 지배자 외에 제사장인 천군이 있었다. 그리고 신성지역으로 소도가 있었는데, 이곳에서 천군은 농경과 종교에 대한 의례를 주관하였다.

③ 삼한의 경제 · 사회상

    ㉠ 두레조직을 통하여 여러 가지 공동작업을 하였다.

    ㉡ 제천행사 : 5월의 수릿날과 10월에 계절제를 열어 하늘에 제사를 지냈다.

    ㉢ 변한의 철 생산 : 철이 많이 생산되어 낙랑, 왜 등에 수출하였고 교역에서 화폐처럼 사용되기도 하였다. 마산의 성산동 등지에서 발견된 야철지는 제철이 성하였음을 보여주고 있다.

출제예상문제

1 ㈎ 시기의 생활상에 대한 설명으로 옳은 것은?

> ㈎ 시대는 생존이 가장 큰 과제였던 시기였다. 종교적 행위 역시 풍요와 무사 안녕을 기원했다. 알타미라나 라스코 동굴 벽화에는 말, 소, 사슴 등이 정교하게 그려져 있는데, 이는 사냥의 성공과 짐승의 번식을 기원하며 창으로 찌르는 등의 의식을 치른 흔적이다. ㈎ 시대는 거대한 바위, 태양, 동물 등 초자연적인 힘을 가진 존재를 경외하며 숭배했다.

① 반달 돌칼을 이용하여 벼를 수확하였다.
② 넓적한 돌 갈판에 옥수수를 갈아서 먹었다.
③ 사냥이나 물고기 잡이 등을 통해 식량을 얻었다.
④ 영혼 숭배 사상이 있어 사람이 죽으면 흙 그릇 안에 매장하였다.

ADVICE ③ ㈎는 구석기 시대이다. 함경북도 구석기 시대 유적지로는 동관진, 굴포리가 있으며 거주지는 주로 강가의 막집이나 동굴을 이용하였다. 무리를 지어 이동하며 사냥이나 물고기 잡이, 채집 등을 통해 경제생활을 영위했다. 구석기 시대를 대표하는 도구로는 뗀석기가 있다.
　① 반달 돌칼은 청동기 시대의 농경 도구이다.
　② 갈판과 갈돌은 신석기 시대의 농경 도구이다.
　④ 신석기 시대의 영혼 숭배 사상으로 원시 신앙 형태이다.

2 고조선에 대한 설명으로 옳지 않은 것은?

① 영고라는 제천행사가 있었다.
② 사람의 생명과 노동력을 중시하였다.
③ 형벌과 노비가 존재한 계급사회였다.
④ 상·대부·장군 등의 관직이 있었다.

ADVICE ① 영고는 부여의 제천행사이다.

ANSWER 1.③ 2.①

3 다음 설명하는 (개) 시대의 생활 모습으로 옳은 것은?

> ((개)) 시대에는 곡물 저장, 음식 조리, 물 저장 등 실용적인 목적으로 민무늬 토기를 사용하였다. 곡식을 수확할 때에는 반달돌칼을 사용했다.

① 동굴이나 바위 그늘에서 이동하며 생활을 하였다.
② 지배층은 고인돌을 무덤으로 사용하였다.
③ 사냥을 위해 뗀석기를 사용하였다.
④ 가락바퀴로 실을 뽑아서 천을 만들었다.

ADVICE ② 민무늬 토기와 반달돌칼의 사용으로 보아 (개)는 청동기 시대에 대한 생활 모습임을 알 수 있다.
　　　①③ 구석기 시대 특징이다.
　　　④ 신석기 시대의 특징이다.

4 (개), (내) 국가에 대한 설명으로 옳은 것은?

> (개) 장래에 혼인할 것을 약속한 신부가 어릴 때 미리 신랑 집에서 살다가, 성인이 되면 혼인하는 제도인 민며느리제 풍습이 있었다.
> (내) 매년 12월에 제천 행사 영고가 열렸다.

① (개) – 무천이라는 제천행사가 있었다.
② (개) – 계루부집단이 권력을 장악하였다.
③ (내) – 사출도라는 구역이 있었다.
④ (내) – 철이 많이 생산되어 낙랑과 왜에 수출하였다.

ADVICE (개)는 옥저의 민며느리제, (내)는 부여의 제천 행사인 영고이다.
　　　③ 부여는 5부족 연맹체로 구성된 연맹 왕국으로 마가, 우가, 구가, 저가를 비롯한 제가 세력들이 사출도를 통치하였다.
　　　① 동예
　　　② 고구려
　　　④ 변한

ANSWER 3.② 4.③

5 다음에서 설명하는 나라에 대한 설명으로 옳은 것은?

> 한 무제는 이 나라의 발전과 세력의 확장을 경계하여 군대를 이 나라에 보내어 침략을 하였다. 한 무제의 침략으로 이 나라는 멸망하게 되었다.

① 제천행사로 영고를 열었다.
② 상(相), 대부(大夫), 장군 등의 관직을 두어 통치 체계를 확립하였다.
③ 신부의 집에서 자식을 낳고 키운 후에 신랑의 집으로 가는 서옥제 풍속이 있었다.
④ 족외혼을 엄격하게 지켰으며 부족의 영역을 함부로 침범하지 못하도록 하였다.

ADVICE ② 고조선에 대한 설명에 해당한다.
　　　　① 부여의 특징에 해당한다.
　　　　③ 고구려의 특징에 해당한다.
　　　　④ 동예의 특징에 해당한다.

6 다음 유물이 만들어진 시대의 사회상으로 옳은 것은?

> • 경남 통영 연대도 출토 치레걸이
> • 인천 옹진 소야도 출토 조개껍데기 가면
> • 강원 양양 오산리 출토 사람 얼굴 조각상

① 한자의 전래로 붓이 사용되었다.
② 무덤은 일반적으로 고인돌이 사용되었다.
③ 조, 피 등을 재배하는 농경이 시작되었다.
④ 반량전, 오수전 등의 중국 화폐가 사용되었다.

ADVICE ③ 치레걸이, 조개껍데기 가면, 사람 얼굴 조각상과 같은 유물들은 모두 신석기 시대를 대표하는 유물들이다. 또한 신석기 시대부터 농경이 시작되었다.

ANSWER 5.② 6.③

7 구석기 시대의 유물로 적절한 것은?

① 검은 간토기

② 비파형 동검

③ 돌낫

④ 찌르개

ADVICE ④ 사냥 도구 중에 하나에 해당한다.
　① 철기 시대
　② 청동기 시대
　③ 신석기 시대

8 계급사회의 발생을 대표적으로 보여주는 고인돌이 나타난 시대는?

① 구석기 시대

② 신석기 시대

③ 청동기 시대

④ 철기시대

ADVICE ③ 고인돌은 청동기 시대의 대표적인 무덤의 형태이다. 지배층의 존재, 계급 분화가 나타난 사회라는 것을 보여주는 유적에 해당한다.

9 다음 중 신석기 시대에 대한 설명으로 옳지 않은 것은?

① 토기를 사용하여 음식을 조리하고 저장하게 되었다.

② 움집생활을 하였으며 중앙에 화로를 두었다.

③ 주식으로 쌀을 먹었다.

④ 조, 피, 수수 등의 잡곡류의 경작과 개, 돼지 등을 목축하였다.

ADVICE ③ 신석기 시대의 유적지인 황해도 봉산 지탑리와 평양 남경의 유적에서 탄화된 좁쌀이 발견된 것으로 보아 잡곡류를 경작하였다는 것을 알 수 있다.

ANSWER 7.④　8.③　9.③

10 다음과 같은 사상이 등장한 사회의 모습은?

> • 영혼이나 하늘을 인간과 연결시켜주는 무당과 그 주술을 믿었다.
> • 사람이 죽어도 영혼은 사라지지 않는다고 믿었다.

① 무리를 이끄는 지도자는 권력을 가지고 있었다.
② 가락바퀴를 이용하여 의복을 제작하였다.
③ 동굴이나 강가에 막집을 짓고 살았다.
④ 벼농사가 일반적으로 행해졌다.

ADVICE ② 제시된 사상은 영혼불멸사상과 샤머니즘으로 신석기 시대의 신앙의 형태이다.
①④ 청동기 시대
③ 구석기 시대

11 다음 중 청동기시대에 등장한 신앙은?

① 토테미즘 ② 애니미즘
③ 선민사상 ④ 샤머니즘

ADVICE ③ 선민사상 : 청동기시대에 농경이 발달하고 사유재산이 형성되면서 계급이 등장하게 되었다. 이때 지배계층은 자신
들이 신의 선택을 받은 특별한 존재라고 여겼다.
① 토테미즘 : 신석기시대의 신앙으로 특정한 동물이나 식물을 자신의 부족과 연결하여 숭배하는 것이다.
② 애니미즘 : 신석기시대의 자연물에 영혼이 존재한다는 사상으로 태양과 물에 대한 숭배가 두드러졌다.
④ 샤머니즘 : 인간과 영혼을 연결시켜주는 주술사와 그의 주술을 믿는 것으로 신석기 시대에 발생하였으며 여전히 숭
배의 대상이다.

12 다음 유물이 발견된 시대에 대한 생활 모습으로 옳은 것은?

> 명도전, 반량전, 독무덤

① 토테미즘, 애니미즘, 샤머니즘이 발달했다.
② 간석기를 사용하여 농경을 하였다.
③ 프랑스 라스코 동굴 벽화와 같이 동굴 벽에 사냥 장면을 그렸다.
④ 쟁기와 호미를 사용하여 농업 생산성이 향상되었다.

ANSWER 10.② 11.③ 12.④

ADVICE ④ 철기시대의 유물에 해당한다. 철기시대에는 철제 능기구를 사용하면서 농업이 발달하였다.
①② 신석기 시대의 특징이다.
③ 구석기 시대의 특징이다.

13 다음 중 신석기 시대의 특징으로 옳지 않은 것은?

① 결혼의 상대를 다른 씨족에서 구하는 족외혼이 행해졌다.
② 씨족 중심의 혈연사회이다.
③ 자연물에 영혼이 있다고 믿는 애니미즘적인 신앙을 지니고 있었다.
④ 씨족장의 권위에 대하여 씨족원들은 무조건 복종하였다.

ADVICE ④ 신석기 시대는 평등사회로 지배와 피지배관계가 발생하지 않았으며, 주로 연장자나 경험이 많은 이가 부족을 이끌었다.

14 다음 중 구석기 시대에 관한 설명으로 옳지 않은 것은?

① 농경, 목축이 시작되었다.
② 평등한 공동체적 생활을 하였다.
③ 뗀석기와 골각기를 사용하였다.
④ 주술적인 조각품을 남겼다.

ADVICE ① 농경과 목축이 시작된 시기는 신석기 시대이다.

15 다음 중 신석기 시대의 원시신앙에 대한 설명이 아닌 것은?

① 자연현상, 자연물에 영혼이 있다고 믿었다.
② 사람이 죽어도 영혼이 없어지지 않는다고 믿었다.
③ 인간과 영혼 또는 하늘을 연결시켜 주는 존재인 무당과 그 주술을 믿었다.
④ 스스로 하늘의 자손이라고 믿는 부족이 생겨났다.

ADVICE ④ 선민사상을 가진 부족은 청동기 시대에 나타났다.

ANSWER 13.④ 14.① 15.④

16 신석기 시대의 생활상을 가장 잘 재현한 것은?

① 가락바퀴나 뼈바늘로 그물을 손질하는 사람들

② 반달돌칼로 추수하는 사람들

③ 민무늬토기에 음식을 담는 사람들

④ 무리를 이루어 큰 사냥감을 찾기 위해 이동 생활을 하는 사람들

ADVICE ① 씨족을 통한 부족을 이뤘던 시기는 신석기 시대이다.
②③ 청동기 시대의 생활상이다.
④ 구석기 시대의 생활상이다.

17 다음의 법률을 사용한 나라에 대한 특징으로 옳은 것은?

> • 살인자는 사형에 처하고, 그 가족은 데려다 노비로 삼는다.
> • 절도죄를 지은 자는 12배의 배상을 물린다.
> • 간음한 자는 사형에 처한다.
> • 부인이 투기가 심하면 사형에 처하되, 그 시체는 산 위에 버린다. 단, 그 여자의 집에서 시체를 가져가려
>   면 소 · 말을 바쳐야 한다.

① 왕 아래 상가, 고추가 등의 대가들이 있었다.

② 10월에는 추수감사제인 동맹을 성대하게 열었다.

③ 민며느리제가 유행을 하였다.

④ 왕이 죽으면 많은 사람들을 껴묻거리와 함께 묻는 순장의 풍습이 있다.

ADVICE ④ 제시된 것은 부여의 4조목에 해당한다. 부여는 순장을 하는 풍습이 있었다.
①② 고구려의 특징이다.
③ 옥저의 특징에 해당한다.

18 고구려의 제천행사에 해당하는 것은?

① 영고   ② 무천

③ 계절제   ④ 동맹

ANSWER 16.① 17.④ 18.④

ADVICE ④ 동맹 : 10월에 열린 고구려의 제천행사이다. 나라의 가장 큰 행사로, 주몽(동명성왕)과 그 어머니인 유화부인을 모시는 사당에 제사를 지냈던 국왕과 부족장들이 모여 나라의 대사를 논의하는 국중 대회이다.
① 영고 : 12월에 열린 부여의 제천행사이다. 부여는 북쪽에 위치하여 다른 나라들보다 수확 시기가 늦어서 12월에 열렸다. 신을 맞이하여 즐겁게 한다는 의미의 제천행사이다.
② 무천 : 10월에 열린 동예의 제천행사이다. 마을 단위의 축제로 춤과 노래가 중심이 되었다. 무천은 하늘을 향해 춤춘다는 뜻으로 공동체적인 축제였다.
③ 계절제 : 농경사회였던 삼한은 1년에 두 번 제사를 지냈다. 5월 수릿날과 10월 추수를 마친 후 계절제가 있었다.

19 **다음 중 동예의 특징으로 적절한 것은?**

① 왕 아래에 마가, 우가, 저가, 구가라는 부족장이 다스리는 사출도가 존재했다.
② 국가의 중대사를 결정하는 귀족 회의체인 제가 회의가 있다.
③ 읍군이나 삼로라 불리는 군장이 다스렸다.
④ 다른 부족의 경계를 침범하면 노비나 가축으로 갚는 책화가 엄격했다.

ADVICE ④ 동예는 같은 씨족끼리 혼인하지 않는 족외혼과 책화가 엄격했다.
① 부여의 정치적 특징이다.
② 고구려의 정치적 특징이다.
③ 옥저의 특징이다.

20 **다음의 특징을 가진 나라에 대한 설명과 그 특징으로 옳은 것은?**

> 이 나라에서는 철이 많이 생산되어 낙랑, 왜 등에 수출하였고 교역에서 화폐처럼 사용되었다. 정치와 종교가 분리된 사회였다.

① 단궁(활)과 과하마(조랑말), 반어피(바다표범의 가죽) 등이 유명하다.
② 천군이 소도를 관할하였다.
③ 무천이라는 제천행사를 10월에 열었다.
④ 가족의 뼈를 한 궤에 모시는 골장제가 있었다.

ADVICE ①③ 동예의 특징이다.
④ 옥저의 특징이다.

ANSWER 19.④ 20.②

Chapter
02

통치구조와 정치활동

01 ▶ **고대의 정치**

1. 고대 국가의 성립

(1) 초기의 고구려

① 성장 : 졸본성에서 주변 소국을 통합하여 성장하였으며, 국내성으로 도읍을 옮겼다.

② 지배체제의 정비
- ㉠ 태조왕(1세기 후반) : 옥저와 동예를 복속하고, 독점적으로 왕위를 세습하였으며 통합된 여러 집단들은 5부 체제로 발전하였다.
- ㉡ 고국천왕(2세기 후반) : 부족적인 전통의 5부가 행정적 성격의 5부로 개편되었고 왕위가 형제상속에서 부자상속으로 바뀌었으며, 족장들이 중앙귀족으로 편입하는 등 중앙집권화와 왕권 강화가 진전되었다.

(2) 초기의 백제

① 건국(B.C. 18) : 한강 유역의 토착민과 고구려 계통의 북방 유이민의 결합으로 성립되었는데, 우수한 철기문화를 보유한 유이민 집단이 지배층을 형성하였다.

② 고이왕(3세기 중엽) : 한강 유역을 완전히 장악하고, 중국의 문물을 수용하였다. 율령을 반포하였으며 관등제를 정비하고 관복제를 도입하는 등 지배체제를 정비하였다.

(3) 초기의 신라

① 건국(B.C. 57) : 경주의 토착집단과 유이민 집단의 결합으로 건국되었다.

② 발전 : 박 · 석 · 김의 3성이 번갈아 왕위를 차지하다가 주요 집단들이 독자적인 세력 기반을 유지하면서 유력 집단의 우두머리는 왕(이사금)으로 추대되었다.

③ 지배체제의 정비(내물왕, 4세기) : 활발한 정복활동을 통해 낙동강 유역으로 영역을 확장하고 김씨가 왕위를 세습하였으며 마립간의 칭호를 사용하였다.

(4) 초기의 가야

① 위치 : 낙동강 하류의 변한지역에서는 철기문화를 토대로 한 정치집단들이 등장하였다.

② 전기 가야연맹(금관가야 중심) : 김해를 주축으로 하여 경남 해안지대에 소국연맹체를 형성하였는데 농경문화의 발달과 철의 생산(중계무역 발달)으로 경제적인 발전을 이루었다. 그러나 백제와 신라의 팽창으로 세력이 약화되어(4세기 초) 고구려군의 가야지방 원정으로 몰락하게 되었다. 이에 따라 중심세력이 해체되어 낙동강 서쪽 연안으로 축소되었다.

2. 삼국의 발전과 통치체제

(1) 삼국의 정치적 발전

① 고구려 … 4세기 미천왕 때 서안평을 점령하고 낙랑군을 축출하여 압록강 중류를 벗어나 남쪽으로 진출할 수 있는 발판을 마련하였고, 고국원왕 때는 전연과 백제의 침략으로 국가적 위기를 맞기도 하였다. 4세기 후반 소수림왕 때에는 불교의 수용, 태학의 설립, 율령의 반포로 중앙집권국가로의 체제를 강화하였다.

② 백제 … 4세기 후반 근초고왕은 마한의 대부분을 정복하였으며, 황해도 지역을 두고 고구려와 대결하기도 하였다. 또한 낙동강 유역의 가야에 지배권을 행사하였고, 중국의 요서지방과 산둥지방, 일본의 규슈지방까지 진출하였으며 왕위의 부자상속이 시작되었다.

③ 신라

  ㉠ 지증왕(6세기 초) : 국호(사로국 → 신라)와 왕의 칭호(마립간 → 왕)를 변경하고, 수도와 지방의 행정구역을 정리하였으며 대외적으로 우산국(울릉도)을 복속시켰다.

  ㉡ 법흥왕(6세기 중엽) : 병부의 설치, 율령의 반포, 공복의 제정 등으로 통치질서를 확립하였다. 또한 골품제도를 정비하고, 새로운 세력을 포섭하고자 불교를 공인하였다. 독자적 연호인 건원을 사용하여 자주국가로서의 위상을 높였고 금관가야를 정복하여 영토를 확장시켜 중앙집권체제를 완비하였다.

(2) 삼국 간의 항쟁

① 고구려의 대제국 건설

  ㉠ 광개토대왕(5세기) : 영락이라는 연호를 사용하였고 만주지방에 대한 대규모 정복사업을 단행하였으며, 백제를 압박하여 한강 이남으로 축출하였다. 또한 신라에 침입한 왜를 격퇴함으로써 한반도 남부에까지 영향력을 확대하였다.

  ㉡ 장수왕(5세기) : 중국 남북조와의 교류 및 평양 천도(427)를 단행하여 백제의 수도인 한성을 함락하였다. 죽령 ~ 남양만 이북을 확보(광개토대왕비와 중원고구려비 건립)하여 한강 유역으로 진출하였는데 만주와 한반도에 걸친 광대한 영토를 차지하여 중국과 대등한 지위의 대제국을 건설하였다.

② 백제의 중흥

  ㉠ 5세기 후반 문주왕은 고구려의 남진정책으로 대외팽창이 위축되고 무역활동이 침체되어 서울을 웅진으로 천도하게 되고, 동성왕은 신라와 동맹을 강화하여 고구려어 대항, 무령왕은 지방의 22담로에 왕족을 파견하여 지방통제를 강화하는 등 체제를 정비하고자 하였다.

  ㉡ 성왕(6세기 중반) : 사비로 천도하고, 남부여로 국호를 가칭한 뒤 중앙은 22부, 수도는 5부, 지방은 5방으로 정비하였다. 불교를 진흥시키고, 일본에 전파하였으며, 중국의 남조와 교류하였다.

③ 신라의 발전(진흥왕, 6세기)

  ㉠ 체제 정비 : 화랑도를 국가적 조직으로 개편하고, 불교를 통해 사상적 통합을 꾀하였다.

  ㉡ 영토 확장 : 한강 유역을 장악하여 경제적 기반을 강화하고 전략적 거점을 확보할 수 있었고 중국 교섭의 발판이 되었다. 북으로는 함경도, 남으로는 대가야를 정복하였다(단양적성비, 진흥왕순수비).

(3) 삼국의 통치체제

① 통치조직의 정비 … 삼국의 초기에는 부족 단위 각 부의 귀족들이 독자적으로 관리를 거느리는 방식으로 귀족회의에서 국가의 중요한 일을 결정하였는데 후에는 왕을 중심으로 한 통치체제로 왕의 권한이 강화되었고, 관등제와 행정구역이 정비되어 각 부의 귀족들은 왕권 아래 복속되고, 부족적 성격이 행정적 성격으로 개편되었다.

② 관등조직 및 중앙관제

구분	관등	수상	중앙관서	귀족합의제
고구려	10여 관등	대대로(막리지)		제가회의
백제	16관등	상좌평	6좌평, 22부(시비천도 이후)	정사암회의
신라	17관등	상대등	병부, 집사부	화백회의

③ 지방제도

   ㉠ 지방조직

구분	관등	수상	중앙관서	귀족합의제
고구려	5부	5부(욕살)	3경(평양성, 국내성, 한성)	제가회의
백제	5부	5방(방령)	22담로(지방 요지)	정사암회의
신라	6부	5주(군주)	2소경[중원경(충주), 동원경(강릉)]	화백회의

   ㉡ 지방제도의 정비 : 최상급 지방행정단위로 부와 방 또는 주를 두고 지방장관을 파견하였고, 그 아래의 성이나 군에도 지방관을 파견하여 지방민을 직접 지배하였으나, 말단 행정단위인 촌은 지방관을 파견하지 않고 토착세력을 촌주로 삼았다. 그러나 대부분의 지역은 중앙정부의 지배가 강력히 미치지 못하여 지방세력가들이 지배하게 되었다.

④ 군사조직 … 지방행정조직이 군사조직이기도 하여 각 지방의 지방관은 곧 군대의 지휘관(백제의 방령, 신라의 군주)이었다.

3. 대외 항쟁과 신라의 삼국통일

(1) 고구려와 수 · 당의 전쟁

① 수와의 전쟁 … 고구려가 요서지방을 선제공격하자 수의 문제와 양제는 고구려를 침입해 왔는데 을지문덕이 살수에서 큰 승리를 거두었다(612).

② 당과의 전쟁 … 당 태종은 요동의 여러 성을 공격하고 전략상 가장 중요한 안시성을 공격하였으나 고구려에 의해 패하였다(645).

(2) 백제와 고구려의 멸망

① 백제의 멸망 … 정치질서의 문란과 지배층의 향락으로 국방이 소홀해진 백제는 황산벌에서 신라에게 패하면서 결국 사비성이 함락되고 말았다. 복신과 흑치상지, 도침 등은 주류성과 임존성을 거점으로 하여 사비성과 웅진성을 공격하였으나 나 · 당연합군에 의하여 진압되었다.

③ 고구려의 멸망 … 지배층의 분열과 국력의 약화로 정치가 불안정한 틈을 타고 나 · 당연합군의 침입으로 평양성이 함락되었다(668). 검모잠과 고연무 등은 한성과 오골성을 근거지로 평양성을 탈환하였으나 결국 실패하였다.

(3) 신라의 삼국통일

① 과정 … 당은 한반도에 웅진도독부, 안동도호부, 계림도독부를 설치하여 한반도를 지배하려 하였으나 신라·고구려·백제 유민의 연합으로 당 주둔군을 공격하여 매소성과 기벌포 싸움에서 승리를 거두고 당군을 축출하여 삼국통일을 이룩하였다(676).

② 삼국통일의 의의와 한계 … 당의 축출로 자주적 성격을 인정할 수 있으며 고구려와 백제 문화의 전통을 수용하여 민족문화 발전의 토대를 마련하였다는 점에서 큰 의의가 있으나 외세의 협조를 받았다는 점과 대동강에서 원산만 이남에 국한된 불완전한 통일이라는 점에서 한계성을 가진다.

4. 남북국 시대의 정치 변화

(1) 통일신라의 발전

① 왕권의 전제화

    ㉠ 무열왕 : 통일과정에서 왕권을 강화하였으며 이후 직계자손이 왕위를 계승하게 되었다.

    ㉡ 유교정치이념의 수용 : 통일을 전후하여 유교정치이념이 도입되었고, 중앙집권적 관료정치의 발달로 왕권이 강화되어 갔다.

    ㉢ 집사부 시중의 기능 강화 : 상대등의 세력을 억제하였고 왕권의 전제화가 이루어졌다.

    ㉣ 신문왕 : 관료전의 지급, 녹읍의 폐지, 국학을 설립하여 유교정치이념을 확립시켰다.

② 정치세력의 변동 … 6두품은 학문적 식견을 바탕으로 왕의 정치적 조언자로 활동하거나 행정실무를 총괄하였다. 이들은 전제왕권을 뒷받침하고, 학문·종교분야에서 활약하였다.

③ 전제왕권의 동요 … 8세기 후반부터 진골귀족세력의 반발로 녹읍제가 부활하고, 사원의 면세전이 증가되어 국가재정의 압박을 가져왔다. 귀족들의 특권적 지위 고수 및 향락과 사치가 계속되자 농민의 부담은 가중되었다.

(2) 발해의 건국과 발전

① 건국 … 고구려 출신의 대조영이 길림성에 건국하였으며 지배층은 고구려인, 피지배층은 말갈인으로 구성되었으나 일본에 보낸 국서에 고려 또는 고려국왕이라는 칭호를 사용하였고, 고구려 문화와 유사성이 있다는 점에서 고구려 계승의식이 나타나고 있다.

② 발해의 발전

    ㉠ 영토 확장(무왕) : 동북방의 여러 세력을 복속시켜 북만주 일대를 장악하였고, 당의 산둥반도를 공격하고, 돌궐·일본과 연결하여 당과 신라에 대항하였다.

    ㉡ 체제 정비(문왕) : 당과 친선관계를 맺고 문물을 수입하였는데 중경에서 상경으로 천도하였고, 신라와의 대립관계를 해소하려 상설교통로를 개설하였으며 천통(고왕), 인안(무왕), 대흥(문왕), 건흥(선왕) 등 독자적인 연호를 사용하였다.

    ㉢ 중흥기(선왕) : 요동지방으로 진출하였으며 남쪽으로는 신라와 국경을 접할 정도로 넓은 영토를 차지하고, 지방제도를 완비하였다. 당에게서 '해동성국'이라는 칭호를 받았다.

    ㉣ 멸망 : 거란의 세력 확대와 귀족들의 권력투쟁으로 국력이 쇠퇴하자 거란에 의해 멸망되었다.

(3) 남북국의 통치체제

① 통일신라

    ㉠ 중앙정치체제 : 전제왕권의 강화를 위해 집사부 시중의 지위 강화 및 집사부 아래에 위화부와 13부를 두고 행정업무를 분담하였으며 관리들의 비리와 부정 방지를 위한 감찰기관인 사정부를 설치하였다.

    ㉡ 유교정치이념의 수용 : 국학을 설립하였다.

    ㉢ 지방행정조직의 정비(신문왕) : 9주 5소경으로 정비하여 중앙집권체제를 강화하였으며 지방관의 감찰을 위하여 외사정을 파견하였고 상수리제도를 실시하였으며, 향·부곡이라 불리는 특수행정구역도 설치하였다.

    ㉣ 군사조직의 정비

      • 9서당 : 옷소매의 색깔로 표시하였는데 부속민에 대한 회유와 견제의 양면적 성격이 있다.

      • 10정 : 9주에 각 1정의 부대를 배치하였으나 한산주에는 2정(남현정, 골내근정)을 두었다.

② 발해

    ㉠ 중앙정치체계 : 당의 제도를 수용하였으나 명칭과 운영은 독자성을 유지하였다.

      • 3성 : 정당성(대내상이 국정 총괄), 좌사정, 우사정(지·예·신부)

      • 6부 : 충부, 인부, 의부, 자부, 예부, 신부

      • 중정대(감찰), 문적원(서적 관리), 주자감(중앙의 최고교육기관)

    ㉡ 지방제도 : 5경 15부 62주로 조직되었고, 촌락은 주로 말갈인 촌장이 지배하였다.

    ㉢ 군사조직 : 중앙군(10위), 지방군

(4) 신라 말기의 정치 변동과 호족세력의 성장

① 전제왕권의 몰락 … 진골귀족들의 반란과 왕위쟁탈전이 심화되고 집사부 시중보다 상대등의 권력이 더 커졌으며 지방민 란의 발생으로 중앙의 지방통제력이 더욱 약화되었다.

② 농민의 동요 … 과중한 수취체제와 자연재해는 농민의 몰락을 가져오고, 신라 정부에 저항하게 되었다.

③ 호족세력의 등장 … 지방의 행정·군사권과 경제적 지배력을 가진 호족세력은 성주나 장군을 자처하며 반독립적인 세력 으로 성장하였다.

④ 개혁정치 … 6두품 출신의 유학생과 선종의 승려가 중심이 되어 골품제 사회를 비판하고 새로운 정치이념을 제시하였다. 지방의 호족세력과 연계되어 사회 개혁을 추구하였다.

02 ▶ 중세의 정치

1. 중세사회의 성립과 전개

(1) 고려의 성립과 민족의 재통일

① 고려의 건국 … 왕건은 송악의 호족으로서 처음에는 궁예 휘하로 들어가 한강 유역과 나주지방을 점령하여 후백제를 견 제하였는데 궁예의 실정을 계기로 정권을 장악하게 되었으며, 고구려의 후계자임을 강조하여, 국호를 고려라 하고 송악 에 도읍을 세웠다.

② 민족의 재통일 … 중국의 혼란기를 틈타 외세의 간섭 없이 통일이 성취되었다.

(2) 태조의 정책

① 취민유도(取民有度)정책 ··· 조세경감, 노비해방 및 빈민구제기관인 흑창을 설치하였다.

② 통치기반 강화

    ㉠ 관제 정비 : 태봉의 관제를 중심으로 신라와 중국의 제도를 참고하여 정치제도를 만들고, 개국공신과 호족을 관리로 등용하였다.

    ㉡ 호족 통합 : 호족과 정략결혼을 하였으며 그들의 향촌지배권을 인정하고, 공신들에게는 역분전을 지급하였다.

    ㉢ 호족 견제 : 사심관제도(우대)와 기인제도(감시)를 실시하였다.

    ㉣ 통치 규범 : 정계, 계백료서를 지어 관리들이 지켜야 할 규범을 제시하였고, 후손들이 지켜야 할 교훈이 담긴 훈요 10조를 남겼다.

③ 북진정책 ··· 고구려를 계승하였음을 강조하여 국호를 고려라 하고 국가의 자주성을 강조하기 위해 천수(天授)라는 연호를 사용하였다.

(3) 광종의 개혁정치

왕권의 안정과 중앙집권체제를 확립하기 위하여 노비안검법, 과거제도 실시, 공복제도, 불교 장려, 제위보의 설치, 독자적인 연호 사용 및 송과의 문화적·경제적 목적에서 외교관계를 수립하였으나, 군사적으로는 중립적 자세를 취하였다.

(4) 유교적 정치질서의 강화

① 최승로의 시무 28조 ··· 유교정치이념을 강조하고 지방관의 파견과 문벌귀족 중심의 정치를 이루게 되었다.

② 성종의 중앙집권화 ··· 6두품 출신의 유학자를 등용, 12목에 지방관의 파견, 향리제도 실시, 국자감과 향교의 설치 및 과거제도를 실시하고 중앙통치기구는 당, 태봉, 신라, 송의 관제를 따랐다.

2. 통치체제의 정비

(1) 중앙의 통치조직

① 정치조직(2성 6부)

    ㉠ 2성

      • 중서문하성 : 중서성과 문하성의 통합기구로 문하시중이 국정을 총괄하였다.

      −재신 : 2품 이상의 고관으로 백관을 통솔하고 국가의 중요정책을 심의·결정하였다.

      −낭사 : 3품 이하의 관리로 정책을 건의하거나, 정책 집행의 잘못을 비판하는 일을 담당하였다.

      •상서성 : 실제 정무를 나누어 담당하는 6부를 두고 정책의 집행을 담당하였다.

    ㉡ 중추원(추부) : 군사기밀을 담당하는 2품 이상의 추밀과 왕명 출납을 담당하는 3품의 승선으로 구성되었다.

    ㉢ 삼사 : 화폐와 곡식의 출납에 대한 회계업무만을 담당하였다.

    ㉣ 어사대 : 풍속을 교정하고 관리들의 비리를 감찰하는 감찰기구이다.

    ㉤ 6부 : 상서성에 소속되어 실제 정무를 분담하던 관청으로 각 부의 장관은 상서, 차관은 시랑이었다.

② 귀족 중심의 정치

    ㉠ 귀족합좌 회의기구(중서문하성의 재신, 중추원의 추밀)

      • 도병마사 : 재신과 추밀이 함께 모여 회의로 국가의 중요한 일을 결정하는 곳이다. 국방문제를 담당하는 임시기구였으나, 도평의사사(도당)로 개편되면서 구성원이 확대되고 국정 전반에 걸친 중요사항을 담당하는 최고정무기구로 발전하였다.

      • 식목도감 : 임시기구로서 재신과 추밀이 모여 국내 정치에 관한 법의 제정 및 각종 시행규정을 다루던 회의기구였다.

    ㉡ 대간(대성)제도 : 어사대의 관원과 중서문하성의 낭관으로 구성되었다. 비록 직위는 낮았지만 왕, 고위관리들의 활동을 지원하거나 제약하여 정치 운영의 견제와 균형을 이루었다.

      • 서경권 : 관리의 임명과 법령의 개정이나 폐지 등에 동의하는 권리

      • 간쟁 : 왕의 잘못을 말로 직언하는 것

      • 봉박 : 잘못된 왕명을 시행하지 않고 글로 써서 되돌려 보내는 것

(2) 지방행정조직의 정비

① 정비과정

    ㉠ 초기 : 호족세력의 자치로 이루어졌다.

    ㉡ 성종 : 12목을 설치하여 지방관을 파견하였다.

    ㉢ 현종 : 4도호부 8목으로 개편되어 지방행정의 중심이 되었고, 그 후 전국을 5도와 양계, 경기로 나눈 다음 그 안에 3경 · 4도호부 · 8목을 비롯하여 군 · 현 · 진을 설치하였다.

② 지방조직

    ㉠ 5도(일반행정구역) : 상설 행정기관이 없는 일반 행정 단위로서 안찰사를 파견하여 도내의 지방을 순찰하게 하였다. 도에는 주와 군(지사) · 현(현령)이 설치되고, 주현에는 지방관을 파견하였지만 속현에는 지방관을 파견하지 않았다.

    ㉡ 양계(군사행정구역) : 북방의 국경지대에는 동계와 북계의 양계를 설치하여 병마사를 파견하고, 국방상의 요충지에 군사특수지역인 진을 설치하였다.

    ㉢ 8목 4도호부 : 행정과 군사적 방비의 중심적인 역할을 맡은 곳이다.

    ㉣ 특수행정구역

      • 3경 : 풍수설과 관련하여 개경(개성), 서경(평양), 동경(경주, 숙종 이후 남경)에 설치하였다.

      • 향 · 소 · 부곡 : 천민의 집단거주 지역이었다.

    ㉤ 지방행정 : 실제적인 행정사무는 향리가 처리하여 지방관보다 영향력이 컸다(속현, 향, 소, 부곡 등).

(3) 군역제도와 군사조직

① 중앙군

    ㉠ 2군 6위 : 국왕의 친위부대인 2군과 수도 경비와 국경 방어를 담당하는 6위로 구성되었다.

    ㉡ 직업군인 : 군적에 올라 군인전을 지급받고 군역을 세습하였으며, 군공을 세워 신분을 상승시킬 수 있는 중류층이었다. 이들은 상장군, 대장군 등의 무관이 지휘하였다.

② 지방군

    ㉠ 주진군(양계) : 상비군으로 좌군, 우군, 초군으로 구성되어 국경을 수비하는 의무를 지녔다.

    ㉡ 주현군(5도) : 지방관의 지휘를 받아 치안과 지방방위 · 노역에 동원되었고 농민으로 구성하였다.

(4) 관리임용제도

① 과거제도(법적으로 양인 이상이면 응시가 가능)

　　㉠ 제술과 : 문학적 재능과 정책을 시험하는 것이다.

　　㉡ 명경과 : 유교경전에 대한 이해능력을 시험하는 것이다.

　　㉢ 잡과 : 기술관을 선발하는 것으로 백정이나 농민이 응시하였다.

　　㉣ 한계와 의의 : 능력 중심의 인재 등용과 유교적 관료정치의 토대 마련의 계기가 되었으나 과거출신자보다 음
　　　서출신자가 더 높이 출세할 수밖에 없었고, 무과는 거의 실시하지 않았다.

② 음서제도 … 공신과 종실의 자손 외에 5품 이상의 고관의 자손은 과거를 거치지 않고 관직에 진출할 수 있는 제도이다.

3. 문벌귀족 사회의 성립과 동요

(1) 문벌귀족 사회의 성립

① 지방호족 출신이 중앙관료화된 것으로, 신라 6두품 계통의 유학자들이 과거를 통해 관직에 진출하여 성립되었으며, 대대
　로 고위관리가 되어 중앙정치에 참여하게 되고, 과거와 음서를 통해 관직을 독점하였다.

② 문벌귀족 사회의 모순

　　㉠ 문벌귀족의 특권 : 정치적으로 과거와 음서제를 통해 고위 관직을 독점하며 경제적으로 과전, 공음전, 사전
　　　등의 토지 겸병이 이루어지고, 사회적으로 왕실 및 귀족들 간의 중첩된 혼인관계를 이루었다.

　　㉡ 측근세력의 대두 : 과거를 통해 진출한 지방 출신의 관리들이 국왕을 보좌하면서 문벌귀족과 대립하였다.

　　㉢ 이자겸의 난, 묘청의 서경천도운동 : 문벌귀족과 측근세력의 대립으로 발생한 사건들이다.

(2) 이자겸의 난과 서경천도 운동

① 이자겸의 난(인종, 1126) … 문종 ~ 인종까지 경원 이씨가 80여년간 권력을 독점하였다. 여진(금)의 사대관계 요구에 이
　자겸 정권은 굴복하여 사대관계를 유지하였으나, 인종의 척준경 회유로 이자겸의 왕위찬탈 반란은 실패로 돌아가게 되
　었다. 그 결과 귀족사회의 동요가 일어나고 묘청의 서경천도운동의 계기가 되었다.

② 묘청의 서경천도 운동(1135) … 서경(평양) 천도, 칭제건원, 금국 정벌을 주장하였으나 문벌귀족의 반대에 부딪혔으며,
　김부식이 이끄는 관군에 의해 진압되고 말았다.

(3) 무신정권의 성립

① 무신정권(1170 ~ 1270)

　　㉠ 무신을 천대하는 숭문천무 풍조와 의종의 실정 등을 계기로 무신 정변이 발생하였다.

　　㉡ 무신정권기에 들어서면서 문신 중심의 귀족 사회에서 관료 체제로 전환되었으며, 전시과 체제가 무너지고
　　　일부 귀족들이 토지를 독점하여 사전과 농장이 확대되었다.

② 사회의 동요 … 무신정권에 대한 반발로 김보당의 난과 조위총의 난이 일어났으며, 신분해방운동으로 농민의 난(김사미 ·
　효심의 난) · 천민의 난(망이 · 망소이의 난)이 일어났다.

③ 최씨 정권

  ⊙ 최씨 정권의 기반
- 정치적 : 교정도감(최충헌)과 정방(최우), 서방(최우)을 중심으로 전개되었다.
- 경제적 : 광대한 농장을 소유하였다.
- 군사적 : 사병을 보유하고 도방을 설치하여 신변을 경호하였다.

  ⊙ 한계 : 정치적으로 안정되었지만 국가통치질서는 오히려 약화되었다.

4. 대외관계의 변화

(1) 거란의 침입과 격퇴

① 고려의 대외정책 … 친송배요정책으로 송과는 친선관계를 유지했으나 거란은 배척하였다.

② 거란의 침입과 격퇴

  ⊙ 1차 침입 : 서희의 담판으로 강동 6주를 확보하였으며, 거란과 교류관계를 맺었다.

  ⊙ 2차 침입 : 고려의 계속되는 친송정책과 강조의 정변을 구실로 침입하여 개경이 함락되었고, 현종의 입조(入朝)를 조건으로 퇴군하였다.

  ⊙ 3차 침입 : 현종의 입조(入朝)를 거부하여 다시 침입하였으나 강감찬이 귀주대첩으로 큰 승리를 거두어 양국은 강화를 맺었다.

  ⊙ 결과 및 영향 : 고려, 송, 거란 사이의 세력 균형을 유지되고 고려는 나성과 천리장성(압록강 ～ 도련포)을 축조하여 수비를 강화하였다.

(2) 여진 정벌과 9성 개척

기병을 보강한 윤관의 별무반이 여진을 토벌하여 동북 9성을 축조하였으나 고려를 침략하지 않고 조공을 바치겠다는 조건을 수락하면서 여진에게 9성을 돌려주었다. 그러나 여진은 더욱 강해져 거란을 멸한 뒤 고려에 대해 군신관계를 요구하자 현실적인 어려움으로 당시의 집권자 이자겸은 금의 요구를 받아들였다.

(3) 몽골과의 전쟁

① 몽골과의 전쟁

  ⊙ 원인 : 몽골의 과중한 공물 요구와, 몽고의 사신 저고여가 피살되는 사건이 일어났다.

  ⊙ 몽골의 침입
- 제1차 침입(1231) : 몽골 사신의 피살을 구실로 몽골군이 침입하였고 박서가 항전하였으나, 강화가 체결되고 철수되었다.
- 제2차 침입(1232) : 최우는 강화로 천도하였고, 용인의 김윤후가 몽골의 장군 살리타를 죽이고 몽골 군대는 쫓겨갔다.
- 제3차 ～ 제8차 침입 : 농민, 노비, 천민들의 활약으로 몽고를 끈질기게 막아냈다.

  ⊙ 결과 : 전 국토가 황폐화되고 민생이 도탄에 빠졌으며 대장경(초판)과 황룡사의 9층탑이 소실되었다.

② 삼별초의 항쟁(1270 ~ 1273) … 몽골과의 굴욕적인 강화를 맺는 데 반발하여 진도로 옮겨 저항하였고, 여 · 몽연합군의 공격으로 진도가 함락되자 다시 제주도로 가서 김통정의 지휘 아래에 계속 항쟁하였으나 여 · 몽연합군에 의해 진압되었다.

(4) 홍건적과 왜구의 침입

① 홍건적의 격퇴 … 제1차 침입은 모거경 등 4만군이 서경을 침입하였으나, 이승경, 이방실 등이 격퇴하였으며 제2차 침입은 사유 등 10만군이 개경을 함락하였으나, 정세운, 안우, 이방실 등이 격퇴하였다.

② 왜구의 침략 … 잦은 왜구의 침입에 따른 사회의 불안정은 시급히 해결해야 할 국가적 과제였다. 왜구를 격퇴하고 이 문제를 해결하는 과정에서 신흥무인세력이 성장하였다.

5. 고려 후기의 정치 변동

(1) 원(몽골)의 내정 간섭

① 정치적 간섭

  ㉠ 일본 원정 : 두 차례의 원정에 인적 · 물적 자원이 수탈되었으나 실패하였다.

  ㉡ 영토의 상실과 수복
- 쌍성총관부 : 원은 화주(영흥)에 설치하여 철령 이북 땅을 직속령으로 편입하였는데, 공민왕(1356) 때 유인우가 무력으로 탈환하였다.
- 동녕부 : 자비령 이북 땅에 차지하여 서경에 두었는데, 충렬왕(1290) 때 고려의 간청으로 반환되었다.
- 탐라총관부 : 삼별초의 항쟁을 평정한 후 일본 정벌 준비를 위해 제주도에 설치하고(1273) 목마장을 두었다. 충렬왕 27년(1301)에 고려에 반환하였다.

  ㉢ 관제의 개편 : 관제를 격하시키고(3성 → 첨의부, 6부 → 4사) 고려를 부마국 지위의 왕실호칭을 사용하게 하였다.

  ㉣ 원의 내정 간섭
- 다루가치 : 1차 침입 때 설치했던 몽고의 군정지방관으로 공물의 징수 · 감독 등 내정간섭을 하였다.
- 정동행성 : 충렬왕 시기 일본 원정준비기구로 설치된 정동행중서성이 내정간섭기구로 남았다. 고려 · 원의 연락기구였다.
- 이문소 : 정동행성에 설립된 사법기구로 고려인을 취조 · 탄압하였다.
- 응방 : 원에 매를 생포하여 조달하는 기구였으나 여러 특권을 행사하 폐해가 심하였다.

② 사회 · 경제적 수탈 … 금 · 은 · 베 · 인삼 · 약재 · 매 등의 막대한 공물의 부담을 가졌으며, 몽골어 · 몽골식 의복과 머리가 유행하고, 몽골식 성명을 사용하는 등 풍속이 변질되었다.

(2) 공민왕의 개혁정치

① 반원자주정책 … 친원세력의 숙청, 정동행성 이문소를 폐지, 몽골식 관제의 폐지, 원의 연호 · 몽골풍을 금지, 쌍성총관부를 공격하여 철령 이북의 땅을 수복하고 요동지방을 공격하여 요양을 점령하였다.

② 왕권강화책 … 정방을 폐지, 성균관을 통한 유학교육을 강화 및 과거제도를 정비하고 신돈을 등요하여 전민변정도감을 설치한 개혁은 권문세족들의 경제기반을 약화시키고 국가재정수입의 기반을 확대하였다.

③ 개혁의 실패원인 … 개혁추진세력인 신진사대부 세력이 아직 결집되지 못한 상태에서 권문세족의 강력한 반발을 효과적으로 제어하지 못하였고, 원나라의 간섭 등으로 인해 실패하고 말았다.

(3) 신진사대부의 성장

① 학문적 실력을 바탕으로 과거를 통하여 중앙에 진출한 지방의 중소지주층과 지방향리 출신이 많았다. 성리학을 수용하였으며, 불교의 폐단을 비판하였고 권문세족의 비리와 불법을 견제하였다. 신흥무인세력과 손을 잡으면서 사회의 불안과 국가적인 시련을 해결하고자 하였다.

② 한계 … 권문세족의 인사권 독점으로 관직의 진출이 제한되었고, 과전과 녹봉도 제대로 받지 못하는 등 경제적 기반이 미약하다는 한계를 가졌다.

(4) 고려의 멸망

우왕 말에 명은 쌍성총관부가 있던 땅에 철령위를 설치하여 명의 땅으로 편입하겠다고 통보하였다. 이에 최영은 요동정벌론을, 이성계는 4불가론을 주장하여 대립하였는데 최영의 주장에 따라 요동정벌군이 파견되었으나 위화도 회군으로 이성계가 장악하였다. 결국 급진개혁파(혁명파)는 정치적 실권을 장악하고 온건개혁파를 제거 한 후 도평의사사를 장악하여 공양왕의 왕위를 물려받아 조선을 건국하였다.

03 근세의 정치

1. 근세사회의 성립과 전개

(1) 국왕 중심의 통치체제정비와 유교정치의 실현

① 태조 … 국호를 '조선'이라 하고 수도를 한양으로 천도하였으며 3대 정책으로 숭유억불정책, 중농억상정책, 사대교린정책을 실시하였다.

② 태종 … 왕권 확립을 위해 개국공신세력을 견제하고 숙청하였으며 6조 직계제를 실시, 사간원을 독립시켜 대신들을 견제하고, 신문고의 설치, 양전사업의 실시 및 호패법을 시행하고 사원전의 몰수, 노비 해방, 사병을 폐지하였다.

③ 세종 … 집현전을 설치, 한글 창제 및 6조 직계제를 폐지하고 의정부서사제(재상합의제)로 정책을 심의하였으며, 국가행사를 오례에 따라 거행하였다.

(2) 문물제도의 정비

① 세조 … 왕권의 재확립과 집권체제의 강화를 위하여 6조 직계제를 실시하고 집현전과 경연을 폐지하였으며, 경국대전의 편찬에 착수하였다.

② 성종 … 홍문관의 설치, 경연의 활성화 및 경국대전의 완성·반포를 통하여 조선의 기본통치방향과 이념을 제시하였다.

2. 통치체제의 정비

(1) 중앙정치체제

① 양반관료체제의 확립 … 경국대전으로 법제화하고 문·무반이 정치와 행정을 담당하게 하였으며, 18품계로 나누어 당상관(관서의 책임자)과 당하관(실무 담당)으로 구분하였다.

② 의정부와 6조

       ㉠ 의정부 : 최고 관부로서 재상의 합의로 국정을 총괄하였다.

       ㉡ 6조 : 직능에 따라 행정을 분담하였다.

         • 이조 : 문관의 인사(전랑이 담당), 공훈, 상벌을 담당하였다.

         • 호조 : 호구, 조세, 회계, 어염, 광산, 조운을 담당하였다.

         • 예조 : 외교, 교육, 문과과거, 제사, 의식 등을 담당하였다.

         • 병조 : 국방, 통신(봉수), 무과과거, 무관의 인사 등을 담당하였다.

         • 형조 : 형률, 노비에 대한 사항을 담당하였다.

         • 공조 : 토목, 건축, 수공업, 도량형, 파발에 대한 사항을 담당하였다.

③ 언론학술기구 … 삼사로 정사를 비판하고 관리들의 부정을 방지하였다.

       ㉠ 사간원(간쟁)·사헌부(감찰) : 서경권을 행사하였다(관리 임명에 동의권 행사).

       ㉡ 홍문관 : 학문적으로 정책 결정을 자문하는 기구이다.

④ 왕권강화기구 … 왕명을 출납하는 승정원과 큰 죄인을 다스리는 국왕 직속인 의금부, 서울의 행정과 치안을 담당하는 한성부가 있다.

⑤ 그 밖의 기구 … 역사서의 편찬과 보관을 담당하는 춘추관, 최고 교육기관인 성균관인 성균관 등이 있다.

(2) 지방행정조직

① 지방조직 … 전국을 8도로 나누고, 하부에 부·목·군·현을 설치하였다.

       ㉠ 관찰사(감사) : 8도의 지방장관으로서 행정, 군사, 감찰, 사법권을 행사하였다. 수령에 대한 행정을 감찰하는 역할을 담당하였다.

       ㉡ 수령 : 부, 목, 군, 현에 임명되어 관내 주민을 다스리는 지방관으로서 행정, 사법, 군사권을 행사하였다.

       ㉢ 향리 : 6방에 배속되어 향역을 세습하면서 수령을 보좌하였다(아전).

② 향촌사회

       ㉠ 면·리·통 : 향민 중에서 책임자를 선임하여, 수령의 명령을 받아 인구 파악과 부역 징발을 주로 담당하게 하였다.

       ㉡ 양반 중심의 향촌사회질서 확립

         • 경재소 : 유향소와 정부간 연락을 통해 유향소를 통제하여 중앙집권을 효율적으로 강화하였다.

         • 유향소(향청) : 향촌양반의 자치조직으로 좌수와 별감을 선출하고, 향규를 제정하며, 향회를 통한 여론의 수렴과 백성에 대한 교화를 담당하였다.

(3) 군역제도와 군사조직

① 군역제도

       ㉠ 양인개병제 : 양인(현직 관료와 학생을 제외한 16세 이상 60세 이하의 남자)의 신분이면 누구나 병역의 의무를 지는 제도이다.

       ㉡ 보법 : 정군(현역 군인)과 보인(정군의 비용 부담)으로 나눈다.

       ㉢ 노비 : 권리가 없으므로 군역이 면제되고, 특수군(잡색군)으로 편제되었다.

② 군사조직

- ㉠ 중앙군(5위) : 궁궐과 서울을 수비하며 정군을 중심으로 갑사(시험을 거친 직업군인)나 특수병으로 지휘 책임을 문관관료가 맡았다.
- ㉡ 지방군 : 병영(병마절도사)과 수영(수군절도사)으로 조직하였다.
- ㉢ 잡색군 : 서리, 잡학인, 신량역천인(신분은 양인이나 천한 일에 종사), 노비 등으로 조직된 일종의 예비군으로 유사시에 향토 방위를 담당한다(농민은 제외).

③ 교통 · 통신체계의 정비

- ㉠ 봉수제(통신) : 군사적 목적으로 설치하였으며, 불과 연기를 이용하여 급한 소식을 알렸다.
- ㉡ 역참 : 물자 수송과 통신을 위해 설치되어 국방과 중앙집권적 행정 운영이 한층 쉬워졌다.

(4) 관리등용제도

① 과거 … 문과는 예조에서 담당하였으며 무과는 병조에서 담당하고 28명을 선발하였다. 또한 잡과는 해당 관청에서 역과, 율과, 의과, 음양과의 기술관을 선발하였다.

② 취재 … 재주가 부족하거나 나이가 많아 과거 응시가 어려운 사람이 특별채용시험을 거쳐 하급 실무직에 임명되는 제도이다.

③ 음서와 천거 … 과거를 거치지 않고 고관의 추천을 받아 간단한 시험을 치른 후 관직에 등용되거나 음서를 통하여 관리로 등용되는 제도이다. 그러나 천거는 기존의 관리들을 대상으로 하였고, 음서도 고려시대에 비하여 크게 줄어들었고 문과에 합격하지 않으면 고관으로 승진하기 어려웠다.

④ 인사관리제도의 정비

- ㉠ 상피제 : 권력의 집중과 부정을 방지하였다.
- ㉡ 서경제 : 사헌부와 사간원에서 관리 임명 시에 심사하여 동의하는 절차로서 5품 이하 관리 임명시에 적용하는 것이다.
- ㉢ 근무성적평가 : 하급관리의 근무성적평가는 승진 및 좌천의 자료가 되었다.

3. 사림의 대두와 붕당정치

(1) 훈구와 사림

① 훈구 … 조선 초기 문물제도의 정비에 기여하였으며 고위관직을 독점 및 세습하고, 왕실과의 혼인으로 성장하였다.

② 사림 … 여말 온건파 사대부의 후예로서 길재와 김종직에 의해 영남과 기호지방에서 성장한 세력으로 대부분이 향촌의 중소지주이다.

(2) 사림의 정치적 성장

① 사화의 발생

- ㉠ 무오사화(1498) : 연산군 시기 「성종실록」을 편찬할 때 김종직이 쓴 「조의제문」이 문제가 되어 사림이 숙청당한 사건이다.
- ㉡ 갑자사화(1504) : 연산군 시기 연산군의 생모 윤 씨가 폐위되는 데 일조한 세력을 대대적으로 제거된 사건이다.

ⓒ 기묘사화(1519)
- 조광조의 개혁 정치 : 현량과를 실시하여 사림 세력을 등용하고, 위훈삭제를 추진하여 훈구세력을 약화시켰다. 또한 공납의 폐단 시정, 불교와 도교 행사 폐지, 소학 교육 장려, 향약 보급 등의 개혁 정치를 주도하였다.
- 조광조의 급진적인 개혁 정치에 훈구 세력은 반발을 일으켰고, 이에 부담을 느낀 중종이 조광조를 비롯한 사림 세력을 숙청하였다.
ⓔ 을사사화(1545) : 명종 시기 외척 윤임(대윤)과 윤원형(소윤)의 권력 다툼으로 사림이 피해를 입게 된 사건이다.
② 결과 … 사림은 정치적으로 위축되었으나 중소지주를 기반으로 서원과 향약을 통해 향촌에서 세력을 회복하게 되었다.

(3) 붕당의 출현(사림의 정계 주도)

① 동인과 서인 … 척신정치의 잔재를 청산하기 위한 방법을 둘러싸고 대립행태가 나타났다.
  ㉠ 동인 : 신진사림 출신으로서 정치 개혁에 적극적이며 수기(修己)를 강조하고 지배자의 도덕적 자기 절제를 강조하고 이황, 조식, 서경덕의 학문을 계승하였다.
  ㉡ 서인 : 기성사림 출신으로서 정치 개혁에 소극적이며 치인(治人)에 중점을 두고 제도 개혁을 통한 부국 안민에 힘을 썼고 이이, 성혼의 문인들을 중심으로 구성되었다.
② 붕당의 성격과 전개 … 정파적 성격과 학파적 성격을 지닌 붕당은 초기에는 강력한 왕권으로의 형성이 불가능하였으나, 중기에 이르러 왕권이 약화되고 사림정치가 전개되면서 붕당이 형성되었다.

(4) 붕당정치의 전개

① 동인의 분당은 정여립의 모반사건을 계기로 세자 책봉 문제를 둘러싸고 시작되었다. 남인은 온건파로 초기에 정국을 주도하였으며 북인은 급진파로 임진왜란이 끝난 뒤부터 광해군 때까지 정권을 장악하였다.
② 광해군의 개혁정치 … 명과 후금 사이의 중립외교를 펼쳤으며, 전후복구사업을 추진하였으나 무리한 전후복구사업으로 민심을 잃은 광해군과 북인세력은 서인이 주도한 인조반정으로 몰락하였다.
③ 주로 서인이 집권하여 남인 일부가 연합하고, 상호비판 공존체제가 수립되었던 것이 서인과 남인의 경신환국으로 정치 공존이 붕괴되었다.

(5) 붕당정치의 성격

비변사를 통한 여론 수렴이 이루어졌으며, 3사의 언관과 이조전랑의 정치적 비중이 증대되었고 재야의 여론이 수렴되어 재야의 공론주도자인 산림이 출현하였고, 서원과 향교를 통한 수렴이 이루어졌다. 그러나 국가의 이익보다는 당파의 이익을 앞세워 국가 발전에 지장을 주기도 하였고, 현실문제보다는 의리와 명분에 치중하였으며 지배층의 의견만을 정치에 반영하였다.

4. 조선 초기의 대외관계

(1) 명과의 관계

명과의 관계에서는 사대외교를 중국 이외의 주변 민족에게는 교린정책을 기본으로 하였다.

(2) 여진과의 관계

① 대여진정책 … 회유책으로 귀순을 장려하였고, 북평관을 세워 국경무역과 조공무역을 허락하였으며 강경책으로 본거지를 토벌하고 국경지방에 자치적 방어체제를 구축하여 진·보를 설치하였다.

② 북방개척

    ㉠ 4군 6진 : 최윤덕, 김종서 등은 압록강에서 두만강에 이르는 4군 6진을 설치하였다.

    ㉡ 사민정책 : 삼남지방의 주민을 강제로 이주시켜 북방 개척과 국토의 균형 있는 발전을 꾀하였다.

    ㉢ 토관제도 : 토착인을 하급관리로 등용하는 것이다.

(3) 일본 및 동남아시아와의 관계

① 대일관계

    ㉠ 왜구의 토벌 : 수군을 강화하고 화약무기를 개발해 오던 조선은 왜구가 무역을 요구해 오자 제한된 무역을 허용하였으나 왜구의 계속된 약탈로 이종무가 쓰시마섬을 토벌하였다(세종).

    ㉡ 교린정책 : 3포(부산포, 제포, 염포)를 개항하여, 계해약조를 맺고 조공무역을 허용하였다.

② 동남아시아와의 교역 … 조공, 진상의 형식으로 물자 교류를 하고 특히 불경, 유교경전, 범종, 부채 등을 류큐(오키나와)에 전해주어 류큐의 문화 발전에 기여하였다.

5. 양 난의 극복과 대청관계

(1) 왜군의 침략

① 조선의 정세

    ㉠ 왜구 약탈 : 3포왜란(임신약조) → 사량진왜변(정미약조) → 을묘왜변(교역 중단)

    ㉡ 국방대책 : 3포왜란 이후 군사문제를 전담하는 비변사가 설치되었다.

    ㉢ 16세기 말 : 사회적 혼란이 가중되면서 국방력이 약화되어 방군수포현상이 나타났다

② 임진왜란(1592) … 왜군 20만이 기습하고 정발과 송상현이 분전한 부산진과 동래성의 함락과 신립의 패배로 선조는 의주로 피난하였다. 왜군은 평양, 함경도까지 침입하였고 명에 파병을 요청하였다.

(2) 수군과 의병의 승리

① 수군의 승리

    ㉠ 이순신(전라좌수사)의 활약 : 판옥선과 거북선을 축조하고, 수군을 훈련시켰다.

    ㉡ 남해의 재해권 장악 : 옥포(거제도)에서 첫 승리를 거두고, 사천(삼천포, 거북선을 이용한 최초의 해전), 당포(충무), 당항포(고성), 한산도대첩(학익진 전법) 등지에서 승리를 거두어 남해의 제해권을 장악하였고 전라도지방을 보존하였다.

② 의병의 항쟁

    ㉠ 의병의 봉기 : 농민이 주축이 되어 전직관리, 사림, 승려가 주도한 자발적인 부대였다.

    ㉡ 전술 : 향토지리에 맞는 전술인 매복, 기습작전으로 아군의 적은 희생으로 적에게 큰 타격을 주었다.

    ㉢ 의병장 : 곽재우(의령), 조헌(금산), 고경명(담양), 정문부(길주), 서산대사 휴정(평양, 개성, 한성 등), 사명당 유정(전후 일본에서 포로 송환) 등이 활약하였다.

    ㉣ 전세 : 관군이 편입되어 대일항전이 조직화되고 전력도 강화되었다.

(3) 전란의 극복과 영향

① 전란의 극복

　　㉠ 조·명연합군의 활약 : 평양성을 탈환하고 행주산성(권율) 등지에서 큰 승리를 거두었다.

　　㉡ 조선의 군사력 강화 : 훈련도감과 속오군을 조직하였고 화포 개량과 조총을 제작하였다.

　　㉢ 휴전회담 : 왜군은 명에게 휴전을 제의하였으나, 무리한 조건으로 3년만에 결렬되었다.

　　㉣ 정유재란 : 왜군은 조선을 재침하였으나 이순신에게 명량·노량해전에서 패배하였다.

② 왜란의 영향

　　㉠ 국내적 영향 : 인구와 농토가 격감되어 농촌의 황폐화, 민란의 발생 및 공명첩의 대량 발급으로 인하여 신분제의 동요, 납속의 실시, 토지대장과 호적의 소실, 경복궁, 불국사, 서적, 실록 등의 문화재가 소실·약탈당했으며, 일본을 통하여 조총, 담배, 고추, 호박 등이 전래되었다.

　　㉡ 국제적 영향 : 일본은 문화재를 약탈하고, 성리학자와 도공을 납치하여 일본 문화가 발전하는 계기가 되었으나 명은 여진족의 급성장으로 인하여 쇠퇴하였다.

(4) 광해군의 중립외교

① 내정개혁 … 양안(토지대장)과 호적을 재작성하여 국가재정기반을 확보하고, 산업을 진흥하였으며 동의보감(허준)을 편찬하고 소실된 사고를 5대 사고로 재정비하였다.

② 대외정책 … 임진왜란 동안 조선과 명이 약화된 틈을 타 여진이 후금을 건국하였다(1616). 후금은 명에 대하여 전쟁을 포고하고, 명은 조선에 원군을 요청하였으나, 조선은 명의 원군 요청을 적절히 거절하면서 후금과 친선정책을 꾀하는 중립적인 정책을 취하였다. 광해군의 중립외교는 국내에 전쟁의 화가 미치지 않아 왜란 후의 복구사업에 크게 기여하였다.

(5) 호란의 발발과 전개

① 정묘호란(1627) … 명의 모문룡 군대의 가도 주둔과 이괄의 난 이후 이괄의 잔당이 후금에 건너가 조선 정벌을 요구한 것으로 발생하였으며, 후금의 침입에 정봉수, 이립 등이 의병으로 활약하였다. 후금의 제의로 쉽게 화의(정묘조약)가 이루어져 후금의 군대는 철수하였다.

② 병자호란(1636) … 후금의 군신관계 요구에 조선이 거부한 것이 발단이 되어 발생하였으며, 삼전도에서 항복하고 청과 군신관계를 맺게 되었으며 소현세자와 봉림대군이 인질로 끌려갔다.

(6) 북벌운동의 전개

① 서인세력(송시열, 송준길, 이완 등)은 군대를 양성하는 등의 계획을 세웠으나 실천하지 못하였다.

② 효종의 북벌계획 … 이완을 훈련대장으로 임명하고 군비를 확충하였으나 효종의 죽음으로 북벌계획은 중단되었다.

1. 통치체제의 변화

(1) 정치구조의 변화

① 비변사의 기능 강화 … 중종 초 여진족과 왜구에 대비하기 위해 설치한 임시기구였으나, 임진왜란을 계기로 문무고관의 합의기구로 확대되었다. 군사뿐만 아니라 외교, 재정, 사회, 인사 등 거의 모든 정무를 총괄하였으며, 왕권의 약화, 의정부 및 6조 기능의 약화를 초래하였다.

② 정치 운영의 변질 … 3사는 공론을 반영하기보다 각 붕당의 이해관계를 대변하기에 급급하고 이조·병조의 전랑 역시 상대 붕당을 견제하는 기능으로 변질되어 붕당 간의 대립을 격화시켰다.

(2) 군사제도의 변화

① 중앙군(5군영)
  - ㉠ 훈련도감 : 삼수병(포수·사수·살수)으로 구성되었으며, 직업적 상비군이었다.
  - ㉡ 어영청 : 효종 때 북벌운동의 중추기관이 되었다. 기·보병으로 구성되며, 지방에서 교대로 번상하였다.
  - ㉢ 총융청 : 북한산성 등 경기 일대의 방어를 위해 속오군으로 편성되었다.
  - ㉣ 수어청 : 정묘호란 후 인조 때 설치되어 남한산성을 개축하고 이를 중심으로 남방을 방어하기 위해 설치되었다.
  - ㉤ 금위영 : 숙종 때 수도방위를 위해 설치되었다. 기·보병 중심의 선발 군사들로 지방에서 교대로 번상케 하였다.

② 지방군(속오군)
  - ㉠ 지방군제의 변천
    - 진관체제 : 세조 이후 실시된 체제로 외적의 침입에 효과가 없었다.
    - 제승방략체제(16세기) : 유사시에 필요한 방어처에 각 지역의 병력을 동원하여 중앙에서 파견되는 장수가 지휘하게 하는 방어체제이다.
    - 속오군체제 : 진관을 복구하고 속오법에 따라 군대를 정비하였다.
  - ㉡ 속오군 : 양천혼성군(양반, 농민, 노비)으로서, 농한기에 훈련하고 유사시에 동원되었다.

(3) 수취제도의 개편

① 전세제도의 개편 … 전세를 풍흉에 관계없이 1결당 미곡 4두로 고정시키는 영정법은 전세율이 다소 낮아졌으나 농민의 대다수인 전호들에게는 도움이 되지 못하였고, 전세 외에 여러 가지 세가 추가로 징수되어 조세의 부담은 증가하였다.

② 공납제도의 개편 … 방납의 폐단으로 토지의 결수에 따라 미, 포, 전을 납입하는 대동법을 시행하였는데 그 결과 농민의 부담을 감소하였으나 지주에게 부과된 대동세가 소작농에게 전가되는 경우가 있었으며, 조세의 금납화 촉진, 국가재정의 회복 및 상공업의 발달과 상업도시의 발전을 가져왔다. 그러나 진상·별공은 여전히 존속하였다.

③ 군역제도의 개편 … 균역법(군포 2필에서 1필로 내게 함)의 실시로 일시적으로 농민부담은 경감되었으나 폐단의 발생으로 인하여 전국적인 저항을 불러왔다.

2. 정쟁의 격화와 탕평정치

(1) 탕평론의 대두

공리공론보다 집권욕에만 집착하여 균형관계가 깨져서 정쟁이 끊이지 않고 사회가 분열되었으며, 이에 강력한 왕권을 토대로 세력 균형을 유지하려는 탕평론이 제기되었다. 숙종은 공평한 인사 관리를 통해 정치집단 간의 세력 균형을 추구하려 하였으나 명목상의 탕평책에 불과하여 편당적인 인사 관리로 빈번한 환국이 발생하였다.

(2) 영조의 탕평정치

① 탕평파를 육성하고, 붕당의 근거지인 서원을 정리하였으며, 이조전랑의 후임자 천거제도를 폐지하였다. 그 결과 정치권력은 국왕과 탕평파 대신에게 집중되었다. 또한 균역법의 시행, 군영의 정비, 악형의 폐지 및 사형수에 대한 삼심제 채택, 속대전을 편찬하였다.

② 한계 ··· 왕권으로 붕당 사이의 다툼을 일시적으로 억제하기는 하였으나 소론 강경파의 변란(이인좌의 난, 나주괘서사건) 획책으로 노론이 권력을 독점하게 되었다.

(3) 정조의 탕평정치

① 정치세력의 재편 ··· 탕평책을 추진하여 벽파를 물리치고 시파를 고루 기용하여 왕권의 강화를 꾀하였다. 또한 영조 때의 척신과 환관 등을 제거하고, 노론과 소론 일부, 남인을 중용하였다.

② 왕권 강화 정책 ··· 규장각의 육성, 초계문신제의 시행, 장용영의 설치, 수원 육성, 수령의 권한 강화, 서얼과 노비의 차별 완화, 금난전권 폐지, 대전통편, 동문휘고, 탁지지 등을 편찬하였다.

3. 정치질서의 변화

(1) 세도정치의 전개(19세기)

정조가 죽은 후 정치세력 간의 균형이 다시 깨지고 몇몇 유력가문 출신의 인물들에게 집중되었다. 순조 때에는 정순왕후가 수렴청정을 하면서 노론 벽파가 정권을 잡았으나, 정순왕후가 죽자 순조의 장인인 김조순을 중심으로 안동 김씨의 세도정치가 시작되었으며 헌종, 철종 때까지 풍양조씨, 안동 김씨의 세도정치가 이어졌다.

(2) 세도정치의 폐단

① 수령직의 매관매직으로 탐관오리의 수탈이 극심해지고 삼정(전정, 군정, 환곡)이 문란해졌으며, 그 결과 농촌경제는 피폐해지고, 상품화폐경제는 둔화되었다.

② 세도정치의 한계 ··· 고증학에 치중되어 개혁의지를 상실하였고 지방의 사정을 이해하지 못했다.

4. 대외관계의 변화

(1) 청과의 관계

① 북벌정책 … 17세기 중엽, 효종 때 추진한 것으로 청의 국력 신장으로 실현가능성이 부족하여 정권 유지의 수단이 되기도 하였으나 양난 이후의 민심 수습과 국방력 강화에 기여하였다.

② 북학론의 대두 … 청의 국력 신장과 문물 융성에 자극을 받아 18세기 말 북학파 실학자들은 청의 문물 도입을 주장을 하였으며 사신들은 천리경, 자명종, 화포, 만국지도, 천주실의 등의 신문물과 서적을 소개하였다.

(2) 일본과의 관계

① 대일외교관계
  ㉠ 기유약조(1609) : 임진왜란 이후 도쿠가와 막부의 요청으로 부산포에 왜관을 설치하고, 대일무역이 행해졌다.
  ㉡ 조선통신사 파견 : 17세기 초 이후부터 200여년간 12회에 걸쳐 파견하였다. 외교사절의 역할뿐만 아니라 조선의 선진학문과 기술을 일본에 전파하였다.

② 울릉도와 독도 … 안용복이 일본으로 건너가(숙종) 일본 막부에게 울릉도와 독도가 조선 영토임을 확인받고 돌아왔다. 그 후 조선 정부는 울릉도의 주민 이주를 장려하였고, 울릉도에 군을 설치하고 관리를 파견하여 독도까지 관할하였다.

출제예상문제

1 **국가별 왕에 대한 설명으로 옳은 것은?**

① 신라 지증왕 시기에 왕의 칭호를 마립간으로 사용하였다.
② 백제 고이왕 시기에 중국과의 거래를 단절하였다.
③ 고구려 고국천왕 시기에 부족적인 전통의 5부가 행정적 성격의 5부로 개편되었다.
④ 신라 법흥왕 시기에 김씨가 왕위를 세습하였다.

ADVICE ③ 고국천왕 시기에는 중앙집권 체제가 강화되면서 기존 부족 중심의 5부 체제가 점차 행정적 성격의 5부 체제로 개편되었다. 부족 연맹적 성격의 국가에서 왕 중심의 중앙집권 국가로 발전하는 과정을 보여주는 중요한 변화이다.
① 신리 지증왕 시기에 왕의 칭호를 마립간에서 왕으로 변경하였다.
② 고이왕 시기에는 중앙 관제 정비와 율령 반포 등이 이루어졌으며 중국과의 교류가 활발한 시기였다.
④ 김씨 왕위 세습 체제가 확립된 것은 이전인 신라 내물왕 시기이다.

2 **고려 충렬왕의 재위기간에 있었던 사실로 옳은 것은?**

① 만권당을 설치하였다.
② 정동행성을 설치하였다.
③ 정치도감을 설치하였다.
④ 입성책동 사건이 일어났다.

ADVICE ② 고려 후기 충렬왕 시기에 원의 내정 간섭을 받기 시작하면서 고려는 원의 부마국으로 전락하고 왕실 용어도 격하되었다. 기존의 2성 6부체제는 첨의부와 4사 체제로 전환되었고, 중추원은 밀직사로 변경되는 등의 관제에도 변화가 나타났다. 뿐만 아니라 고려 조정을 감시하기 위해 정동행성이 설치되고 감찰관인 다루가치가 상주하였다.
① 고려 후기 충선왕 때 원나라 연경(북경)에 설치한 독서당이 만권당이다.
③ 고려 후기 충목왕 때 설치된 정치개혁 기구가 정치도감이다.
④ 고려 후기 충선왕 때 정동행성과 별개의 행성을 설치하는 친원세력의 제안이다.

ANSWER 1.③ 2.②

3 고구려의 귀족합의제에 해당하는 것은?

① 식목도감

② 정사암회의

③ 화백회의

④ 제가회의

> **ADVICE** ④ 제가회의 : 고구려의 5부의 가(加)들이 모여 전쟁, 사형 등을 결정하는 합의 기구이다.
> ① 식목도감 : 고려시대에 대내적인 법률의 제정이나 각종 시행 규정을 논의하던 격식 제정 기구이다.
> ② 정사암회의 : 백제에서 정사암이라는 바위에 앉아 재상을 선출하고 국사 논의하는 합의 기구이다.
> ③ 화백회의 : 신라시대에 상대등이 의장을 맡아 운영하는 만장일치제 귀족합의제이다.

4 발해에 대한 설명으로 틀린 것은?

① 대조영 건국 당시 지배층은 고구려인, 피지배층은 말갈인으로 구성되었다.

② 무왕 시기에 동북방의 여러 세력을 복속시켜 북만주 일대를 장악하였다.

③ 문왕 시기에 거란의 세력 확대와 귀족들의 권력투쟁으로 멸망하였다.

④ 선왕 시기에 요동지방으로 진출하였고 당에게 해동성국이라는 칭호를 받았다.

> **ADVICE** ③ 발해의 문왕 시기는 멸망기가 아니라, 당나라와 친선 관계를 맺고 체제를 정비하며 전성기의 기틀을 다진 시기이다.
> ① 발해는 소수의 고구려계 유민이 지배층을 형성하고, 다수의 말갈인이 피지배층을 이루는 이원적 구조였다.
> ② 영토를 확장하여 북만주 일대를 장악했고, 당나라와 대립하며 장문휴를 보내 당의 산동반도를 공격하기도 했다.
> ④ 발해의 최대 영토를 확보한 시기이다. 요동지방으로 진출하였고 당에게 해동성국이라는 칭호를 받았다.

ANSWER 3.④ 4.③

5 고구려와 신라의 관계를 다음과 같이 알려주고 있는 삼국 시대의 금석문은?

> • 고구려의 군대가 신라 영토에 주둔했던 것으로 이해할 수 있는 기록이 보인다.
> • 고구려가 신라의 왕을 호칭할 때 '동이 매금(東夷 寐錦)'이라고 부르고 있다.
> • 고구려가 신라의 왕과 신하들에게 의복을 하사하는 의식을 거행한 것으로 보인다.

① 광개토왕비
② 지안고구려비
③ 중원고구려비
④ 냉수리 신라비

> **ADVICE** ③ 중원고구려비는 충청북도 충주시에 있는 고구려의 고비(古碑)로서 현재 국보 제205로 지정되어 있다. 이 비는 고구려 비(碑) 중 한반도에서 발견된 유일한 예로 고구려가 당시 신라를 「동이(東夷)」라 칭하면서 신라왕에게 종주국으로서 의복을 하사했다는 내용이 실려 있는데 이는 「삼국사기(三國史記)」를 비롯한 여러 문헌에는 실려 있지 않은 사실이다. 또한 '신라토내당주(新羅土內幢主)'하는 직명으로 미루어 신라 영토 안에 고구려 군대가 주둔하였음을 확인할 수 있는 등의 내용이 담겨 있어 고구려사를 연구하는 데 많은 영향을 주었다.

6 ㈎ ~ ㈏는 고려시대 대외관계와 관련된 자료이다. 이를 시기 순으로 바르게 나열한 것은?

> ㈎ 윤관은 별무반을 조직하여 여진을 정벌하고, 동북 9성을 쌓았다.
> ㈏ 서희는 거란의 장수 소손녕과의 외교 담판을 통해 강동6주를 획득하였다.
> ㈐ 유승단은 최우의 강화도 천도 결단을 반대하였다.

① ㈎ → ㈏ → ㈐
② ㈏ → ㈎ → ㈐
③ ㈏ → ㈐ → ㈎
④ ㈐ → ㈏ → ㈎

> **ADVICE** ㈏ 서희(942~998)는 거란의 침입(993) 때 활약했던 인물이다.
> ㈎ 윤관(1040~1111)은 1107년 20만 대군을 이끌고 여진을 정복하고 고려의 동북 9성을 설치하여 고려의 영토를 확장시킨 인물이다.
> ㈐ 유승단(1168~1232)은 1232년 최우가 재추회의를 소집하여 강화도로 천도를 논의할 때 반대했던 인물이다.

ANSWER 5.③ 6.②

7 다음과 같은 관등조직을 가지고 있는 이 나라의 특징으로 옳은 것은?

> 이 나라는 10여 관등이 있다. 수상은 대대로(막리지)에 해당한다. 지방조직은 5부 관등과 3경이의 중앙관
> 서가 있었다.

① 제가회의를 진행하였다.
② 향·부곡이라 불리는 특수행정구역도 설치하였다.
③ 지방의 22담로에 왕족을 파견하여 지방통제를 강화하였다.
④ 유교정치이념의 수용하여 국학을 설립하였다.

ADVICE ① 고구려의 특징에 해당한다.
②④ 통일신라의 특징이다.
③ 백제의 특징이다.

8 고려 태조의 정책으로 적절하지 않은 것은?

① 조세경감, 노비해방 및 빈민구제기관인 흑창을 설치하여 취민유도 정책을 시행하였다.
② 개국공신과 호족을 관리로 등용하여 관제를 정비하였다.
③ 사심관제도와 기인제도를 실시하였다.
④ 왕권의 안정과 중앙집권체제를 확립하기 위하여 노비안검법을 시행하였다.

ADVICE ④ 고려 광종의 개혁정치에 해당한다.

---

9 다음 여러 왕들의 정책들과 정치적 목적이 가장 유사한 것은?

> • 신라 신문왕 : 문무 관리에게 관료전을 지급하고 녹읍을 폐지하였다.
> • 고려 광종 : 과거 제도를 시행하고 관리의 공복을 제정하였다.
> • 조선 태종 : 6조 직계제를 확립하고 사병을 혁파하였다.

① 집사부 시중보다 상대등의 권력을 강화하였다.
② 향약과 사창제를 실시하고 서원을 설립하였다.
③ 장용영을 설치하고 규장각을 확대 개편하였다.
④ 중방을 실질적인 최고 권력 기관으로 만들었다.

ADVICE ㉠ 신문왕은 왕권 강화의 차원으로 녹읍제를 폐지하고 관료전의 지급을 실시하였다.
㉡ 광종은 신진관료 양성을 통한 왕권의 강화를 목적으로 하여 무력이 아닌 유교적 학식을 바탕으로 정치적 식견과 능력을 갖춘 관료층의 형성을 위해 과거제도를 실시하였으며 공복을 제정하여 관료제도의 질서를 통한 왕권의 확립을 꾀하였다.
㉢ 태종은 국정운영체제를 도평의사사에서 의정부서사제로, 다시 이를 6조직계제로 고쳐 왕권을 강화하였으며, 사원의 토지와 노비를 몰수하여 전제개혁을 마무리하고, 개인의 사병을 혁파하고 노비변정도감이라는 임시관청을 통해 수십만의 노비를 해방시키는 등 국가 재정과 국방을 강화하기 위한 노력을 하였다.

10 통일신라의 통치체제 특징으로 적절한 것은?

① 전제왕권의 강화를 위해 집사부 아래에 위화부와 13부를 두고 행정업무를 분담하였다.
② 관리들의 비리와 부정 방지를 위한 감찰기관인 의금부를 설치하였다.
③ 5경 15부 62주로 조직하여 중앙집권체제를 강화하였다.
④ 중앙군(10위), 지방군으로 군사를 조직하였다.

ADVICE ① 통일신라의 중앙정치체제에 해당한다.
② 관리들의 비리와 부정 방지를 위한 감찰기관인 사정부를 설치하였다.
③ 9주 5소경으로 정비하여 중앙집권체제를 강화하였다.
④ 중앙군 9서당, 지방군 10정으로 군사조직을 정비하였다.

11 영조 집권 초기에 일어난 다음 사건과 관련된 설명으로 옳지 않은 것은?

> 충청도에서 정부군과 반란군이 대규모 전투를 벌였으며 전라도에서도 반군이 조직되었다. 반란에 참가한 주동자들은 비록 정쟁에 패하고 관직에서 소외되었지만, 서울과 지방의 명문 사대부 가문 출신이었다. 반군은 청주성을 함락하고 안성과 죽산으로 향하였다.

① 주요 원인 중의 하나는 경종의 사인에 대한 의혹이다.
② 반란군이 한양을 점령하고 왕이 피난길에 올랐다.
③ 탕평책을 추진하는데 더욱 명분을 제공하였다.
④ 소론 및 남인 강경파가 주동이 되어 일으킨 것이다.

ADVICE ② 이인좌의 난(영조 4년, 1728년) … 경종이 영조 임금에게 독살되었다는 경종 독살설을 주장하며 소론과 남인의 일부가 영조의 왕통을 부정하여 반정을 시도한 것이다. 영조의 즉위와 함께 실각 당하였던 노론이 다시 집권하고 소론 대신들이 처형을 당하자 이에 불만을 품은 이인좌 등이 소론·남인세력과 중소상인, 노비를 규합하여 청주에서 대규모 반란을 일으켜 한성을 점령하려고 북진하다가 안성과 죽산전투에서 오명환이 지휘한 관군에게 패하여 그 목적이 좌절되었다.

12 통일신라 신문왕의 정책으로 옳지 않은 것은?

① 김흠돌의 반란을 진압하고 진골귀족 세력을 약화시켰다.
② 녹읍을 부활시켰다.
③ 9주 5소경으로 지방행정조직을 정비하였다.
④ 중앙군사조직은 9서당 10정이 중심이 되었다.

ADVICE ② 녹읍은 689년 신문왕 시기에 폐지되어 757년 경덕왕 시기에 부활하였다.

13 다음의 대화내용에 해당하는 시기의 사건으로 옳은 것은?

> A : 현량과를 실시해서, 이 세력들을 등용하여 우리들의 세력이 약해졌어.
> B : 맞아. 위훈삭제로 우리 공을 깎으려고 하는 것 같아.

① 기묘사화가 발생하였다.
② 조광조 등 사림들이 개혁정치를 펼쳤다.
③ 훈구파가 제거되었다.
④ 김종직의 '조의제문'이 문제가 되어 일어났다.

ADVICE ① 기묘사화는 1519년(중종 14)에 일어났는데, 조광조의 혁신정치에 불만을 품은 훈구세력이 위훈 삭제 사건을 계기로 계략을 써서 중종을 움직여 조광조 일파를 제거하였다. 이로 인하여 사림세력은 다시 한 번 크게 기세가 꺾였다.

14 다음 내용에 해당하는 역사적 사실로 옳은 것은?

> 혜공왕의 등극 후 왕권투쟁이 빈번해지고, 전국 각지에서 민란이 발생하였다.

① 녹읍이 폐지되었다.
② 시중의 권한이 강해졌다.
③ 호족이 성장하였다.
④ 6두품의 권한이 강해졌다.

ADVICE ③ 신라 하대는 왕위쟁탈전이 심해, 왕권은 불안정하고 지방의 반란은 지속되었다. 이에 호족세력은 스스로 성주나 장군으로 자처하며 반독립적인 세력으로 성장하게 되었는데, 지방의 행정과 군사권을 장악하고 경제적 지배력도 행사하였다.

ANSWER 13.② 14.③

15 임진왜란으로 발생한 영향으로 적절하지 않은 것은?

① 소현세자와 봉림대군이 청나라에 인질로 끌려갔다.

② 인구와 농토가 격감되어 농촌의 황폐화되었다.

③ 공명첩의 대량 발급으로 인하여 신분제의 동요가 나타났다.

④ 일본이 문화재를 약탈하였다.

ADVICE ① 소현세자와 봉림대군이 청나라에 인질로 끌려간 것은 병자호란의 결과에 해당한다.

※ 임진왜란의 영향 … 7년간의 전쟁으로 인해 수많은 사람이 죽거나 포로로 잡혀갔으며, 논밭이 망가져 국가의 식량 생산량이 급감했다. 전쟁 비용을 마련하고 굶주린 백성을 구제하기 위해 국가에서 돈이나 곡식을 바친 사람에게 관직을 주거나 신분을 높여주는 납속책과 공명첩(이름이 비어있는 관리 임명장)을 대량으로 발급했다. 일본군은 경복궁, 불국사 등을 불태웠을 뿐만 아니라 사고(史庫)에 보관된 서적, 활자, 그림 등을 약탈해 갔다.

16 발해의 중앙정치체계에 대한 설명으로 옳지 않은 것은?

① 중앙의 최고 교육기관은 주자감이다.

② 중앙은 22부로 정비하였다.

③ 문적원은 서적 관리 역할을 하였다.

④ 중정대는 감찰 역할을 하였다.

ADVICE ② 중앙정치체계는 3성, 6부였다.

17 삼국통일 후에 신라가 다음과 같은 정책을 실시하게 된 궁극적인 목적으로 옳은 것은?

> • 문무왕은 고구려, 백제인에게도 관직을 내렸다.
> • 옛 고구려, 백제 유민을 포섭하려 노력했다.
> • 고구려인으로 이루어진 황금서당이 조직되었다.
> • 말갈인으로 이루어진 흑금서당이 조직되었다.

① 민족융합정책
② 전제왕권강화
③ 농민생활안정
④ 지방행정조직의 정비

ADVICE ① 삼국통일 이후 신라의 9서당은 중앙군사조직에 신라인뿐만 아니라 고구려·백제인·말갈인 등 다른 국민까지 포함시켜 조직함으로써 다른 국민에 대한 우환을 경감시키고 중앙병력을 강화할 수 있었다. 그러나 가장 궁극적인 목적은 민족융합에 있었다고 할 수 있다.

18 다음의 내용을 순서대로 바르게 나열한 것은?

> ㉠ 세조를 비판한 조의제문을 사초에 기록한 것을 트집잡아 훈구파가 연산군을 부추겼고, 이를 통해 사림파를 숙청하였다.
> ㉡ 연산군의 생모 윤씨의 폐출사건을 들추어서 사림파를 제거하였다.
> ㉢ 조광조 등이 현량과를 실시하여 사림을 등용하여 급진적 개혁을 추진하자 이에 대한 훈구세력의 반발로 조광조는 실각되고 말았다.
> ㉣ 인종의 외척인 윤임과 명종의 외척인 윤형원의 왕위계승 문제가 발단이 되었는데, 왕실 외척인 척신들이 윤임을 몰아내고 정국을 주도하여 사림의 세력이 크게 위축되었다.
> ㉤ 심의겸과 김효원 사이에 이조 전랑직의 대립으로 붕당이 발생하여 동인과 서인이 나뉘었다.

① ㉠ - ㉡ - ㉢ - ㉣ - ㉤
② ㉡ - ㉠ - ㉢ - ㉣ - ㉤
③ ㉡ - ㉢ - ㉠ - ㉣ - ㉤
④ ㉤ - ㉣ - ㉢ - ㉡ - ㉠

ADVICE ① ㉠ 무오사화 → ㉡ 갑자사화 → ㉢ 기묘사화 → ㉣ 을사사화 → ㉤ 사림의 분열

ANSWER 17.① 18.①

19 다음과 같은 시대의 왕의 업적이 아닌 것은?

> 적극적인 탕평책을 추진하여 벽파를 물리치고 시파를 고루 기용하여 왕권의 강화를 꾀하였다. 또한 영조 때의 척신과 환관 등을 제거하고, 노론과 소론 일부, 남인을 중용하였다.

① 군역 부담의 완화를 위하여 균역법을 시행하였다.
② 붕당의 비대화를 막고 국왕의 권력과 정책을 뒷받침하는 기구인 규장각을 육성하였다.
③ 신진 인물과 중·하급 관리를 재교육한 후 등용하는 초계문신제를 시행하였다.
④ 수령이 군현 단위의 향약을 직접 주관하게 하여 지방 사림의 영향력을 줄이고 국가의 백성에 대한 통치력을 강화하였다.

ADVICE ① 군역 부담을 줄이기 위하여 균역법을 시행한 것은 영조의 업적이다.
　※ 정조의 개혁정치 … 규장각의 육성, 초계문신제의 시행, 장용영의 설치, 수원 육성, 수령의 권한 강화, 서얼과 노비의 차별을 완화, 통공정책으로 금난전권을 폐지, 대전통편, 동문휘고, 탁지지 등을 편찬하였다.

20 조선 후기 훈련도감에 대한 설명으로 옳은 것은?

① 속오군에 해당되는 군사조직이다.
② 천민들은 들어올 수 없었다.
③ 포수, 사수, 살수 삼수병으로 구성되었다.
④ 의무병에 해당하는 군인이다.

ADVICE ③ 훈련도감은 삼수병(포수·사수·살수)으로 구성되었으며, 직업적 상비군이었다.
　① 훈련도감은 중앙군인 5군영에 속한다. 속오군은 지방을 방어하기 위해 양반부터 노비까지 편성한 지방군 체제이다.
　② 훈련도감은 신분보다 실력을 중시했기 때문에 천민도 입대할 수 있었고 이들도 동일한 급료를 받았다.
　④ 훈련도감은 일정한 급료를 받고 복무하는 직업 군인 체제였다.

ANSWER 19.① 20.③

01 ▶ 고대의 경제

1. 삼국의 경제생활

(1) 삼국의 경제정책

① 정복활동과 경제정책 … 정복지역의 지배자를 내세워 공물을 징수하였고 전쟁포로들은 귀족이나 병사에게 노비로 지급하였다.

② 수취체제의 정비 … 노동력의 크기로 호를 나누어 곡물·포·특산물 등을 징수하고 15세 이상 남자의 노동력을 징발하였다.

③ 농민경제의 안정책 … 철제 농기구를 보급하고, 우경이나·황무지의 개간을 권장하였으며, 저수지를 축조하였다.

④ 수공업 … 노비들이 무기나 장신구를 생산하였으며, 수공업 생산을 담당하는 관청을 설치하였다.

⑤ 상업 … 도시에 시장이 형성되었으며, 시장을 감독하는 관청을 설치하였다.

⑥ 국제무역 … 왕실과 귀족의 수요품을 중심으로 공무역의 형태로 이루어졌다. 고구려는 남북조와 북방민족을 대상으로 하였으며 백제는 남중국, 왜와 무역하였고 신라는 한강 확보 이전에는 고구려, 백제와 교류하였으나 한강 확보 이후에는 당항성을 통하여 중국과 직접 교역하였다.

(2) 경제생활

① 귀족의 경제생활 … 자신이 소유한 토지와 노비, 국가에서 지급받은 녹읍과 식읍을 바탕으로 하였으며 귀족은 농민의 지배가 가능하였으며, 기와집, 창고, 마구간, 우물, 주방을 설치하여 생활하였다.

② 농민의 경제생활 … 자기 소유의 토지(민전)나 남의 토지를 빌려 경작하였으며, 우경이 확대되었다. 그러나 수취의 과중한 부담으로 생활개선을 위해 농사기술을 개발하고 경작지를 개간하였다.

2. 남북국시대의 경제적 변화

(1) 통일신라의 경제정책

① 수취체제의 변화

    ㉠ 조세 : 생산량의 10분의 1 정도를 수취하였다.

    ㉡ 공물 : 촌락 단위로 그 지역의 특산물을 징수하였다.

    ㉢ 역 : 군역과 요역으로 이루어져 있었으며, 16 ~ 60세의 남자를 대상으로 하였다.

② 민정문서

　　㉠ 작성 : 농민에 대한 조세와 요역 부과 자료의 목적으로 작성된 것으로 추정되며, 자연촌 단위로 매년 변동사
　　　　항을 조사하여 3년마다 촌주가 작성하였다. 토지의 귀속관계에 따라 연수유전답, 촌주위답, 관모전답, 내시
　　　　령답, 마전 등으로 분류되어 있다.

　　㉡ 인구조사 : 남녀별, 연령별로 6등급으로 조사하였다. 양인과 노비, 남자와 여자로 나누어 기재되어 있다.

　　㉢ 호구조사 : 9등급으로 구분하였다.

③ 토지제도의 변화

　　㉠ 관료전 지급(신문왕) : 식읍을 제한하고, 녹읍을 폐지하였으며 관료전을 지급하였다.

　　㉡ 정전 지급(성덕왕) : 왕토사상에 의거 백성에게 정전을 지급하고, 구휼정책을 강화하였다.

　　㉢ 녹읍 부활(경덕왕) : 녹읍제가 부활되고 관료전이 폐지되었다.

(2) 통일신라의 경제

① 경제 발달

　　㉠ 경제력의 성장

　　　• 중앙 : 동시(지증왕) 외에 서시와 남시(효소왕)가 설치되었다.

　　　• 지방 : 지방의 중심지나 교통의 요지에서 물물교환이 이루어졌다.

　　㉡ 무역의 발달

　　　• 대당 무역 : 나·당전쟁 이후 8세기 초(성덕왕)에 양국관계가 재개되면서 공무역과 사무역이 발달하였다. 수출품
　　　　은 명주와 베, 해표피, 삼, 금·은세공품 등이었고 수입품은 비단과 책 및 귀족들이 필요로 하는 사치품이었다.

　　　• 대일 무역 : 초기에는 무역을 제한하였으나, 8세기 이후에는 무역이 활발하였다.

　　　• 국제무역 : 이슬람 상인이 울산을 내왕하였다.

　　　• 청해진 설치 : 장보고가 해적을 소탕하였고 남해와 황해의 해상무역권을 장악하여 당, 일본과의 무역을 독점하였다.

② 귀족의 경제생활

　　㉠ 귀족의 경제적 기반 : 녹읍과 식읍을 통해 농민을 지배하여 조세와 공물을 징수하고, 노동력을 동원하였으며
　　　　국가에서 지급한 것 외에도 세습토지, 노비, 목장, 섬을 소유하기도 하였다.

　　㉡ 귀족의 일상생활 : 사치품(비단, 양탄자, 유리그릇, 귀금속)을 사용하였으며 경주 근처의 호화주택과 별장을
　　　　소유하였다(안압지, 포석정 등).

③ 농민의 경제생활

　　㉠ 수취의 부담 : 전세는 생산량의 10분의 1 정도를 징수하였으나, 삼베·명주실·과실류를 바쳤고, 부역이 많
　　　　아 농사에 지장을 초래하였다.

　　㉡ 농토의 상실 : 8세기 후반 귀족이나 호족의 토지 소유 확대로 토지를 빼앗겨 남의 토지를 빌려 경작하거나
　　　　노비로 자신을 팔거나, 유랑민이나 도적이 되기도 하였다.

　　㉢ 향·부곡민 : 농민보다 많은 부담을 가졌다.

　　㉣ 노비 : 왕실, 관청, 귀족, 사원(절) 등에 소속되어 물품을 제작하거나, 일용 잡무 및 경작에 동원되었다.

(3) 발해의 경제 발달

① 수취제도

    ㉠ 조세 : 조 · 콩 · 보리 등의 곡물을 징수하였다.

    ㉡ 공물 : 베 · 명주 · 가죽 등 특산물을 징수하였다.

    ㉢ 부역 : 궁궐 · 관청 등의 건축에 농민이 동원되었다.

② 귀족경제의 발달 ⋯ 대토지를 소유하였으며, 당으로부터 비단과 서적을 수입하였다.

③ 농업 ⋯ 밭농사가 중심이 되었으며 일부지역에서 철제 농기구를 사용하고, 수리시설을 확충하여 논농사를 하기도 하였다.

④ 목축 · 수렵 · 어업 ⋯ 돼지 · 말 · 소 · 양을 사육하고, 모피 · 녹용 · 사향을 생산 및 수출하였으며 고기잡이도구를 개량하고, 숭어, 문어, 대게, 고래 등을 잡았다.

⑤ 수공업 ⋯ 금속가공업(철, 구리, 금, 은), 직물업(삼베, 명주, 비단), 도자기업 등이 발달하였다.

⑥ 상업 ⋯ 도시와 교통요충지에 상업이 발달하고, 현물과 화폐를 주로 사용하였으며, 외국 화폐가 유통되기도 하였다.

⑦ 무역 ⋯ 당, 신라, 거란, 일본 등과 무역하였다.

    ㉠ 대당 무역 : 산둥반도의 덩저우에 발해관을 설치하였으며, 수출품은 토산품과 수공업품(모피, 인삼, 불상, 자기)이며 수입품은 귀족들의 수요품인 비단, 책 등이었다.

    ㉡ 대일 무역 : 일본과의 외교관계를 중시하여 활발한 무역활동을 전개하였다.

    ㉢ 신라와의 관계 : 필요에 따라 사신이 교환되고 소극적인 경제, 문화 교류를 하였다.

02 ▶ 중세의 경제

1. 경제 정책

(1) 전시과 제도

① 전시과제도의 특징 ⋯ 토지소유권은 국유를 원칙으로 하나 사유지가 인정되었으며 수조권에 따라 공 · 사전을 구분하여 수조권이 국가에 있으면 공전, 개인 · 사원에 속해 있으면 사전이라 하였으며 경작권은 농민과 외거노비에게 있었다. 관직 복무와 직역에 대한 대가로 지급되었기 때문에 세습이 허용되지 않았다.

② 토지제도의 정비과정

    ㉠ 역분전(태조) : 후삼국 통일과정에서 공을 세운 사람들에게 충성도와 인품에 따라 경기지방에 한하여 지급하였다.

    ㉡ 시정전시과(경종) : 관직이 높고 낮음과 함께 인품을 반영하여 역분전의 성격을 벗어나지 못하였고 전국적 규모로 정비되었다.

    ㉢ 개정전시과(목종) : 관직만을 고려하여 지급하는 기준안을 마련하고, 지급량도 재조정하였으며, 문관이 우대되었고 군인전도 전시과에 규정하였다.

    ㉣ 경정전시과(문종) : 현직 관리에게만 지급하고, 무신에 대한 차별대우가 시정되었다.

    ㉤ 녹과전(원종) : 무신정변으로 전시과체제가 완전히 붕괴되면서 관리의 생계 보장을 위해 지급하였다.

    ㉥ 과전법(공양왕) : 권문세족의 토지를 몰수하여 공전에 편입하고 경기도에 한해 과전을 지급하였다. 이로써 신진사대부의 경제적 토대가 마련되었다.

(2) 토지의 소유

고려는 국가에 봉사하는 대가로 관료에게 전지와 시지를 차등있게 나누어 주는 전시과와 개인 소유의 토지인 민전을 근간으로 운영하였다.

2. 경제활동

(1) 귀족의 경제생활

대대로 상속받은 토지와 노비, 과전과 녹봉 등이 기반이 되었으며 노비에게 경작시키거나 소작을 주어 생산량의 2분의 1을 징수하고, 외거노비에게 신공으로 매년 베나 곡식을 징수하였다.

(2) 농민의 경제생활

민전을 경작하거나, 국유지나 공유지 또는 다른 사람의 토지를 경작하여, 품팔이를 하거나 가내 수공업에 종사하였다. 삼경법이 일반화되었고 시비법의 발달, 윤작의 보급 및 이앙법이 남부지방에서 유행하였다.

(3) 수공업자의 활동

① 관청수공업 … 공장안에 등록된 수공업자와 농민 부역으로 운영되었으며, 주로 무기, 가구, 세공품, 견직물, 마구류 등을 제조하였다.

② 소(所)수공업 … 금, 은, 철, 구리, 실, 각종 옷감, 종이, 먹, 차, 생강 등을 생산하여 공물로 납부하였다.

③ 사원수공업 … 베, 모시, 기와, 술, 소금 등을 생산하였다.

④ 민간수공업 … 농촌의 가내수공업이 중심이 되었으며(삼베, 모시, 명주 생산), 후기에는 관청수공업에서 제조하던 물품(놋그릇, 도자기 등)을 생산하였다.

(4) 상업활동

① 도시의 상업활동 … 개경, 서경(평양), 동경(경주) 등 대도시에 서적점, 약점, 주점, 다점 등의 관영상점이 설치되었고 비정기 시장도 활성화되었으며 물가조절 기구인 경사서가 설치되었다.

② 지방의 상업활동 … 관아 근처에서 쌀이나 베를 교환할 수 있는 시장이 열렸으며 행상들의 활동도 두드러졌다.

③ 사원의 상업활동 … 소유하고 있는 토지에서 생산한 곡물과 승려나 노비들이 만든 수공업품을 민간에 판매하였다.

④ 고려 후기의 상업활동 … 벽란도가 교통로와 산업의 중심지로 발달하였고, 국가의 재정수입을 늘리기 위하여 소금의 전매제가 실시되었고, 관청·관리 등은 농민에게 물품을 강매하거나, 조세를 대납하게 하였다.

(5) 화폐 주조와 고리대의 유행

① 화폐 주조 및 고리대의 성행 … 자급자족적 경제구조로 유통이 부진하였고 곡식이나 삼베가 유통의 매개가 되었으며, 장생고라는 서민금융기관을 통해 사원과 귀족들은 폭리를 취하여 부를 확대하였는데 이로 인하여 농민은 토지를 상실하거나 노비가 되기도 하였다.

② 보(寶) … 일정한 기금을 조성하여 그 이자를 공적인 사업의 경비로 충당하는 것을 말한다.
　　㉠ 학보(태조) : 학교 재단
　　㉡ 광학보(정종) : 승려를 위한 장학재단
　　㉢ 경보(정종) : 불경 간행
　　㉣ 팔관보(문종) : 팔관회 경비
　　㉤ 제위보(광종) : 빈민 구제
　　㉥ 금종보 : 현화사 범종주조 기금

(6) 무역활동

① 공무역을 중심으로 발전하였으며, 벽란도가 국제무역항으로 번성하게 되었다.

② 고려는 문화적 · 경제적 목적으로 송은 정치적 · 군사적 목적으로 친선관계를 유지하였으며 거란과 여진과는 은과 농기구, 식량을 교역하였다. 일본과는 11세기 후반부터 김해에서 내왕하면서 수은 · 유황 등을 가지고 와서 식량 · 인삼 · 서적 등과 바꾸어 갔으며 아라비아(대식국)는 송을 거쳐 고려에 들어와 수은 · 향료 · 산호 등을 판매하였다. 또한 이 시기에 고려의 이름이 서방에 알려졌다.

③ 원 간섭기의 무역 … 공무역이 행해지는 한편 사무역이 다시 활발해졌고, 상인들이 독자적으로 원과 교역하면서 금, 은, 소, 말 등이 지나치게 유출되어 사회적으로 물의가 일어날 정도였다.

03 근세의 경제

1. 경제정책

(1) 과전법의 시행과 변화

① 과전법의 시행 … 국가의 재정기반과 신진사대부세력의 경제기반을 확보하기 위해 시행되었는데 경기지방의 토지에 한정되었고 과전을 받은 사람이 죽거나 반역을 한 경우에는 국가에 반환하였고 토지의 일부는 수신전, 휼양전, 공신전 형태로 세습이 가능하였다.

② 과전법의 변화 … 토지가 세습되자 신진관리에게 나누어 줄 토지가 부족하게 되었다.
　　㉠ 직전법(세조) : 현직 관리에게만 수조권을 지급하였고 수신전과 휼양전을 폐지하였다.
　　㉡ 관수관급제(성종) : 관청에서 수조권을 행사하고, 관리에게 지급하여 국가의 지배권이 강화하였다.
　　㉢ 직전법의 폐지(16세기 중엽) : 수조권 지급제도가 없어졌다.

③ 지주제의 확산 … 직전법이 소멸되면서 고위층 양반들이나 지방 토호들은 토지 소유를 늘리기 시작하여 지주전호제가 일반화되고 병작반수제가 생겼다.

(2) 수취체제의 확립

① 조세 … 토지 소유자의 부담이었으나 지주들은 소작농에게 대신 납부하도록 강요하는 경우가 많았다.
  - ㉠ 과전법 : 수확량의 10분의 1을 징수하고, 매년 풍흉에 따라 납부액을 조정하였다.
  - ㉡ 전분6등법 · 연분9등법(세종) : 1결당 최고 20두에서 최하 4두를 징수하였다.
    - 전분6등법
    - 토지의 비옥한 정도에 따라 6등급으로 나누고 그에 따라 1결의 면적을 달리하였다.
    - 모든 토지는 20년마다 측량하여 대장을 만들어 호조, 각도, 각 고을에 보관하였다.
    - 연분9등법
    - 한 해의 풍흉에 따라 9등급으로 구분하였다.
    - 작황의 풍흉에 따라 1결당 최고 20두에서 최하 4두까지 차등을 두었다.
  - ㉢ 조세 운송 : 군현에서 거둔 조세는 조창(수운창 · 해운창)을 거쳐 경창(용산 · 서강)으로 운송하였으며, 평안도와 함경도의 조세는 군사비와 사신접대비로 사용하였다.
② 공납 … 중앙관청에서 각 지역의 토산물을 조사하여 군현에 물품과 액수를 할당하여 징수하는 것으로 납부기준에 맞는 품질과 수량을 맞추기 어려워 농민들의 부담이 컸다.
③ 역 … 16세 이상의 정남에게 의무가 있다.
  - ㉠ 군역 : 정군은 일정 기간 군사복무를 위하여 교대로 근무했으며, 보인은 정군이 복무하는 데에 드는 비용을 보조하였다. 양반, 서리, 향리는 군역이 면제되었다.
  - ㉡ 요역 : 가호를 기준으로 정남의 수를 고려하여 뽑았으며, 각종 공사에 동원되었다. 토지 8결당 1인이 동원되었고, 1년에 6일 이내로 동원할 수 있는 날을 제한하였으나 임의로 징발하는 경우도 많았다.
④ 국가재정 … 세입은 조세, 공물, 역 이외에 염전, 광산, 산림, 어장, 상인, 수공업자의 세금으로 마련하였으며, 세출은 군량미나 구휼미로 비축하고 왕실경비, 공공행사비, 관리의 녹봉, 군량미, 빈민구제비, 의료비 등으로 지출하였다.

2. 양반과 평민의 경제활동

(1) 양반 지주의 생활

농장은 노비의 경작과 주변 농민들의 병작반수의 소작으로 행해졌으며 노비는 재산의 한 형태로 구매, 소유 노비의 출산 및 혼인으로 확보되었고, 외거노비는 주인의 땅을 경작 및 관리하고 신공을 징수하였다.

(2) 농민생활의 변화

① 농업기술의 발달
  - ㉠ 밭농사 : 조 · 보리 · 콩의 2년 3작이 널리 행해졌다.
  - ㉡ 논농사 : 남부지방에 모내기 보급과 벼와 보리의 이모작으로 생산량이 증가되었다.
  - ㉢ 시비법 : 밑거름과 덧거름을 주어 휴경제도가 거의 사라졌다.
  - ㉣ 농기구 : 쟁기, 낫, 호미 등의 농기구도 개량되었다.
  - ㉤ 수리시설의 확충
② 상품 재배 … 목화 재배가 확대되어 의생활이 개선되었고, 약초와 과수 재배가 확대되었다.

(3) 수공업 생산활동

① 관영수공업 … 관장은 국역으로 의류, 활자, 화약, 무기, 문방구, 그릇 등을 제작하여 공급하였고, 국역기간이 끝나면 자유로이 필수품을 제작하여 판매할 수 있었다.

② 민영수공업 … 농기구 등 물품을 제작하거나, 양반의 사치품을 생산하는 일을 맡았다.

③ 가내수공업 … 자급자족 형태로 생활필수품을 생산하였다.

(4) 상업활동

① 시전 상인 … 왕실이나 관청에 물품을 공급하는 특정 상품의 독점판매권(금난전권)을 획득하였으며, 육의전(시전 중 명주, 종이, 어물, 모시, 삼베, 무명을 파는 점포)이 번성하였다. 또한 경시서를 설치하여 불법적인 상행위를 통제하였고 도량형을 검사하고 물가를 조절하였다.

② 장시 … 서울 근교와 지방에서 농업생산력 발달에 힘입어 정기 시장으로 정착되었으며, 보부상이 판매와 유통을 주도하였다.

③ 화폐 … 화(태종, 조선 최초의 지폐)와 조선통보(세종)를 발행하였으나 유통이 부진하였다. 농민에겐 쌀과 무명이 화폐역할을 하였다.

④ 대외무역 … 명과는 공무역과 사무역을 허용하였으며, 여진과는 국경지역의 무역소를 통해 교역하였고 일본과는 동래에 설치한 왜관을 통해 무역하였다.

(5) 수취제도의 문란

① 공납의 폐단 발생 … 중앙관청의 서리들이 공물을 대신 납부하고 수수료를 징수하는 것을 방납이라 하는데 방납이 증가할수록 농민의 부담이 증가되었다. 이에 이이 · 유성룡은 공물을 쌀로 걷는 수미법을 주장하였다.

② 군역의 변질

　　㉠ 군역의 요역화 : 농민 대신에 군인을 각종 토목공사에 동원시키게 되어 군역을 기피하게 되었다.

　　㉡ 대립제 : 보인들에게서 받은 조역가로 사람을 사서 군역을 대신시키는 현상이다.

　　㉢ 군적수포제 : 장정에게 군포를 받아 그 수입으로 군대를 양성하는 직업군인제로서 군대의 질이 떨어지고, 모병제화 되었으며 농민의 부담이 가중되는 결과를 낳았다.

③ 환곡 … 농민에게 곡물을 빌려 주고 10분의 1 정도의 이자를 거두는 제도로서 지방 수령과 향리들이 정한 이자보다 많이 징수하는 폐단을 낳았다.

04 ▶ 경제상황의 변동

1. 수취체제의 개편

(1) 영정법의 실시(1635)

① 배경 … 15세기의 전분 6등급과 연분 9등급은 매우 번잡하여 제대로 운영되지 않았고, 16세기에는 아예 무시된 채 최저율의 세액이 적용되게 되었다.

② 내용 … 풍흉에 관계없이 전세로 토지 1결당 미곡 4두를 징수하였다.

③ 결과 … 전세율은 이전보다 감소하였으나 여러 명목의 비용을 함께 징수하여 농민의 부담은 다시 증가하였으며 또한 지주전호 제하의 전호들에겐 적용되지 않았다.

(2) 공납의 전세화

① 방납의 폐단을 시정하고 농민의 토지 이탈을 방지하기 위해서 대동법을 실시(광해군)하였다. 과세기준이 종전의 가호에서 토지의 결 수로 바뀌어 농민의 부담이 감소하였다.

② 영향 … 공인의 등장, 농민부담의 경감, 장시와 상공업의 발달, 상업도시의 성장, 상품 · 화폐경제의 성장, 봉건적 양반사회의 붕괴 등에 영향을 미쳤으나 현물 징수는 여전히 존속하였다.

③ 의의 … 종래의 현물 징수가 미곡, 포목, 전화 등으로 대체됨으로써 조세의 금납화 및 공납의 전세화가 이루어졌다.

(3) 균역법의 시행

① 균역법의 실시(영조) … 농민 1인당 1년에 군포 1필을 부담 하였으며 지주에게는 결작으로 1결당 미곡 2두를 징수하고, 상류층에게 선무군관이라는 창호로 군포 1필을 징수하였으며 어장세, 선박세 등 잡세 수입으로 보충하였다.

② 결과 … 농민의 부담은 일시적으로 경감하였지만 농민에게 결작의 부담이 강요되었고 군적의 문란으로 농민의 부담이 다시 가중되었다.

2. 서민경제의 발전

(1) 양반 지주의 경영 변화

상품화폐경제의 발달로 소작인의 소작권을 인정하고, 소작료 인하 및 소작료를 일정액으로 정하는 추세가 등장하게 되었으며, 토지 매입 및 고리대로 부를 축적하거나, 경제 변동에 적응하지 못한 양반이 등장하게 되었다.

(2) 농민경제의 변화

① 모내기법의 확대 … 이모작으로 인해 광작의 성행과 농민의 일부는 부농으로 성장하였다.

② 상품작물의 재배 … 장시가 증가하여 상품의 유통(쌀, 면화, 채소, 담배, 약초 등)이 활발해졌다.

③ 소작권의 변화 … 소작료가 타조법에서 도조법으로 변화하였고, 곡물이나 화폐로 지불하였다.

④ 몰락 농민의 증가 … 부세의 부담, 고리채의 이용, 관혼상제의 비용 부담 등으로 소작지를 잃은 농민은 도시에서 상공업에 종사하거나, 광산이나 포구의 임노동자로 전환되었다.

(3) 민영수공업의 발달

① 민영수공업 … 관영수공업이 쇠퇴하고 민영수공업이 증가하였다.

② 농촌수공업 … 전문적으로 수공업제품을 생산하는 농가가 등장하여, 옷감과 그릇을 생산하였다.

③ 수공업 형태의 변화 … 상인이나 공인으로부터 자금이나 원료를 미리 받고 제품을 생산하는 선대제수공업이나 독자적으로 제품을 생산하고 판매하는 독립수공업의 형태로 변화하였다.

(4) 민영 광산의 증가

① 광산 개발의 증가 … 민영수공업의 발달로 광물의 수요가 증가, 대청 무역으로 은의 수요가 증가, 상업자본의 채굴과 금
  광 투자가 증가하고, 잠채가 성행하였다.

② 조선 후기의 광업 … 덕대가 상인 물주로부터 자본을 조달받아 채굴업자와 채굴노동자, 제련노동자 등을 고용하여 분업
  에 토대를 둔 협업으로 운영하였다.

3. 상품화폐경제의 발달

(1) 사상의 대두

① 상품화폐경제의 발달 … 농민의 계층 분화로 도시유입인구가 증가되어 상업활동은 더욱 활발해졌으며 이는 공인과 사상
  이 주도하였다.

② 사상의 성장 … 초기의 사상은 농촌에서 도시로 유입된 인구의 일부가 상업으로 생계를 유지하여 시전에서 물건을 떼어
  다 파는 중도아(中都兒)가 되었다가, 17세기 후반에는 시전상인과 공인이 상업활동에서 활기를 띠자 난전이라 불리는 사
  상들도 성장하였고 시전과 대립하였다. 이후 18세기 말, 정부는 육의전을 제외한 나머지 시전의 금난전권을 폐지하였다.

(2) 장시의 발달

① 15세기 말 개설되기 시작한 장시는 18세기 중엽 전국에 1,000여개 소가 개설되었으며, 보통 5일마다 열렸는데 일부 장
  시는 상설 시장이 되기도 하였으며, 인근의 장시와 연계하여 하나의 지역적 시장권을 형성하였다.

② 보부상의 활동 … 농촌의 장시를 하나의 유통망으로 연결하여 생산자와 소비자를 이어주는 데 큰 역할을 하였고, 자신들
  의 이익을 지키기 위하여 보부상단 조합을 결성하였다.

(3) 포구에서의 상업활동

① 포구의 성장

　㉠ 수로 운송 : 도로와 수레가 발달하지 못하여 육로보다 수로를 이용하였다.

　㉡ 포구의 역할 변화 : 세곡과 소작료 운송기지에서 상업의 중심지로 성장하였다.

　㉢ 선상, 객주, 여각 : 포구를 거점으로 상행위를 하는 상인이 등장했다.

② 상업활동

　㉠ 선상 : 선박을 이용하여 포구에서 물품을 유통하였다.

　㉡ 경강상인 : 대표적인 선상으로 한강을 근거지로 소금, 어물과 같은 물품의 운송과 판매를 장악하여 부를 축적
　　하였고 선박의 건조 등 생산 분야에까지 진출하였다.

　㉢ 객주, 여각 : 선상의 상품매매를 중개하거나, 운송 · 보관 · 숙박 · 금융 등의 영업을 하였다.

(4) 중계무역의 발달

① 대청 무역 ··· 17세기 중엽부터 활기를 띠었으며, 공무역에는 중강개시, 회령개시, 경원개시 등이 있고, 사무역에는 중강후시, 책문후시, 회동관후시, 단련사후시 등이 있었다. 주로 수입품은 비단, 약재, 문방구 등이며 수출품은 은, 종이, 무명, 인삼 등이었다.

② 대일 무역 ··· 왜관개시를 통한 공무역이 활발하게 이루어졌고 조공무역이 이루어졌다. 조선은 수입한 물품들을 일본에게 넘겨주는 중계무역을 하고 일본으로부터 은, 구리, 황, 후추 등을 수입하였다.

③ 상인들의 무역활동 ··· 의주의 만상, 동래의 내상 개성의 송상 등이 있다.

(5) 화폐 유통

① 화폐의 보급 ··· 인조 때 동전이 주조되어, 개성을 중심으로 유통되다가 효종 때 널리 유통되었다. 18세기 후반에는 세금과 소작료도 동전으로 대납이 가능해졌다.

② 동전 부족(전황) ··· 지주, 대상인이 화폐를 고리대나 재산 축적에 이용하자 전황이 생겨 이익은 폐전론을 주장하기도 하였다.

③ 신용화폐의 등장 ··· 상품화폐경제의 진전과 상업자본의 성장으로 대규모 상거래에 환·어음 등의 신용화폐를 이용하였다.

출제예상문제

1 통일신라 무역에 대한 설명으로 적절한 것은?

① 비단이나 책과 같은 사치품을 일본에 수출하였다.
② 청해진을 설치하여 남해와 황해의 해상무역권을 장악하였다.
③ 나당 전쟁으로 당나라와 무역이 단절되었다.
④ 공무역의 형태만 이루어졌다.

> **ADVICE** ② 장보고는 완도에 청해진을 설치하여 해적을 소통하고 동아시아 해상 무역 주도권을 장악했다.
> ① 비단, 책, 공예품 등은 당시 당나라로부터 수입해오던 주요 수입품이다.
> ③ 전쟁 직후에는 일시적으로 소원해졌으나, 곧 관계가 회복되어 당나라와의 무역이 통일 신라 무역의 가장 큰 비중을 차지하게 되었다.
> ④ 국가 간의 공식적인 공무역뿐만 아니라, 상인들에 의한 사무역도 활발하게 이루어졌다.

2 ㈎ 시기에 볼 수 있는 장면으로 적절한 것은?

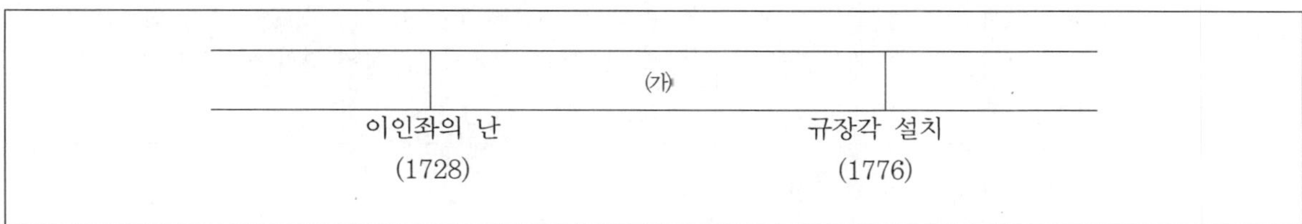

① 당백전으로 물건을 사는 농민
② 금난전권 폐지를 반기는 상인
③ 전(錢)으로 결작을 납부하는 지주
④ 경기도에 대동법 실시를 명하는 국왕

> **ADVICE** ③ 균역법은 영조 26년(1750)에 실시한 부세제도로 종래까지 군포 2필씩 징수하던 것을 1필로 감하고 그 세수의 감액분을 결미(結米)·결전(結錢), 어(漁)·염(鹽)·선세(船稅), 병무군관포, 은·여결세, 이획 등으로 충당하였다.
> ① 당백전은 1866년(고종 3) 11월에 주조되어 약 6개월여 동안 유통되었던 화폐이다.
> ② 금난전권은 1791년 폐지(금지)되었다.
> ④ 대동법은 1608년(광해군 즉위년) 경기도에 처음 실시되었다.

ANSWER 1.② 2.③

3 고려시대 태조에 시행된 것으로 일정한 기금을 조성하여 그 이자를 학교 재단의 경비로 충단한 보(寶)에 해당하는 것은?

① 광학보

② 학보

③ 경보

④ 팔관보

ADVICE ① 광학보 : 승려를 위한 장학재단에 사용되었다.
③ 경보 : 불경 간행을 위해 사용되었다.
④ 팔관보 : 팔관회 경비이다.

4 다음에서 설명하는 제도가 시행되었던 왕대의 상황에 대한 설명으로 옳은 것은?

> 양인들의 군역에 대한 절목 등을 검토하고 유생의 의견을 들었으며, 개선 방향에 관한 면밀한 검토를 거친 후 담당 관청을 설치하고 본격적으로 시행하였다. 핵심 내용은 1년에 백성이 부담하는 군포 2필을 1필로 줄이는 것이었다.

① 증보문헌비고가 편찬, 간행되었다.

② 노론의 핵심 인물이 대거 처형당하였다.

③ 통공정책을 써서 금난전권을 폐지하였다.

④ 청계천을 준설하여 도시를 재정비하고자 하였다.

ADVICE ④ 영조 시대 백성에게 큰 부담이 된 군포제도를 개혁한 균역법에 대한 설명이다. 이 시대에는 도성의 중앙을 흐르는 청계천을 준설하는 준천사업을 추진하였고 1730년을 전후하여 서울인구가 급증하고 겨울용 땔감의 사용량이 증가하면서 서울 주변 산이 헐벗게 되고 이로 인하여 청계천에 토사가 퇴적되어 청계천이 범람하는 사건이 발생하였다.

ANSWER 3.② 4.④

5 영전법에 대한 설명으로 옳은 것은?

① 전세율은 이전보다 증가하였다.

② 상류층에게 선무군관이라는 칭호로 군포 1필을 징수하였다.

③ 풍흉에 관계없이 전세로 토지 1결당 미곡 4두를 징수하였다.

④ 농민에게 곡물을 빌려 주고 10분의 1 정도의 이자를 거두는 제도였다.

ADVICE ③ 인조에 실시된 것으로 풍흉에 따라 9등급으로 나누어 세금을 걷던 복잡한 방식(연분9등법)을 폐지하고, 이를 최저 세율인 4두로 고정하여 영원히 정한다는 것이다.
　① 세종 때 실시된 연분9등법(최고 20두 ~ 최하 4두)과 비교하면, 최하 기준인 4두로 고정되었으므로 세율 자체는 낮아졌다.
　② 균역법에 대한 설명으로 군역의 부족분을 보충하기 위해 부유한 양인들에게 선무군관이라는 칭호를 주고 군포 1필을 거두었다.
　④ 빈민 구제를 목적으로 곡물을 빌려주던 제도에 대한 설명으로 영전법에 해당하지 않는다.

6 조선후기 서민경제의 핵심적인 변화에 해당하는 것은?

① 모내기법이 확대되어 농민의 일부는 부농으로 성장하였다.

② 금난전권이 부활하면서 자유 상인들이 크게 위축하였다.

③ 민영수공업이 쇠퇴하고 관영수공업이 증가했다.

④ 광물의 수요가 감소하였다.

ADVICE ① 모내기법으로 잡초를 뽑는 노동력이 크게 절감되자, 농민 한 사람이 예전보다 훨씬 넓은 토지를 경작할 수 있게 되었다. 광작을 통해 큰 재산을 모은 농민들이 나타난 반면, 토지를 잃고 임노동자로 전락하는 농민들도 생겨나며 농촌 사회가 분화되었다.
　② 시전 상인의 특권인 금난전권이 폐지되면서, 자유 상인인 사상들이 크게 성장했다.
　③ 국가에 필요한 물품을 대량으로 사들이는 공인이 나타나면서 수공업자들에게 대규모 주문을 넣기 시작했다.
　④ 국가가 독점하던 광산을 민간인이 경영하고 세금을 냈다.

ANSWER 5.③　6.①

7 다음은 조선 시대 토지제도에 대한 설명이다. 변천순서로 옳은 것은?

> ㉠ 국가의 재정기반과 신진사대부세력의 경제기반을 확보하기 위해 시행되었다.
> ㉡ 현직관리에게만 수조권을 지급하였다.
> ㉢ 관청에서 수조권을 행사하여 백성에게 조를 받아, 관리에게 지급하였다.
> ㉣ 국가가 관리에게 현물을 지급하는 급료제도이다.

① ㉠ - ㉡ - ㉢ - ㉣
② ㉡ - ㉠ - ㉢ - ㉣
③ ㉢ - ㉡ - ㉠ - ㉣
④ ㉣ - ㉡ - ㉢ - ㉠

ADVICE 토지제도의 변천
- 통일신라시대 : 전제왕권이 강화되면서 녹읍이 폐지되고 관료전이 지급(신문왕 7년, 687)되었다.
- 고려시대 : 역분전(태조) → 시정전시과(경종) → 개정전시과(목종) → 경정전시과(문종) → 녹과전(원종) → 과전법(공양왕)의 순으로 토지제도가 변천되었다.
- 조선시대 : ㉠ 과전법(공양왕) → ㉡ 직전법(세조) → ㉢ 관수관급제(성종) → ㉣ 직전법의 폐지, 녹봉제 시행(명종)과 지주제의 확산 등으로 이루어졌다.

8 영조 때 실시된 균역법에 대한 설명으로 옳지 않은 것은?

① 군포를 1년에 2필에서 1필로 경감시켰다.
② 균역법의 실시로 모든 양반에게도 군포를 징수하였다.
③ 균역법의 시행으로 감소된 재정은 어장세·염전세·선박세로 보충하였다.
④ 결작이라 하여 토지 1결당 미곡 2두를 부과하였다.

ADVICE ② 균역법의 시행(1751)으로 감소된 재정은 결작(토지 1결당 미곡 2두)을 부과하고 일부 상류층에게 선무군관이라는 칭호를 주어 군포 1필을 납부하게 하였으며 선박세와 어장세, 염전세 등으로 보충하였다.

ANSWER 7.① 8.②

9 다음에서 설명하는 것은?

> • 통일신라 경제정책에 해당한다.
> • 농민에 대한 조세와 요역 부과 자료의 목적으로 작성된 것으로 추정된다.
> • 자연촌 단위로 매년 변동사항을 조사하여 3년마다 촌주가 작성하였다.

① 관료전   ② 민정문서
③ 정전   ④ 녹읍

ADVICE ② 민정문서(신라촌락문서)에 해당한다. 국가가 농민들에게 정확하게 조세, 공물, 요역을 부과하고 징수하기 위한 기초 자료이다.
    ① 관료전 : 신문왕 때 귀족들에게 지급한 토지로, 조세단 거둘 수 있고 노동력 징발은 불가능하게 하여 왕권을 강화하고자 했다.
    ③ 정전 : 성덕왕 때 백성들에게 지급한 토지로, 국가가 농민의 토지 소유권을 인정해 주고 조세를 거두어 민생 안정을 하기 위한 것이다.
    ④ 녹읍 : 국가가 관리에게 지급한 토지로, 조세 수취뿐만 아니라 그 땅에 사는 농민의 노동력까지 마음대로 징발할 수 있었던 권한이다.

10 다음 중 민정문서(신라장적)에 대한 설명으로 옳은 것은?

① 천민 집단과 노비의 노동력은 기록하지 않았다.
② 소백산맥 동쪽에 있는 중원경과 그 주변 촌락의 기록이다.
③ 인구를 연령별로 6등급으로 나누어 작성하였다.
④ 5년마다 촌락의 노동력과 생산력을 지방관이 작성하였다.

ADVICE ③ 연령과 성별에 따라 6등급으로, 호는 인구수에 따라 9등급으로 나누어 기록하였다.

11 신문왕 때 폐지되었던 녹읍이 경덕왕 때 다시 부활한 이유로 옳은 것은?

① 왕권 강화   ② 귀족 세력의 반발
③ 피정복민의 회유   ④ 농민의 생활 안정

ADVICE ② 경덕왕때 귀족의 반발로 녹읍제가 부활되어 국가경제가 어렵게 되었다.

ANSWER 9.②   10.③   11.②

12 다음은 통일신라 때의 토지 제도에 대한 설명이다. 이에 관한 설명으로 옳은 것은?

> 통일 후에는 문무 관료들에게 토지를 나누어 주고, 녹읍을 폐지하는 대신 해마다 곡식을 나누어 주었다.

① 농민 경제가 점차 안정되었다.

② 귀족들의 농민 지배가 더욱 강화되었다.

③ 귀족들의 기반이 더욱 강화되었다.

④ 귀족에 대한 국왕의 권한이 점차 강화되었다.

ADVICE ④ 제시된 내용은 관료전을 지급하는 대신 녹읍을 폐지한 조치(신문왕 7년, 687)에 대한 설명이다. 녹읍은 토지세와 공물은 물론 농민의 노동력까지 동원할 수 있었으나 관료전은 토지세만 수취할 수 있었다.

13 다음 중 통일신라의 무역활동과 관계가 없는 것은?

① 한강 진출로 당항성을 확보하여 중국과의 연결을 단축시켰다.

② 산둥반도와 양쯔강 하류에 신라인 거주지가 생기게 되었다.

③ 통일 직후부터 일본과의 교류가 활발해졌다.

④ 장보고가 청해진을 설치하고 남해와 황해의 해상무역권을 장악하였다.

ADVICE ③ 일본과의 무역은 통일 직후에는 일본이 신라를 견제하고, 신라도 일본의 여·제 유민을 경계하여 경제교류가 활발하지 못하였으나 8세기 이후 정치의 안정과 일본의 선진문화에 대한 욕구로 교류가 활발해졌다.

14 고대 여러 나라의 무역활동에 관한 설명으로 옳지 않은 것은?

① 고구려 – 중국의 남북조 및 유목민인 북방 민족과 무역하였다.

② 백제 – 남조 및 왜와 무역을 하였다.

③ 발해 – 당과 평화관계가 성립되어 무역이 활발하게 이루어졌다.

④ 통일신라 – 삼국통일 직후 당, 일본과 활발하게 교류하였다.

ADVICE ④ 통일 이후 일본과의 교류를 제한하여 무역이 활발하지 못하였으며, 8세기 이후부터 다시 교역이 이루어졌다.

ANSWER 12. ④ 13.③ 14.④

15 삼국 시대의 수공업 생산에 대한 설명으로 옳은 것은?

① 국가가 관청을 두고 기술자를 배치하여 물품을 생산하였다.

② 도자기가 생산되어 중국에 수출하였다.

③ 수공업의 발달은 상품경제의 성장을 촉진하였다.

④ 노예들은 큰 작업장에 모여 공동으로 생산활동을 하였다.

ADVICE ① 초기에는 기술이 뛰어난 노비에게 국가가 필요로 하는 물품을 생산하게 하였으나, 국가체제가 정비되면서 수공업 제품을 생산하는 관청을 두고 수공업자를 배치하여 물품을 생산하였다.

16 다음에서 발해의 경제생활에 대한 내용으로 옳은 것을 모두 고르면?

㉠ 밭농사보다 벼농사가 주로 행하였다.
㉡ 제철업이 발달하여 금속가공업이 성행하였다.
㉢ 어업이 발달하여 먼 바다에 나가 고래를 잡기도 하였다.
㉣ 가축의 사육으로 모피, 녹용, 사향 등이 생산되었다.

① ㉠, ㉡

② ㉠, ㉢

③ ㉠, ㉡, ㉣

④ ㉡, ㉢, ㉣

ADVICE ④ ㉠ 발해의 농업은 기후가 찬 관계로 콩, 조 등의 곡물 생산이 중심을 이루었고 밭농사가 중심이 되었다.

17 고려 시대의 사회 · 경제상에 대한 설명으로 옳지 않은 것은?

① 교환 수단은 대체로 곡물과 포, 쇄은 등을 사용하였다.

② 공공시설에서 사업 경비 충당을 목적으로 하는 보가 발달하였다.

③ 사원에서는 제지, 직포 등의 물품을 제조하기도 하였다.

④ 이암이 화북 농법을 바탕으로 농상집요를 저술하였다.

ADVICE ④ 이암은 원의 농상집요를 소개 · 보급하였다.

ANSWER 15.① 16.④ 17.④

18 **고려 시대 농민에 대한 설명으로 옳지 않은 것은?**

① 양민의 대다수를 차지하였다.
② 고리대를 운영하여 부를 축적하였다.
③ 주현군에 편제되어 군역을 담당하였다.
④ 민전을 경작하고 10분의 1의 조세를 납부하였다.

ADVICE ② 고리대는 높은 이자로 돈이나 곡물을 빌려 주어 재산을 증식하는 것으로 고려 시대에는 주로 귀족이나 사찰에서 행하였으며, 이로 인해 농민의 생활이 피폐해졌다.

19 **고려 시대의 화폐 사용에 대한 설명으로 옳지 않은 것은?**

① 철전과 동전이 만들어졌다
② 국가에서 화폐 발행을 독점하였다.
③ 은으로 만든 활구라는 화폐가 있었다.
④ 귀족들의 화폐사용빈도가 높았다.

ADVICE ④ 귀족들의 화폐 사용은 저조하였다.

20 **다음 중 방납으로 인해 국가 수입이 줄고 농민의 부담이 가중됨에 따라 실시하게 된 제도는?**

① 대동법
② 균역법
③ 호포법
④ 군적 수포제

ADVICE ① 대동법은 농민 집집마다 부과하였던 공물 납부 방식을 토지의 면적에 따라 쌀, 삼베, 무명, 동전 등으로 납부하게 하는 제도이다.

ANSWER 18.② 19.④ 20.①

01 ▶ 고대의 사회

1. 신분제 사회의 성립

(1) 삼국시대의 계층구조

왕족을 비롯한 귀족·평민·천민으로 구분되며, 지배층은 특권을 유지하기 위하여 율령을 제정하고, 신분은 능력보다는 그가 속한 친족의 사회적 위치에 따라 결정되었다.

(2) 귀족·평민·천민의 구분

① 귀족 … 왕족을 비롯한 옛 부족장 세력이 중앙의 귀족으로 재편성되어 정치권력과 사회·경제적 특권을 향유하였다.

② 평민 … 대부분 농민으로서 신분적으로 자유민이었으나, 조세를 납부하고 노동력을 징발 당하였다.

③ 천민 … 노비들은 왕실과 귀족 및 관청에 예속되어 신분이 자유롭지 못하였다.

2. 삼국사회의 풍습

(1) 고구려

① 형법 … 반역 및 반란죄는 화형에 처한 뒤 다시 목을 베었고, 그 가족들은 노비로 삼았다. 적에게 항복한 자나 전쟁 패배자는 사형에 처했으며, 도둑질한 자는 12배를 배상하도록 하였다.

② 풍습 … 형사취수제, 서옥제가 있었고 자유로운 교제를 통해 결혼하였다.

(2) 백제

① 형법 … 반역이나 전쟁의 패배자는 사형에 처하고, 도둑질한 자는 귀양을 보내고 2배를 배상하게 하였으며, 뇌물을 받거나 횡령을 한 관리는 3배를 배상하고 종신토록 금고형에 처하였다.

② 귀족사회 … 왕족인 부여씨와 8성의 귀족으로 구성되었다.

(3) 신라

① 화백회의 … 여러 부족의 대표들이 함께 모여 정치를 운영하던 것이 기원이 되어, 국왕 추대 및 폐위에 영향력을 행사하면서 왕권을 견제 및 귀족들의 단결을 굳게 하였다.

② 골품제도 … 관등 승진의 상한선이 골품에 따라 정해져 있어 개인의 사회활동과 정치활동의 범위를 제한하는 역할을 하였다.

③ 화랑도

　　㉠ 구성 : 귀족의 자제 중에서 선발된 화랑을 지도자로 삼고, 귀족은 물론 평민까지 망라한 많은 낭도들이 그를 따랐다.

　　㉡ 국가조직으로 발전 : 진흥왕 때 국가적 차원에서 그 활동을 장려하여 조직이 확대되었고, 원광은 세속 5계를 가르쳤으며, 화랑도 활동을 통해 국가가 필요로 하는 인재가 양성되었다.

3. 남북국시대의 사회

(1) 통일신라와 발해의 사회

① 통일 후 신라 사회의 변화

　　㉠ 신라의 민족통합책 : 백제와 고구려 옛 지배층에게 신라 관등을 부여하였고, 백제와 고구려 유민들을 9서당에 편성시켰다.

　　㉡ 통일신라의 사회모습 : 전제왕권이 강화되었고 6두품이 학문적 식견과 실무 능력을 바탕으로 국왕을 보좌하였다.

② 발해의 사회구조 … 지배층은 고구려계가 대부분이었으며, 피지배층은 대부분이 말갈인으로 구성되었다.

(2) 통일신라 말의 사회모순

① 호족의 등장 … 지방의 유력자들을 중심으로 무장조직이 결성되었고, 이들을 아우른 큰 세력가들이 호족으로 등장하였다.

② 빈농의 몰락 … 토지를 상실한 농민들은 소작농이나 유랑민, 화전민이 되었다.

③ 농민봉기 … 국가의 강압적인 조세 징수에 대하여 전국 각지에서 농민봉기가 일어나게 되었다.

02 ▶ 중세의 사회

1. 고려의 신분제도

(1) 귀족

① 귀족의 특징 … 음서나 공음전의 혜택을 받아 고위 관직을 차지하여 문벌귀족을 형성하였으며, 가문을 통해 특권을 유지하고, 왕실 등과 중첩된 혼인관계를 맺었다.

② 귀족층의 변화 … 무신정변(의종, 1170)을 계기로 종래의 문벌귀족들이 도태되면서 무신들이 권력을 장악하게 되었으나 고려 후기에는 무신정권이 붕괴되면서 등장한 권문세족이 최고권력층으로서 정계 요직을 장악하였다.

③ 신진사대부 … 경제력을 토대로 과거를 통해 관계에 진출한 향리출신자들이다.

(2) 중류

중앙관청의 서리, 궁중 실무관리인 남반, 지방행정의 실무를 담당하는 향리, 하급 장교 등이 해당되며, 통치체제의 하부구조를 맡아 중간 역할을 담당하였다.

(3) 양민

① 양민 … 일반 농민인 백정, 상인, 수공업자를 말한다.

② 백정 … 자기 소유의 민전을 경작하거나 다른 사람의 토지를 빌려 경작하였다.

③ 특수집단민

    ㉠ 향 · 부곡 : 농업에 종사하였다.

    ㉡ 소 : 수공업과 광업에 종사하였다.

    ㉢ 역과 진의 주민 : 육로교통과 수로교통에 종사하였다.

(4) 천민

① 공노비 … 공공기관에 속하는 노비이다.

② 사노비 … 개인이나 사원에 예속된 노비이다.

③ 노비의 처지 … 매매 · 증여 · 상속의 대상이며, 부모 중 한 쪽이 노비이면 자식도 노비가 될 수밖에 없었다.

2. 백성들의 생활모습

(1) 농민의 공동조직

① 공동조직 … 일상의례와 공동노동 등을 통해 공동체의식을 함양하였다.

② 향도 … 불교의 신앙조직으로, 매향활동을 하는 무리들을 말한다.

(2) 사회시책과 사회제도

① 사회시책 … 농번기에 잡역을 면제하여 농업에 전념할 수 있도록 배려하였고, 재해 시 조세와 부역을 감면해 주었다. 또한 법정 이자율을 정하여 고리대 때문에 농민이 몰락하는 것을 방지하였다. 황무지나 진전을 개간할 경우 일정 기간 면세해 주었다.

② 사회제도

    ㉠ 의창 : 흉년에 빈민을 구제하는 춘대추납제도이다.

    ㉡ 상평창 : 물가조절기관으로 개경과 서경 및 각 12목에 설치하였다.

    ㉢ 의료기관 : 동 · 서대비원, 혜민국을 설치하였다.

    ㉣ 구제도감, 구급도감 : 재해 발생 시 백성을 구제하였다.

    ㉤ 제위보 : 기금을 조성하여 이자로 빈민을 구제하였다.

(3) 법률과 풍속 및 가정생활

① 법률과 풍속 … 중국의 당률을 참작한 71개조의 법률이 시행되었으나 대부분은 관습법을 따랐고, 장례와 제사에 대하여 정부는 유교적 의례를 권장하였으나, 민간에서는 토착신앙과 융합된 불교의 전통의식과 도교의 풍습을 따랐다.

② 혼인과 여성의 지위 … 일부일처제가 원칙이었으며, 왕실에서는 근친혼이 성행하였고 부모의 유산은 자녀에게 골고루 분배되었으며, 아들이 없을 경우 딸이 제사를 받들었다.

3. 고려 후기의 사회 변화

(1) 무신집권기 하층민의 봉기

수탈에 대한 소극적 저항에서 대규모 봉기로 발전하였으며, 만적의 난(1198), 공주 명학소의 망이 · 망소이의 난(1176), 운문 · 초전의 김사미와 효심의 난(1193) 등이 대표적이다.

(2) 몽고의 침입과 백성의 생활

최씨 무신정권은 강화도로 서울을 옮기고 장기항전 태세를 갖추었으며, 지방의 주현민은 산성이나 섬으로 들어가 전쟁에 대비하였으나 몽고군들의 살육으로 백성들은 막대한 희생을 당하였다.

(3) 원 간섭기의 사회 변화

① 신흥귀족층의 등장 ··· 원 간섭기 이후 전공을 세우거나 몽고귀족과의 혼인을 통해서 출세한 친원세력이 권문세족으로 성장하였다.

② 원의 공녀 요구 ··· 결혼도감을 통해 공녀로 공출되었고 이는 고려와 원 사이의 심각한 사회문제로 대두되었다.

③ 왜구의 출몰(14세기 중반) ··· 원의 간섭하에서 국방력을 제대로 갖추기 어려웠던 고려는 초기에 효과적으로 왜구의 침입을 격퇴하지 못하였으며, 이들을 소탕하는 과정에서 신흥무인세력이 성장하였다.

03 ▶ 근세의 사회

1. 양반관료 중심의 사회

(1) 양반

① 문무양반만 사족으로 인정하였으며 현직 향리층, 중앙관청의 서리, 기술관, 군교, 역리 등은 하급 지배신분인 중인으로 격하시켰다.

② 과거, 음서, 천거 등을 통해 고위 관직을 독점하였으며 각종 국역이 면제되고, 법률과 제도로써 신분적 특권이 보장되었다.

(2) 중인

좁은 의미로는 기술관, 넓은 의미로는 양반과 상민의 중간계층을 의미하며 전문기술이나 행정실무를 담당하였다.

(3) 상민

평민, 양인으로도 불리며 백성의 대부분을 차지하는 농민, 수공업자, 상인을 말한다. 과거응시자격은 있으나 과거준비에는 많은 시간과 비용이 들었으므로 상민이 과거에 응시하는 것은 사실상 어려웠다.

(4) 천민

천민의 대부분은 비자유민으로 재산으로 취급되어 매매 · 상속 · 증여의 대상이 되었다.

2. 사회정책과 사회시설

(1) 사회정책 및 사회제도

① 목적 … 성리학적 명분론에 입각한 사회신분질서의 유지와 농민의 생활을 안정시켜 농본정책을 실시하는 데 그 목적이 있다.

② 사회시책 … 지주의 토지 겸병을 억제하고, 농번기에 잡역의 동원을 금지시켰으며, 재해시에는 조세를 감경해 주기도 하였다.

③ 환곡제 실시 … 춘궁기에 양식과 종자를 빌려 준 뒤에 추수기에 회수하는 제도로 의창과 상평창을 실시하여 농민을 구휼하였다.

④ 사창제 … 향촌의 농민생활을 안정시켜 양반 중심의 향촌질서가 유지되었다.

⑤ 의료시설 … 혜민국, 동·서대비원, 제생원, 동·서활인서 등이 있었다.

(2) 법률제도

① 형법 … 대명률에 의거하여 당률의 5형 형벌과 반역죄와 강상죄와 같은 중죄에는 연좌제가 적용되었다.

② 민법 … 지방관이 관습법에 따라 처리하였다.

③ 상속 … 종법에 따라 처리하였으며, 제사와 노비의 상속을 중요시하였다.

④ 사법기관
 ㉠ 중앙 : 사헌부·의금부·형조(관리의 잘못이나 중대사건을 재판), 한성부(수도의 치안), 장례원(노비에 관련된 문제)이 있다.
 ㉡ 지방 : 관찰사와 수령이 사법권을 행사하였다.

3. 향촌사회의 조직과 운영

(1) 향촌사회의 모습

① 향촌의 편제 … 행정구역상 군현의 단위인 향은 중앙에서 지방관을 파견하였으며, 촌에는 면·리가 설치되었으나 지방관은 파견되지 않았다.

② 향촌자치
 ㉠ 유향소 : 수령을 보좌, 향리를 감찰, 향촌사회의 풍속교정기구이다.
 ㉡ 경재소 : 중앙정부가 현직 관료로 하여금 연고지의 유향소를 통제하게 하는 제도이다.
 ㉢ 유향소의 변화 : 경재소가 혁파되면서 향소·향청으로 명칭이 변경, 향안 작성, 향규를 제정하였다.

③ 향약의 보급 … 면리제와 병행된 향약조직이 형성되었고, 중종 때 조광조에 의하여 처음 시행되었으며, 군현 내에서 지방 사족의 지배력 유지수단이 되었다.

(2) 촌락의 구성과 운영

① 촌락 … 농민생활 및 향촌구성의 기본 단위로서 동과 리(里)로 편제되었으며 면리제와 오가작통법을 실시하였다.

② 촌락의 신분 분화

　　㉠ 반촌 : 주로 양반들이 거주하였으며, 18세기 이후에 동성 촌락으로 발전하였다.

　　㉡ 민촌 : 평민과 천민으로 구성되었고 지주의 소작농으로 생활하였다.

③ 촌락공동체

　　㉠ 사족 : 동계·동약을 조직하여 촌락민을 신분적, 사회·경제적으로 지배하였다.

　　㉡ 일반 백성 : 두레·향도 등 농민조직을 형성하였다.

④ 촌락의 풍습

　　㉠ 석전(돌팔매놀이) : 상무정신 함양 목적, 국법으로는 금지하였으나 민간에서 계속 전승되었다.

　　㉡ 향도계·동린계 : 남녀노소를 불문하고 며칠 동안 술과 노래를 즐기는 일종의 마을 축제였는데, 점차 장례를
　　　　도와주는 기능으로 전환되었다.

4. 성리학적 사회질서의 강화

(1) 예학과 족보의 보급

① 예학 … 성리학적 도덕윤리를 강조하고, 신분질서의 안정을 추구하였다.

　　㉠ 기능 : 가부장적 종법질서를 구현하여 성리학 중심의 사회질서 유지에 기여하였다.

　　㉡ 역할 : 사림은 향촌사회에 대한 지배력 강화, 정쟁의 구실로 이용, 양반 사대부의 신분적 우월성 강조, 가족
　　　　과 친족공동체의 유대를 통해서 문벌을 형성하였다.

② 보학 … 가족의 내력을 기록하고 암기하는 것으로 종족의 종적인 내력과 횡적인 종족관계를 확인시켜 준다.

(2) 서원과 향약

① 서원

　　㉠ 목적 : 성리학을 연구하고 선현의 제사를 지내며, 교육을 하는 데 그 목적이 있다.

　　㉡ 기능 : 유교를 보급하고 향촌 사림을 결집시켰으며, 지방유학자들의 위상을 높이고 선현을 봉사하는 사묘의
　　　　기능이 있었다.

② 향약

　　㉠ 역할 : 풍속의 교화, 향촌사회의 질서 유지, 치안을 담당하고 농민에 대한 유교적 교화 및 주자가례의 대중화
　　　　에 기여하였다.

　　㉡ 문제점 : 토호와 향반 등 지방 유력자들의 주민 수탈 위협의 수단이 되었고, 향약 간부들의 갈등을 가져와 풍속과
　　　　질서를 해치기도 하였다.

1. 사회구조의 변동

(1) 신분제의 동요

① 조선의 신분제 … 법제적으로 양천제를, 실제로는 양반, 중인, 상민, 노비의 네 계층으로 분화되어 있었다.

② 양반층의 분화 … 권력을 장악한 일부의 양반을 제외한 다수의 양반(향반, 잔반)이 몰락하였다.

③ 신분별 구성비의 변화 … 양반의 수는 증가하고, 상민과 노비의 수는 감소하였다.

(2) 중간계층의 신분상승운동

① 서얼 … 임진왜란 이후 납속책과 공명첩을 통한 관직 진출, 집단상소를 통한 청요직에의 진출을 요구, 정조 때 규장각 검서관으로 진출하기도 하였다.

② 중인 … 신분 상승을 위한 소청운동을 전개하였다. 역관들은 청과의 외교업무에 종사하면서 서학 등 외래 문물의 수용을 주도하고 성리학적 가치 체계에 도전하는 새로운 사회의 수립을 추구하였다.

(3) 노비의 해방

① 노비 신분의 변화 … 군공과 납속 등을 통한 신분 상승의 움직임 및 국가에서는 공노비를 입역노비에서 신공을 바치는 납공노비로 전환시켰다.

② 공노비 해방 … 노비의 도망과 합법적인 신분 상승으로 순조 때 중앙관서의 노비를 해방시켰다.

③ 노비제의 혁파 … 사노비의 도망이 일상적으로 일어나던 것이 갑오개혁(1894) 때 노비제는 폐지되었다.

(4) 가족제도의 변화와 혼인

① 가족제도의 변화

 ㉠ 조선 초기 … 혼인 후 남자가 여자 집에서 생활하는 경우가 있었으며 아들과 딸이 부모의 재산을 똑같이 상속받는 경우가 많았다.

 ㉡ 17세기 이후 : 성리학적 의식과 예절의 발달로 부계 중심의 가족제도가 확립되었다. 제사는 반드시 장자가 지내야 한다는 의식이 확산되었고, 재산 상속에서도 큰 아들이 우대를 받았다.

 ㉢ 조선 후기 : 부계 중심의 가족제도가 더욱 강화되었으며, 양자 입양이 일반화되었다.

② 가족윤리 … 효와 정절을 강조하였고, 과부의 재가는 금지되었으며, 효자와 열녀를 표창하였다.

③ 혼인풍습 … 일부일처를 기본으로 남자의 축첩이 허용되었고, 서얼에 대한 차별이 있었다.

2. 향촌질서의 변화

(1) 양반의 향촌지배 약화

① 양반층의 동향 … 족보의 제작 및 청금록과 향안을 작성하여 향약 및 향촌자치기구의 주도권을 장악하였다.

② 향촌지배력의 변화 … 부농층은 관권과 결탁하여 향안에 참여하고 향회를 장악하고자 하였으며 향회는 수령의 조세징수 자문기구로 전락하였다.

(2) 부농층의 대두

경제적 능력으로 납속이나 향직의 매매를 통해 신분 상승을 이루고 향임을 담당하여 양반의 역할을 대체하였으며 향임직에 진출하지 못한 곳에서도 수령이나 기존의 향촌세력과 타협하여 상당한 지위를 확보하였다.

3. 농민층의 변화

(1) 농민층의 분화

① 농민의 사회적 현실 ··· 농민들은 자급자족적인 생활을 하였으나, 양 난 이후 국가의 재정 파탄과 기강 해이로 인한 수취의 증가는 농민의 생활을 어렵게 하였고, 대동법과 균역법이 효과를 거두지 못하자 농민의 불만은 커져 갔다.

② 농민층의 분화 ··· 부농으로 성장하거나, 상공업으로 생활을 영위 및 도시나 광산의 임노동자가 되기도 했다.

(2) 지주와 임노동자

① 지주 ··· 광작을 하는 대지주가 등장하였으며, 재력을 바탕으로 공명첩을 사거나 족보를 위조하여 양반의 신분을 획득한 부농층이 나타났다.

② 임노동자 ··· 토지에서 밀려난 다수의 농민은 임노동자로 전락하였다.

4. 사회 변혁의 움직임

(1) 사회불안의 심화

정치기강이 문란해지고, 재난과 질병이 거듭되어 굶주려 떠도는 백성이 속출하였으나 지배층의 수탈은 점점 심해지면서 농민의식이 향상되어 곳곳에서 적극적인 항거운동이 발생하였다.

(2) 예언사상의 대두

비기 · 도참을 이용한 말세의 도래, 왕조의 교체 및 변란의 예고 등 낭설이 횡행하였으며 현세의 어려움을 미륵신앙에서 해결하려는 움직임과 미륵불을 자처하며 서민을 현혹하는 무리가 등장하였다.

(3) 천주교의 전파

① 17세기에 중국을 방문한 우리나라 사신들에 의해 서학으로 소개되었다.

② 초기 활동 ··· 18세기 후반 남인계열의 실학자들이 신앙생활을 하게 되었으며, 이승훈이 베이징에서 영세를 받고 돌아온 이후 신앙 활동이 더욱 활발해졌다.

③ 천주교 신앙의 전개와 박해
　　㉠ 초기 : 제사 거부, 양반 중심의 신분질서 부정, 국왕에 대한 권위 도전을 이유로 사교로 규정하였다.
　　㉡ 정조 때 : 시파의 집권으로 천주교에 관대하여 큰 탄압이 없었다.
　　㉢ 순조 때 : 벽파의 집권으로 탄압을 받았으며 실학자와 양반계층이 교회를 떠나게 되었다.
　　㉣ 세도정치기 : 탄압의 완화로 백성들에게 전파, 조선 교구가 설정되었다.

(4) 동학의 발생

① 창시 … 1860년 경주의 몰락양반 최제우가 창시하였다.

② 교리와 사상 … 신분 차별과 노비제도의 타파, 여성과 어린이의 인격 존중을 추구하였다. 유불선을 바탕으로 주문과 부적 등 민간신앙의 요소들이 결합되었고 사회모순의 극복 및 일본과 서양국가의 침략을 막아내자고 주장하였다.

③ 정부의 탄압 … 혹세무민을 이유로 최제우를 처형(1864)하였다.

(5) 농민의 항거

① 배경 … 사회 불안이 고조되자 유교적 왕도정치가 점점 퇴색되었고 탐관오리의 부정, 삼정의 문란, 극도에 달한 수령의 부정은 중앙권력과 연결되어 갈수록 심해져 갔다.

② 홍경래의 난(1811) : 몰락한 양반 홍경래의 지휘 아래 영세농민과 중소상인, 광산노동자들이 합세하여 일으킨 봉기였으나 5개월 만에 평정되었다.

③ 임술농민봉기(1862) : 진주에서 시작되어 탐관오리와 토호가 탐학에 저항하였으며 한때 진주성을 점령하기도 하였다.

출제예상문제

1 발해의 사회 모습에 대한 설명으로 가장 옳지 않은 것은?

① 주민은 고구려 유민과 말갈인으로 구성되었다.
② 중앙 문화는 고구려 문화를 바탕으로 당의 문화가 가미된 형태를 보였다.
③ 당, 신라, 거란, 일본 등과 무역하였는데, 대신라 무역의 비중이 가장 컸다.
④ 유학 교육기관인 주자감을 설치하여 귀족 자제에게 유교 경전을 가르쳤다.

ADVICE ③ 발해의 대외 무역에 있어 가장 비중이 큰 나라는 당이었다. 발해 건국 초기에는 일본과 교류하며 신라를 견제하고
자 하였다. 하지만 이후 발해는 신라도를 통해 신라와 교류하였다.

2 조선시대에 사림들이 세운 사립교육기관으로 성리학을 연구하고 공부하는 곳은?

① 보학
② 예학
③ 서원
④ 향약

ADVICE ③ 서원 : 훌륭한 유학자에게 제사를 지내고(제향), 후진을 양성하는 사립 교육(강학)을 담당했다.
① 보학 : 족보를 연구하는 학문을 의미한다.
② 예학 : 유교적 예절(관례, 혼례, 장례, 제례 등)을 연구하는 학문이다.
④ 향약 : 사림들이 향촌 사회를 다스리기 위해 만든 자치 규약이다.

ANSWER 1.③ 2.③

3 고려시대 특수집단민에 해당하는 것은?

① 향리
② 신진사대부
③ 공노비
④ 향 · 부곡

ADVICE ④ 특수집단민은 고려시대에는 일반 군현(주 · 부 · 군 · 현)에 거주하는 양인들과 달리, 차별을 받는 특수한 행정 구역
에 거주하는 사람들이다. 향 · 부곡은 주로 농업에 종사하는 사람들이 모여 살던 양인을 의미한다.
① 향리 : 지방 관청의 실무를 담당하는 계층이다.
② 신진사대부 : 고려 후기 공민왕의 개혁 정치와 함께 성장한 새로운 지배 세력이다.
③ 공노비 : 국가 기관에 소속되어 일을 하던 노비이다.

4 다음에서 설명하는 풍습은?

> 고구려 시대에는 혼인을 약속하면 신부의 집 뒤뜰에 작은 집을 지었다. 신랑은 신부의 집 앞에서 신부와 함께
> 살게 해달라고 했으며, 허락을 받으면 서옥에서 신부 집의 농사나 여러 일을 도우면서 노동력을 제공했다. 두
> 사람 사이에서 낳은 아이가 다 자라고 나면 신랑은 신브와 자식을 데리고 신랑 본가로 귀가하였다.

① 의창
② 골품제도
③ 형사취수제
④ 서옥제

ADVICE ① 의창 : 고려 시대 성종 때 설치된 빈민 구제 제도이다.
② 골품제도 : 신라의 신분제도이다.
③ 형사취수제 : 형이 죽으면 동생이 형수를 아내로 맞이하는 풍습으로 부여와 고구려 등에서 존재했다.

ANSWER 3.④ 4.④

5 조선 시대 순조의 재위 기간에 일어난 사실로 옳은 것은?

① 최제우가 동학을 창도하였다.
② 공노비 6만 6천여 명을 양인으로 해방시켰다.
③ 미국 상선 제너럴셔먼호가 격침되었다.
④ 삼정 문제를 해결하기 위해 삼정이정청을 설치하였다.

ADVICE ② 1811년(순조 11) 12월부터 이듬해 4월까지 약 5개월 동안 일어난 홍경래의 난에 대한 내용으로 순조는 1801년 (순조 1)에 궁방과 관아에 예속되어 있던 공노비를 혁파하였다.

6 고구려에 대한 설명으로 옳은 것은?

① 국동대혈에서 제사를 지내는 의례가 있었다.
② 가족 공동의 무덤인 목곽에 쌀을 부장하였다.
③ 특산물로는 단궁 · 과하마 · 반어피 등이 유명하였다.
④ 남의 물건을 훔쳤을 때에는 50만 전을 배상토록 하였다.

ADVICE ① 고구려, ② 옥저, ③ 동예, ④ 고조선

7 조선 전기의 상업 활동에 대한 설명으로 옳은 것은?

① 공인(貢人)의 활동이 활발해졌다.
② 시전이 도성 내 특정 상품 판매의 독점권을 보장받기도 하였다.
③ 개성의 손상, 의주의 만상은 대외 무역을 통해 대상인으로 성장하였다.
④ 경강상인들은 경강을 중심으로 매점 활동을 통해 부유한 상업 자본가로 성장하였다.

ADVICE ①③④ 조선 후기의 상업 활동에 대한 설명이다.
※ 조선 전기의 상업 활동
  ㉠ 통제 경제와 시장 경제를 혼합한 형태로 장시의 전국적 확산과 대외무역에서 사무역이 발달하였다.
  ㉡ 지주제의 발달, 군역의 포납화, 농민층의 분화와 상인 증가, 방납의 성행 등으로 장시와 장문이 발달하게 되었다.
  ㉢ 시정세, 궁중과 부중의 관수품조달 등의 국역을 담당하는 대가로 90여종의 전문적인 특정 상품에 대한 독점적 특권을 차지한 어용상인인 시전이 발달하였다.
  ㉣ 5일 마다 열리는 장시에서 농산물, 수공업제품, 수산물, 약제 같은 것을 종 · 횡적으로 유통시키는 보부상이 등장하였다.

ANSWER 5.② 6.① 7.②

8 신진사대부 세력에 대한 설명으로 옳은 것은?

① 자기 근거지에 성을 쌓고 군대를 보유하여 스스로 성주 혹은 장군이라 칭하면서, 그 지방의 행정권과 군사권을 장악하였을 뿐 아니라 경제적 지배력도 행사하였다.

② 원 간섭기 이후 중류층 이하에서 전공을 세우거나 몽골귀족과의 혼인을 통해서 정계의 요직을 장악하고, 음서로서 신분을 유지하고 광범위한 농장을 소유하였다.

③ 6두품과 호족들이 중앙으로 진출하여 결혼을 통하여 거대한 가문을 이루고 관직을 독점하며 각종 특권을 누렸다.

④ 하급 관리나 향리의 자제 중 과거를 통해 벼슬에 진출하고 성리학을 공부하고 유교적 소양을 갖추고 행정 실무에도 밝은 학자 출신 관료이다.

ADVICE ① 호족 ② 권문세족 ③ 문벌귀족 ④ 신진사대부

※ 신진사대부 … 경제력을 토대로 과거를 통해 관계에 진출한 향리출신자들이다. 사전의 폐단을 지적하고, 권문세족과 대립하였으며 구질서와 여러 가지 모순을 비판하고 전반적인 사회개혁과 문화혁신을 추구하였다.

9 다음의 내용과 관련 있는 것은?

> 향촌의 덕망이 있는 인사들로 구성되어 지방민의 자치를 허용하고 자율적인 규약을 만들었고, 중집권과 지방자치는 효율적으로 운영하였다.

> ㉠ 승정원
> ㉡ 유향소
> ㉢ 홍문관
> ㉣ 경재소

① ㉠, ㉡　　　　　　　　　　　　② ㉡, ㉣

③ ㉠, ㉢　　　　　　　　　　　　④ ㉠, ㉣

ADVICE ㉡ 유향소 : 수령을 보좌하고 향리를 감찰하며, 향촌사호의 풍속을 교정하기 위한 기구이다.

㉣ 경재소 : 중앙정부가 현직 관료로 하여금 연고지의 유향소를 통제하게 하는 제도로서, 중앙과 지방의 연락업무를 맡거나 수령을 견제하는 역할을 하였다.

ANSWER 8.④ 9.②

10 다음에 대한 설명으로 옳지 않은 것은?

> • 시기 : 신라
> • 성격 : 국가조직으로 청소년 인재를 양성
> • 목적 : 인격 수양, 무예 훈련 등으로 국가 지도자 및 군사 인재로 키우는 것
> • 교육 : 불교와 접목한 정신교육과 함께 충·효·신과 같은 윤리관을 강조

① 귀족들로 구성되어 국왕과 귀족 간의 권력을 중재하는 기능을 담당하였다.
② 계층 간의 대립과 갈등을 조절·완화하는 기능을 하였다.
③ 진흥왕은 보기의 활동을 장려하여 조직이 확대되었다.
④ 제천의식을 통하여 협동과 단결 정신을 기르고 심신을 연마하였다.

ADVICE ① 화랑도는 귀족 출신의 화랑과 평민 출신의 낭도로 구성되어 계급 간의 대립과 갈등을 조절하고 완화하는 기능을 하였다.

11 다음 중 신라 하대의 6두품의 성향으로 옳은 것은?

① 각 지방에서 반란을 일으켰다.
② 새로운 정치 질서의 수립을 시도하지만 탄압과 배척을 당하자 점차 반신라적 경향으로 바뀌었다.
③ 화백회의의 기능을 강화시켰다.
④ 진골에 대항하여 왕권과 결탁하였다.

ADVICE 6두품의 성향

신라 중대	신라 하대
• 진골귀족에 대항하여 왕권과 결탁 • 학문적 식견과 실무능력을 바탕으로 국왕 보좌 • 집사부 시중 등 관직을 맡으며 정치적으로 진출 • 행정실무 담당	• 중앙권력에서 배제 • 호족과 연결 • 합리적인 유교이념을 내세움 • 개혁이 거부되자 반신라적 경향으로 바뀜 • 선종의 등장에 주된 역할을 함

12 다음 중 조선시대의 신분제도에 대한 설명으로 옳은 것은?

① 양반은 과거가 아니면 관직에 진출할 수 없었다.
② 농민은 법제적으로는 관직에 진출하는 것이 가능하였다.
③ 향리는 과거를 통하여 문반직에 오를 수 있었고, 지방의 행정실무를 담당하였다.
④ 서얼도 문과에 응시할 수 있었다.

ANSWER 10.① 11.② 12.②

ADVICE ② 조선은 법제적으로 양천제를 채택하였지만, 실제로는 양반, 중인, 상민, 노비의 네 계층으로 분화되어 있었다. 양인은 직업에 따른 권리와 의무에 차등이 있었다. 농민은 과거응시권이 있었으나, 공인과 상인은 불가능 하였다. 과거의 응시제한계층은 공인, 상인, 승려, 천민, 재가녀의 자, 탐관오리의 자손, 국사범의 자손, 전과자 등이었다.

13 다음으로 인하여 나타난 변화로 옳은 것은?

> • 조선 후기 이앙법이 전국적으로 시행되면서 광작이 가능해졌으며, 경영형 부농이 등장하였다.
> • 대동법의 시행으로 도고가 성장하였으며, 상업자본이 축적되었다.

① 정부의 산업 주도
② 양반의 지위 하락
③ 신분구조의 동요
④ 국가 재정의 확보

ADVICE ③ 조선 후기에 이르러 경제상황의 변동으로 부를 축적한 상민들이 신분을 매매하여 양반이 되는 등 신분제의 동요가 발생하였다.

14 다음 중 고려시대 양민 계층은?

① 남반　　　　　　　　　　　　② 서리
③ 진척　　　　　　　　　　　　④ 백정

ADVICE ④ 고려시대의 신분은 귀족, 중인, 양민, 천민으로 구성되었다.
　　　①② 중인
　　　③ 천민

15 다음 중 통일신라 말기의 사회 상황으로 옳은 것은?

① 억불숭유 정책의 실시　　　　② 교종 세력의 강화
③ 성골과 진골의 왕위 쟁탈전　　④ 지방 호족 세력의 성장

ADVICE ④ 통일신라 말기에는 지방의 유력자들을 중심으로 무장조직이 결성되었고, 이들을 아우른 큰 세력가들이 호족으로 등장하였다.

ANSWER 13.③　14.④　15.④

01 고대의 문화

1. 학문과 사상·종교

(1) 한자의 보급과 교육

① 한자의 전래 … 한자는 철기시대부터 지배층을 중심으로 사용되었다가 삼국시대에는 이두·향찰이 사용되었다.

② 교육기관의 설립과 한자의 보급

　㉠ 고구려 : 태학(수도)에서는 유교경전과 역사서를 가르쳤으며 경당(지방)에서는 청소년에게 한학과 무술을 가르쳤다.

　㉡ 백제 : 5경 박사·의박사·역박사에서는 유교경전과 기술학 등을 가르쳤으며, 사택지적 비문에는 불당을 세운 내력을 기록하고 있다.

　㉢ 신라 : 임신서기석을 통해 청소년들이 유교경전을 공부하였던 사실을 알 수 있다.

③ 유학의 교육

　㉠ 삼국시대 : 학문적으로 깊이 있게 연구된 것이 아니라, 충·효·신 등의 도덕규범을 장려하는 정도였다.

　㉡ 통일신라 : 신문왕 때 국학이라는 유학교육기관을 설립하였고, 경덕왕 때는 국학을 태학이라고 고치고 박사와 조교를 두어 논어와 효경 등 유교경전을 가르쳤으며, 원성왕 때 학문과 유학의 보급을 위해 독서삼품과를 마련하였다.

　㉢ 발해 : 주자감을 설립하여 귀족 자제들에게 유교경전을 교육하였다.

(2) 역사 편찬과 유학의 보급

① 삼국시대 … 학문이 점차 발달되고 중앙집권적 체제가 정비됨에 따라 왕실의 권위를 높이고 백성들의 충성심을 모으기 위해 편찬 하였으며 고구려에는 유기, 이문진의 신집 5권, 백제에는 고흥의 서기, 신라에는 거칠부의 국사가 있다.

② 통일신라

　㉠ 김대문 : 화랑세기, 고승전, 한산기를 저술하여 주체적인 문화의식을 드높였다.

　㉡ 6두품 유학자 : 강수(외교문서를 잘 지은 문장가)나 설총(화왕계 저술)이 활약하여 도덕적 합리주의를 제시하였다.

　㉢ 도당 유학생 : 김운경, 최치원이 다양한 개혁안을 제시하였다. 특히 최치원은 당에서 빈공과에 급제하고 계원필경 등 뛰어난 문장과 저술을 남겼으며, 유학자이면서도 불교와 도교에 조예가 깊었다.

③ 발해 … 당에 유학생을 파견하였고 당의 빈공과에 급제한 사람도 여러 명 나왔다.

(3) 불교의 수용

① 수용 … 고구려는 소수림왕(372), 백제는 침류왕(384), 신라는 법흥왕(527) 때 수용되었다.

② 불교의 영향

　　㉠ 새로운 국가정신의 확립과 왕권 강화의 결과를 가져왔다.

　　㉡ 신라 시대의 불교는 업설, 미륵불신앙이 중심교리로 발전하였다.

(4) 불교사상의 발달

① 원효 … 불교의 사상적 이해기준을 확립시켰고(금강삼매경론, 대승기신론소), 종파 간의 사상적인 대립을 극복하고 조화
　시키려 애썼으며, 불교의 대중화에 이바지하였다(아미타신앙).

② 의상 … 화엄일승법계도를 통해 화엄사상을 정립하였고, 현세에서 고난을 구제한다는 관음사상을 외치기도 하였다.

③ 혜초 … 인도에 가서 불교를 공부하였으며, 왕오천축국전을 저술하기도 하였다.

(5) 선종과 풍수지리설

① 선종 … 참선을 중시했고 실천적 경향이 강하였으며, 호족세력과 결합하였다.

② 풍수지리설 … 신라말기의 도선과 같은 선종 승려들이 중국에서 풍수지리설을 들여왔다.

　　㉠ 성격 : 도읍, 주택, 묘지 등을 선정하는 인문지리적 학설을 말하며, 도참사상과 결합하기도 하였다.

　　㉡ 국토를 지방 중심으로 재편성하는 주장으로 발전하였다.

2. 과학기술의 발달

(1) 천문학과 수학

① 천문학의 발달 … 농경과 밀접한 관련이 있었으며, 고구려의 천문도·고분벽화, 신라의 천문대를 통해 천문학이 발달했음
　을 알 수 있다.

② 수학의 발달 … 수학적 지식을 활용한 조형물을 통해 높은 수준으로 발달했음을 알 수 있다.

　　㉠ 고구려 : 고분의 석실과 천장의 구조

　　㉡ 백제 : 정림사지 5층 석탑

　　㉢ 신라 : 황룡사지 9층 목탑, 석굴암의 석굴구조, 불국사 3층 석탑, 다보탑

(2) 목판인쇄술과 제지술의 발달

① 배경 … 불교의 발달로 불경의 대량 인쇄를 위한 목판인쇄술과 저지술이 발달하였다.

② 무구정광대다라니경 … 세계에서 가장 오래된 목판인쇄물이며, 닥나무 종이를 사용하였다.

(3) 금속기술의 발달

① 고구려 … 철의 생산이 중요한 국가적 산업이었으며, 우수한 철제 무기와 도구가 출토되었다. 고분벽화에는 철을 단련하
　고 수레바퀴를 제작하는 기술자의 모습이 묘사되어 있다.

② 백제 … 금속공예기술이 발달하였다(칠지도, 백제 금동대향로).

③ 신라 … 금세공기술(금관)과 금속주조기술(성덕대왕 신종)이 발달하였다.

(4) 농업기술의 혁신

① 철제 농기구의 보급으로 농업생산력이 증가하였다.

② 삼국의 농업기술 … 쟁기, 호미, 괭이 등의 농기구가 보급되어 농업 생산이 증가되었다.

3. 고대인의 자취와 멋

(1) 고분과 고분벽화

① 고구려 … 초기에는 돌무지무덤으로, 장군총이 대표적이며 후기에는 굴식 돌방무덤으로 무용총(사냥그림), 강서대묘(사신도), 쌍영총, 각저총(씨름도) 등이 대표적이다.

② 백제 … 한성시대에는 계단식 돌무지무덤으로서 서울 석촌동에 있는 무덤은 고구려 초기의 고분과 유사하며 웅진시대에는 굴식 돌방무덤과 벽돌무덤이 유행하였다. 사비시대에는 규모는 작지만 세련된 굴식 돌방무덤을 만들었다.

③ 신라 … 거대한 돌무지 덧널무덤을 만들었으며, 삼국통일 직전에는 굴식 돌방무덤도 만들었다.

④ 통일신라 … 굴식 돌방무덤과 화장이 유행하였으며, 둘레돌에 12지 신상을 조각하였다.

⑤ 발해 … 정혜공주묘(굴식 돌방무덤 · 모줄임 천장구조), 정효공주묘(묘지 · 벽화)가 유명하다.

(2) 건축과 탑

① 삼국시대

    ㉠ 사원 : 신라의 황룡사는 진흥왕의 팽창의지이다. 백제의 미륵사는 무왕이 추진한 백제의 중흥을 반영하는 것이다.

    ㉡ 탑 : 불교의 전파와 함께 부처의 사리를 봉안하여 예배의 주대상으로 삼았다.

      • 고구려 : 주로 목탑 건립(현존하는 것은 없음)

      • 백제 : 목탑형식의 석탑인 익산 미륵사지 석탑, 부여 정림사지 5층 석탑

      • 신라 : 몽고의 침입 때 소실된 황룡사 9층 목탑과 벽돌모양의 석탑인 분황사탑

② 통일신라

    ㉠ 건축 : 불국토의 이상을 조화와 균형감각으로 표현한 사원인 불국사, 석굴암 및 인공 연못인 안압지는 화려한 귀족생활을 보여 준다.

    ㉡ 탑 : 감은사지 3층 석탑, 불국사 석가탑, 양양 진전사지 3층 석탑이 있다.

    ㉢ 승탑과 승비 : 신라 말기에 선종이 유행하면서 승려들의 사리를 봉안하는 승탑과 승비가 유행하였다.

③ 발해 … 외성을 쌓고, 주작대로를 내고, 그 안에 궁궐과 사원을 세웠다.

(3) 불상 조각과 공예

① 삼국시대 … 불상으로는 미륵보살반가상을 많이 제작하였다. 그 중에서도 금동미륵보살반가상은 날씬한 몸매와 자애로운 미소로 유명하다.

② 통일신라

    ㉠ 석굴암의 본존불과 보살상 : 사실적 조각으로 불교의 이상세계를 구현하는 것이다.

    ㉡ 조각 : 태종 무열왕릉비의 받침돌, 불국사 석등, 법주사 쌍사자 석등이 유명하다.

    ㉢ 공예 : 상원사 종, 성덕대왕 신종 등이 유명하다.

③ 발해

　　㉠ 불상 : 흙을 구워 만든 불상과 부처 둘이 앉아 있는 불상이 유명하다.

　　㉡ 조각 : 벽돌과 기와무늬, 석등이 유명하다.

　　㉢ 공예 : 자기공예가 독특하게 발전하였고 당에 수출하기도 했다.

(4) 글씨 · 그림과 음악

① 서예 … 광개토대왕릉 비문(웅건한 서체), 김생(독자적인 서체)이 유명하다.

② 그림 … 천마도(신라의 힘찬 화풍), 황룡사 벽에 그린 소나무 그림(솔거)이 유명하다.

③ 음악과 무용 … 신라의 백결선생(방아타령), 고구려의 왕산악(거문고), 가야의 우륵(가야금)이 유명하다.

4. 일본으로 건너간 우리 문화

(1) 삼국문화의 일본 전파

① 백제 … 아직기는 한자 교육, 왕인은 천자문과 논어 보급, 노리사치계는 불경과 불상을 전래하였다.

② 고구려 : 담징(종이 먹의 제조방법을 전달, 호류사 벽화), 혜자(쇼토쿠 태자의 스승), 혜관(불교 전파)을 통해 문화가 전파되었다.

③ 신라 … 축제술과 조선술을 전해주었다.

④ 삼국의 문화는 야마토 정권과 아스카 문화의 형성에 큰 영향을 주었다.

(2) 일본으로 건너간 통일신라 문화

① 원효, 강수, 설총이 발전시킨 유교와 불교문화는 일본 하쿠호문화의 성립에 기여하였다.

② 심상에 의하여 전해진 화엄사상은 일본 화엄종의 토대가 되었다.

02　중세의 문화

1. 유학의 발달과 역사서의 편찬

(1) 유학의 발달

① 고려 초기의 유학 … 유교주의적 정치와 교육의 기틀이 마련되었다.

　　㉠ 태조 때 : 신라 6두품 계열의 유학자들이 활약하였다.

　　㉡ 광종 때 : 유학에 능숙한 관료를 등용하는 과거제도를 실시하였다.

　　㉢ 성종 때 : 최승로의 시무 28조를 통해 유교적 정치사상이 확립되고 유학교육기관이 정비되었다.

② 고려 중기 … 문벌귀족사회의 발달과 함께 유교사상이 점차 보수적 성격을 띠게 되었다.

　　㉠ 최충 : 9재학당 설립, 훈고학적 유학에 철학적 경향을 가미하기도 하였다.

　　㉡ 김부식 : 보수적이고 현실적인 성격의 유학을 대표하였다.

(2) 교육기관

① 초기(성종) ··· 지방에는 지방관리와 서민의 자제를 교육시키는 향교를, 중앙에는 국립대학인 국자감이 설치되었다.

② 중기

　㉠ 최충의 9재 학당 등의 사학 12도가 융성하여 관학이 위축되었다.

　㉡ 관학진흥책 : 7재 개설 및 서적포, 양현고, 청연각을 설치하였고, 개경에서는 경사 6학과 향교를 중심으로 지방교육을 강화시켰다.

③ 후기 ··· 교육재단인 섬학전을 설치하고, 국자감을 성균관으로 개칭하였으며, 공민왕 때에는 성균관을 순수 유교교육기관으로 개편하였다.

(3) 역사서의 편찬

① 삼국사기(김부식) ··· 기전체로 서술되었고, 신라 계승의식과 유교적 합리주의 사관이 짙게 깔려 있다.

② 해동고승전(각훈) ··· 삼국시대의 승려 30여명의 전기를 수록하였다.

③ 동명왕편(이규보) ··· 고구려 동명왕의 업적을 칭송한 영웅 서사시로서, 고구려 계승의식을 반영하고 고구려의 전통을 노래하였다.

④ 삼국유사(일연) ··· 단군의 건국 이야기를 수록하였고, 불교사를 중심으로 서술되었다.

⑤ 제왕운기(이승휴) ··· 우리나라 역사를 단군으로부터 서술하면서 우리 역사를 중국사와 대등하게 파악하려 하였다.

(4) 성리학의 전래

① 성리학 ··· 송의 주희가 집대성한 성리학은 인간의 심성과 우주의 원리문제를 철학적으로 탐구하는 신유학이었다.

② 영향

　㉠ 현실 사회의 모순을 시정하기 위한 개혁사상으로 신진사대부들은 성리학을 수용하게 되었다.

　㉡ 권문세족과 불교의 폐단을 비판하였다(정도전의 불씨잡변).

　㉢ 국가사회의 지도이념이 불교에서 성리학으로 바뀌게 되었다.

2. 불교사상과 신앙

(1) 불교정책

① 태조 ··· 훈요 10조에서 불교를 숭상하고, 연등회와 팔관회 등 불교행사를 개최하였다.

② 광종 ··· 승과제도, 국사 · 왕사제도를 실시하였다.

③ 사원 ··· 국가가 토지를 지급했으며, 승려에게 면역의 혜택을 부여하였다.

(2) 불교통합운동과 천태종

① 화엄종, 법상종 발달 ··· 왕실과 귀족의 지원을 받았다.

② 천태종 ··· 대각국사 의천이 창시하였다.

　㉠ 교단통합운동 : 화엄종 중심으로 교종통합, 선종의 통합을 위해 국청사를 창건하여 천태종을 창시하였다.

　㉡ 교관겸수 제창 : 이론의 연마와 실천을 강조하였다.

③ 무신집권 이후의 종교운동
　　㉠ 지눌 : 당시 불교계의 타락을 비판하고, 조계종 중심의 선·교 통합, 돈오점수·정혜쌍수를 제창하였다.
　　㉡ 혜심 : 유불일치설을 주장하고 심성의 도야를 강조하였다.

(3) 대장경 간행

① 초조대장경 … 현종 때 거란의 퇴치를 염원하며 간행하였으나 몽고의 침입으로 소실되었다.
② 속장경(의천) … 교장도감을 설치하여 속장경을 간행하였는데, 몽고 침입시 소실되었다.
③ 팔만대장경(재조대장경) … 대장도감을 설치하여 부처의 힘으로 몽고의 침입을 극복하고자 하였다.

(4) 도교와 풍수지리설

① 도교 … 국가의 안녕과 왕실의 번영을 기원하였는데 교단이 성립되지 못하여 민간신앙으로 전개되었다.
② 풍수지리설 … 서경천도와 북진정책 추진의 이론적 근거가 되었으며, 개경세력과 서경세력의 정치적 투쟁에 이용되어 묘청의 서경천도운동을 뒷받침하기도 하였다.

3. 과학기술의 발달

(1) 천문학과 의학

① 천문학 … 사천대를 설치하여 관측업무를 수행하였고, 당의 선명력이나 원의 수시력 등 역법을 수용하였다.
② 의학 … 태의감에서 의학을 교육하였고, 의과를 시행하였으며, 향약구급방과 같은 자주적 의서를 편찬하였다.

(2) 인쇄술의 발달

① 목판인쇄술 … 대장경을 간행하였다.
② 금속활자인쇄술 … 직지심체요절(1377)은 현존하는 세계 최고(最古)의 금속 활자본이다.
③ 제지술의 발달 … 닥나무의 재배를 장려하고, 종이 제조의 전담관서를 설치하여 우수한 종이를 제조하여 중국에 수출하기도 하였다.

(3) 농업기술의 발달

① 권농정책 … 농민생활의 안정과 국가재정의 확보를 위해 실시하였다.
② 농업기술의 발달
　　㉠ 토지의 개간과 간척 : 묵은땅, 황무지, 산지 등을 개간하였으며 해안지방의 저습지를 간척하였다.
　　㉡ 수리시설의 개선 : 김제의 벽골제와 밀양의 수산제를 개축하였다.
　　㉢ 농업기술의 발달 : 1년 1작이 기본이었으며 논농사의 경우는 직파법을 실시하였으나, 말기에 남부 일부 지방에 이앙법이 보급되어 실시되기도 하였다. 밭농사는 2년 3작의 윤작법과 우경에 의한 깊이갈이가 보급되어 휴경기간의 단축과 생산력의 증대를 가져왔다.
　　㉣ 농서의 도입 : 이암은 원의 농상집요를 소개·보급하였다.

(4) 화약무기의 제조와 조선기술

① 최무선은 화통도감을 설치하여 화약과 화포를 제작하였고 진포싸움에서 왜구를 격퇴하였다.

② 대형 범선이 제조되었고 대형 조운선이 등장하였다.

4. 귀족문화의 발달

(1) 문학의 성장

① 전기

　　㉠ 한문학 : 광종 때부터 실시한 과거제로 한문학이 크게 발달하였고, 성종 이후 문치주의가 성행함에 따라 한문학은 관리들의 필수교양이 되었다.

　　㉡ 향가 : 균여의 보현십원가가 대표적이며, 향가는 점차 한시에 밀려 사라지게 되었다.

② 중기 … 당의 시나 송의 산문을 숭상하는 풍조가 나타났다.

③ 무신집권기 … 현실도피적 경향의 수필문학(임춘의 국숭전, 이인로의 파한집)이 유행하였다.

④ 후기 … 신진사대부와 민중이 주축이 되어 수필문학, 패관문학, 한시가 발달하였으며, 사대부문학인 경기체가 및 서민의 감정을 자유분방하게 표현한 속요가 유행하였다.

(2) 건축과 조각

① 건축 … 궁궐과 사원이 중심이 되었으며, 주심포식 건물(안동 봉정사 극락전, 영주 부석사 무량수전, 예산 수덕사 대웅전)과 다포식 건물(사리원 성북사 응진전)이 건축되었다.

② 석탑 … 신라 양식을 계승하였으나 독자적인 조형감각을 가미하여 다양한 형태로 제작되었다(불일사 5층 석탑, 월정사 팔각 9층 석탑, 경천사 10층 석탑).

③ 승탑 … 선종의 유행과 관련이 있다(고달사지 승탑, 법천사 지광국사 현묘탑).

④ 불상 … 균형을 이루지 못하여 조형미가 다소 부족한 것이 많았다(광주 춘궁리 철불, 관촉사 석조 미륵보살 입상, 안동 이천동 석불, 부석사 소조아미타여래 좌상).

(3) 청자와 공예

① 자기공예 … 상감청자가 발달하였다.

② 금속공예 … 은입사 기술이 발달하였다(청동 은입사 포류수금문 정병, 청동향로).

③ 나전칠기 … 경함, 화장품갑, 문방구 등이 현재까지 전해진다.

(4) 글씨 · 그림과 음악

① 서예 … 전기에는 구양순체가 유행하고 탄연의 글씨가 뛰어났다. 후기에는 송설체가 유행하고 이암이 뛰어났다.

② 회화 … 전기에는 예성강도, 후기에는 사군자 중심의 문인화가 유행하였다.

③ 음악

　　㉠ 아악 : 송에서 수입된 대성악이 궁중음악으로 발전된 것이다.

　　㉡ 향악(속악) : 우리 고유의 음악이 당악의 영향을 받아 발달한 것으로 동동 · 대동강 · 한림별곡이 유명하다.

1. 민족문화의 융성

(1) 한글의 창제

① 배경 … 한자음의 혼란을 방지하고 피지배층에 대한 도덕적인 교화에 목적이 있었다.

② 보급 … 용비어천가 · 월인천강지곡 등을 제작하고, 불경, 농서, 윤리서, 병서 등을 간행하였다.

(2) 역사서의 편찬

① 건국 초기 … 왕조의 정통성을 확보하고 성리학적 통치규범을 정착시키기 위한 것이었다. 정도전의 고려국사와 권근의 동국사략이 대표적이다.

② 15세기 중엽 … 고려역사를 자주적 입장에서 재정리하였고 고려사, 고려사절요, 동국통감이 간행되었다.

③ 16세기 … 사림의 정치 · 문화 의식을 반영하였고, 박상의 동국사략이 편찬되었다.

④ 실록의 편찬 … 국왕 사후에 실록청을 설치하여 편찬하였다.

(3) 지리서의 편찬

① 목적 … 중앙 집권과 국방 강화를 위하여 지리지와 지도의 편찬에 힘썼다.

② 지도 … 혼일강리역대국도지도, 팔도도, 동국지도, 조선방역지도 등이 있다.

③ 지리지 … 신찬팔도지리지, 동국여지승람, 신증동국여지승람, 해동제국기 등이 있다.

(4) 윤리 · 의례서와 법전의 편찬

① 윤리 · 의례서 … 유교적인 사회질서 확립을 위해 편찬하였으며, 삼강행실도, 이륜행실도, 동몽수지 등의 윤리서와 의례서로는 국조오례의가 있다.

② 법전의 편찬

　㉠ 초기 법전 : 정도전의 조선경국전, 경제문감, 조준의 경제육전이 편찬되었다.

　㉡ 경국대전 : 구성된 법전으로 유교적 통치 질서와 문물제도가 완성되었음을 의미한다.

2. 성리학의 발달

(1) 조선 초의 성리학

① 관학파(훈구파) … 정도전, 권근 등의 관학파는 다양한 사상과 종교를 포용하고, 주례를 중시하였다.

② 사학파(사림파) … 길재 등은 고려말의 온건개혁파를 계승하여 교화에 의한 통치를 강조하였고, 성리학적 명분론을 중시하였다.

(2) 성리학의 융성

① 이기론의 발달

　㉠ 주리론 : 기(氣)보다는 이(理)를 중심으로 이론을 전개하였다.

　㉡ 주기론 : 이(理)보다는 기(氣)를 중심으로 세계를 이해하였다.

② 성리학의 정착

　㉠ 이황

　　• 인간의 심성을 중시하였고, 근본적이며 이상주의적 성격이 강하였다.

　　• 주자서절요, 성학십도 등을 저술하여 이기이원론을 더욱 발전시켜 주리철학을 확립하였다.

　㉡ 이이

　　• 기를 강조하여 일원론적 이기이원론을 주장하였으며 현실적이고 개혁적인 성격이 강하였다.

　　• 동호문답, 성학집요 등을 저술하였다.

(3) 학파의 형성과 대립

① 동인

　㉠ 남인 : 이황학파, 서인과 함께 인조반정에 성공하였다.

　㉡ 북인 : 서경덕학파, 조식학파, 광해군 때 사회개혁을 추진하였다.

② 서인 … 이이학파·성혼학파로 나뉘고, 인조반정(1623)으로 집권하였으며, 송시열 이후 척화론과 의리명분론을 강조하였다.

(4) 예학의 발달

① 성격 … 유교적 질서를 유지하였고, 예치를 강조하였다.

② 영향 … 각 학파 간 예학의 차이가 예송논쟁을 통해 표출되었다.

3. 불교와 민간신앙

(1) 불교의 정비

① 불교 정책 … 사원의 토지와 노비를 회수하고, 사찰 및 승려 수를 제한하였으며, 도첩제를 실시하였다.

② 정비과정 … 선·교 양종에 모두 36개 절만 인정하였고, 사림들의 적극적인 불교비판으로 불교는 산속으로 들어가게 되었다.

(2) 도교와 민간신앙

① 도교 … 소격서를 설치하고 참성단에서 일월성신에 대해 제사를 지내는 초제를 시행하였다.

② 풍수지리설과 도참사상 … 한양 천도에 반영되었고, 산송문제를 야기하기도 하였다.

③ 민간신앙 … 무격신앙, 산신신앙, 삼신숭배, 촌락제가 성행하게 되었다.

4. 과학기술의 발달

(1) 천문·역법과 의학

① 각종 기구의 발명·제작
- ㉠ 천체관측기구 : 혼의, 간의
- ㉡ 시간측정기구 : 해시계(앙부일구), 물시계(자격루)
- ㉢ 강우량측정기구 : 측우기(세계 최초)
- ㉣ 토지측량기구 : 인지의, 규형(토지 측량과 지도 제작에 활용)

② 역법 … 중국의 수시력과 아라비아의 회회력을 참고한 칠정산을 발달시켰다.

③ 의학 분야 … 향약집성방과 의방유취가 편찬되었다.

(2) 농서의 편찬과 농업기술의 발달

① 농서의 편찬
- ㉠ 농사직설 : 최초의 농서로서 독자적인 농법을 정리(씨앗의 저장법·토질의 개량법·모내기법)하였다.
- ㉡ 금양잡록 : 금양(시흥)지방을 중심으로 경기지방의 농사법을 정리하였다.

② 농업기술의 발달 … 2년 3작(밭농사), 이모작·모내기법(논농사), 시비법, 가을갈이가 실시되었다.

(3) 병서 편찬과 무기 제조

① 병서의 편찬 … 총통등록, 병장도설이 편찬되었다.

② 무기 제조 … 최해산은 화약무기를 제조하였고, 화포가 만들어졌다.

③ 병선 제조 … 태종 때에는 거북선과 비거도선을 제조하여 수군의 전투력을 향상시켰다.

5. 문학과 예술

(1) 다양한 문학

① 15세기 … 격식을 존중하고, 질서와 조화를 내세웠다.
- ㉠ 악장과 한문학 : 용비어천가, 월인천강지곡, 동문선
- ㉡ 시조문학 : 김종서·남이(패기 넘침)
- ㉢ 설화문학 : 관리들의 기이한 행적, 서민들의 풍속·감정·역사의식을 담았다(서거정의 필원잡기, 김사습의 금오신화)

② 16세기 … 사림문학이 주류를 이루었다.
- ㉠ 시조문학 : 황진이, 윤선도(오우기·어부사시사)
- ㉡ 가사문학 : 송순, 정철(관동별곡·사미인곡·속미인곡)

(2) 왕실과 양반의 건축

① 15세기 … 궁궐·관아·성곽·성문·학교건축이 중심이 되었고, 건물은 건물주의 신분에 따라 일정한 제한을 두었다.

② 16세기 … 서원건축은 가람배치양식과 주택양식이 실용적으로 결합된 독특한 아름다움을 지녔으며, 옥산서원(경주)·도산서원(안동)이 대표적이다.

(3) 분청사기 · 백자와 공예

① 분청사기 … 안정된 그릇모양이었으며 소박하였다.

② 백자 … 깨끗하고 담백하며 선비취향이었다.

③ 공예 … 목공예, 화각공예, 자개공예가 주류를 이루었다.

(4) 그림과 글씨

① 그림

    ㉠ 15세기 : 안견(몽유도원도), 강희안(고사관수도), 강희맹 등이 있다.

    ㉡ 16세기 : 산수화와 사군자가 유행하였으며, 이암, 이정, 황집중, 어몽룡, 신사임당 등이 있다.

② 글씨 … 안평대군(송설체), 양사언(초서), 한호(석봉체)가 유명하였다.

04 문화의 새 기운

1. 성리학의 변화

(1) 성리학의 교조화 경향

① 서인의 의리명분론 강화 … 송시열은 주자중심의 성리학을 절대화 하였다.

② 성리학 비판

    ㉠ 윤휴 : 유교경전에 대한 독자적으로 해석하였다.

    ㉡ 박세당 : 양명학과 조장사상의 영향을 받아 주자의 학설을 비판하였으나 사문난적으로 몰렸다.

③ 성리학의 발달

    ㉠ 이기론 중심 : 이황학파의 영남 남인과 이이학파인 노론 사이에 성리학의 이기론을 둘러싼 논쟁이 치열하게 전개되었다.

    ㉡ 심성론 중심 : 인간과 사물의 본성이 같은가 다른가 등의 문제를 둘러싸고 충청도 지역의 호론과 서울 지역의 낙론이 대립하였다.

(2) 양명학의 수용

① 성리학의 교조화와 형식화를 비판하였고, 실천성을 강조하였다.

② 강화학파의 형성 … 18세기 초 정제두가 양명학 연구와 제자 양성에 힘써 강화학파라 불리는 하나의 학파를 이루었으나 제자들이 정권에서 소외된 소론이었기 때문에 그의 학문은 집안의 후손들과 인척을 중심으로 가학(家學)의 형태로 계승되었다.

2. 실학의 발달

(1) 실학의 등장

① 배경 … 사회모순의 해결이 필요했으며, 성리학의 한계가 나타났다.

② 새로운 문화운동 … 현실적 문제를 연구했으며, 이수광의 지봉유설, 한백겸의 동국지리지가 편찬되었다.

③ 성격 … 민생안정과 부국강병이 목표였고, 비판적·실증적 논리로 사회개혁론을 제시하였다.

(2) 농업 중심의 개혁론(경세치용학파)

① 특징 … 농민의 입장에서 토지제도의 개혁을 추구하였다.

② 주요 학자와 사상

   ㉠ 유형원 : 반계수록을 저술, 균전론 주장, 양반문벌제도·과거제도·노비제도의 모순을 비판하였다.

   ㉡ 이익 : 이익학파를 형성하고 한전론을 주장, 6종의 폐단을 지적했다.

   ㉢ 정약용 : 실학을 집대성, 목민심서·경세유표를 저술, 여전론을 주장하였다.

(3) 상공업 중심의 개혁론(이용후생학파, 북학파)

① 특징 … 청나라 문물을 적극적으로 수용하여 부국강병과 이용후생에 힘쓰자고 주장하였다.

② 주요 학자와 사상

   ㉠ 유수원 : 우서를 저술, 상공업 진흥·기술혁신을 강조, 사농공상의 직업평등과 전문화를 주장하였다.

   ㉡ 홍대용 : 임하경륜·의산문답을 저술, 기술혁신과 문벌제도를 철폐, 성리학 극복을 주장하였다.

   ㉢ 박지원 : 열하일기를 저술, 상공업의 진흥 강조(수레와 선박의 이용·화폐유통의 필요성 주장), 양반문벌제도의 비생산성 비판, 농업 생산력 증대에 관심(영농방법의 혁신·상업적 농업의 장려·수리시설의 확충)을 가졌다.

   ㉣ 박제가 : 북학의를 저술, 청과의 통상 강화, 수레와 선박 이용, 소비권장을 주장하였다.

(4) 국학 연구의 확대

① 국사

   ㉠ 이익 : 실증적·비판적 역사서술, 중국 중심의 역사관을 비판하였다.

   ㉡ 안정복 : 동사강목을 저술하였고 고증사학의 토대를 닦았다.

   ㉢ 이긍익 : 조선시대의 정치와 문화를 정리하여 연려실기술을 저술하였다.

   ㉣ 이종휘와 유득공 : 이종휘의 동사와 유득공의 발해고는 각각 고구려사와 발해사 연구를 중심으로 연구 시야를 만주지방까지 확대하여 한반도 중심의 협소한 사관을 극복하고자 했다.

   ㉤ 김정희 : 금석과안록을 지어 북한산비가 진흥왕순수비임을 고증하였다.

③ 국토에 대한 연구

   ㉠ 지리서 : 한백겸의 동국지리지, 정약용의 아방강역고, 이중환의 택리지가 편찬되었다.

   ㉡ 지도 : 동국지도(정상기), 대동여지도(김정호)가 유명하다.

④ 언어에 대한 연구 … 신경준의 훈민정음운해, 유희의 언문지, 이의봉의 고금석림이 편찬되었다.

⑤ 백과사전의 편찬 … 이수광의 지봉유설, 이익의 성호사설, 서유구의 임원경제지, 홍봉한의 동국문헌비고가 편찬되었다.

3. 과학기술의 발달

(1) 천문학과 지도제작기술의 발달

① 천문학 … 김석문 · 홍대용의 지전설은 근대적 우주관으로 성리학적 세계관을 비판하였다.

② 역법과 수학 … 시헌력(김육)과 유클리드 기하학을 도입하였다.

③ 지리학 … 곤여만국전도(세계지도)가 전래되어 세계관이 확대되었다.

(2) 의학의 발달과 기술의 개발

① 의학 … 허준은 동의보감, 허임은 침구경험방, 정약용은 마과회통, 이제마는 동의수세보원을 저술하였다.

② 정약용의 기술관 … 한강에 배다리를 설계하고, 수원 화성을 설계 및 축조하였다(거중기 사용)

(3) 농서의 편찬과 농업기술의 발달

① 농서의 편찬

    ㉠ 신속의 농가집성 : 벼농사 중심의 농법이 소개되고, 이앙법 보급에 기여하였다.

    ㉡ 박세당의 색경 : 곡물재배법, 채소, 과수, 원예, 축산, 양잠 등의 농업기술을 소개하였다.

    ㉢ 홍만선의 산림경제 : 농예, 의학, 구황 등에 관한 농서이다.

    ㉣ 서유구 : 해동농서와 농촌생활 백과사전인 임원경제지를 편찬하였다.

② 농업기술의 발달

    ㉠ 이앙법, 견종법의 보급으로 노동력이 절감되고 생산량이 증대되었다.

    ㉡ 쟁기를 개선하여 소를 이용한 쟁기를 사용하기 시작하였다.

    ㉢ 시비법이 발전되어 여러 종류의 거름이 사용됨으로써 토지의 생산력이 증대되었다.

    ㉣ 수리시설의 개선으로 저수지를 축조하였다(당진의 합덕지, 연안의 남대지 등).

    ㉤ 황무지 개간(내륙 산간지방)과 간척사업(해안지방)으로 경지면적을 확대시켰다.

4. 문학과 예술의 새 경향

(1) 서민문화의 발달

① 배경 … 서당교육이 보급되고, 서민의 경제적 · 신분적 지위가 향상되었다.

② 서민문화의 대두 … 중인층(역관 · 서리), 상공업 계층, 부농층의 문예활동과 상민, 광대들의 활동이 활발하였다.

③ 문학상의 특징 … 인간감정을 적나라하게 표현하고 양반들의 위선적인 모습을 비판하며, 사회의 부정과 비리를 풍자 · 고발하였다. 서민적 주인공이 등장했으며, 현실세계를 배경으로 설정하였다.

(2) 판소리와 탈놀이

① 판소리 … 서민문화의 중심이 되었으며, 직접적이고 솔직하게 감정을 표현하였다. 다섯마당(춘향가 · 심청가 · 홍보가 · 적벽가 · 수궁가)이 대표적이며, 신재효는 판소리 사설을 창작하고 정리하였다.

② 탈놀이 · 산대놀이 … 승려들의 부패와 위선을 풍자하고, 양반의 허구를 폭로하였다.

(3) 한글소설과 사설시조

① 한글소설 … 홍길동전, 춘향전, 별주부전, 심청전, 장화홍련전 등이 유명하였다.

② 사설시조 … 남녀 간의 사랑, 현실에 대한 비판을 거리낌없이 표현하였다.

③ 한문학 … 정약용은 삼정의 문란을 폭로하는 한시를 썼고, 박지원은 양반전, 허생전, 호질을 통해 양반사회의 허구성을 지적하며 실용적 태도를 강조하였다.

(4) 진경산수화와 풍속화

① 진경산수화 … 우리나라의 고유한 자연을 표현하였고, 정선의 인왕제색도 · 금강전도가 대표적이다.

② 풍속화 … 김홍도는 서민생활을 묘사하였고, 신윤복은 양반 및 부녀자의 생활과 남녀 사이의 애정을 표현하였다.

③ 민화 … 민중의 미적 감각과 소박한 정서를 표현하였다.

④ 서예 … 이광사(동국진체), 김정희(추사체)가 대표적이었다.

(5) 백자 · 생활공예와 음악

① 자기공예 … 백자가 민간에까지 널리 사용되었고, 청화백자가 유행하였으며 서민들은 옹기를 많이 사용하였다.

② 생활공예 … 목공예와 화각공예가 발전하였다.

③ 음악 … 음악의 향유층이 확대되어 다양한 음악이 출현하였다. 양반층은 가곡 · 시조, 서민들은 민요를 애창하였다.

출제예상문제

1 신라 하대 불교계의 새로운 경향인 선종(禪宗)에 대한 설명으로 옳은 것은?

① 전제왕권을 강화해주는 이념적 도구로 크게 작용하였다.
② 지방에서 새로이 대두한 호족들의 사상으로 받아들여졌다.
③ 왕실은 이 사상을 포섭하려는 노력에 관심을 기울이지 않았다.
④ 인도에까지 가서 공부해 온 승려들에 의해 전파되었다.

ADVICE ② 선종(禪宗)은 문자에 의존하지 않고 오직 좌선만을 통해 부처의 깨달음에 이르려는 종파이다. 6세기 초에 인도에서 중국으로 건너 온 보리달마를 초조(初祖)로 한다. 선종사상은 절대적인 존재인 부처에 귀의하려는 것이 아니라 각자가 가지고 있는 불성(佛性)의 개발을 중요시하는 성향을 지녔기에 신라 하대 당시 중앙정부의 간섭을 배제하면서 지방에서 독자적인 세력을 구축하려 한 호족들의 의식구조와 부합하였다. 이로 인해 신라 말 지방호족의 도움으로 선종은 크게 세력을 떨치며 새로운 사회의 사상적 토대를 마련하였다.

2 조선 후기 천주교와 관련된 설명으로 옳지 않은 것은?

① 기해사옥 때 흑산도로 유배를 간 정약전은 그 지역의 어류를 조사한 「자산어보」를 저술하였다.
② 안정복은 성리학의 입장에서 천주교를 비판하는 「천학문답」을 저술하였다.
③ 1791년 윤지충은 어머니 상(喪)에 유교 의식을 거부하여 신주를 없애고 제사를 지내 권상연과 함께 처형을 당하였다.
④ 신유사옥 때 황사영은 군대를 동원하여 조선에서 신앙의 자유를 보장받게 해달라는 서신을 북경에 있는 주교에게 보내려다 발각되었다.

ADVICE ① 정약전은 신유사옥(신유박해, 1801)으로 인해 흑산도로 귀양을 간 후 그 곳에서 자산어보를 지었다.

3 다음 중 해외로 유출된 우리 문화재는?

① 신윤복의 미인도

② 안견의 몽유도원도

③ 정선의 인왕제색도

④ 강희안의 고사관수도

ADVICE ② 현재 안견의 몽유도원도(夢遊桃源圖)는 일본 덴리대학(天理大學) 중앙도서관에 소장되어 있으며 우리나라에서는 2009년 한국박물관 개관 100주년 기념 특별전으로 전시된 적이 있었다.

4 한글소설이 아닌 것은?

① 양반전

② 홍길동전

③ 심청전

④ 장화홍련전

ADVICE ① 양반전 : 조선 후기 실학자인 박지원이 지은 한문 소설에 해당한다. 당시 무능하고 위선적인 양반들의 모습을 날카롭게 비판하고 풍자한 작품이다.
② 홍길동전 : 허균이 지은 우리나라 최초의 한글 소설이다.
③ 심청전 : 효녀 심청의 이야기를 다룬 판소리계 한글 소설이다.
④ 장화홍련전 : 효종 때 발생한 실제 사건을 바탕으로 한 한글 소설이다.

ANSWER 3.② 4.①

5 다음 역사서 저자들의 정치적 입장에 관한 설명으로 옳지 않은 것은?

① 「여사제강」 – 서인의 입장에서 북벌운동을 지지하였다.
② 「동사(東事)」 – 붕당정치를 비판하였다.
③ 「동사강목」 – 성리학적 명분론을 비판하였다.
④ 「동국통감제강」 – 남인의 입장에서 왕권 강화를 주장하였다.

ADVICE ③ 동사강목은 17세기 이후 축적된 국사연구의 성과를 계승 발전시켜 역사인식과 서술내용 면에서 가장 완성도가 높은 저술로서 정통론인식과 문헌고증방식의 양면을 집대성한 대표적인 통사이다. 단군 → 기자 → 마한 → 통일신라 → 고려까지의 유교적 정통론을 완성하였으며 위만조선을 찬탈왕조로 다루고 발해를 말갈왕조로 보아 우리 역사에서 제외시켰는데 이는 조선의 성리학자로서의 명분론에 입각한 것이었다.

6 다음의 내용과 관련 있는 사실로 옳은 것은?

- 일본의 다카마스
- 호류사 금당벽화
- 정효공주묘의 모줄임 구조

① 활발한 정복활동과 불교전파　　　　② 고구려 문화의 대외전파
③ 백제 문화의 대외전파　　　　　　　④ 신라 문화의 대외전파

ADVICE ② 고구려는 일본에 주로 의학과 약학을 전해 주었으며 혜자는 쇼토쿠 태자의 스승이 되었다. 또한 담징은 호류사의 금당벽화를 그렸으며, 다카마스 고분에서도 고구려의 흔적이 나타난다. 정효공주묘의 천장이 모줄임 구조도 고구려적 요소라고 할 수 있다.

7 고려 후기 역사서 중 자주적 사관과 관련이 없는 것은?

① 제왕운기　　　　　　　　　　　　② 삼국유사
③ 동명왕편　　　　　　　　　　　　④ 삼국사기

ADVICE ④ 삼국사기는 인종 때 김부식에 의해 저술된(1145) 고려중기 역사서로 유교적 합리주의 사관에 기초하여 기전체로 저술되었다. 김부식은 신라 계승의식을 갖고 있었으며, 대외적으로 사대주의의 입장에서 정권의 안정만을 도모하였다.

ANSWER 5.③　6.②　7.④

8 다음은 조선 초기 과학기술과 관련이 없는 것은?

> 15세기는 역법의 제정과 천문, 시간측정기구의 제작 및 농업, 의약서적, 인쇄술이 발달하는 등 각 분야에
> 걸쳐서 과학기술이 눈부시게 발달하였다.

① 칠정산
② 향약구급방
③ 측우기
④ 자격루

ADVICE ② 향약구급방은 우리 실정에 맞는 고려시대의 자주적 의서이다.

9 고려시대의 목조건축물 중에서 다포양식에 해당하는 건축물은?

① 봉정사 극락전
② 수덕사 대웅전
③ 성불사 응진전
④ 부석사 무량수전

ADVICE ③ 기둥과 기둥 사이에 공포를 짜 올리는 다포 양식으로 하중이 고르게 분산되어 지붕이 더욱 커졌다. 이는 중후하고
　　　　　장엄한 느낌을 준다.
　　　　　①②④ 기둥 위에만 공포를 짜 올리는 주심포 양식으로 하중이 기둥에만 전달되어 기둥은 굵으며 배흘림 양식이다.

10 저자와 책의 제목을 바르게 연결한 것은?

① 한백겸 「택리지」
② 이제마 「농가집성」
③ 정약용 「침구경험방」
④ 허준 「동의보감」

ADVICE ① 한백겸는 「기전유보」, 「동국지리지」 등이 있다. 「택리지」는 이중환의 인문 지리서이다.
　　　　　② 이제마는 「동의수세보원」이다. 「농가집성」은 신속의 벼농사 중심의 농법을 정리한 농서이다.
　　　　　③ 정약용은 「목민심서」, 「경세유표」, 「마과회통」 등이 있다. 「침구경험방」은 허임의 침구 전문 의서이다.

ANSWER 8.② 9.③ 10.④

11 다음의 학자가 주로 주장한 것은?

> 유형원, 이익, 정약용

① 상공업 중심의 개혁론
② 지리서 개발
③ 성리학적 세계관 지지
④ 농업중심의 개혁론

> **ADVICE** ④ 유형원, 이익, 정약용은 조선 후기 실학의 중농학파의 대표적인 학자이다.
> ① 유수원, 홍대용, 박지원, 박제가 등의 주장이다.
> ② 이중환, 김정호 등 국토에 대한 관심이 높아지면서 나타난 현상이다.
> ④ 실학자들은 성리학을 비판하며 실학을 지향하였다.

12 고려 말 성리학에 대한 설명으로 옳지 않은 것은?

① 충렬왕 때 안향이 처음으로 소개하였다.
② 정몽주는 '동방이학의 조'라는 칭호를 들을 정도로 뛰어난 성리학자였다.
③ 고려 말에 사림파가 새롭게 등장하였다.
④ 정도전은 불씨잡변을 저술하여 불교를 비판하였다.

> **ADVICE** ③ 사림파는 고려 말 은거하고 있던 길재가 양성한 세력으로 조선 성종을 전후로 정계에 등장하였다.

13 조선 후기 화풍에 관한 설명으로 옳지 않은 것은?

① 중국의 화풍을 수용하여 독자적으로 재구성하였다.
② 민중의 기복적 염원과 미의식을 표현한 민화가 발달하였다.
③ 강세황의 작품에서는 서양화법의 영향이 드러난다.
④ 뚜렷한 자아의식을 바탕으로 우리의 자연을 직접 눈으로 보고 사실적으로 그리려는 화풍의 변화가 나타났다.

> **ADVICE** ① 조선 전기 화풍의 특징이다.

ANSWER 11.④ 12.③ 13.①

14 불교의 교리를 알지 못하여도 '나무아미타불 관세음보살'만 외우면 서방의 극락에서 왕생할 수 있다고 주장한 승려는?

① 원측

② 원효

③ 의상

④ 혜초

ADVICE ② 원효는 정토신앙을 널리 전파시켜 불교의 대중화에 기여하였다.

15 조선 후기에 유행한 사상에 관한 설명으로 옳지 않은 것은?

① 굿과 같은 현세구복적인 무속신앙이 유행하였다.

② 말세도래와 왕조교체 등의 내용이 실린 정감록과 같은 비기 · 도참서가 유행하였다.

③ 인내천, 보국안민, 후천개벽을 내세운 동학이 창시되었다.

④ 변발과 호복, 몽골식 모자의 착용 등이 유행하였다.

ADVICE ④ 변발과 호복, 몽골식 모자 착용은 몽골풍으로 고려 원간섭기에 유행하였다.

16 강서고분, 무용총, 각저총 등 벽화가 남아있는 고분의 형태는?

① 굴식벽돌무덤

② 굴식돌방무덤

③ 돌무지무덤

④ 돌무지덧널무덤

ADVICE ② 굴식돌방무덤은 판 모양의 돌을 이용하여 널을 안치하는 방을 만들고 널방벽의 한쪽에 외부로 통하는 출입구를 만든 뒤 봉토를 씌운 무덤으로 횡혈식 석실묘라고도 한다. 고대의 예술수준을 알 수 있는 고분벽화는 널방벽에 그려진 것이다.

ANSWER 14.② 15.④ 16.②

17 고려 말의 진화는 "송은 이미 쇠퇴하고 북방 오랑캐는 아직 미개하니, 앉아서 기다려라. 문명의 아침은 동쪽의 하늘을 빛내고자 한다."는 내용의 시로 자신감과 자주의식을 나타내었다. 이러한 자주 의식과 관련이 없는 사람은?

① 일연
② 이이
③ 김대문
④ 이종휘

ADVICE ② 이이는 존화주의적 역사의식을 가지고 기자조선을 정통으로 보는 기자실기를 작성하였다.

18 다음 중 실학자의 주장으로 옳은 것은?

① 이익 – 중상주의 실학자로 상공업의 발달을 강조하였다.
② 박제가 – 절약과 저축의 중요성을 강조하였다.
③ 박지원 – 우서에서 우리나라와 중국의 문물을 비교 · 분석하여 개혁안을 제시하였다.
④ 정약용 – 토지의 공동소유 및 공동경작 등을 통한 집단 농장체제를 주장하였다.

ADVICE ① 이익은 중농주의 실학자로 토지소유의 상한선을 정하여 대토지소유를 막는 한전론을 주장하였다.
② 박제가는 소비와 생산의 관계를 우물물에 비교하면서 검약보다 소비를 권장하였다.
③ 유수원에 관한 설명이다.

ANSWER 17.② 18.④

19 다음에서 설명하는 역사서는?

> 고려시대 인종 때 김부식이 왕명을 받아서 편찬한 역사서로 우리나라에서 현존하는 역사서 중에 가장 오래
> 되었다. 기전체로 편찬되었으며 유교적 합리주의 관점으로 서술되었다. 신라 계승의식과 유교적 합리주의
> 사관이 짙게 깔려 있다.

① 제왕운기
② 삼국유사
③ 삼국사기
④ 동명왕편

ADVICE ① 제왕운기 : 고려 충렬왕 때 이승휴가 쓴 역사 시(詩)이다. 우리나라 역사를 단군으로부터 서술하면서 우리 역사를
중국사와 대등하게 파악하려 하였다.
② 삼국유사 : 고려 후기 승려 일연이 쓴 역사서이다. 단군신화나 불교 설화, 향가 등을 풍부하게 담고 있다.
④ 동명왕편 : 고려 명종 때 이규보가 고구려 건국 시조인 동명왕(주몽)의 업적을 칭송하며 쓴 서사시이다. 고구려 계
승 의식이 잘 나타난다.

20 다음 중 백제 건국의 근거가 되는 것은?

① 단양적성비
② 몽촌토성
③ 칠지도
④ 울진봉평신라비

ADVICE ② 몽촌토성은 백제 초기의 토성터로 목책구조와 토성방비용 해자로 되어있는 독특한 구조를 지닌다. 위치나 견고함
등으로 보았을 때 하남위례성의 주성(主成)으로 추정된다.

01 ▶ 근현대의 정치 변동

1. 개화와 자주운동

(1) 조선 말기의 국내 정세

① 조선사회의 위기 … 세도정치의 폐단이 나타나고, 일본과 서양 열강의 침략적 접근이 일어나고 있었다.

② 흥선대원군의 집권 … 실추된 왕권을 회복하고 국가적 위기를 극복하기 위하여 노력하였다.

    ㉠ 내정개혁 : 고른 인재 등용, 경복궁 중건, 서원 정리, 삼정 개혁, 비변사 폐지, 의정부와 삼군부 기능 회복, 법전(대전회통)을 정비하였다.

    ㉡ 대외정책 … 국방력 강화, 통상수교요구 거절, 천주교 탄압, 척화비를 건립하였다.

(2) 개항과 개화정책

① 개항 … 일본과 강화도조약을 체결하였는데, 이것은 우리나라 최초의 근대적 조약이었으며, 치외법권과 해안측량권을 규정한 불평등 조약이었다.

② 개화정책의 추진 … 개화파 인물 등용, 통리기무아문 설치, 별기군 창설, 일본과 청에 사절단 파견 등을 추진하였다.

③ 위정척사운동 … 보수적 유생층은 개항과 개화를 반대하는 운동을 전개하였고, 항일의병운동으로 계승되었다. 반외세 자주 운동이었으며, 혁신적 인사들은 동도서기론을 주장하였다.

④ 임오군란(1882) … 개화정책에 반대하였으며, 임오군란 후 청의 내정간섭이 심해지고 정부의 친청정책의 배경이 되었다.

⑤ 갑신정변(1884) … 급진개화파가 주도하였으며 근대국가건설을 목표로 하였지만, 삼일천하로 실패하였다.

(3) 동학농민운동의 전개

① 배경 … 정부의 농민수탈이 심화되고, 농촌경제가 파탄되었으며, 농민의 사회변혁 욕구가 고조되었다.

② 전개 … 보국안민과 제폭구민을 외치며 고부봉기가 일어나 전주를 점령하였다. 집강소에서는 폐정개혁을 실천하였으나 일본의 내정간섭은 강화되고, 재봉기인 우금치전투는 실패로 돌아갔다.

(4) 근대적 개혁의 추진

① 갑오개혁(1894~1896) … 군국기무처를 설치하고, 홍범14조를 반포하였다.

② 을미개혁 … 을미사변(1895) 이후 을미개혁과 단발령이 시행되었다.

③ 을미의병 … 명성왕후 시해와 단발령의 계기로 유생층이 주도하였으나 농민과 동학농민군의 잔여세력이 가담하였다.

④ 아관파천(1896)이후 … 단발령이 철회되고, 고종의 해산권고로 을미의병은 자진 해산하였다.

2. 주권수호운동의 전개

(1) 독립협회와 대한제국

① 독립협회(1896~1898)

　　㉠ 주요 활동 : 민중에게 근대적 지식과 국권·민권사상 고취(강연회·토론회 개최, 신문·잡지 발간), 자주국권
　　　운동, 자유민권운동, 국민참정권운동 전개, 만민공동회와 관민공동회를 개최하였다.

　　㉡ 해산 : 서구식 입헌군주제의 실현을 추구였으므로 보수세력은 황국협회를 이용하여 독립협회를 탄압하였다.

② 대한제국 … 고종은 환궁 후 대한제국을 선포(1897)하고 연호를 광무라 하였다.

　　㉠ 개혁 : 구본신참을 시정방향으로 제시, 전제황권을 강화, 양전사업을 실시, 상공업진흥책을 추진하였다.

　　㉡ 한계 : 집권층의 보수성과 열강의 간섭으로 실패로 돌아갔다.

(2) 항일의병운동

① 을사조약(1905) 폐기운동 … 민영환은 자결로써 항거하였고 나철. 오기호 등은 5적 암살단을 조직하여 5적의 집을 불사
　르고 일진회 사무실을 습격하였다.

② 을사의병(1905) … 민종식, 최익현, 신돌석(평민 의병장)이 활약하였고, 을사조약의 폐기와 친일내각 타도를 주장하였다.

③ 정미의병(1907) … 고종의 강제 퇴위로 군대가 해산되자, 해산군인들이 의병에 합류하였다.

(3) 애국계몽운동의 전개

① 초기 … 보안회, 헌정연구회가 활용하였다.

② 1905년 이후 … 국권 회복을 위한 애국계몽운동을 전개하였다.

　　㉠ 대한자강회 : 교육과 산업을 진흥시켜 독립의 기초를 만들 것을 목적으로 국권 회복을 위한 실력양성운동을
　　　전개하였으나 고종의 강제퇴위반대운동으로 해산되었다.

　　㉡ 대한협회 : 교육의 보급, 산업 개발 및 민권 신장 등을 강령으로 내걸고 실력양성운동을 전개하였다.

　　㉢ 신민회 : 비밀결사조직으로 국권 회복과 공화정체의 국민국가 건설을 목표로 하였다.

3. 민족의 수난과 항일독립운동

(1) 국권의 피탈과 민족의 수난

① 국권의 피탈 … 한·일신협약(차관정치) → 군대 해산 → 사법권·경찰권 박탈 → 국권 강탈(1910)

② 조선총독부 … 입법·행정·사법·군대통수권을 장악하고, 한국인 회유책으로 중추원을 설치하였다.

③ 헌병경찰통치(1910 ~ 1919) … 경찰의 임무를 대행하여, 독립운동가를 색출하고 처단하였으며, 즉결처분권을 소유하였다.

④ 문화통치(1919 ~ 1931) … 3·1운동과 국제 여론의 악화로 제기되었으며, 소수의 친일분자를 키워 우리 민족을 이간하
　여 분열시켰다.

⑤ 민족말살통치(1931 ~ 1945) … 병참기지화 정책, 국사·국어교육의 금지, 황국신민서사암송, 궁성요배, 신사참배, 일본식
　성명 사용을 강요, 강제징용, 정신대 동원 등의 정책을 폈다.

(2) 3·1운동(1919)

민족자결주의와 2·8도쿄독립선언의 영향을 받아 독립선언서를 발표하고 거족적 만세시위를 전개하였고 이는 지방도시 및 전국의 농촌으로 파급되었다.

(3) 대한민국임시정부

① 수립 ··· 중국 상하이에 대한민국임시정부를 수립하고, 연해주의 대한국민의회를 통합 하였다

② 임시정부의 활동 ··· 비밀행정조직망인 연통제와 교통국의 설치, 외교활동, 독립신문 간행 등의 활동을 하였다.

(4) 국내의 항일운동

① 6·10만세운동(1926) ··· 일제의 수탈과 식민지교육에 대한 반발로 일어났다.

② 광주학생항일운동(1929) ··· 전국 규모의 항일 투쟁으로 확대되었다.

③ 무장항일투쟁 : 보합단(평북 동암산), 천마산대(평북 천마산), 구월산대(황해도 구월산) 등이 활동하였다.

(5) 항일독립전쟁의 전개

① 전개 ··· 독립운동기지 건설(삼원보·한흥동·블라디보스토크)→봉오동 전투, 청산리 대첩→간도참변, 자유시 참변→단체통합 운동(참의부, 정의부, 신민부)→한국독립군과 조선혁명군의 활약→한국광복군 창설로 전개되었다.

② 한국광복군의 창설(1940) ··· 조선의용대를 흡수하여, 대일선전포고를 하기도 했다. 인도와 미얀마전선에 참전하였고, 국내진공작전을 준비하였다.

4. 대한민국의 발전

(1) 광복 직후의 국내정세

① 건국준비활동 ··· 대한민국임시정부의 건국강령을 제정하고, 중국 화북지방 사회주의 계열은 조선독립동맹을 결성하였으며, 국내에서는 조선건국동맹을 결성하였다.

② 국토의 분단 ··· 38도선을 경계로 미·소 양군이 진주하였다.

③ 통일정부 수립 추진 ··· 좌우합작운동과 남북협상(김구)을 벌였으나 실패로 돌아갔다.

(2) 대한민국정부의 수립(1948. 8. 15)

① 과정 ··· 5·10총선거 후 민주공화국의 헌법을 제정하였으며 대한민국정부가 수립되었다.

② 건국 초기 국내정세

   ㉠ 제주도 4·3사건과 여수·순천 10·19사건(1948) : 정부 수립을 전후 한 시기에 좌우익의 대립이 격화되어 일어났다.

   ㉡ 이승만의 반공정책 강화 : 이승만 정부는 좌우갈등 극복과 사회질서를 확립한다는 명분으로 반공정책을 강화하였다.

   ㉢ 반민족행위처벌법의 제정 : 제헌국회에서 친일파를 처벌하여 민족정기를 바로잡기 위해서 제정하였으나 반공정책을 우선시하였던 이승만 정부의 소극적인 태도와 친일세력의 방해공작, 일본 경찰 간부의 반미특위습격사건으로 성과를 거두지 못하였다.

(3) 민주주의의 시련과 발전

① 4 · 19혁명(1960) ··· 자유당 정권의 부정선거로 인해 학생과 시민 중심의 전국적인 시위가 발생하였으며 그 결과 이승만 정권은 붕괴되었다.

② 장면 정부 ··· 내각책임제와 양원제 국회의 권력구조였으며, 사회 무질서와 혼란은 지속되었다.

③ 5 · 16군사정변(1961) ··· 박정희 정부는 대통령 중심제와 단원제 국회의 권력구조로 헌법을 개정하였다.

④ 10월유신(1972) ··· 박정희는 종신 집권을 위해 유신체제를 구축하였으나 10 · 26사태로 인해 유신체제는 막을 내렸다.

⑤ 전두환 정부 ··· 5 · 18민주화운동을 진압하면서 전두환 정부가 탄생하였으나, 민주화운동을 탄압하고 각종 부정과 비리가 발생했으며, 결국 6월 민주항쟁(1987)으로 국민의 요구가 수용되어 6 · 29민주화선언이 발표되었고 대통령 직선제로 개헌하였다.

⑥ 노태우 정부 ··· 북방정책을 추진하였고, 남북한이 유엔에 동시 가입하는 등 적극적인 외교를 펼쳤다.

⑦ 김영삼 정부 ··· 금융실명제, 지방자치제를 전면 실시하였다.

⑧ 김대중 정부 ··· 외환위기를 극복하고, 민주주의와 시장경제의 병행발전을 도모하였다.

02 ▶ 근현대의 경제 변화

1. 열강의 경제침투와 경제적 구국운동

(1) 열강의 경제적 침탈

① 일본의 경제침탈 ··· 은행 · 세관 · 화폐정리업무를 통해 금융을 지배하였다.

② 열강의 이권침탈 ··· 열강이 금광채굴권, 철도부설권, 삼림채벌권을 차지하였다.

(2) 경제적 침탈에 대한 저항

① 경제적 자주권 수호노력 ··· 방곡령을 시행, 상권수호운동과 이권수호운동을 전개하였다.

② 회사 설립 ··· 초기에는 상회사(대동상회 · 장통상회)를 설립하고, 상공업진흥정책이 실시된 이후에는 주식회사도 나타났다.

③ 국채보상운동(1907~1908) ··· 일본의 재정적 예속정책에 대한 저항으로 국채보상기성회를 조직하여 모금운동을 벌였으나, 일제 통감부의 탄압을 받아 좌절되었다.

2. 일제하 민족경제의 변화

(1) 식민지 수탈경제

① 토지조사사업(1910 ~ 1918) ··· 기한부 신고제로 미신고 토지를 약탈하였다. 그 결과 농민은 토지를 상실하고 소작농으로 전락하였다.

② 산미증식계획(1920 ~ 1934) ··· 각종 비용을 농민에게 전가하고, 쌀 생산을 강요하였다.

③ 산업의 침탈

   ㉠ 화폐정리사업으로 통감부시기에 민족자본의 축적이 와해되었다.

   ㉡ 회사령을 공포하여 한국인의 회사 설립과 경영을 통제하여 일본인이 한국 공업을 주도하게 되었으며, 광업령, 임야조사사업, 어업령을 통해 우리 자원을 약탈하였다.

   ㉢ 일본의 군수공업화정책으로 전기, 제철, 중화학 공장을 설립하여 병참기지화되었다.

   ㉣ 식량배급제도와 각종 물자의 공출제도를 강행하였다.

(2) 경제적 민족운동

① 소작쟁의 … 소작료 인하와 소작권 박탈을 반대하는 생존권 투쟁이었다.

② 민족기업의 성장 … 직포공장, 메리야스공장, 고무신공장, 경성방직주식회사 등이 설립되었다.

③ 물산장려운동 … 민족기업 지원, 민족경제의 자립을 목적으로 하였다.

④ 노동쟁의 … 노동조건 개선과 임금인상을 주장하였다.

3. 현대의 경제 발전

(1) 경제개발 5개년 계획

① 경과 … 1·2차 경제개발 5개년 계획(기간산업 육성, 경공업 발전 주력), 3·4차 경제개발 5개년 계획(경공업 중심→중화학 공업중심)을 추진하였다.

② 결과 … 수출의 비약적 증대, 국내자본의 축적, 사회간접시설 확충, 식량생산의 증대 등의 결과를 가져왔다.

(2) 노동운동

노동관계법 개정, 새로운 노사문화 정착, 노동환경 개선을 목적으로 하였다.

03 ▶ 근현대의 사회 변동

1. 평등사회로의 변화

(1) 동학농민군의 사회개혁운동

폐정개혁안을 제시하여 탐관오리·횡포한 부호·양반유생의 징벌, 노비문서 소각, 천인들에 대한 처우개선, 과부의 재가허용, 모든 무명 잡세의 폐지, 문벌과 지벌의 타파, 토지의 평균분작 등을 주장하였다.

(2) 갑오개혁과 신분제의 폐지

반상과 귀천을 초월한 평등주의적 사회질서를 수립하고, 노비 및 천민층의 해방이 이루어졌으며, 기술직 중인의 관직등용을 확대하였다. 또한 여성의 대우가 향상되고 혼인풍습이 개선되었다.

(3) 민권운동의 전개(독립협회활동)

① 독립협회의 운동 … 인권확대운동 · 참정권실현운동을 전개했으며, 관민공동회를 개최하였다.(입헌군주제 지향)

② 독립협회의 기본사상 … 자주국권사상, 자유민권사상, 자강개혁 사상이었다.

2. 민족독립운동기의 사회 변화

(1) 한인의 국외 이주와 독립운동

① 만주 … 20세기 초반에는 일제의 탄압을 피하고 항일운동을 위해 이주하였다.

② 연해주 … 한민회를 설치하고 대한광복군 정부를 수립하여 무장투쟁의 기반을 마련하였다.

③ 미국 … 신민회, 한인협성회와 흥사단을 조직하여 활동하였다.

④ 일본 … 조선청년독립단을 구성하여 2 · 8독립선언을 발표, 3 · 1운동의 도화선을 제공하였다.

(2) 사회주의 운동의 대두와 신간회 운동

① 사회주의 운동의 대두 … 1920년대 러시아와 중국에서 활동하고 있던 독립운동가들이 처음으로 받아들였다. 노동운동, 농민운동, 청년운동, 학생운동, 여성운동, 형평운동 등이 전개되었다.

② 신간회 운동 … 민족주의 진영과 사회주의 진영은 민족유일당, 민족협동전선이라는 표어 아래 이상재, 안재홍 등을 중심으로 신간회를 결성하였다. 노동운동과 농민운동을 지도하였고 광주학생항일운동의 진상단을 파견하였다.

(3) 농민운동과 노동운동

① 농민운동 … 고율의 소작료 인하와 소작권의 이동을 반대하는 시위가 많았으나, 농민조합이 소작쟁의를 주도하여 항일민족운동으로 변모하게 되었다.

② 노동운동 … 임금인상 · 단체계약권 확립 · 8시간 노동제 · 노동조건 개선을 요구하면서 파업투쟁을 하였고, 후에 지역단위로 파업이 일어났으며 대중화되었다.

(4) 여성운동과 학생운동

① 여성운동 … 계몽운동으로 발전하였고 후에 사회주의 운동과 결합하였다.

② 학생운동 … 동맹휴학 형태로 전개되어 식민지 노예교육의 철폐, 조선역사의 교육, 교내 조선어 사용 등을 요구하였다. 광주학생항일운동이 대표적인 예이다.

1. 근대 문화의 발달

(1) 근대 문명의 수용

① 근대 문물의 도입 … 19세기 후반부터 개화파는 동도서기론을 개창하였고, 정부는 과학기술을 비롯한 서양의 근대 문물을 도입하여 개화정책을 추진하였다.

② 근대 시설의 수용

    ㉠ 통신시설 : 전신·전화를 가설하였고, 우정국을 운영하여 근대적 우편제도를 실시하였다.

    ㉡ 교통시설 : 전차를 운행하였으며, 경인선과 경부선의 철도가 부설되었다.

③ 근대 의료시설 … 광혜원, 경성의학교, 세브란스병원이 설립되었다.

④ 건축 … 명동성당, 덕수궁 석조전 등이 건립되었다.

(2) 근대 교육과 학문의 보급

① 근대 교육의 시작 … 원산학교, 육영공원에서 시작되었다.

② 갑오개혁기 … 근대적 교육제도가 마련되어 관립학교·사립학교가 설립되었고, 개신교 선교사들이 주도하였다.

③ 애국계몽운동기 … 사립학교를 설립하여 구국교육운동을 전개하고 민족의식을 고취시켰다.

④ 국학운동 … 민족의식과 애국심을 고취하기 위해 국사연구(신채호·박은식)와 국어연구(지석영·주시경)가 이루어졌다.

⑤ 국학운동 … 신채호·박은식 등은 구국위인들의 전기를 써서 보급, 지석영과 주시경은 국어 연구에 공헌하였다.

(3) 문예와 종교의 새 경향

① 문학의 새 경향 … 이인직의 혈의 누, 이해조의 자유종 등의 신소설은 계몽문학의 구실을 하였고, 최남선의 해에게서 소년에게는 근대시의 형식을 개척하였다.

② 예술계의 변화

    ㉠ 음악 : 애국가, 권학가, 독립가와 같은 창가가 유행하였다.

    ㉡ 연극 : 원각사(서양식 극장)의 설립, 은세계, 치악산 등의 작품의 공연되고 민중 사이에서는 전통적인 민속가면극이 성행하였다.

    ㉢ 미술 : 서양식 유화가 도입되고 김정희 계통의 문인화가들이 한국 전통회화를 발전시켰다.

③ 종교운동의 변화 … 천주교가 자유롭게 선교활동을 벌였고, 개신교가 수용되었다. 동학은 천도교로 개칭(손병희)되었고, 불교의 혁신운동(한용운)이 일어났으며, 대종교가 창시되었다.

2. 민족문화수호운동

(1) 민족문화수호운동의 전개

① 한글보급운동

  ㉠ 조선어연구회 : 잡지(한글)간행, 가갸날(한글날)을 제정하였다.

  ㉡ 조선어학회 : 한글맞춤법통일안과 표준어를 제정하였으며, 우리말큰사전의 편찬에 착수하였으나 일제의 방해로 성공하지 못하였다.

② 한국사의 연구 … 박은식(국혼), 신채호(낭가사상)등이 연구하였다.

③ 진단학회 … 일본의 왜곡된 한국학 연구에 반발하여 이윤재, 이병도, 손진태, 조윤제 등이 진단학회를 조직하고 한국학 연구에 힘썼다.

(2) 민족교육진흥운동

① 조선교육회 … 한규설과 이상재는 민립대학 설립운동을 전개하여 모금운동을 벌였으나, 일제의 방해로 실패하였다.

② 문맹 퇴치와 농촌계몽운동 … 언론계와 청년 학생을 중심으로 전개되었다.

출제예상문제

1 ㈎, ㈏ 자료에 나타난 사건 사이에 있었던 사실로 옳지 않은 것은?

> ㈎ 고종은 을미개혁을 통해 단발령을 공포하였다. 명성 황후 시해 사건과 단발령에 반발한 사람들은 의병을 조직하였다.
>
> ㈏ 고종이 일본에 의해 강제 퇴위되고 군대가 해산한 것에 반발하여 의병이 조직되었다. 창의군은 일본으로부터 서울을 탈환하기 위한 작전을 전개하였으나 실패하였다.

① 외교권이 박탈되고 통감부가 설치되었다.
② 고종이 강제로 퇴위되고 군대가 해산되었다.
③ 안중근이 하얼빈에서 이토 히로부미를 저격하였다.
④ 헤이그에 이상설, 이준, 이위종을 특사로 파견하였다.

ADVICE ③ ㈎는 을미사변과 단발령에 반발하여 조직된 을미의병(1895)에 관한 내용이고, ㈏는 고종의 강제 퇴위와 군대가 해산된 한·일 신협약에 반발하여 조직된 정미의병(1907)에 관한 내용이다. 안중근의 이토 히로부미 저격은 1909년으로 ㈎와 ㈏ 사이에 있었던 사건이다.
① 을사늑약(1905)
②④ 헤이그 특사 파견이 발각된 이후 일제는 고종을 강제 퇴위시키고 군대를 강제 해산하였다(1907).

2 다음 자료가 발표되기 이전에 나타난 정책으로 옳은 것은?

> • 청국에 의존하는 관념을 버리고 자주독립의 기초를 세운다.
> • 왕실 사무와 국정 사무는 반드시 분리하여 서로 뒤섞이는 것을 금한다.
> • 조세의 부과와 징수, 경비의 지출은 모두 탁지아문에서 관할한다.

① 대한국국제를 발표하였다.　　　　② 태양력을 사용하도록 하였다.
③ 6조를 8아문으로 개편하였다.　　　④ 건양이라는 연호를 제정하였다.

ADVICE 1894년 2차 갑오개혁 당시 고종이 반포한 '홍범 14조'이다. 2차 갑오개혁은 김홍집, 박영효 연립내각이 수립되어 정치적으로는 내각제도 실시(의정부), 8아문을 7부로 개편, 지방 행정 체계 개편(8도→23부), 지방관 권한 축소, 재판소 설치(사법권을 행정권에서 분리) 등이 이루어졌다.
③ 6조를 8아문으로 개편한 것은 1차 갑오개혁에서 이루어졌다.
① 대한제국 수립 직후(1899)
②④ 을미개혁(1895)

ANSWER 1.③　2.③

3 다음의 조약이 체결된 이후에 일어난 사건으로 가장 옳지 않은 것은?

> 〈제1관〉 조선국은 자주국으로서 일본국과 평등한 권리를 보유한다.
> 〈제7관〉 조선의 연해 도서는 지극히 위험하므로 일본의 항해자가 자유로이 해안을 측량함을 허가한다.

① 만동묘가 철폐되었다.

② 이범윤이 간도 시찰원으로 파견되었다.

③ 통리기무아문이 설치되었다.

④ 영남 유생들이 만인소를 올렸다.

ADVICE ① 제시된 조약은 1876년 체결된 강화도 조약이다. 운요호 사건을 계기로 체결된 강화도 조약은 우리나라 최초의 근대적 조약이자 영사재판권(치외법권), 해안 측량의 자유권 등을 인정한 불평등 조약이었다. 만동묘 철폐는 흥선대원군이 왕권강화를 위해 서원철폐와 더불어 실시(1835)한 것으로 강화도 조약 체결 이전이다.
　② 대한제국 시기에 이루어졌다(1902).
　③ 강화도 조약 체결 이후 개화 정책을 관장하는 기구로 설치되었다(1880).
　④ 2차 수신사로 일본에 파견된 김홍집이 황준헌의 〈조선책략〉을 가지고 들어온 이후 이에 반대하며 일어난 사건이다(1881).

4 김구에 대한 설명으로 옳은 것은?

① 통일 정부 수립을 위한 남북 협상을 추진하였다.

② 한국 민주당을 결성하여 미군정에 적극적으로 참여하였다.

③ 미국에서 귀국한 후 독립 촉성 중앙 협의회를 구성하였다.

④ 조선 건국 준비 위원회를 조직하고 위원장으로 활동하였다.

ADVICE ① 김구는 「삼천만 동포에게 읍고함」이란 글을 통해 통일 정부 수립을 위한 남북 협상을 추진하였다.
　② 한국 민주당은 처음에는 조선인민공화국의 타도와 충칭의 대한민국임시정부를 우리의 정부로 맞아들이겠다는 것을 당면한 대방침으로 삼고 임시정부 환국 후에도 그것으로 일관하였으나 1946년 제1차 미·소공동위원회가 결렬되는 무렵부터 이승만의 남한단독정부 수립운동에 동조하여 김구의 임시정부와 정치노선을 달리하게 되었다.
　③ 독립 촉성 중앙 협의회는 1945년 10월 23일 이승만을 중심으로 좌·우익을 망라한 민족통일기관 형성을 위해 조직된 정치단체이다.
　④ 조선 건국 준비 위원회를 조직하고 위원장으로 활동한 사람은 여운형이다.

ANSWER 3.① 4.①

5 **4 · 19 혁명과 관련된 설명으로 옳은 것은?**

① 5 · 10 총선거가 남한에서 실시되어 제헌의회가 구성되었다.

② 농지개혁이 실시되어 농민들은 자작농으로 발전하게 되었다.

③ 혁명 이후 남북통일 문제에 대한 논의가 전혀 이루어지지 않았다.

④ 과도정부가 출범하고, 내각책임제와 양원제를 골자로 하는 헌법으로 개정되었다.

ADVICE ④ 4 · 19혁명(1960) 이후 허정, 장면을 중심으로 한 과도정부가 수립되었고 1960년 6월 15일에 내각책임제(의원내각제)를 골자로 한 제3차 개헌이 실시되었다.

6 **다음 활동을 전개한 단체로 옳은 것은?**

> 평양 대성학교와 정주 오산학교를 설립하였고 민족 자본을 일으키기 위해 평양에 자기 회사를 세웠다. 또한 민중 계몽을 위해 태극 서관을 운영하여 출판물을 간행하였다. 그리고 장기적인 독립운동의 기반을 마련하여 독립전쟁을 수행할 목적으로 국외에 독립운동 기지 건설을 추진하였다.

① 보안회

② 신민회

③ 대한 자강회

④ 대한 광복회

ADVICE ② 신민회는 교육구국운동의 일환으로 정주의 오산학교, 평양의 대성학교, 강화의 보창학교 등을 설립하였고 그 외 여러 계몽 강연이나 학회운동 및 잡지 · 서적 출판운동, 그리고 민족산업진흥운동, 청년운동, 무관학교 설립과 독립군 기지 창건 운동 등에 힘썼다.

ANSWER 5.④ 6.②

7 다음 일제 강점기 국외 독립운동에 관한 사실을 시기 순으로 바르게 나열한 것은?

> ㉠ 대한민국 임시 정부가 지청천을 총사령으로 하는 한국광복군을 창설하였다.
> ㉡ 블라디보스토크에서 이상설, 이동휘 등이 중심이 돈 대한 광복군 정부가 수립되었다.
> ㉢ 홍범도가 이끄는 대한 독립군을 비롯한 연합 부대는 봉오동 전투에서 대승을 거두었다.
> ㉣ 양세봉이 이끄는 조선 혁명군은 중국 의용군과 연합하여 영릉가 전투에서 일본군을 무찔렀다.

① ㉠ → ㉣ → ㉡ → ㉢
② ㉡ → ㉢ → ㉣ → ㉠
③ ㉢ → ㉡ → ㉣ → ㉠
④ ㉣ → ㉢ → ㉠ → ㉡

ADVICE ㉠ 한국광복군은 1940년 중국 충칭에서 조직되었다.
㉡ 대한광복군정부는 1914년 러시아 블라디보스토크에 세워졌던 망명 정부이다.
㉢ 봉오동 전투는 1920년 6월 7일 만주 봉오동에서 홍범도의 독립군 연합 부대가 일본 정규군을 대패시킨 전투이다.
㉣ 영릉가 전투는 1932년 4월 남만주 일대에서 활동하던 조선혁명군과 중국 의용군이 중국 요령성 신빈현 영릉가에서 일본 관동군과 만주국군을 물리친 전투이다.

8 우리나라 최초의 근대 신문으로 박문국에서 발행한 신문은?

① 한성순보
② 독립신문
③ 대일매일신보
④ 해조신문

ADVICE ② 독립신문 : 서재필 등이 창간한 우리나라 최초 민간신문이다.
③ 대한매일신보 : 양재필과 베델이 창간한 신문이다.
④ 해조신문 : 해외에서 발행된 최초의 한글 신문이다.

9 다음 제시된 내용을 공통으로 포함한 것은?

> • 청과의 조공 관계 청산
> • 혜상공국 혁파
> • 인민 평등 실현
> • 재정의 일원화

① 강화도 조약
② 독립협회의 헌의 6조
③ 동학 농민 운동의 폐정개혁안
④ 갑신정변 때의 14개조 정강

ADVICE ④ 제시된 지문은 갑신정변 때 개화당 정부의 14개조 혁신 정강의 내용이다.

10 다음 순서를 바르게 정리한 것은?

> ㉠ 문화통치
> ㉡ 3 · 1운동
> ㉢ 민족말살정치
> ㉣ 한 · 일신협약(차관정치)

① ㉠ → ㉢ → ㉡ → ㉣
② ㉡ → ㉠ → ㉣ → ㉢
③ ㉢ → ㉡ → ㉠ → ㉣
④ ㉣ → ㉡ → ㉠ → ㉢

ADVICE ㉣ 1907년 일본이 대한제국의 군대를 해산하고, 각 부서에 일본인 차관을 두어 내정을 장악한 사건이다.
㉡ 무단통치의 강압적인 지배에 맞서 전 민족이 일어난 최대 규모의 독립운동이다.
㉠ 3 · 1 운동에 놀란 일본이 통치 방식을 겉으로만 부드럽게 바꾼 시기이다.
㉢ 전쟁을 일으킨 일본이 우리 민족의 혼을 없애고 인적 · 물적 자원을 수탈하던 시기이다.

11 다음에서 설명하는 단체는?

① 한국광복군
② 보합단
③ 조선의용대
④ 독립협회

ADVICE ② 보합단 : 1920년 평안북도 의주에서 조직된 항일 무장 독립운동 단체이다.
③ 조선의용대 : 1938년 김원봉의 주도로 창설된 군사 조직으로 한국광복단에 합류하였다.
④ 독립협회 : 1896년 서재필 등이 창립한 시민 단체로, 군사 조직이 아닌 근대적 개혁과 자주독립을 목표로 한 사회 단체이다.

ANSWER 9.④ 10.④ 11.①

12 다음에서 설명하는 단체는?

일제강점기인 1931년, 우리말과 글을 연구하고 보존하기 위해 조직된 학술 단체로 1908년 주시경 선생이 중심이 된 국어연구학회를 모태로 하였다. 한글 맞춤법 통일안 제정(1933), 표준어 사정(1936), 우리말 큰 사전 편찬 시도 등을 하였다.

① 대한자강회
② 조선교육회
③ 진단학회
④ 조선어학회

ADVICE ① 대한자강회 : 구한말 교육과 산업 장려를 통해 국권 회복을 하려고 했던 애국계몽단체이다.
② 조선교육회 : 3 · 1 운동 이후 민립대학 설립 운동 등을 전개하며 조선인에 맞는 교육을 실현하고자 했던 단체이다.
③ 진단학회 : 이병도, 손진태 등이 중심이 되어 한국의 역사, 언어, 민속 등을 연구한 학술 단체이다.

13 다음 내용과 같은 시기에 일어난 역사적 사실로 옳은 것은?

비밀결사조직으로 국권회복과 공화정체의 국민국가 건설을 목표로 하였다. 국내적으로 문화적 · 경제적 실력양성운동을 펼쳤으며, 국외로 독립군기지 건설에 의한 군사적인 실력양성운동에 힘쓰다가 105인 사건으로 해체되었다.

① 차관제공에 의한 경제예속화정책에 반대하여 국민들이 국채보상기성회를 조직하여 모금운동을 벌였다.
② 자주제가 강화되고 소작농이 증가하면서, 고율의 소작료로 인하여 농민들이 몰락하였다.
③ 노동자들은 생존권을 지키기 위하여 임금인상이나 노동조건 개선 등을 주장하는 노동운동을 벌였다.
④ 일본 상품을 배격하고 국사품을 애용하자는 운동을 전개하였다.

ADVICE ① 신민회(1907~1911)에 대한 설명이다. 국채보상운동은 일본에서 도입한 차관 1,300만 원을 갚아 경제적 자주권을 지키기 위해 대구에서 시작된 운동이다. 신민회와 같은 시기에 전개되었다.
② 1910년대 일제의 토지 조사 사업이나 1920년대 산미 증식 계획 시기에 두드러진 현상이다.
③ 1920년대 사회주의 사상의 유입과 함께 노동자들의 조직적인 투쟁이 활발했다.
④ 내 살림은 내 것으로라는 구호로 물산장려운동(1920)이 평양에서 시작되었다.

ANSWER 12.④ 13.①

14 을사조약 체결 전에 미국과 일본이 맺은 협정은?

① 카이저–루스벨트 합의

② 포츠머스 조약

③ 영일동맹

④ 가쓰라–태프트 밀약

ADVICE ④ 한국의 문제를 협의하기 위해 미국과 일본이 1905년에 맺은 협정이다.
　① 1904년 미국과 독일에서 진행한 것으로 일본의 지배하에 한국을 두는 의견에 대한 합의이다.
　② 1905년 러일전쟁 이후에 러시아와 일본이 협상한 것이다.
　③ 1902년 영국과 일본 사이에 동맹이다.
　※ 을사조약 체결(1905. 11) … 러 · 일전쟁에서 승리한 일본은 조선의 독점적 지배권을 인정받고 조선의 외교권을 박탈하고 통감부를 설치하였다. 이에 초대 통감으로 이토 히로부미가 부임하였으며 고종황제는 조약의 부당성을 알리기 위해 1907년에 개최된 헤이그 만국평화회의에 밀사를 파견하였다.

15 다음은 3 · 1운동 이후 진행된 문화통치이다. 이것의 근본적 목적으로 옳은 것은?

> • 총독은 원래 현역군인으로 임명되는 것이 원칙이었으나, 문관도 임명될 수 있게 하였다.
> • 헌병 경찰이 보통 경찰로 전환되었다.
> • 민족 신문 발행을 허가하였다.
> • 교육은 초급의 학문과 기술교육만 허용되었다.

① 소수의 친일분자를 키워 우리 민족을 이간하여 분열시키는 것이 목적이었다.

② 한반도를 대륙 침략의 병참기지로 삼고 태평양전쟁을 도발하였다.

③ 한국의 산업을 장악하여 상품시장화 하였다.

④ 1910년대의 무단통치에 대한 반성으로 시행하였다.

ADVICE 문화통치(1919 ~ 1931)
　㉠ 발단 : 3 · 1운동과 국제 여론의 악화로 제기되었다.
　㉡ 내용
　　• 문관총독의 임명을 약속하였으나 임명되지 않았다.
　　• 헌병경찰제를 보통경찰제로 바꾸었지만 경찰 수나 장비는 증가하였다.
　　• 교육은 초급의 학문과 기술교육만 허용되었다.
　㉢ 본질 : 소수의 친일분자를 키워 우리 민족을 이간질하여 분열시켰다.

ANSWER 14.④　15.①

16 다음 중 연결이 옳지 않은 것은?

① 한일의정서 – 군사기지 점유

② 제1차 한일협정서 – 사법권, 경찰권박탈

③ 제2차 한일협정서 – 외교권박탈

④ 한일신협약 – 차관정치, 군대해산

ADVICE ② 제1차 한·일협약(1904. 8)은 러·일전쟁 중 체결되었으며 일본 정부가 추천하는 외교와 재정고문을 두는 고문정
치가 시작되었다.

17 다음 중 독립협회에 관한 설명으로 옳지 않은 것은?

① 자주국권운동을 전개하였다.
② 박정양의 진보적 내각이 수립되었다.
③ 최초의 근대적 민중대회인 만민공동회를 개최하였다.
④ 일본의 황무지 개간권 요구를 저지시켰다.

ADVICE ④ 보안회에 관한 설명이다.
※ 보안회 … 1904년 7월 일본의 조선황무지 개간권 요구에 대항하기 위해 서울에서 조직된 항일단체이다.

18 다음 중 그 시행 순서가 가장 늦은 것은?

① 내각 책임제 운영
② 베트남 파병 결정
③ 새마을 운동 전개
④ 남북 정상 회담 개최

ADVICE ① 이승만 정부, ②③ 박정희 정부, ④ 김대중 정부

19 다음에서 설명하는 단체는?

> 1906년 4월, 장지연, 윤효정 등이 중심이 되어 조직한 애국계몽운동 단체이다. 헌정연구회를 계승하면서 결성되었다. 교육과 산업을 진흥시켜 독립의 기초를 만들 것을 목적으로 국권 회복을 위한 실력양성운동을 전개하였으나 고종의 강제퇴위반대운동으로 해산되었다.

① 신민회
② 대한자강회
③ 대한협회
④ 신간회

ADVICE ① 신민회 : 안창호, 양기탁 등이 조직한 비밀 결사이다. 공화정을 추구했으며, 105인 사건으로 해산되었다.
③ 대한협회 : 대한자강회가 해산된 후 그 지지 세력을 흡수하여 창립된 단체이다. 초기에는 계몽 운동을 이어갔으나 점차 친일적인 색채를 띠며 변질되는 한계를 보였다.
④ 신간회 : 일제강점기 최대 규모의 운동 단체이다.

20 대한민국의 헌정사를 일부 정리하였다. 시대 순으로 맞게 나열하면?

① 제2공화국 수립 – 4월 혁명 – 발췌개헌 – 사사오입개헌
② 발췌개헌 – 사사오입개헌 – 4월 혁명 – 제2공화국 수립
③ 사사오입개헌 – 발췌개헌 – 4월 혁명 – 제2공화국 수립
④ 사사오입개헌 – 4월 혁명 – 발췌개헌 – 제2공화국 수립

ADVICE ㉠ 발췌개헌(1952.7) : 이승만 대통령이 자유당 창당 후 재선을 위해 직선제로 헌법을 고쳐 강압적으로 통과시킨 개헌안이다.
㉡ 사사오입개헌(1954.11) : 이승만 정권 시절, 헌법 상 대통령이 3선을 할 수 없는 제한을 철폐하기 위해, 당시의 집권당인 자유당이 사사오입의 논리를 적용시켜 정족수 미달의 헌법개정안을 불법 통과한 것이다.
㉢ 4월 혁명(1960.4) : 제1공화국 자유당 정권이 이승만을 대통령에 당선시키고 이기붕을 부통령으로 당선시키기 위한 개표조작을 하자, 이에 반발하여 부정선거 무효와 재선거를 주장하는 학생들의 시위에서 비롯된 혁명이다.
㉣ 제2공화국 수립 : 1960년 4·19혁명으로 제1공화국이 붕괴된 후 1961년 5·16군사정변 때까지 존속된 두 번째 공화헌정 체제이다.

ANSWER 19.② 20.②

21 대한민국 임시정부에 관한 다음 설명 중 가장 적절하지 않은 것은?

① 외교를 위해 미국, 이탈리아, 독일에 각각 위원부를 두었다.
② 교통국을 두고 연통제를 실시하였다.
③ 기관지로 독립신문을 간행하였다.
④ 우리 역사상 최초의 공화제 정부였다.

ADVICE ① 대한민국 임시정부는 3·1운동 이후 일본 통치에 조직적으로 항거하기 위하여 설립되었다. 대한민국 임시정부는 미국에 구미위원회(이승만, 워싱턴), 한국 통신부(서재필, 필라델피아), 파리 위원부(김규식)을 두었다. 그러나 독일이나 이탈리아 지역에서는 위원회를 두지 않았을 뿐 아니라 특별한 외교활동도 없었다.

22 다음은 국외에서 일어난 항일운동과 관련된 사건들이다. 일어난 순서대로 바르게 나열한 것은?

┌─────────────────────────┐
│ ㉠ 봉오동 전투
│ ㉡ 간도 참변
│ ㉢ 청산리 전투
│ ㉣ 자유시 참변
└─────────────────────────┘

① ㉠ → ㉡ → ㉢ → ㉣
② ㉠ → ㉢ → ㉡ → ㉣
③ ㉢ → ㉠ → ㉡ → ㉣
④ ㉢ → ㉠ → ㉣ → ㉡

ADVICE ㉠ **봉오동전투**(1920. 6) : 대한독립군(홍범도), 군무도독부군(최진동), 국민회군(안무)이 연합하여 일본군에게 승리한 전투이다.
㉢ **청산리전투**(1920. 10) : 김좌진의 북로군정서군과 국민회 산하 독립군의 연합부대가 조직되어 일본군에게 승리한 사건이다.
㉡ **간도참변**(경신참변 1920. 10) : 봉오동전투와 청산리전투에서 독립군이 승리하자 이를 약화시키기 위해 일본이 군대를 파견하여 만주의 한민족을 대량 학살한 사건이다.
㉣ **자유시참변**(1921) : 밀산부에서 서일·홍범도·김좌진을 중심으로 대한독립군단을 조직한 뒤 소련 영토내로 이동하여 소련 적색군에게 이용만 당하고 배신으로 무장해제 당하려하자 이에 저항한 독립군은 무수한 사상자를 내었다.

ANSWER 21.① 22.②

23 다음 ㉠에 해당하는 것은?

> 서재필을 중심으로 한 개화파 지식인들이 창립한 (㉠)은/는 서울 종로에서 만민 공동회를 개최하여 자주 독립을 주장하며 러시아의 내정 간섭에 대한 문제를 제기하였다. 또한 고종에게 헌의 6조를 지어 올리고 독립신문을 발간하는 등의 활동을 펼쳤다.

① 한국광복군
② 북로군성서
③ 독립협회
④ 대한민국 임시정부

ADVICE ③ 독립협회 : 서재필, 안창호 등의 개화파 지식인들이 모여 조직된 단체로 외세의 간섭을 경계하고 자주 독립을 추구하였다. 그러나 왕이 없는 공화정을 실현하려고 한다는 모함을 받아 고종에 의해 강제 해산되었다.
① 한국광복군 : 대한민국 임시정부의 군대로, 지청천이 총사령관으로 임명되었다. 미국의 OSS(미국 전략 정보국)와 협약을 맺고 특수 공작 훈련을 실시했으며, 국내 진공 작전을 계획하기도 하였다.
② 북로군성서 : 만주에서 조직된 독립군으로, 김좌진이 총사령관으로 활동하였다.
④ 대한민국 임시정부 : 3 · 1 운동을 계기로 성립되어 중국 상하이를 거점으로 활동하였다.

24 1930년대 후반 일본이 전쟁 수행에 필요한 물자 및 인력을 동원하기 위해 제정한 법은?

① 회사령
② 치안유지법
③ 일선동조론
④ 국가총동원법

ADVICE ① 회사령 : 한국에서 회사를 설립하고자 할 경우 조선 총독부의 허가를 받게 한 법이다. 일본인의 회사 설립은 대부분 허가되었으나, 한국인의 경우에는 엄격하게 규제되었다.
② 치안유지법 : 러시아 혁명 이후 확산된 사회주의 이념을 억누르기 위해 일제가 제정한 법이다. 그러나 사회주의 운동뿐만 아니라 독립운동에도 적용되었다.
③ 일선동조론 : 한국인과 일본인의 조상이 똑같다는 이론으로 일제의 한국 지배를 정당화하는 데 사용되었다.

25 다음이 설명하는 사건은?

> 이승만 정부는 부통령에 이기붕을 당선시키고자 부정 선거를 자행하자, 마산에서는 부정 선거를 규탄하는 시위가 시작되었다. 시위에 참가한 학생 김주열이 최루탄에 맞아 사망하고 그 시신이 마산 해변가에서 발견되면서 시위는 전국적으로 확산되었다.

① 4·19 혁명
② 6월 민주 항쟁
③ 5·18 민주화 운동
④ 부·마 민주화 운동

ADVICE ① 4·19 혁명 : 3·15 부정 선거에 반발하여 전국적으로 일어난 시위이다. 이를 계기로 이승만이 대통령직에서 하야하였다.
② 6월 민주 항쟁 : 전두환 정부의 4·13 호헌 조치에 반발하여 전국적으로 일어난 대규모 시위이다. 시위 끝에 전두환 정부는 대통령 직선제 요구를 받아들였다.
③ 5·18 민주화 운동 : 신군부의 비상 계엄령 확대에 반발하면서 일어난 운동이다. 신군부는 시위대를 무력으로 진압하였고, 광주에 투입된 계엄군이 시위대를 향해 발포하면서 수많은 희생자가 발생하였다.
④ 부·마 민주화 운동 : 박정희 정부의 유신 체제와 제2차 석유 파동으로 인한 경제 침체를 계기로 일어난 반유신체제 운동이다.

사회

chapter.01 정치와 법

민주정치와 법

01 정치의 의미와 기능

(1) 정치의 본질

① 정치의 의미

    ㉠ 일상적 의미 : 소수 정치인이나 고위 공무원에 의하여 이루어지는 정치를 의미한다.

    ㉡ 본질적 의미 : 개인·집단 간의 갈등을 해결해 나가는 과정을 의미한다.

    ㉢ 정치의 기능 : 갈등을 해소하고 사회의 안정을 이룰 수 있다.

② 참여의 여건

    ㉠ 정치 참여자 : 소수의 특정 계층에서 다양한 계층으로 확대되었다.

    ㉡ 갈등의 평화적 해결 : 참여자들 간의 타협, 법과 제도를 통한 해결 등이 있다.

③ 참여의식

    ㉠ 정치참여의 의의 : 시민이 주인인 민주사회에서의 정치과정은 시민의 의사에 따라 움직여야 한다.

    ㉡ 정치적 무관심 : 소수집단에 의한 정치는 독재정부를 출현시킬 수 있다.

    ㉢ 우리나라의 정치참여 : 과거 시민은 정치지배의 대상으로 인식되어 왔으나, 오늘날에는 시민의 참여의식이 개선되고 있다.

(2) 정책결정과 결정의 정당성

② 정책결정 … 공공목표의 달성 및 공공문제의 해결을 위한 정부의 활동방향을 뜻한다.

② 정책결정의 정당성

    ㉠ 의의 : 일부 집단이 아닌 대다수 시민의 이익 또는 공익에 부합하도록 정책결정을 하여야 한다.

    ㉡ 부당한 정책결정에 대한 저항권

      • 저항권 행사의 요건 : 정부가 시민의 의사에 배치되는 정책결정을 내렸을 경우, 시민은 주권자로서 저항권을 행사할 수 있으며, 이는 로크의 저항권 사상을 근거로 한다.

      • 저항권 행사의 유의점 : 저항권 행사는 국가권력의 행사가 불법이라는 것이 객관적으로 명백할뿐만 아니라, 그것을 구제할 수 있는 다른 방법이 없는 경우에 최후의 수단으로 이용되어야 한다.

(3) 정치의 기능

① 질서 유지 … 사회 규칙과 법을 제정 및 집행하고, 사회 혼란을 방지하며 안정을 확보한다.

② 갈등 조정 … 이해관계와 가치관 충돌을 해결하며 타협·조정·중재의 역할을 한다.

③ 공공문제 해결 … 사회 문제를 정책으로 해결한다. 복지, 경제, 환경, 안전 등이 있다.

④ 가치의 배분 … 사회적으로 중요한 가치를 배분한다. 권력, 자원, 기회 등을 배분하며 누가 무엇을 얼마나 가질지 결정한다.

02 민주주의의 원리와 유형

(1) 민주주의의 이념

① 민주주의의 의미

　㉠ 민주주의 : 고대 그리스어의 demos(민중)와 kratos(권력)의 합성어로, 다수의 민중이 지배하기도 하고 지배받기도 하는 정치형태를 의미한다.

　㉡ 고대 그리스 아테네의 민주주의
- 민회와 평의회를 통한 직접 민주정치가 이루어졌다.
- 아테네의 직접 민주정치는 소규모 공동체였기 때문에 가능했다.
- 여자와 노예 그리고 외국인은 정치에 참여할 수 없는 제한된 민주주의였다.

　㉢ 근대 민주주의
- 시민혁명 이후 민주주의로 기본적 인권이 보장되는 실천원리로 작용하였다.
- 재산소유정도에 따라 선거권이 결정되어 다수의 노동자, 농민, 빈민들의 정치참여가 제한되었다.

　㉣ 오늘날의 민주주의
- 국가 의사결정을 국민의 합의에 두는 특정한 정치형태라는 의미(정치형태로서의 의미)
- 자유, 평등과 같은 기본이념을 민주적 방식으로 실현시킨다는 의미(이념실현으로서의 의미)
- 국민의 정신적 자세, 생활태도, 행동양식 등을 민주적으로 수행하는 생활양식이라는 의미(생활양식으로서의 의미)

② 자유와 평등

　㉠ 사회계약설 : 자연법론자들에 의하여 주장된 것으로 국가가 결성되기 이전의 상태에서 개인은 아무런 제약이나 차별 없이 평등했으며, 국가의 결성은 자유·평등한 사람들 간의 계약에 의해 이루어졌다는 것으로, 권력보다 자유를 우선시했다.
- 홉스 : 인간본성은 이기적이어서 '만인에 대한 만인의 투쟁' 상태이므로, 자기보전을 위해 동의를 하고 권리를 국가에 양도하는 것이다.
- 로크 : 시민의 권리가 탐욕스런 사람에 의해 침해당하는 것을 방지하기 위해 계약을 맺고 국가를 구성하는 것이다.
- 루소 : 자신의 잠재력을 최대한 발휘하기 위해 자발적으로 정치공동체에 참여하며, 시민은 양도하거나 나눌 수 없는 주권을 행사한다.

　㉡ 자유권의 발달 : 자연권을 근거로 신앙, 양심의 자유가 요구되었다.

　㉢ 자유권의 변천 : 소극적 자유에서 적극적 자유로 변화하였다.

　㉣ 평등권의 변천 : 신 앞에서의 평등에서 법 앞에서의 평등으로 변화하였다.

　㉤ 실질적 평등 : 기회의 균등, 능력에 따른 평등을 의미한다.

(2) 민주주의와 기본권

① 기본권
- ㉠ 인간존중 : 인간이라는 그 자체만으로도 존중되어야 한다.
- ㉡ 기본적 인권 : 프랑스인권선언, 세계인권선언 등이 대표적이다.

② 기본권의 변천
- ㉠ 자유권적 기본권 : 프랑스인권선언의 영향을 받아 국가권력으로부터 개인의 자유를 보장하고자 한 것으로 신체의 자유, 종교의 자유, 재산권의 보장 등이 그 핵심이다.
- ㉡ 사회권적 기본권 : 산업혁명 이후 인간적인 삶을 누리지 못하는 노동자가 생겨나면서 관심을 갖게 되었으며, 사회 혼란을 막고, 사회적 약자를 보호하고자 한 것이다. 독일의 바이마르 헌법에서 최초 규정되었으며, 교육의 권리, 근로의 권리, 사회보장을 받을 권리 등을 그 기본으로 한다.
- ㉢ 참정권 : 정치적으로 소외되었던 시민들의 지속적인 선거권 획득을 위한 운동의 결과로 20세기에는 보통선거가 확립되었다.

(3) 민주주의의 운영원리

① 다수결의 원리
- ㉠ 소수의 판단보다 다수의 판단에 따르는 것이 보다 합리적이라는 가정 아래 다수결의 원리가 채택되고 있다.
- ㉡ 중우정치나 다수의 횡포가 될 수 있으므로 소수의견을 존중해야 한다.

② 비판, 타협, 관용
- ㉠ 비판 : 보다 창조적인 것을 낳기 위한 인고의 과정으로서, 민주사회에서는 빼놓을 수 없는 생활태도이다.
- ㉡ 타협 : 구체적인 목적에 대한 각자의 처지를 서로 조정함으로써 대립관계를 해소하는 기술이다.
- ㉢ 관용 : 타인과의 공존을 인정하고, 다른 사람의 의견을 수용하는 등 능동적이고 개방적인 자세를 말한다.

(4) 민주주의의 유형

① 직접 민주주의와 대의 민주주의
- ㉠ 직접 민주주의 : 공동체의 정치적 의사를 토론을 통해 시민이 직접 결정하는 방식으로 고대 그리스의 아테네가 그 기원이다. 모든 국민에게 참정권을 부여하는 오늘날과 달리 여자, 노예, 외국인 등에게는 시민권을 부여하지 않아 제한된 민주주의라는 평가를 받는다.
- ㉡ 대의 민주주의 : 국민의 대표를 선출하여 입법부를 구성하고 입법부에서 국가 정책에 관한 주요 사항을 결정하는 방식으로, 국민의 대표인 의회를 통해 주권을 행사한다는 점에서 의회 민주주의 또는 간접 민주주의라고도 한다.

② 참여 민주주의 … 오늘날에는 시민단체 등 비정부 기구의 정치와 현상 및 개인 또는 소집단 차원에서 자발적으로 정치에 참여하여 정치적 의사결정에 영향을 미치기도 한다.

③ 전자 민주주의 … 인터넷 등 전자매체를 이용하여 정치과정에 직접 참여하는 민주주의로, 사이버 민주주의, 정보 민주주의, 원격 민주주의 등의 개념이 포함된다.

(1) 아테네의 민주정치

① 직접 민주정치

    ㉠ 민회 : 아테네 최고의 주권기구로, 법제정 및 정책의 심의 결정을 담당하였다.

    ㉡ 추첨제, 수당제, 중임제한 등을 통해 아테네의 시민들은 가문, 재산 등에 관계없이 모든 시민이 국정에 참여할 수 있었다.

    ㉢ 도편추방제 : 오늘날 국민소환방식에 해당하는 도편추방제를 실시하여 독재정치의 출현을 막고 시민들이 직접 정치를 통제할 수 있는 수단으로 활용하였다. 하지만 점차 정적제거의 수단으로 악용되는 폐해가 발생하기도 하였다.

② 제한 민주정치 … 일정한 연령(만 18세)에 도달한 성인 남자단이 정치에 참여할 수 있었으며, 여자와 노예, 외국인은 정치에 참여할 수 없었다.

(2) 시민혁명의 의미와 배경

① 의미 … 봉건 사회 내부에서 성장한 신흥 시민 계급인 부르주아가 중심이 되어 절대왕정을 타도하고 국가 권력을 장악한 역사적 변혁으로, 이를 통해 시민사회가 성립되었다.

② 자본주의적 경제의 발전 … 자본주의의 발달로 부르주아의 영향력이 커지면서 자유와 평등을 보장하는 제도를 요구하였다.

③ 계몽사상 … 절대군주제에 대한 비판과 과거의 폐단을 극복하기 위한 합리적인 국가 건설의 사상적 바탕을 이루었다.

④ 로크의 사회계약설 … 권력의 원천을 국민의 동의에 두고 국민과 정부의 계약에 의해 국가권력이 구성된다고 주장하였다.

⑤ 천부인권설 … 인간은 태어나면서부터 불가침의 자연법상의 권리를 갖고 있다는 관점이다.

⑥ 입헌주의 … 기본적 인권을 보장하고 국가 권력의 분립을 규정한 헌법을 제정하여 국가를 운영하자는 이념이다.

(3) 근대 민주정치의 특징

① 간접 민주정치의 지향

② 정치형태로서의 의미만 가지고 있었던 기존의 민주주의 이념에 자유와 평등과 같은 기본적 인권이 보장되는 새로운 실천원리라는 의미가 추가

③ 법치주의 확립 및 국민주권 구현

④ 개인주의와 자유주의의 확산

(1) 정치권력의 의미와 성격

① 의미 : 공동체의 목적을 실현하기 위해 국가가 행사할 수 있는 강제력으로, 사회에서 발생하는 이해관계의 대립을 조정한다.

② 정치권력의 성격

    ㉠ 포괄성 : 사회 구성원 전체에게 적용

    ㉡ 강제성 : 개인의 의사와 관계없이 행사

    ㉢ 지속성 : 권력의 소재와 관련 없이 지속됨

    ㉣ 정당성 : 국민들로부터 위임된 정당한 권력

(2) 정치권력의 정당성

① 의미 … 정부의 결정이 시민이 합당한 것으로 수용하는 것으로 국민의 자발적 동의와 지지를 통해 형성한다. 정당성이 없는 정치권력은 진정한 정치권력으로 볼 수 없다.

② 정당성 확보 요건

    ㉠ 실질적으로 합법적이고 도덕적인 권력획득 및 행사 · 유지가 이루어져야 한다.

    ㉡ 권력에 대한 국민의 지속적 감시와 비판이 필요하다.

③ 정당성과 도덕성의 관계 … 정치권력이 도덕성을 확립하면 국민의 동의와 지지를 얻게 되고, 이 때 정당성 확보가 가능하다.

④ 정당성과 합법성의 관계 … 정당성을 확보하지 못하고 법적 근거만을 가진 채 국민을 지배하면 형식적 합법성만을 가진 권력이 된다. 실질적 합법성을 가진 권력이 되기 위해서는 법적 근거가 요구된다.

⑤ 정치권력에 대한 저항권 행사

    ㉠ 저항권 : 정당하지 못한 정치권력이나 정부정책에 대해 주권자로서의 시민이 불신임하고 거부할 수 있는 권리

    ㉡ 유래 : 로크의 사회계약설에서 유래하며 미국의 독립전쟁이나 프랑스 시민혁명의 사상적 배경을 둔다.

(3) 법치주의의 의미와 기능

① 법치주의의 의미 … 국가가 국민의 자유와 권리를 제한하거나 국민에게 새로운 의무를 부과할 때, 객관적인 기준으로서 법에 의하거나 법에 근거가 있어야 한다는 원리로, 권력 통제를 통해 국민의 자유와 권리를 보장하는 것이 목적이다.

② 기능 … 국가 권력의 발동 및 국가 권력의 제한과 통제의 근거가 된다.

③ 법치주의의 주요 내용 … 법률의 우위, 법률에 의한 행정, 법률에 의한 재판

출제예상문제

1 우리 헌법의 기본원리의 하나인 자유 민주주의의 필수적인 내용을 옳게 고른 것은?

> ㉠ 권력의 분립과 견제
> ㉡ 국민의 인간다운 생활
> ㉢ 법치주의
> ㉣ 사법권의 독립
> ㉤ 최저임금제 시행

① ㉠, ㉡, ㉢
② ㉠, ㉢, ㉣
③ ㉡, ㉢, ㉣
④ ㉡, ㉣, ㉤

ADVICE ㉡㉤ 복지국가의 지향원리이다.

※ 자유 민주주의의 필수적인 내용 … 인간의 존엄과 가치를 존중하기 위한 기본적 인권의 보장, 상향식(上向式) 의사형성
과정의 보장, 권력의 분립과 견제, 법치주의, 법률에 의한 행정, 사법권의 독립 등이다.

2 국가가 국민의 자유와 권리를 제한하거나 새로운 의무를 부과할 때에는 객관적인 기준으로 법에 근거가 있어야
한다는 원리를 의미하는 것은?

① 법치주의
② 덕치주의
③ 인치주의
④ 전체주의

ADVICE ② 덕치주의 : 도덕과 인격으로 나라를 다스리는 것으로 법과 형벌은 보조적인 수단으로 여긴다.

③ 인치주의 : 사람의 판단과 의지가 법보다 우위에 있다.

④ 전체주의 : 권력이 한 사람에게 집중되어 있음을 의미한다..

ANSWER 1.② 2.①

3 고대 그리스 아테네의 민주정치에 대한 설명으로 옳은 것은?

① 고대 그리스의 민주정치는 이미 주어진 것으로서의 공동체를 전제하는 것이 아니고, 사회를 새로 구성하는 원리로서 성격이 두드러진다.

② 고대 그리스에서는 선거에 의해 공직자를 결정하였으며, 우연에 의한 추첨제, 윤번제 등은 비민주적으로 간주되어 널리 이용되지 못하였다.

③ 소크라테스를 죽게 한 민주정치의 실패를 경험한 플라톤은 철인정치를 주장하면서 민주정치에 부정적이었다.

④ 고대 그리스에는 많은 폴리스가 존재했고 민주정치란 여러 정치형태 중의 하나에 불과하였지만, 민주주의의 이념인 자유와 평등은 보편적 원리로 그리스 전체를 지배하였다.

ADVICE ① 그리스의 도시국가는 농촌과 대립되는 도시도 아니고, 오늘날의 주권국가와도 다른 시민공동체였다.

② 공직자를 추첨제로 선임하고 윤번제를 적용하였기 때문에, 아테네 시민들은 대부분 일생에 한 번 정도는 공직을 맡을 수 있었다.

④ 아테네에서 시민이란 18세 이상의 성인남자에 한하였고, 부녀자와 외국인에게는 참정권이 없었으며 노예는 제외되어 있었다.

※ 직접 민주정치

㉠ 도시국가의 구성형태
  • 도시국가의 성격 : 시민공동체
  • 도시국가의 규모 : 소규모 공동체
  • 시민 : 외적의 방어, 공무의 집행, 재판 등의 공적인 일에 종사(18세~20세 이상의 남자에게만 시민권 부여)
  • 노예 : 농토의 경작

㉡ 아테네의 직접 민주정치
  • 시민 전원이 참여(실제 시민이란 18세 이상의 성인남자로, 부녀자와 외국인에게는 참정권이 없었으며 노예는 제외)
  • 윤번제 적용
  • 다스리는 사람과 다스림을 받는 사람이 동일

ANSWER 3.③

4 다음 중 인권과 관련된 선언을 모두 고른 것은?

> ㉠ 프랑스 인권 선언
> ㉡ 세계 인권 선언
> ㉢ 권리장전
> ㉣ 밀라노 칙령

① ㉠㉡㉢
② ㉡㉢㉣
③ ㉠㉢
④ ㉡㉣

ADVICE ㉣ 밀라노 칙령 : 로마 제국에서 기독교를 공인한 선언이다.
㉠ 프랑스 인권 선언 : 인간과 시민의 보편적 권리를 선포한 선언이다.
㉡ 세계 인권 선언 : 현대적 의미의 보편적 인권을 확립한 선언이다.
㉢ 권리장전 : 1689년 영국에서 의회의 권한을 확립하고 왕권신수설을 타파한 것이다.

5 "의사는 대표될 수 없다."라고 하여 간접 민주정치를 비판하고 직접 민주정치를 옹호한 철학자는?

① 로크
② 루소
③ 홉스
④ 몽테스키외

ADVICE ① 로크는 간접 민주정치와 이권분립을 주장했다.
③ 홉스는 군주주권설을 주장했다.
④ 몽테스키외는 삼권분립을 주장했다.
※ 홉스, 로크, 루소의 비교

구분	홉스	로크	루소
인간의 본성	성악설(이기적, 충동적)	백지설(자연 빛으로서의 이성)	성선설(이성, 박애)
자연상태	투쟁, 고독	자유, 평등→자연권유지 불완전	자유, 평화→불평등관계
옹호체제	절대군주제	제한군주체제, 입헌군주제	국민주권주의, 직접 민주정치
사회계약	• 전부양도설 • 자연권의 전면적 양도 • 각 개인의 자연권 포기	• 일부양도설 • 자연권을 국가나 국왕에게 신탁 • 자연권의 보장	• 모든 사람의 의지를 종합 · 통일 • 공동합으로 자연권 위임, 시민적 자유 획득(교환설) • 모든 사람들의 자연에의 복귀

<hr>

ANSWER 4.① 5.②

6 정치의 기능에 대한 설명으로 옳은 것은?

① 사회적인 갈등을 해결하고 질서를 유지한다.
② 국민을 감시하고 비판한다.
③ 시민들의 다양한 요구와 불만을 모아서 국회에 의견을 전달한다.
④ 정부 권력을 견제한다.

> **ADVICE** ① 정치의 본질적인 기능에 해당한다.
> ② 정치는 국민의 자유와 권리를 보호한다. 국민이 국가를 감시하고 비판하는 것이 민주주의의 원리이다.
> ③ 정당, 이익집단, 시민단체의 역할에 해당한다.
> ④ 권력 분립의 원칙에 해당한다.

7 다음 중 정치권력의 정당성에 중요한 요소는?

① 국민의 동의와 지지
② 경제발전
③ 경제적인 독창성 형성
④ 정치질서의 안정

> **ADVICE** 정치권력의 정당성 요소
> ㉠ 정치권력을 정당하게 행사하려는 신념이 있어야 한다.
> ㉡ 국민이 그 권력을 정당한 것으로 동의하고 지지하여야 한다.
> ㉢ 집권층은 국민의 기본적 인권을 보장해야 한다.
> ㉣ 국민이 자율적으로 정치권력을 규제할 수 있어야 한다.

8 다음의 내용에서 현대에 새롭게 등장한 기본권은?

> 빈곤과 실업, 무지와 질병 등의 문제가 단순히 개인의 책임이라기보다는 부당한 저임금, 만성적인 물가불안, 주기적인 경기변동 등 사회구조적 요인과 관련되어 있다는 인식이 확대되면서 인간다운 최소한의 생활을 보장해 주는 것이 국가를 비롯한 사회구성원 모두에게 부과된 의무라는 관념이 자리를 잡게 되었다.

① 자유권적 기본권
② 사회적 기본권
③ 청구권적 기본권
④ 국가배상청구권

> **ADVICE** ② 교육의 권리, 근로의 권리, 노동자의 권리, 사회보장을 받을 권리, 복지향상 등은 사회적 기본권에 해당한다.

ANSWER 6.① 7.① 8.②

9 다음 중 대의정치에 대한 설명으로 거리가 먼 것은?

① 국민의 대표자가 국가를 운영한다.
② 국민의 정치적 무관심을 초래할 수 있다.
③ 국민자치의 원리를 가장 충실히 반영한다.
④ 국민의 의사가 정확히 전달되기 어렵다.

ADVICE ③ 대의정치(간접 민주정치)는 국민이 선출한 대표자가 국가를 운영하는 방식으로, 민주정치를 효율적으로 실현하는 방법의 하나이다. 단점으로 국민의 의사가 정확히 전달되기 어려운 점이 있고, 직접 국정에 참여하지 못하므로 국민의 정치적 무관심을 초래할 수도 있다. 단점의 보완방법으로는 직접 민주정치방법의 도입, 지방자치제도의 병행 등이 있다.

10 다음 중 민주정치제도의 원리와 그 설명이 옳지 않은 것은?

① 권력분립의 원리 – 견제와 균형의 관계를 유지한다.
② 대표의 원리 – 선거구민의 의사를 그대로 전달한다.
③ 입헌주의의 원리 – 헌법에 따라 정치를 한다.
④ 지방자치의 원리 – 중앙정부와 지방자치의 상호견제로 권력을 분산한다.

ADVICE 대표와 대리의 구분
　ㄱ 대표 : 선거구민을 대표해서 국정에 참가하는 사람으로, 국민 전체의 이익을 위해 스스로의 양심에 따라 판단하며 선거구민의 이해관계에 의해서 구속받지 아니한다.
　ㄴ 대리 : 선거구민의 의사를 그대로 전달하는 사람이다

11 민주주의의 운영원리에 해당하지 않는 것은?

① 다수결의 원리
② 절대군주
③ 비판과 반론
④ 대화와 타협

ADVICE ② 절대군주는 1인(왕)에게 모든 권력이 집중되어 독단적으로 국가를 운영하는 체제이다. 민주주의(Democracy)는 다수의 시민이 주권자가 되어 국가를 다스리는 체제이다.
①③④ 민주주의 4대 운영 원리로는 다수결의 원리, 대화와 타협, 비판과 반론, 관용과 절제가 있다.

ANSWER 9.③　10.②　11.②

12 다음 글을 읽고 내용과 관계가 있는 것을 모두 고르면?

> 사회가 발전해감에 따라 국민의 활동은 정치, 경제, 사회문화, 교육 등 많은 분야로 세분화되고 기능이 전문화되어 가고 있다. 다원주의는 이들 각 활동분야가 각각 자율성을 유지해 가면서 다른 분야에 예속되지 않을 것을 보장하자는 원리이다. 따라서 민주정치이념을 제대로 실현하려는 사회는 제도적으로 다원주의를 보장하여야 한다.

> ㉠ 경제적 부는 민주주의의 중요한 토대이다.
> ㉡ 다원주의의 인정은 권력의 집중화를 막는다.
> ㉢ 다양한 이익들의 사회적 조화는 가능하다.
> ㉣ 모든 개인은 사회적 기본권을 가진다.
> ㉤ 민주주의는 올바른 상대주의에 입각하고 있다.

① ㉠, ㉡, ㉢
② ㉠, ㉢, ㉤
③ ㉡, ㉢, ㉤
④ ㉢, ㉣, ㉤

ADVICE ③ 다원주의는 철학상의 다원론에서 나온 것으로, 사회를 구성하는 여러 요소들은 서로 독립적이어서 다른 것으로 환원될 수 없다는 사상이다.

13 정치권력의 성격에 해당하지 않는 것은?

① 포괄성
② 정당성
③ 사익성
④ 강제성

ADVICE 정치권력은 포괄성, 강제성, 지속성, 정당성, 공익성의 성격을 띤다.

ANSWER 12.③ 13.③

14 근대 민주주의의 인권선언에 해당하는 것이 아닌 것은?

① 프랑스 인권 선언
② 미국 독립 선언
③ 세계 인권 선언
④ 얄타 회담 공동선언

> **ADVICE** ④ **얄타 회담 공동선언** : 전후 국제 질서 및 세력권을 합의하기 위한 것이다.
> ① **프랑스 인권 선언** : 인간의 자유와 평등, 주권재민(주권은 국민에게 있음), 사유 재산의 불가침성 등을 명시한 현대 민주주의의 상징적 토대이다.
> ② **미국 독립 선언** : 모든 사람은 평등하게 태어났으며, 생명과 자유, 행복 추구권을 부여받았다는 내용을 담고 있다.
> ③ **세계 인권 선언** : 제2차 세계 대전 중 발생한 참혹한 인권 유린에 반성하며 유엔(UN)이 채택한 모든 인간은 존엄하다는 문서이다.

15 자치원리에 대한 설명으로 옳은 것은?

① 지역주민이 직접 참여하여 자치를 한다.
② 지방 정부는 중앙정부에 지시를 받은 후에 행정을 처리한다.
③ 지방자치단체장은 대통령이 임명한다.
④ 주민의 의견을 반영하지 않고 정책을 만든다.

> **ADVICE** ② 중앙 집권에 대한 설명이다. 자치 원리에서는 지방정부는 자율성을 가지고 독립적으로 행정을 처리한다.
> ③ 주민이 직접 투표를 하여 지방자단체장을 선출한다.
> ④ 자치원리에서는 주민 의사 반영이 최우선이다.

01 ▶ 정부 형태와 정치 제도

(1) 의원내각제

① 의미 … 행정권을 담당하는 내각이 입법부인 의회의 신임에 의해 구성되고 존립되는 정부 형태로, 입법부와 행정부가 밀접한 관계를 가지고 국정을 운영한다.

② 특징 … 의회 다수당의 대표가 수상이 되어 내각을 구성하고 내각은 행정권을 담당한다. 내각과 의회는 법률안제출권 및 의회발언권에 대한 권리가 있으며 서로 연대책임을 지는 등 기능상 협동관계이다.

③ 의원내각제의 장 · 단점
  ㉠ 장점
    • 내각이 국민의 대표 기관인 의회에 그 존립과 존속을 의존하게 되므로 민주적 요청에 가장 적합하다.
    • 내각이 의회에 연대 책임을 지므로 책임정치를 시행할 수 있다.
    • 의회와 내각이 대립하는 경우 불신임 결의와 의회해산으로 정치적 대립을 신속하게 해결할 수 있다.
  ㉡ 단점
    • 군소정당의 난립 또는 정치인의 타협적 태도가 결여된 상황에서는 연립정권의 수립과 내각에 대한 빈번한 불신임 결의로 정국의 불안정이 초래될 수 있다.
    • 의회가 정권획득을 위한 투쟁의 장소가 될 수 있다.
    • 정부가 의회의 의중을 살펴서 연명을 도모하려 하므로, 국민을 위한 강력하고 계속적인 정치가 어렵다.

(2) 대통령 중심제

① 의미 … 국민이 선출한 대통령이 일정한 임기동안 책임지고 행정권을 담당하는 제도로, 대통령이 국가의 대표인 동시에 행정부의 수반으로 그 권한을 행사한다.

② 목적 … 권력 집중으로 인한 자의적 전제를 방지하고 국민의 자유와 권리를 최대한 보장한다.

③ 대통령제의 일반적인 특징(우리나라 대통령제와는 다름)
  ㉠ 대통령의 지위는 국가 원수이자 행정부의 수반이다.
  ㉡ 내각 또는 각료는 대통령에 의하여 임명되며, 대통령에게 책임을 져야한다.
  ㉢ 권력분립의 원칙상 입법부와 행정부가 서로 다른 부를 제압하는 일을 방지하기 위해 각료는 의원을 겸직할 수 없다.
  ㉣ 입법, 행정, 사법의 3권이 완전히 독립된 동격의 기관으로 분리되어 있다.

④ 대통령 중심제의 장 · 단점

　㉠ 장점

　　• 대통령이 임기 중에 국회로부터 책임 추궁을 당하지 않기 때문에 대통령의 임기 동안에는 정국의 안정성을 유지한다.

　　• 소수당의 후보가 대통령으로 당선될 수 있기 때문에, 의회 다수당의 횡포를 방지할 수 있다.

　㉡ 단점

　　• 행정부와 입법부의 마찰시 원만한 해결을 위한 제도적 장치가 없다.

　　• 대통령 권한의 비대화로 인하여 독재의 위험성이 있다.

(3) 우리나라의 정부 형태

① **대통령 중심제** … 입법부와 행정부의 구성이 엄격히 분립되어 있다.

　㉠ 행정권은 대통령을 수반으로 하는 정부에 속한다〈헌법 제66조 제4항〉.

　㉡ 법률안에 이의가 있을 때에는 대통령은 15일 이내에 이의서를 붙여 국회로 환부하고, 그 재의를 요구할 수 있다〈헌법 제53조 제2항〉.

　㉢ 입법권은 국회에 속한다〈헌법 제40조〉.

② 의원내각제적 요소 가미

　㉠ 국무총리제

　㉡ 행정부의 법률안 제출권

　㉢ 국회의원의 각료 겸직 가능

　㉣ 국무 위원의 국회 출석 발언권

　㉤ 국무 회의에서 국정 심의

　㉥ 국회의 동의에 의한 국무총리 임명

　㉦ 국회의 국무총리와 국무위원 해임 건의권

02 선거

(1) 민주정치와 선거

① 선거

　㉠ 대의민주제 : 국민이 직접 국정에 참여하는 것이 아니라, 선거를 통해 선출된 대표자가 국정을 담당하는 것을 말한다.

　㉡ 민주정치와 선거 : 선거는 국민이 정책결정과정에 참여하는 기본적인 행위이며, 주권을 행사하는 기본적인 수단이 된다.

　㉢ 선거권의 행사

　　• 국정참여의 기회 : 선거는 국민이 국가 정책결정과정에 참여할 수 있는 중요한 기회이다.

　　• 국민의 권리와 의무 : 선거권의 행사는 국민으로서의 권리인 동시에 의무이다.

② 선거의 기능 … 대표자 선출 기능, 정당성 부여 기능, 대표자 통제 기능, 주권의식 향상 기능 등이 있다.

③ 공명선거의 필요성

  ㉠ 민주선거의 4원칙

- 보통선거 : 일정한 연령에 달하면 어떤 조건에 따른 제한이 없이 선거권을 주는 제도로 제한선거와 대비된다.
- 평등선거 : 투표의 가치에 차등을 두지 않는 제도로 차등선거와 대비된다.
- 직접선거 : 선거권자가 대리인을 거치지 않고 자신이 직접 투표소에 나가 투표하는 제도로 대리선거와 대비된다.
- 비밀선거 : 투표자가 누구에게 투표했는지 알 수 없게 하는 제도로 공개선거와 대비된다.

  ㉡ 공명선거의 필요성 : 민주정치의 정착을 위해서 반드시 요구된다.

(2) 우리나라의 선거제도

① 선거방식

  ㉠ 대통령 선거제도 : 제6공화국 이후 국민의 직접선거로 선출한다.

  ㉡ 국회의원 선거제도 : 제6공화국 이후 소선거구제를 채택하였다.

Point ≫ 선거구제의 종류

구분	대선거구제	소선거구제
대표인 수	4인 이상의 다수	1선거구에서 1인의 대표 선출
장점	• 사표의 감소 • 부정선거 가능성 감소 • 인물 선택의 폭 증대 • 소수자 보호	• 양당제 확립으로 정국 안정 • 선거관리 용이, 선거비용 절약 • 후보자에 대한 인물파악 용이 • 투표율 높음
단점	• 군소 정당의 출현으로 정국 불안 • 선거비용이 많이 듦 • 선거 무관심	• 소수당에 불리 • 의원의 질적 저하 • 부정선거 가능성 높음

② 선거관리위원회 ⋯ 정치적으로 중립적인 국가기관의 기능을 담당하며 선거, 국민투표의 공정한 관리 및 정치자금의 사무 등을 처리한다.

③ 선거공영제와 선거구법정주의

  ㉠ 선거공영제 : 선거과정의 공정성을 확보하고자 한다.

  ㉡ 선거구법정주의 : 선거구 획정을 법률로써 정해 놓았다.

Point ≫ 게리맨더링(gerrymandering) ⋯ 특정 정당이나 후보자에게 유리하도록 선거구를 인위적으로 재조정하는 것으로 1812년 매사추세츠 주지사 게리(Gerry)가 선거구를 재조정했는데, 그 모양이 마치 샐러맨더(salamander)와 유사하다고 한 데에서 유래하였다.

(3) 선거문화와 민주정치

① 우리나라의 선거 실상

  ㉠ 과거의 선거 : 국민의 정부 선택보다 정치적 정당성에 더 큰 의의를 부여하였으며, 선거풍토의 타락 등이 문제점이었다.

  ㉡ 현재의 선거 : 국민의 의식수준과 정부의 개혁의지가 향상되었다.

② 바람직한 선거문화

　　㉠ 국민의식의 중요성

　　　• 올바른 선거문화풍토의 조성 : 선거문화는 입후보자와 유권자의 의식이나 행동방식에 의해 결정된다.

　　　• 입후보자의 선거의식 : 법 준수, 국민의 선거에 대한 관심과 합리적 판단이 요구된다.

　　　• 유권자의 선거의식 : 유권자가 행사하는 표는 국가의 운명을 좌우하는 중요한 정치적 의사표시이므로 소중하게 행사하고, 선거 후에도 계속해서 국정활동을 감시해야 한다.

　　㉡ 공명한 선거와 정치발전

　　　• 민주정치의 발전과 선거 : 공명한 선거의 실시는 어느 국가든 민주정치 발전을 위하여 거쳐야 하는 과정이다.

　　　• 국가권력의 정당성과 선거 : 국민의 자유로운 의사결정과 후보자들의 공정한 경쟁을 통해서 대표가 선출되고 정부가 구성될 때, 국가권력의 정당성이 확립되고 민주정치는 발전하게 된다.

　　　• 민주정치의 확립과 선거 : 선거기능이 제대로 발휘될 때, 참다운 의미의 민주정치가 확립되었다고 할 수 있다.

03 ▶ 정당 · 이익집단과 시민단체

(1) 민주정치와 정당

① 정당의 의의와 역할

　　㉠ 정당 : 정치적 견해를 같이하는 사람들이 정권을 획득함으로써 자신들의 정강을 실현하는 것을 목적으로 조직한 단체를 말한다.

　　㉡ 정당의 기능 : 대표자 선출, 여론 형성, 정부와 의회의 매개역할을 담당한다.

② 민주국가의 정당제도

　　㉠ 원칙 : 일반적으로 복수정당제를 채택한다.

　　㉡ 분류 : 일당제, 양당제, 다수정당제 등이 있다.

　　　Point ≫ 양대정당제와 다수정당제의 비교

구분	양대정당제	다수정당제
장점	• 정국이 안정됨 • 책임정치가 가능 • 정권의 평화적 교체가 원활	• 국민 각층의 의견 반영 가능 • 소수자의 이익도 보장 • 정당 간 대립 시 제3자가 중재
단점	• 국민 각층의 의견 반영 곤란 • 다수당 횡포 → 소수 이익의 보장 곤란 • 양당 충돌 시 해결 곤란	• 정국 불안 가능성(프랑스 제3 · 4공화국) • 강력한 정책 실현 곤란

③ 정당정치와 정치자금 … 정치자금의 공개 및 양성화로 돈 안 드는 선거풍토 정착, 정치자금의 자발적 지원 등이 요구된다.

④ 한국 정당정치의 발전과제

　　㉠ 한국 정당정치의 특성 : 짧은 정당의 수명, 국민의사의 불충분한 반영, 비민주적 구조 등

　　㉡ 발전과제 : 이념과 정책을 중시하는 정치풍토가 조성되어야 한다.

(2) 민주정치와 이익집단

① 이익집단과 정치과정

    ㉠ 이익집단(압력단체) : 이해관계를 공유하는 사람들이 공동의 이익을 실현하기 위하여 정부의 정책에 영향력을 행사하려는 집단이다.

    ㉡ 정당과의 관련성 : 이익집단은 그들이 추구하는 이익을 실현하기 위해 정당을 이용하며, 정당은 지지기반을 확보하기 위해 이익집단과 결합한다.

② 이익집단의 출현원인과 종류

    ㉠ 출현원인 : 이익의 다원화, 지역대표의 결함보완, 민주정치의 발달, 정부기능의 통제필요 등이 있다.

    ㉡ 종류

- 친목을 목적으로 하는 집단 : 정치성 정도가 낮으며, 스포츠클럽, 친목회, 동호회 등이 있다.
- 특정 신분의 이익을 목적으로 하는 집단 : 정치적으로 압력을 행사하며 노동자조합, 농민조합, 전문가집단 등이 있다.
- 특정한 이익을 목적으로 하는 집단 : 정치적으로 압력을 행사하며 환경단체 등 각종 시민단체가 있다.

③ 이익집단의 이익실현

    ㉠ 이익집단의 목표달성 : 구성원들의 적극적인 활동과 지도력이 요구된다.

    ㉡ 이익실현의 방법 : 정부에 직접적으로 압력을 행사하거나 여론을 형성하여 정부가 이익집단의 요구를 인식하고 받아들이게 하는 간접적 방법이 있으며, 개인적 친분을 활용하거나 대표단을 파견하는 등 여러 가지 방법을 이용한다.

④ 공익과 이익집단

    ㉠ 공익을 위한 이익집단 : 정치과정에서 경제적, 사회적, 직업적으로 나타나는 특수한 이익들을 그 성격에 따라 골고루 대표하는 역할을 수행한다.

    ㉡ 공익을 저해하는 이익집단 : 소수의 이익을 보호하기 위한 집단이다.

(3) 시민단체의 특징과 과제

    ㉠ 등장 : 참여 민주주의가 등장하면서 시민의 정치참여가 활성화되고, 이에 따라 정치뿐만 아니라 경제, 환경, 인권, 복지 등 다양한 분야에 대한 요구가 증가하였다. 그러나 이처럼 다양한 요구를 수용하기 위해서는 정부와 정치권의 능력에 한계가 있었고, 이에 시민은 자발적으로 단체를 만들어 정치과정에 참여하였다.

    ㉡ 특징 : 시민 단체는 공공선과 공익 추구를 목적으로 한다는 점에서 단체 구성원의 이익 추구를 목적으로 하는 이익집단과 구별되는 특징을 가진다.

    ㉢ 영향력과 과제

- 시민 단체는 정치권력의 집중과 남용을 감시하고, 부정부패 척결, 깨끗한 선거문화 조성 등 정치 민주화에 이바지 하였으며, 그린피스, 유니세프 등 국제 연대 활동에 적극 참여한다.
- 그러나 최근에는 시민의 자발적인 참여가 점점 줄어들어 시민 단체의 활동이 위축되는 경향이 있다. 또한 단체 운영에 필요한 회비와 후원금도 부족한 상황이다.

04 여론

(1) 여론과 여론정치

① 여론 … 쟁점에 대해 다수의 사회구성원들이 가지는 공통된 의견을 말한다.

② 여론의 중요성과 기능
- ㉠ 여론의 중요성
  - 민주주의가 발전하면서 대중매체의 발달에 따라 점차 그 중요성이 확대되고 있다.
  - 여론의 중요성을 강조한 격언과 우리나라 학자
  - ─서양 : 민중의 소리는 신의 소리다.
  - ─동양 : 민심은 곧 천심(天心)
  - ─이율곡, 정약용, 조광조
- ㉡ 여론의 기능 : 정치의 방향을 제시하는 정치적 기능, 문화적 기능, 집단행동의 통일성을 확보하는 통일적 기능 그리고 구성원들이 느끼는 심리적 안정감의 기능이 있다.

③ 여론과 사회 안정
- ㉠ 사회구성에 관련된 본질적인 문제 : 기본권 보장, 언론의 자유 등이 있다.
- ㉡ 민주사회의 다양한 의견 : 대화와 타협으로 해결한다.
- ㉢ 이익집단과 정당의 활동 : 대화와 타협을 주도하고, 국민을 설득하고자 노력한다.

④ 여론정치
- ㉠ 정당, 언론 등의 의견집단이 여론 형성을 주도한다.
- ㉡ 여론정치 : 국민의 여론을 파악하여 정책에 반영하는 정치를 뜻한다.
- ㉢ 여론의 문제점 : 여론은 조작가능성 등 내재적 취약성을 가지며, 소수의 의견이 여론이 될 수 있으며, 선전에 의해 왜곡될 수 있다.

(2) 여론과 언론

① 민주정치와 언론의 자유
- ㉠ 언론의 여론 형성에의 역할 : 사회적 사실을 신속·정확하게 전달하고 사회적 쟁점을 규정하며 해설과 비판 등을 제공한다.
- ㉡ 언론의 국민여론 조작 : 정치세력의 선전도구로 전락하거나 허위사실을 유포하기도 한다.
- ㉢ 언론의 자유 : 정치권력에 대한 비판 기능(감시역할 수행), 엄밀하고 정확한 보도로 사건이 재발하지 않도록 감시하는 역할을 수행한다.

② 언론의 책임 … 언론은 공정성·정확성·신속성을 확보하고 공익을 위해 기능해야 하며, 시민은 언론에 대해 비판과 감시를 해야 한다.

(1) 정치과정에의 참여

① 정치참여의 중요성

　　㉠ 정치참여 : 국민은 선거, 언론매체, 정당, 단체 등을 통해 정치에 참여할 수 있다.

　　㉡ 정치참여는 민주정치를 위한 전제조건이 된다.

　　㉢ 시민 스스로가 다스림과 동시에 다스림을 받는다는 원리에 근거한다.

② 정치참여의 방법과 요건

　　㉠ 투표 : 가장 보편적 · 적극적 · 기본적인 정치참여의 방법으로 거의 모든 국가에서 실시하고 있다.

　　㉡ 기타 정치참여방법 : 정치에 대한 토론, 선거운동에 직접 참여, 정당활동, 여론 형성, 청원, 집회나 시위 등이 있다.

　　㉢ 진정한 정치참여의 요건

　　　• 개인의 이익뿐만 아니라 정치 공동체의 이익에 기여하여야 한다.

　　　• 정당한 절차를 거쳐 확정된 법이나 정책을 준수하면서 참여한다. 자신의 의사와 다르거나 자신의 이익에 배치된다는 이유로 법을 지키지 않거나 따르지 않는 것은 민주정치에 역행하는 행위이다.

(2) 참여와 정치발전

① 대의 민주정치와 참여

　　㉠ 시민참여의 한계 : 시민은 대표선출이나 투표 이외에는 영향력을 행사하기 어려우며, 그 표현방식에도 한계가 있다.

　　㉡ 대의 민주정치의 위기 : 시민의 대표로서 공공의사결정을 책임져야 할 입법부가 사회문제를 직접 해결하지 못하고, 행정부가 공공의사결정을 실질적으로 좌우하게 되는 현상이 발생하였다.

　　㉢ 시민참여의 증가 : 민주주의 사회의 위기의식이 확산되면서 정치참여가 확산되었다.

② 참여와 정치발전

　　㉠ 정치발전 : 사회의 공공문제를 해결할 수 있는 정치체제의 능력이 신장되는 것을 말한다.

　　㉡ 정치발전의 조건 : 정부의 정책결정능력의 강화, 정부 조직구조와 기능의 분화, 국민통합, 참여의 활성화 등이 있다.

　　㉢ 정치발전과 참여 : 정치참여가 활성화되어야 정치가 발전할 수 있다.

③ 참여의 한계와 안정

　　㉠ 참여의 궁극적 목표 : 다수 시민의 이익, 즉 공익증진에 기여하는 것이다.

　　㉡ 과도한 참여의 부작용 : 참여는 공익증진을 위한 바람직한 수단이지만, 대중의 과도한 참여는 사회 및 정치의 갈등을 가져오기도 한다. 따라서 참여와 안정의 조화가 필요하다.

(3) 정치문화

① 정치문화

　　㉠ 정치문화 : 시민들의 정치생활양식, 정치와 정부에 대하여 시민들이 지니고 있는 태도 및 가치관을 의미한다.

　　㉡ 정치문화의 유형

　　　• 향리형 정치문화 : 정치적 역할이 미분화된 전근대적 전통사회에서 보이는 정치문화로, 정치적 의식과 참여정도가 모두 낮다.

　　　• 신민형 정치문화 : 중앙집권적 권위주의사회에서 두드러진 정치문화로 정치적 의식은 높으나 참여정도가 낮다.

　　　• 참여형 정치문화 : 민주사회의 특징적인 정치문화로, 정치ㅈ 의식과 참여정도가 모두 높다.

② 정치문화와 정치발전

　　㉠ 정치문화와 정치발전과의 관계 : 정치발전을 이루기 위해서는 정치제도와 그 나라의 독특한 정치문화가 서로 조화를 이루어야 한다.

　　㉡ 우리나라의 정치발전 : 권위주의적 요소가 혼재되어 있으나 점차 참여형 정치문화로 개선되고 있다.

출제예상문제

1 의원내각제의 특성에 대한 설명으로 옳은 것은?

① 내각이 의회에 존립을 의존하게 되므로 민주적 요청에 부적합하다.
② 의회와 내각이 대립하는 경우 신속한 해결이 불가능하다.
③ 내각이 의회에 연대 책임을 지므로 책임정치를 시행할 수 있다.
④ 의회가 정권획득의 투쟁의 장소로 변질될 우려가 적다.

> **ADVICE** ① 내각이 국민의 대표 기관인 의회에 그 존립과 존속을 의존하게 되므로 민주적 요청에 가장 적합하다.
> ② 의회와 내각이 대립하는 경우 불신임 결의와 의회해산으로 정치적 대립을 신속하게 해결할 수 있다.
> ④ 의회가 정권획득을 위한 투쟁의 장소가 될 수 있다는 점이 의원내각제의 단점이다.

2 다음은 어느 정치 참여 주체의 가상 활동일지이다. 이 참여 주체로 적절한 것은?

```
1월 : 국회의원 선거 공약 발표
3월 : 국회의원 선거에 참여
7월 : ○○법 개정을 위한 서명 운동 시작
8월 : 여의도 공원에서 홍보 대회
9월 : 여의도 공원에서 장외 집회
11월 : 예산안 심의에 참여
```

① 정당
② 언론
③ 감사원
④ 시민 단체

> **ADVICE** ① 정당은 대표자를 선출하고, 여론을 형성하며, 정부와 의회의 매개역할을 담당한다.

ANSWER 1.③ 2.①

3 다음 중 정당과 압력단체의 내용으로 옳지 않은 것은?

① 압력단체는 입법이나 정책결정에 혼란을 가중시키는 단점이 있다.

② 정당은 특수이익을 목적으로 하나 압력단체는 정권획득을 목표로 한다.

③ 정당은 정책에 대해 정치적 책임을 지지만 압력단체는 책임을 지지 않는다.

④ 정당은 국민전체의 이익을 추구하나 압력단체는 특정한 직업적 이익을 추구한다.

> **ADVICE** ② 정당은 정권획득을 위하여 국민전체의 이익을 추구하지만 압력단체는 특정한 이익을 추구한다.
> ※ 압력단체(이익집단)과 정당
>   ⑦ **공통점** : 정부의 정책결정에 영향력을 행사한다.
>   ⓒ **차이점**
>   • 압력단체 : 자신들의 특수한 이익을 추구하는 것이 목표이다.
>   • 정당 : 선거에 승리하여 정권을 획득하는 것이 목표이며, 사회 구성원 모두에게 영향을 주는 광범위한 영역에 관심을 둔다.
>   ⓒ **관련성** : 압력단체는 정당을 이용해 자신들의 이익추구를 실현하고 정당은 지지기반을 넓히기 위해 이익집단을 활용한다.

4 다음 글과 같은 상황에서 나타날 수 있는 국민의 정치적 행동을 가장 적절하게 추론한 것은?

> 민주국가의 헌법은 사람에 의한 지배가 아닌 법에 의한 지배를 규정함으로써 권력의 절대화를 막아 국민의 기본적 인권을 보장하려 하고 있다. 그러나 만일 국민의 자유와 권리를 지켜주기보다는 침해하고 제한하는 것으로만 일관한다면 그러한 법 집행은 불신의 대상이 되며 나아가 국민은 법으로부터 멀어지고 정치적 불만이 점점 커지게 되는 것이다.

① 입법 활동의 공정성을 촉구한다.

② 사법부의 조직개편을 요구한다.

③ 행정체계의 형평성을 비판한다.

④ 정치권력의 정당성을 문제 삼는다.

> **ADVICE** ④ 정부권력의 정당성이 부족하다는 것은 국민들의 지지와 동의가 부족하다는 것이다.

ANSWER 3.② 4.④

5 다음에서 설명하는 용어는?

> 이 용어는 특정 정당이나 후보자에게 유리하도록 선거구를 기형적인 모양으로 획정하는 행위를 의미한다. 1812년 매사추세츠 주지사가 선거구를 재조정했는데, 그 모양이 마치 샐러맨더(salamander)와 유사하다고 한 데에서 이 용어가 유래하였다.

① 필리버스터
② 게리맨더링
③ 레임덕
④ 밴드왜건 효과

ADVICE ① 필리버스터 : 국회에서 다수당의 독주를 막기 위해 소수당이 합법적으로 의사 진행을 방해하는 행위이다.
③ 레임덕 : 임기 종료를 앞둔 통치자의 권력이 약해지는 현상이다.
④ 밴드왜건 효과 : 우세해 보이는 후보나 정당을 따라 투표하는 편승 효과이다.

6 다음의 내용들이 추구하는 공통적인 목적은?

> • 선거공영제
> • 보통선거, 평등선거, 직접선거, 비밀선거
> • 선거구법정주의

① 후보자의 난립예방
② 기회권의 평등
③ 공정한 선거관리
④ 돈 안 드는 선거풍토로 개선

ADVICE ③ 제시된 내용들은 선거과정의 공정성을 확보하기 위해서 필요한 것들이다.

ANSWER 5.② 6.③

7 다음 중 현대 민주주의 사회에서 적용되는 정치 참여 방식으로 옳은 것은 무엇인가?

① 소수의 엘리트 집단이 모든 정치적 결정을 내리는 방식
② 국민 대표를 선출하여 그들이 국민을 대신해 정책을 결정하는 방식
③ 특정 지역의 주민만 정책 결정에 참여하는 방식
④ 군부나 특정 집단이 정치적 결정을 주도하는 방식

ADVICE ② 민주주의의 대표적 원칙 중 하나는 대의제 민주주의로, 국민이 선출한 대표들이 국민을 대신해 정책을 결정하는 방식이다. 이는 현대 민주주의 사회에서 가장 일반적으로 적용되는 방식으로, 국민의 의사를 간접적으로 반영하면서도 효율적인 정책 결정이 가능하다.

8 다음 중 국민의 의견이 국정에 반영되기 위한 방법으로 옳지 않은 것은?

① 집회나 시위
② 정치토론회 개최
③ 이익집단의 이익 실현
④ 언론 및 출판에 대한 강제

ADVICE ④ 모든 국민은 언론 및 출판의 자유와 집회 및 결사의 자유를 가진다〈헌법 제21조〉.

9 시민의 정치참여가 정치발전에 크게 이바지한 것과 관계가 없는 것은?

① 선거에 참여한다.
② 정책 결정 과정에 의견을 제시한다.
③ 잡지나 신문을 통해 정부 정책을 지지하거나 비판한다.
④ 시민들의 많은 참여는 정책결정에 혼란을 가중시킨다.

ADVICE 정치참여의 방법
ⓐ 선거에 참여 : 국민은 누구나 선거에 참여한다.
ⓑ 직접적으로 정치담당 : 스스로 정치인이 되어 정책결정과정에 참여할 수 있다.
ⓒ 언론매체를 통한 참여 : 잡지나 신문, 방송 등을 통해 정부의 정책을 지지하거나 비판할 수 있다.
ⓓ 정당 또는 단체를 통한 참여 : 정당이나 단체를 결성하여 자신의 정치적 의사를 실현할 수 있다.

10 어떤 나라가 선거구마다 5인의 대표자를 선출하던 방식에서 선거구마다 1인의 대표자를 선출하는 방식으로 변경하였을 때 예상되는 결과로 옳은 것은?

① 국민의 다양한 의사가 잘 반영될 것이다.
② 양당제의 확립이 용이해질 것이다.
③ 사표가 감소할 것이다.
④ 소수당에 유리해 정국의 불안이 우려된다.

ADVICE 대선거구제와 소선거구제의 장·단점

구분	대선거구제	소선거구제
대표자수	4인 이상의 다수인을 선출	1선거구에서 1인의 대표선출
장점	• 사표의 감소(비례대표제와 결부된 경우) • 부정선거 가능성 감소 • 인물선택의 폭 증대 • 소수자를 보호할 수 있음	• 양당제가 확립되어 정국안정 도모 • 선거관리 용이, 선거비용 절약 • 후보자에 대한 인물파악 용이 • 투표율이 높음
단점	• 군소정당의 쉬운 출현으로 정국불안의 조장 우려 • 선거비용이 많이 들고 관리가 어려움 • 후보자 식별 곤란, 선거인의 무관심	• 사표발생률이 높고, 소수당에 불리 • 의원의 질적 저하 초래 • 부정선거의 위험성이 많음 • 게리맨더링의 가능성

ANSWER 9.④ 10.②

11 대중 민주주의에 기여하게 된 선거제도로 옳은 것은?

> 근대에는 중소상공업자들이 정치세력의 주체였다. 현대는 정치세력의 주체가 표면적으로 대중으로 옮아갔다. 그래서 각종 정책결정에 대중의 의사가 중요한 결정요소가 되었다.

① 직접선거
② 평등선거
③ 보통선거
④ 비밀선거

ADVICE ③ 보통선거는 일정 연령에 도달한 사람은 성별·재산·종교·교육에 관계없이 누구나 선거를 할 수 있는 제도이다. 이것 때문에 정치인은 뭇사람들(대중)을 정치적 계산에 넣을 수밖에 없게 되었다. 반면, 대중은 특정세력이나 권력집단에 의해 의사결정을 쉽게 바꾸는 경향이 있어 언론 등 여론형성매체의 힘을 기하급수적으로 키우는 결과를 낳았다.

12 민주국가에서의 정당의 성격으로 옳지 않은 것은?

① 정권획득의 목표를 공개적으로 내세운다.
② 여론을 형성·조직화함으로써 국정을 지지·통제한다.
③ 전국적 조직과 함께 활동이 상의하달방식을 취한다.
④ 국민적 이익을 추구하며 정부구성능력을 보유해야 한다.

ADVICE 정당
  ㉠ **정당의 뜻**: 정당은 정치적 견해를 같이 하는 사람들이 정권을 획득함으로써 자신의 정강을 실현할 것을 목적으로 모인 단체이다.
  ㉡ **정당정치**: 현대 민주정치는 대의정치이며, 대의정치는 정당을 통하여 이루어지므로 민주정치를 정당정치라고도 한다.
  ㉢ **정당의 성격 및 기능**
    • 정권획득을 목표로 하고 그것을 공개적으로 내세움
    • 조직이 민주적이며 국민전체의 이익을 도모한다는 정강을 가짐
    • 국민여론을 형성하고 조직화하여 정부에 전달함
    • 정부와 의회 간의 매개역할

ANSWER 11.③ 12.③

13 헌법재판소가 다음과 같은 결정을 내린 것은 민주선거의 4대 원칙 중 어떤 원칙에 위배되기 때문인가?

> 'A선거구'의 경우 전국 선거구의 평균인구수로부터 +57%의 편차를 보이고 있으므로, 그 선거구의 획정은 국회의 재량의 범위를 일탈한 것으로서 청구인의 헌법상 보장된 선거권 및 평등권을 침해하는 것임이 분명하다.

① 비밀선거
② 평등선거
③ 직접선거
④ 보통선거

ADVICE ② 투표의 가치에 차등을 두지 않는 제도이다.
① 투표자가 누구에게 투표했는지 알 수 없게 하는 제도이다.
③ 선거권자가 대리인을 거치지 않고 자신이 직접 투표 장소에 나가 투표하는 제도이다.
④ 일정연령에 도달한 사람은 어떤 조건에 따른 제한 없이 누구나 선거를 할 수 있는 제도이다.
※ 선거구 획정에 관하여 국회의 광범한 재량이 인정되지만 그 재량에는 평등선거의 실현이라는 헌법적 요청에 의하여 일정한 한계가 있을 수밖에 없는 바, 선거구 획정에 있어서 인구비례원칙에 의한 투표가치의 평등은 헌법적 요청으로서 다른 요소에 비하여 기본적이고 일차적인 기준이기 때문에, 합리적 이유 없이 투표가치의 평등을 침해하는 선거구 획정은 자의적인 것으로서 헌법에 위반된다[헌재 2001.10.25, 2000헌마92 · 240(병합)].

14 다음에서 밑줄 친 이것이 의미하는 것은?

> 참여 민주주의가 등장하면서 시민의 정치참여가 활성화되고, 이에 따라 정치뿐만 아니라 경제, 환경, 인권, 복지 등 다양한 분야에 대한 요구가 증가하였다. 그러나 이처럼 다양한 요구를 수용하기 위해서는 정부와 정치권의 능력에 한계가 있었다. 이것은 정부나 기업이 해결하지 못하는 사회 문제를 시민들이 자발적으로 해결하려 노력하는 과정에서 탄생했다. 이것은 자발성, 비영리성, 비정부성, 공익성의 특징을 가지고 운영된다.

① 여론
② 정당
③ 시민단체
④ 이익집단

ADVICE ① 여론 : 사회 문제에 대해 다수의 시민이 가지는 공통된 의견을 의미한다.
② 정당 : 정치권력을 획득하여 자신들의 정강을 실현하는 것이 주된 목적인 집단이다.
④ 이익집단 : 이해관계가 같은 사람들끼리 모여 자신들의 특수한 이익을 지키기 위해 정치권에 압력을 행사하는 단체이다.

ANSWER 13.② 14.③

15 선거관리위원회에 대한 설명으로 적절한 것은?

① 선거와 관련된 법률을 제정 및 개정을 한다.

② 대통령 1명, 국회 1명, 대법원장 지정 1명으로 총 3명이다.

③ 대통령이나 국회의 지휘를 받지 않는 독립 기관이다.

④ 후보자 공천을 진행한다.

ADVICE ① 법을 만드는 권한(입법권)은 오직 국회에 있다.
② 대통령 임명 3명, 국회 선출 3명, 대법원장 지명 3명으로 총 9명이다.
④ 정당에서 선거에 나갈 후보를 결정하는 공천은 각 정당의 고유한 권한이다.

16 다음 중 현재 우리나라 국회의원 선거에서 채택되고 있는 제도를 모두 고르면?

㉠ 소선거구제
㉡ 중선거구제
㉢ 소수대표제
㉣ 다수대표제
㉤ 비례대표제
㉥ 선거공영제
㉦ 직능대표제

① ㉠, ㉢, ㉤, ㉥

② ㉠, ㉣, ㉤, ㉥

③ ㉠, ㉣, ㉥, ㉦

④ ㉡, ㉣, ㉤, ㉥

ADVICE ② 지역구 의원은 지역대표제, 다수대표제(소선거구제)를, 전국구의원은 비례대표제를 채택하고 있고, 선거공영제는 국가 또는 지방자치단체가 선거를 관리하는 제도이다.

ANSWER 15.② 16.②

17 다음 중 선거구법정주의를 채택하는 근본적인 이유는?

① 선거비용을 국가가 부담하여 선거의 공정을 기하기 위해
② 투표 등 선거절차를 간편화하기 위해
③ 군소정당의 난립을 방지하기 위해
④ 특정한 정당에게 유리한 일이 없도록 하기 위해

> **ADVICE** ④ 선거구법정주의는 선거구가 특정한 정당이나 후보자에게 유리한 일이 없도록 하기 위해 선거구를 국회가 법률로써 정하는 것으로, 대부분의 국가가 이 제도를 채택하고 있다.

18 정치문화 유형에 해당하지 않는 것은?

① 이익형 정치문화
② 신민형 정치문화
③ 향토형 정치문화
④ 참여형 정치문화

> **ADVICE** ② 신민형 정치문화 : 중앙집권적 권위주의사회에서 두드러진 정치문화로 정치적 의식은 높으나 참여정도가 낮다.
> ③ 향리형 정치문화 : 정치적 역할이 미분화된 전근대적 전통사회에서 보이는 정치문화로, 정치적 의식과 참여정도가 모두 낮다.
> ④ 참여형 정치문화 : 민주사회의 특징적인 정치문화로, 정치적 의식과 참여정도가 모두 높다.

ANSWER 17.④ 18.①

19 현대 민주정치의 과정에서 보기의 용어들이 공통적으로 관련이 있는 것은?

> ㉠ 선거
> ㉡ 정당
> ㉢ 언론
> ㉣ 압력단체
> ㉤ 대중운동

① 정책심의기관이다.
② 정책집행기관이다.
③ 시민운동의 일환이다.
④ 국민의 참여수단이다.

ADVICE ④ 현대 민주정치의 과정에서 국민들은 다양한 방법과 절차로 정치에 참여하고 있다.

20 정치에 참여하기 위한 방법과 요건으로 적절하지 않은 것은?

① 공청회 참여
② 투표
③ 불법시위
④ 청원

ADVICE ③ 민주주의 국가에서 시민의 정치 참여는 헌법과 법률이 보장하는 정당한 권리이지만, 그 방법은 반드시 법적 테두리 안에서 평화적으로 이루어져야 한다.
① 공청회, 토론회, 인터넷 게시판 등을 통해 자신의 의견을 제시하고 타인의 의견을 듣는 것은 민주 정치의 가장 기본적인 참여 형태이다.
② 선거를 통해 대표자를 선출하거나 국민투표를 통해 국가의 중요한 정책을 결정하는 참여의 가장 핵심적인 수단이다.
④ 공공기관에 대하여 자신의 의견이나 희망사항을 문서로 제출하는 권리이다.

01 우리나라 헌법의 기초 이해

(1) 헌법의 의미와 특징

㉠ 고유한 의미의 헌법 : 국가의 최고 기관을 조직·구성하는 근본이 되고, 이들 기관의 행위 및 상호관계를 규정한다.

㉡ 근대적·입헌주의적 의미의 헌법 : 근대적 의미의 헌법이 국가 권력을 조직하는 측면보다는 국가 권력을 제한하는 면에 더욱 중점을 둔다면 입헌주의적 의미의 헌법은 국민주권의 원칙, 기본권보장의 원칙, 권력분립의 원칙에 초점을 맞춘다.

㉢ 현대적 의미의 헌법 : 국민에게 인간다운 생활을 보장하고 나아가 국민의 복지 향상에 치중하며 실질적 평등의 보장을 중시하고 있다.

㉣ 헌법의 의의

구분		내용
정치적 의의		• 헌법의 내용과 목적이 국가의 청설이라는 정치적 성격을 지님 • 정치활동을 주도하며 사회 통합을 실현
법적의의	최고 규범	• 모든 법령의 제정 근거 • 법령의 정당성 평가
	조직 수권규범	국가 통치 조직에 권한을 부여
	권력 제한 규범	• 국가 권력의 분립과 상호 견제 • 국민의 기본권을 실질적으로 보장

㉤ 특징 : 현행 헌법은 1948년 7월 17일 제정 이후 1987년 6월 민주 항쟁을 계기로 9차 개정이 이루어졌으며, 대통령 국민 직선제, 국회 권한 강화, 헌법 재판소 신설, 사생활의 비밀과 자유, 연좌제 금지, 형사 피고인의 무죄 추정, 구속 적부 심사 청구권의 확대, 환경권, 평생 교육권 등을 명시하여 보장하고 있다.

(2) 우리나라 헌법 기본 원리

① 국민주권주의 … 국가의 의사를 결정하는 최고 권력인 주권이 국민에게 있다.

㉠ 국민자치 : 대의 민주주의, 간접 민주주의의 채택

㉡ 공정한 선거제도 : 국민주권주의의 확립을 위한 가장 기초적인 제도이다.

㉢ 수평적인 권력 분립 : 입법, 사법, 행정의 3권 분립

㉣ 수직적인 권력 분립 : 지방자치제도의 실시

㉤ 복수정당제도의 도입 : 국민들의 다양한 정치적 견해가 반영

ⓑ 근거조항
  • 대한민국은 민주 공화국이다〈헌법 제1조 제1항〉.
  • 대한민국의 주권은 국민에게 있고 모든 권력은 국민으로부터 나온다〈헌법 제1조 제2항〉.
② 자유 민주주의 … 개인의 자유를 옹호하고 존중하는 '자유주의'와 국가 권력 창출과 권력의 정당성이 국민의 합의에 의해 이루어진다는 '민주주의'가 결합된 원리이다.
  ㉠ 기본적 인권의 보장 : 인간의 존엄성과 인격의 존중
  ㉡ 권력분립의 원리, 책임정치의 원리
  ㉢ 법치행정 : 행정은 법률에 근거가 있는 경우에 법률에 규정된 절차에 따라 행해야 한다.
  ㉣ 정당 활동의 자유의 보장 : 우리 헌법은 복수 정당제와 더불어 정당의 설립과 활동의 자유를 보장
  ㉤ 자유 민주주의 실현을 위한 제도 : 소극적인 방법으로는 표현의 자유와 언론의 자유 보장, 정치과정의 공개, 민주적 정당제도의 보장 등이 있으며, 적극적인 방법으로는 탄핵제도, 위헌법률심사제도, 헌법소원제도, 위헌 정당 강제 해산제도, 저항권의 행사 등이 있다.
  ㉥ 근거조항
    • 헌법 전문 : 자율과 조화를 바탕으로 자유 민주적 기본 질서를 더욱 확고히 하여…….
    • 정당은 그 목적, 조직과 활동이 민주적이어야 하며……〈헌법 제8조 제2항〉.
    • 정당의 목적이나 활동이 민주적 기본 질서에 위배될 때에는 정부는 헌법재판소에 그 해산을 제소할 수 있고, 정당은 헌법 재판소의 심판에 의하여 해산된다〈헌법 제8조 제4항〉.
    • 누구든지 법률에 의하지 아니하고는 체포, 구속, 압수, 수색 또는 심문을 받지 아니하며, 법률과 적법한 절차에 의하지 아니하고는 처벌, 보안 처분 또는 강제 노력을 받지 아니한다〈헌법 제12조 제1항〉.
③ 복지국가의 원리 … 인간의 존엄성을 유지할 수 있는 기본적 생활을 보장하고, 국민의 생활여건을 개선하는 것이 국가의 책임이며, 그것에 대한 요구가 국민의 정당한 권리로 인정된다는 원리이다.
  ㉠ 사회적 기본권의 규정 : 인간다운 생활을 할 권리, 사회 보장 제도를 통해 실질적 구현
  ㉡ 재산권의 제한 : 재산권이 무제한적으로 보장되는 권리가 아니라 사회적 구속성을 가지고 있음을 명시
  ㉢ 시장경제질서의 원리를 원칙으로 하되, 경제의 민주화를 위한 국가의 규제와 조정을 정당화
  ㉣ 근거조항
    • 헌법 전문 : …정치·경제·사회·문화의 모든 영역에서 각인(各人)의 기회를 균등히 하고, 능력을 최고도로 발휘하게 하며, 자유와 권리에 따르는 책임과 의무를 완수하여 안으로는 국민 생활의 균등한 향상을 기하고…….
    • 모든 국민은 인간다운 생활을 할 권리를 가진다〈헌법 제34조 제1항〉.
    • 국가는 사회보장, 사회복지의 증진에 노력할 의무를 진다〈헌법 제34조 제2항〉.
    • 재산권의 행사는 공공복리에 적합해야 한다〈헌법 제23조 제2항〉.
    • 국가는 균형 있는 국민 경제의 성장 및 안정과 적정한 소득의 분배를 유지하고 시장의 지배와 경제력의 남용을 방지하며 경제 주체 간의 조화를 통한 경제의 민주화를 위하여 경제에 관한 규제와 조정을 할 수 있다〈헌법 제119조 제2항〉.
④ 문화국가의 원리 … 국가가 국민의 교육, 과학 및 생활을 보장하여 사회와 문화 발전을 적극 도모한다는 원리이다.
  ㉠ 의의 : 국가로부터 문화의 자율성을 보장하면서 국가가 문화를 형성하고 보호하는 이중적인 의미를 갖는다.
  ㉡ 문화국가를 실현하기 위한 원칙
    • 문화의 자율성을 보장 : 국가는 문화에 대하여 중립성을 지켜야 하며 간섭해서는 안 된다.
    • 국가는 문화를 보호·육성하기 위한 경제적 지원을 책임지고 문화적 기본권을 보장한다.

⑤ 국제 평화주의 … 국제 협조와 국제평화의 지향을 이념적 기반으로 하려는 원리이다.
  ㉠ 국제평화주의와 침략전쟁의 부인 : 적의 직접적 공격을 격퇴하기 위한 방위전쟁(자위전쟁)은 인용
  ㉡ 국제법 존중주의 : 우리나라가 가입한 조약과 일반적으로 승인된 국제법규가 국내법과 같은 효력을 가진다는
     의미
  ㉢ 외국인의 법적 지위 보장 : 상호주의(상대국의 자국민 보호 정도에 맞추어 상대국 국민의 보호 수준을 결정하
     려는 입장)의 원리에 따라 규정
  ㉣ 근거조항
     • 헌법 전문 : …밖으로는 항구적인 세계평화와 인류 공영에 이바지함으로써…….
     • 대한민국은 국제 평화의 유지에 노력하고 침략적 전쟁을 부인한다〈헌법 제5조 제1항〉.
     • 헌법에 의하여 체결·공포된 조약과 일반적으로 승인된 국제법규는 국내법과 같은 효력을 가진다〈헌법 제6조 제1항〉.
     • 외국인은 국제법과 조약이 정하는 바에 의하여 그 지위가 보장된다〈헌법 제6조 제2항〉.
⑥ 평화통일의 원리 … 자유 민주적 기본질서에 입각하여 평화적 통일을 추구한다는 원리이다.
  ㉠ 우리나라의 국가적 목표인 동시에 헌법의 기본원리이다.
  ㉡ 근거조항
     • 자유 민주적 기본 질서에 입각한 평화적 통일 정책을 수립하고 이를 추진한다〈헌법 제4조〉.
     • 대통령은 조국의 평화적 통일을 위한 성실한 의무를 진다〈헌법 제66조 제3항〉.
     • 대통령은 필요하다고 인정할 때에는 외교·국방·통일 기타 국가 안위에 관한 중요 정책을 국민투표에 붙일 수
       있다〈헌법 제72조〉.
     • 평화통일 정책의 수립에 관한 대통령의 자문에 응하기 위하여 민주 평화 통일 자문회의를 둘 수 있다〈헌법 제92
       조 제1항〉.

02 기본권의 보장과 제한

(1) 국민의 기본권

① 기본권 … 우리 헌법은 천부인권 사상을 표현한 헌법 제10조와 실정법 사상을 표현한 헌법 제37조 제2항을 두어
   둘 간의 조화를 이루고 있다.
② 기본권의 내용
  ㉠ 일반적이고 원칙적 규정〈헌법 제10조〉
     • 인간으로서의 존엄과 가치 존중
     • 행복추구권
  ㉡ 평등의 권리 : 본질적으로 기본권으로 “모든 국민은 법 앞에서 평등하다〈헌법 제11조 제1항〉.”의 평등은 누구
     든지 성별, 종교, 사회적 신분 등에 의해 차별받지 않는 상대적·비례적·실질적 평등을 의미한다.
  ㉢ 자유권적 기본권 : 평등권과 더불어 본질적인 기본권으로 국가권력으로부터의 개인의 자유를 보장하며, 핵심
     적이고 소극적이며 포괄적인 권리이다. 종류로는 신체의 자유, 거주·이전의 자유, 직업선택의 자유, 주거의
     자유, 사생활 비밀과 자유의 불가침, 통신의 자유, 양심의 자유, 종교의 자유, 언론·출판·집회·결사의 자
     유, 학문과 예술의 자유, 재산권보장 등이 있다.

ⓐ 참정권 : 민주국가에 있어서 국민이 국가의 정치에 참여할 수 있는 능동적 권리로 공무원 선거권, 공무 담임권, 국민 투표권 등이 있다.

ⓜ 사회적 기본권 : 인간다운 생활을 위해 국가에 대하여 어떤 보호나 생활수단의 제공을 요구할 수 있는 적극적 권리이며 열거적 권리(개별적 권리)로 인간다운 생활을 할 권리, 교육을 받을 권리, 근로의 권리, 근로자의 노동 3권, 환경권, 혼인 · 가족 · 모성 · 보건에 관한 권리 등이 있다.

ⓑ 청구권적 기본권 : 국민의 침해당한 기본권의 구제를 국가에 대해 청구하는 적극적 권리이며 기본권을 보장하기 위한 수단적 기본권으로 청원권, 재판청구권, 형사보상청구권, 국가배상청구권, 범죄피해자의 국가구조청구권 등이 있다.

(2) 기본권 보장을 위한 제도와 기본권의 제한

① 기본권 침해의 법적 구제

ㄱ 청원제도
- 국민이 국가기관에 대해서 의견을 표명하거나 희망을 요구하는 것
- 청원의 대상 : 행정기관, 입법기관, 법원 등

ㄴ 위헌법률 심판제도
- 헌법재판기관이 법률이 헌법에 위반되는지의 여부를 심사하여 헌법에 위반되는 것으로 인정되는 경우 그 법률의 효력을 상실하게 하는 제도
- 위헌법률심판제청권자는 법원으로, 법원이 위헌법률심사제청권을 행사하려면 현재 재판 중인 구체적인 사건에서 판단기준이 되는 법률의 위헌여부가 재판의 결과에 영향을 끼치는 경우여야 한다.
- 위헌결정 시 즉시 효력이 상실되지만, 헌법불합치결정 시에는 법이 개정 될 때까지 한시적 효력이 있다.

ㄷ 행정쟁송제도 : 행정청의 위법, 부당한 처분으로 인해 권리를 침해당한 사람이 이의 시정을 구하는 제도로 행정심판과 행정소송 등이 있다.

ㄹ 헌법소원
- 권리구제형 헌법소원 : 공권력의 행사 또는 불행사로 인하여 헌법에 보장된 기본권을 침해당한 국민이 그 권리를 구제 받기 위하여 헌법재판소에 직접 심판을 청구하는 헌법소원
- 위헌법률 심사형 헌법소원 : 위헌적 법률로 인하여 기본권을 침해당한 국민이 법원에 위헌법률심판제청을 해줄 것을 신청하였으나 법원이 이를 기각한 경우 직접 헌법재판소에 심판을 청구하는 헌법소원

② 기본권의 제한

ㄱ 목적상
- 국가안전보장, 질서유지, 공공복리를 위한 경우에만 기본권을 제한할 수 있다.
 ─국가안전보장 : 외부로부터 국가의 독립, 영토의 보전, 헌법에 의해 설치된 국가 기관의 유지
 ─질서유지 : 타인의 권리 유지, 도덕질서 유지, 사회 공공질서 유지를 포함한 공공의 질서 유지
 ─공공복리 : 국가 구성원 전체를 위한 행복과 이익

ㄴ 형식상
- 원칙 : 기본권 제한은 국회가 제정한 법률에 의해야만 한다.
- 예외 : 대통령의 긴급명령, 긴급 재정 경제 명령으로도 기본권을 제한할 수 있으며, 비상계엄 시에는 영장제도나 언론 · 출판 · 집회 · 결사의 자유에 대한 특별조치가 가능하다.

ⓒ 방법상
  - 과잉금지의원칙 : 국가의 권력은 무제한적으로 행사되어서는 안 되며, 이는 반드시 정당한 목적을 위하여 필요한 범위 내에서만 행사되어야 한다.
  - 국가 권력이 기본권을 제한할 때에는 목적의 정당성, 방법의 적정성, 피해의 최소성, 법익균형성을 지켜야 한다.
  - 기본권을 제한할 때 기본권의 본질적인 내용은 침해할 수 없다.

03 국가 기관의 구성과 기능

(1) 국회

① 국회의 구성과 운영

  ㉠ 국회의 성격 : 국민의 대표기관, 회의제 입법기관, 민주정치의 핵심기관, 국정의 통제기관

  ㉡ 국회의 구성 : 단원제와 양원제가 있으며, 현재 우리나라는 단원제를 채택하고 있다.

  ㉢ 우리나라 국회의 구성

  - 국회의 구성 : 선거에 의해 선출되는 임기 4년의 지역대표(지역구의원)와 각 정당의 득표율 등에 비례하여 선출되는 비례대표의원(전국구의원)으로 구성된다.
  - 국회의 기관 : 의장 1인과 부의장 2인, 교섭단체, 각종 위원회가 마련되어 있다.

  ㉣ 국회의 의사결정

  - 일반 의결 정족수 : 재적의원 과반수의 출석과 출석위원 과반수의 찬성으로 의결, 가부동수일 경우 부결
  - 특별의결 정족수
  - 대통령 거부 법률안의 재의결 : 재적의원 과반수 출석, 출석의원 2/3 이상 찬성
  - 헌법개정안의결, 국회의원제명, 대통령 탄핵소추 의결 : 재적의원의 2/3 이상 찬성
  - 계엄해제요구, 국회의장 및 부의장선거 : 재적의원 과반수 찬성
  - 대통령 선거에서 투표자가 2인일 경우 : 재적의원 과반수 출석, 출석의원 다수 찬성
  - 대통령 이외의 탄핵소추발의 : 재적의원 1/3 이상 발의, 재적의원 과반수의 찬성
  - 임시국회의 집회요구 : 재적의원 1/4 찬성
  - 국회 의사정족수 : 재적의원 1/5 찬성
  - 국회 의사비공개결정 : 출석의원 과반수 찬성

  ㉤ 국회의 회의

  - 의사공개의 원칙 : 국회의 회의는 공개한다. 단, 국가의 안정보장을 위해서라면 공개하지 않을 수도 있는데 이때에는 출석의원 과반수의 찬성이나, 의장의 결정이 필요하다.
  - 회기계속의 원칙 : 국회의 한 회기 중에 의결하지 못한 안건에 대하여 회기가 끝났더라도 폐기하지 않고 다음 회기에서 계속해서 심의하는 원칙으로 국회의원의 임기가 만료된 때에는 적용되지 않는다.
  - 일사부재의의 원칙 : 국회에서 부결된 안건은 같은 회기 내에 다시 제출할 수 없는 원칙으로 소수파의 의사진행 방해를 방지하기 위한 것이다.

② 국회의 입법과정

  ㉠ 국회의 권한 : 국민의 대표기관으로서 국회가 지니는 가장 대표적인 권한은 헌법개정권한을 포함한 입법권을 행사하는 것이다.

  ㉡ 입법과정 : 법률안의 제출과 심의 → 의결 → 공포 → 효력 발생

ⓒ 거부권 : 대통령은 이송된 날로부터 15일 이내에 국회어 보내어 재의결을 요구할 수 있고, 재의결한 법률은 다시 거부할 수 없으며, 5일 이내에 공포하여야 한다.

③ 국회의 권한과 기능

  ㉠ 국회의 권한

- 입법에 관한 권한 : 법률안 제안 · 의결 · 공포권, 헌법개정안의 제안 · 의결권, 조약 체결 · 비준에 대한 동의권 등을 갖는다.
- 재정에 관한 권한 : 조세법률제정권, 예산안의 심의 · 확정권, 결산심사권 등을 갖는다.
- 일반 국무에 관한 권한 : 중요 공무원 임명에 대한 동의권, 중요 헌법기관의 구성권, 국정조사 · 감사권, 계엄해제 요구권, 탄핵소추의결권 등을 갖는다.

  ㉡ 국회의원의 특권 : 면책특권, 불체포특권 등이 있다.

(2) 행정부

① 행정부의 구성

  ㉠ 의원내각제 : 의회의 다수당이 행정부인 내각을 구성하는 의회중심의 일원적 정치체제를 뜻한다.

- 특징
- −의회중심주의로 행정권은 의회의 다수당이 구성하는 내각이 담당한다.
- −내각은 의회에 대해 연대적 책임을 진다.
- −의회는 내각불신임권을, 내각은 의회해산권과 법률안의 제안권을 행사한다.
- −의원과 각료는 겸직이 가능하다.
- 장점 : 정치적 책임에 민감하며 의회와 내각의 협조가 용이하다.
- 단점 : 다수당의 횡포 우려, 군소정당 난립 시 정국의 불안, 신속한 정책결정의 곤란 등이 있다.

  ㉡ 대통령제 : 국민이 선출한 대통령이 행정부 수반이 되어 정책을 수행하는 정치체제를 뜻한다.

- 특징
- −엄격한 권력분립이 이루어진다.
- −국민에 대한 정치적 책임을 지나 의회에 대한 책임은 지지 않는다.
- −의회의 정부불신임권과 정부의 의회해산권을 인정하지 않는다.
- −의원과 각료의 겸직을 금지한다.
- −대통령은 법률안거부권을 가지며, 의회는 대통령에 대한 탄핵소추권을 가진다.
- 장점 : 임기 동안 정국안정, 국회 다수파의 횡포방지 등이 있다.
- 단점 : 정치적 책임에 민감하지 못함, 정부와 국회의 조화 곤란 등이 있다.

  ㉢ 두 정부는 사법권의 독립을 철저하게 보장하며 기본권을 수호한다는 공통점을 가지며, 대통령제는 입법부와 행정부의 독립을 통한 권력분립을, 의원내각제는 둘 간의 융합을 중시한다는 차이점이 있다.

  ㉣ 우리나라의 의원내각제적 요소 : 정부는 법률안제출권, 각료의 국회출석 발언권, 국회의 국무총리 임명동의권, 국회의 국무총리 · 국무위원 해임건의권, 국회의원과 장관의 겸직가능, 부서제도 채택 등이 있다.

② 행정과 법치행정

　㉠ 행정 : 법률을 집행하고 국가목적이나 공익을 적극적으로 실현하기 위해서 여러 가지 정책을 세우고, 실현하는 국가작용을 의미한다.

　㉡ 현대복지국가의 정부업무 : 효율성이 강조되며 전문적 행정 관료가 주도한다.

　㉢ 법치행정 : 행정권도 법의 구속을 받고, 법을 준수해야 한다는 것을 의미한다.

- 필요성 : 적법성, 타당성, 정당성을 갖춘 행정을 도모한다.
- 한계점 : 법치행정이 단순히 규칙에 의한 행정 또는 행정에 의한 지배로 타락되어서는 안 된다.

③ 행정부와 대통령

　㉠ 행정부의 조직과 권한

- 행정부 : 법률과 정책의 내용을 구체적으로 집행하는 국가기관이다.
- 국무총리 : 국회의 동의를 얻어 대통령이 임명한다.
- 국무회의 : 국정의 최고 심의기관으로, 대통령의 신중한 권한행사와 국정통일을 위해 주요 정책을 심의한다.
- 감사원 : 합의제 기관으로서, 대통령에 소속된 헌법상의 필수기관이다.
- 권한 : 국가의 세입·세출의 결산, 국가 및 법률이 정한 단체에 대한 회계검사권과 행정기관 및 공무원에 대한 직무감찰권이 있다.
- 특징 : 형식상 대통령에 소속되어 있지만, 직무에 관해서는 독립적인 지위를 갖는 기관이다.

　㉡ 대통령의 지위와 권한

- 대통령의 지위 : 행정부수반으로서의 지위와 국가원수로서의 지위가 있다.
- 대통령의 권한
- 행정부수반으로서의 권한 : 행정의 최고지휘감독권, 국군통수권, 공무원임면권, 대통령령발포권, 법령집행권 등
- 국가원수로서의 권한
- 대외적 국가대표권 : 조약체결·비준권, 외교사절의 신임·접수·파견권, 선전포고와 강화권 등
- 국가·헌법수호권 : 긴급재정·경제처분 및 명령권, 계엄선포권, 위헌정당해산제소권 등
- 국정조정권 : 국민투표부의권, 헌법개정안제안권, 임시국회소집요구권 등
- 헌법기관구성권 : 일정한 헌법기관의 구성

　㉢ 대통령의 의무와 특권

- 대통령의 권한수행 : 대통령은 국가의 원수로서, 개별적인 행정업무를 넘어서 국가적 차원의 정치적 판단을 기초로 헌법적 권한을 수행하게 된다.
- 대통령의 권한행사방식 : 국무회의의 심의, 국회의 동의와 승인, 문서와 부서, 자문기관의 자문 등을 통해서 행해진다.
- 대통령의 신분상 특권 : 중죄가 아닌 경우 대통령 지위를 보장하여 책임을 완수하게 하기 위해 주어진다.
- 형사상의 소추 : 대통령은 내란 또는 외환의 죄를 범한 경우를 제외하고는 재직 중 형사상의 소추를 받지 아니한다.
- 민사상의 소추 : 재직 중에 민사상의 소추는 받을 수 있으며, 재직 중에 범한 범죄에 대해서 퇴직 후에 소추할 수 있다.

　㉣ 행정의 견제와 통제

- 현대복지국가 : 행정 권력의 비대화현상이 초래된다.
- 행정권력 비대화의 통제 : 민주적 통제의 필요성이 요청된다.

(3) 법원과 헌법재판소

① 사법권

　　㉠ 사법의 의의

　　　• 사법 : 국가통치기능의 하나로서, 무엇이 법인가를 판단하고 선언하는 작용을 일컫는 말이다.

　　　• 법원 : 사법권을 가지며, 삼권분립의 기초 위에서 국민의 권익과 자유를 보호하려는 국가작용을 실천하는 국가기관이다.

　　　• 심급제도의 운용 : 공정하고 정확한 재판을 하기 위해 심급제도를 두어 여러 번 재판을 받을 수 있도록 하고 있다.

　　㉡ 사법권의 독립

　　　• 사법권 독립 : 재판의 독립을 의미한다.

　　　• 사법권 독립의 의의 : 행정권의 영향을 배제하고 독립된 법원이 법과 양심에 따라 재판을 하는 것을 의미한다.

　　　• 사법권 독립의 내용 : 헌법적 규정(독립의 원칙), 법의 독자성 요구(기본권의 실현), 법 적용의 공평성(정의 구현) 등이 있다.

② 법원의 조직과 재판

　　㉠ 법관의 자격과 지위

　　　• 재판의 독립 : 구체적인 재판에서 법관의 독립으로 발현된다.

　　　• 법관의 독립 : 법관은 헌법, 법률, 양심에 따라 심판할 의무를 지닌다.

　　㉡ 법원의 조직 … 대법원, 고등법원, 지방법원 및 지방법원지원, 가정법원, 특별법원 등이 있다.

　　㉢ 재판의 종류

　　　• 재판의 종류 : 민사재판, 형사재판, 행정재판, 선거재판

　　　• 민주재판제도의 2대 원칙 : 공개재판주의, 증거재판주의

　　　• 법원의 권한 : 재판에 관한 권한, 명령 · 규칙 · 처분심사권, 위헌법률심사제청권, 법원의 자율권(규칙 제정권, 법원 행정권)

③ 헌법재판소 … 사법적 절차에 따라 헌법의 해석과 관련된 모든 사건을 결정하는 헌법기관이다.

출제예상문제

1 우리나라 헌법의 의의에 해당하지 않는 것은?

① 모든 법령의 제정 근거이다.
② 국회의 권력을 실질적으로 보장한다.
③ 헌법의 내용과 목적이 국가의 청설이라는 정치적 성격을 지닌다.
④ 국가 통치 조직에 권한을 부여한다.

> **ADVICE** ② 헌법은 특정 기관(국회, 정부 등)의 권력을 보장해주기 위한 법이 아니라, 오히려 국가 권력을 제한하여 국민의 기본권을 보호하는 데 근본적인 목적이 있다.
> ① 헌법은 국가의 최상위법에 해당한다. 모든 법은 헌법에 근거해야 한다.
> ③ 헌법은 한 국가가 어떤 원리로 운영될지를 결정하고 국가라는 공동체를 구성하는 정치적 합의 문서이다.
> ④ 헌법은 국회, 정부, 법원 등 국가 기관이 구체적으로 어떤 일을 할 수 있는지 그 권한의 범위를 정해준다.

2 기본권 보장을 위한 기본권에 속하는 것은?

① 공무담임권
② 언론 · 출판 · 집회 · 결사의 자유
③ 환경권
④ 재판청구권

> **ADVICE** 청구권적 기본권
> ㉠ 성격 : 침해당한 기본권의 구제를 국가에 대해 청구하는 적극적 권리로서, 그 자체가 권리의 목적이 아니라 다른 기본권을 보장하기 위한 수단적 성격의 기본권이다.
> ㉡ 내용 : 청원권, 재판청구권, 형사보상청구권, 국가배상청구권, 구속적부심사청구권, 변호인의 조력을 받을 권리, 타인의 범죄행위로 인한 피해에 대해 국가구조를 받을 권리 등이다.

ANSWER 1.② 2.④

3 인간이 누려야 할 기본권의 궁극적인 목적은?

① 법 앞에서의 평등
② 정치에의 능동적인 참여
③ 침해당한 권리의 구제
④ 인간으로서의 존엄과 가치 존중

ADVICE ④ 우리 헌법은 천부인권 사상을 표현한 헌법 제10조와 실정법 사상을 표현한 헌법 제37조 제2항을 두어 둘 간의
조화를 이루고 있다. 기본권에 대한 일반적이고 원칙적인 규정으로 헌법 제10조에서는 '모든 국민은 인간으로서의
존엄과 가치를 가지며, 행복을 추구할 권리를 가진다. 국가는 개인이 가지는 불가침의 기본적 인권을 확인하고 이
를 보장할 의무를 진다.'라고 정의하고 있다.

4 다음 법 규정에 공통적으로 나타나는 민법의 기본 원칙으로 가장 적절한 것은?

> • 민법 제2조 제1항 : 권리 행사와 의무의 이행은 신의어 좇아 성실히 하여야 한다.
> • 민법 제103조 : 선량한 풍속 기타 사회 질서에 위반한 사항을 내용으로 하는 법률 행위는 무효로 한다.

① 무과실 책임주의
② 자기 책임의 원칙
③ 계약 공정의 원칙
④ 사적 자치의 원칙

ADVICE ③ 진정한 의사 뿐 아니라 계약 내용의 공정성도 고려하게 되었다.

※ 민법의 기본원칙

구분	근대 민법	현대 민법
기본 원칙	• 소유권절대의 원칙(사유재산권 존중의 원칙) • 사적자치의 원칙(계약자유의 원칙) • 자기책임의 원칙(과실책임의 원칙)	• 소유권 공공의 원칙 • 계약 공정의 원칙(신의성실의 원칙) • 무과실책임의 원칙

ANSWER 3.④ 4.③

5 기본권 침해 시 국가기관에 취할 수 있는 행동에 관한 설명 중 옳은 것은?

① 청원 - 국가기관에 문서로 한다.
② 헌법소원 - 대법원에 청구한다.
③ 행정소송 - 행정기관에 청구한다.
④ 행정상 손해배상 - 적법한 행정행위에 의해 가해진 손해를 전보하여 주는 것이다.

> **ADVICE** ② 헌법소원은 헌법재판소에 구제를 청구한다.
> ③ 행정소송은 법원에 구제를 청구한다.
> ④ 행정상 손해배상은 위법한 행정행위에 의해 가해진 손해를 전보하여 주는 것이다.

6 다음 중 법률로 정하는 것이 아닌 것은?

① 조세의 종목과 세율
② 국회의원의 선거구
③ 계약의 종류와 내용
④ 행정각부의 설치

> **ADVICE** ③ 미풍양속에 위배되지 않으면 개인이 자유로이 정할 수 있다.
> ① 조세법률주의〈헌법 제59조〉
> ② 선거구법정주의〈헌법 제41조 제3항〉
> ④ 정부조직의 입법화〈헌법 제96조〉

7 법의 이념에 적절하지 않은 것은?

① 국가와 사회 전체의 이익만을 추구한다.
② 사회구성원 개개인의 존엄을 최대한 보장한다.
③ 사회의 평화와 번영을 파악하여 분쟁을 예방하고 해결한다.
④ 평등과 공정으로 파악된다.

> **ADVICE** ① 법의 이념은 어느 한쪽으로 치우치는 것이 아니라, 개인의 권리와 공공의 이익 사이에서 조화를 이루는 것을 목표로 한다.

8 법적용의 우선순위가 옳지 않은 것은?

① 공법은 사법에 우선한다.
② 특별법은 일반법에 우선한다.
③ 상위법은 하위법에 우선한다.
④ 신법은 구법에 우선한다.

> **ADVICE** ① 공법·사법의 분류는 법이 규율하는 실체에 따른 것이므로 공법과 사법 간에는 서로에 대한 우선순위가 적용되지 않는다.
>
> ※ **법적용의 우선순위**
> ㉠ **신법우선의 원칙**: 동일한 사항에 대하여 신법과 구법의 내용이 상호 저촉되는 경우 그 범위 안에서 구법은 효력을 상실하고 신법이 우선하여 적용된다.
> ㉡ **특별법우선의 원칙**: 일반법과 특별법이 서로 충돌할 때에는 특별법이 우선하여 적용된다.
> ㉢ **상위법우선의 원칙**: 상위법과 하위법이 상호 저촉하는 경우에 상위법이 우선하여 적용된다(헌법 > 법률 > 명령 > 자치법규).

9 법의 이념 중의 하나인 합목적성을 지나치게 강조한 것은?

① 악법도 법이다.
② 국민이 원하는 것은 곧 법이다.
③ 법의 극치는 부정의 극치이다.
④ 세상이 망하여도 정의를 세우라.

> **ADVICE** ② 국민이 원하는 것은 법의 질서조율기능이지 법 그 자체는 아니다.
> ①③ 법의 안정성을 설명한 말이다.
> ④ 정의를 설명한 말이다.
>
> ※ **합목적성** … 국가와 사회가 전체적으로 어떤 가치를 추구하는 것이 이상적인가를 예상하고 그것에 맞추어 방향을 설정하는 것을 말한다.

ANSWER 8.① 9.②

10 다음에서 설명하는 기관은?

> 이 기관은 법령이 헌법에 위반되는지, 또는 공권력이 국민의 기본권을 침해했는지를 심판하는 독립된 헌법
> 수호 기관에 해당한다. 입법·행정·사법부 어디에도 속하지 않는 독립적인 지위를 가지며, 「헌법」이라는
> 국가 최고 규범을 지키는 최후의 보루 역할을 한다. 총 9명의 재판관으로 구성된다. 위헌법률 심판, 헌법소
> 원 심판, 탄핵심판, 정당해산심판, 권한 쟁의 심판을 담당한다.

① 경찰청　　　　　　　　　　　　　　② 헌법재판소
③ 국회　　　　　　　　　　　　　　　④ 법원

> **ADVICE** ① 경찰청 : 치안 관련 사무를 담당하는 행정 기관이다.
> ③ 국회 : 국민의 대표로서 법률을 제정하는 입법 기관이다.
> ④ 법원 : 구체적인 사건에 법을 적용하여 재판을 진행하는 사법 기관이다.

11 헌법의 기본 원리에 해당하지 않는 것은?

① 절대적 평등주의　　　　　　　　　② 국민 주권의 원리
③ 자유 민주주의의 원리　　　　　　　④ 복지국가의 원리

> **ADVICE** ① 헌법은 기회의 평등과 상대적 평등을 지향하지, 결과의 수치적 평등(절대적 평등)을 강요하지 않는다.

12 법원에 관한 설명으로 옳지 않은 것은?

① 정치적 사건을 사법적 절차에 따라 해결하는 곳은 대법원이다.
② 명령·규칙·처분의 최종적인 심사는 대법원이 한다.
③ 군사법원의 상고심은 대법원이 담당한다.
④ 민주적 사법제도의 2대 원칙은 증거재판주의와 공개재판주의이다.

> **ADVICE** ① 정치적 사건을 사법적 절차에 따라 해결하는 기관은 헌법재판소이다.
> ※ 법원의 조직
> ㉠ 대법원 : 모든 상고사건, 재항고사건, 선거재판, 명령·규칙·처분 심사
> ㉡ 고등법원 : 항소·항고사건, 행정재판
> ㉢ 지방법원 : 모든 소송의 제1심, 단독 판사판결에 대한 항소사건, 단독 판사의 결정·명령에 대한 항고사건
> ㉣ 가정법원 : 가사사건, 소년보호사건 심판
> ㉤ 군사법원 : 특별법원으로 군인·군무원의 범죄, 국민의 특별범죄 담당

ANSWER 10.② 11.① 12.①

13 다음 헌법 조항에 맞는 헌법의 기본 원리는?

> • 대한민국은 국제 평화의 유지에 노력하고 침략적 전쟁을 부인한다〈헌법 제5조 제1항〉.
> • 헌법에 의하여 체결·공포된 조약과 일반적으로 승인된 국제법규는 국내법과 같은 효력을 가진다〈헌법 제6조 제1항〉.
> • 외국인은 국제법과 조약이 정하는 바에 의하여 그 지위가 보장된다〈헌법 제6조 제2항〉.

① 중앙 집권주의의 원리   ② 국제 평화주의의 원리

③ 평화 통일의 원리   ④ 복지 국가의 원리

ADVICE ② 제시된 헌법 조항들은 대한민국이 국제 사회의 일원으로서 평화를 사랑하고, 국제 규범을 준수하며, 외국인의 권리를 존중한다는 내용을 담고 있다.
① 헌법은 지방 자치 제도를 통해 권력을 분산하는 것을 원칙으로 한다.

14 위헌법률 심판제도에 대한 설명으로 틀린 것은?

① 심판의 주체는 오직 헌법재판소뿐이다.

② 헌법에 위반되는 것으로 인정되는 경우 그 법률의 효력을 상실하게 하는 제도이다.

③ 개인이 스스로 법률이 위헌이라고 판단할 때 헌법재판소에 요청한다.

④ 재판관 9명 중 6명 이상의 찬성이 있어야 위헌으로 결정된다.

ADVICE ③ 개인이 직접 하는 것이 아니라 반드시 법원을 거쳐야 한다. 법원이 법률이 위헌이라고 판단할 때 헌법재판소에 요청한다.
① 법률의 위헌 여부를 가리는 권한은 일반 법원이 아닌 독립된 헌법재판소에만 있다.
② 위헌으로 판정된 법률은 국가의 최고법인 헌법에 어긋나는 것이므로, 그 즉시 또는 결정된 시점부터 효력을 잃는다.
④ 위헌 결정은 국가적으로 중대한 사안이기에 재판관 9명 중 2/3 이상인 6명이 동의해야 한다.

15 국민의 의무를 헌법에 규정하고 있는 근본적인 목적은?

① 국가의 목적달성을 위하여

② 헌법에 규정이 없는 새로운 의무를 부과하지 못하도록 하기 위해서

③ 국민 모두가 국민이 된 도리를 다하게 하기 위하여

④ 국민에게 의무의 중요성을 인식시키기 위하여

ADVICE ② 국민의 기본적 의무를 헌법에 규정하고 있는 것은 국민에게 의무를 강조하자는 데에 그 뜻이 있는 것이 아니라 헌법에 규정된 경우와 헌법이 정하는 방법과 절차에 의하지 아니하고는 새로운 의무를 부과하지 못하게 하려는 데 원래의 목적이 있다.

ANSWER 13.②   14.③   15.②

16 국회에 대한 설명으로 옳은 것은?

① 국회의 회의는 공개하지 않는 것을 원칙으로 한다.

② 국회의 한 회기 중에 의결하지 못한 안건에 대하여 회기가 끝나면 폐기한다.

③ 법률과 정책의 내용을 구체적으로 집행하는 국가기관이다.

④ 재적의원 과반수의 출석과 출석위원 과반수의 찬성으로 의결, 가부동수일 경우 부결로 한다.

ADVICE ④ 국회의 일반적인 의사결정 원칙인 일반 의결 정족수에 해당한다.
　　　 ① 국회의 회의는 공개하는 것을 원칙으로 한다. 다만, 국가의 안전보장을 위해 필요하거나 의원들의 찬성이 있는 등
　　　　 의 특별한 경우에만 비공개로 할 수 있다.
　　　 ② 국회에 제출된 법률안 등은 회기 중에 의결되지 못했다고 해서 폐기되지 않고, 다음 회기로 넘어가서 계속 심의된다.
　　　 ③ 법률과 정책을 구체적으로 집행하는 곳은 행정부이다.

17 행정부에 대한 설명으로 옳은 것은?

① 국회의원은 국회의 동의를 얻어 대통령이 임명한다.

② 대통령은 법률안거부권을 가지며, 의회는 대통령에 대한 탄핵소추권을 가진다.

③ 국회의원과 법률을 정하는 직과 겸직을 할 수 있다.

④ 대통령에 소속된 헌법상의 필수기관인 합의제 기관은 헌법재판소이다.

ADVICE ② 행정부의 수반인 대통령은 입법부를 견제하기 위해 법률안 거부권을 가지고, 입법부인 국회는 행정부를 견제하기
　　　　 위해 탄핵 소추권을 갖는다.
　　　 ① 대통령이 국회의 동의를 얻어 임명하는 직위는 국무총리이다.
　　　 ③ 헌법에 의해 국회의원은 법률이 정하는 직을 겸할 수 없다
　　　 ④ 대통령 소속의 헌법상 필수 기관이자 합의제 자문 기관은 국무회의 또는 감사원이다.

18 대통령 직속 기관이지만 직무상 독립성을 가지며, 국가의 세입 · 세출 결산과 공무원의 직무를 감찰하는 곳은?

① 대통령

② 국무총리

③ 국무회의

④ 감사원

ADVICE ① 대통령 : 행정부의 수반이자 국가를 대표하는 국가 원수이다.
　　　 ② 국무총리 : 대통령을 보좌하며, 대통령의 명을 받아 행정 각부를 통할한다.
　　　 ③ 국무회의 : 행정부의 최고 심의 기관으로, 국가의 중요 정책을 심의한다.

ANSWER 16.④　17.②　18.④

19 개인과 개인 사이의 재산권이나 신분권에 관한 다툼을 해결하기 위한 재판은?

① 민사재판
② 형사재판
③ 행정재판
④ 선거재판

ADVICE ② 형사재판 : 살인, 강도, 절도 등 범죄를 저지른 사람에게 국가가 형벌을 내리기 위한 재판이다.
③ 행정재판 : 국가나 지방자치단체 등 행정 기관의 잘못된 처분으로 인해 국민이 피해를 바로잡기 위한 재판이다.
④ 선거재판 : 선거의 효력이나 당선의 유효 여부에 관한 다툼을 해결하기 위한 재판이다.

20 다음 재판에 대한 설명으로 옳은 것은?

① 재판은 비공개재판이 원칙에 해당한다.
② 법원에서는 위헌 여부를 최종적으로 결정한다.
③ 법원은 대통령을 임명한다.
④ 민주재판제도에서는 증거재판주의가 원칙이다.

ADVICE ④ 사실의 인정은 반드시 법률적 자격을 갖춘 증거에 의거해야 한다는 원칙이다.
① 재판은 공개재판이 원칙에 해당한다.
② 법률이 헌법에 위반되는지 여부를 최종적으로 심판하는 곳은 법원이 아니라 헌법재판소이다.
③ 대통령은 국민의 선거를 통해 선출한다.

ANSWER 19.① 20.④

01 민법의 기초 이해

(1) 민법의 의미

① 공법(公法)과 사법(私法)의 구분

  ㉠ 공법 : 국가와 같은 공적 기관이 개입하여 사회질서 및 공공의 생활을 규율하는 법으로, 헌법, 형법, 행정법 등이 이에 해당한다.

  ㉡ 사법 : 개인 간의 법적 관계를 규율하는 법으로, 민법, 상법 등이 이에 해당한다.

② 민법 : 개인 간의 법적 관계를 규율함에 있어 일반적으로 적용되는 법으로, 로마 제국 시대의 시민법이 유럽으로 보급되고, 시민 혁명을 거치면서 형성되었다.

(2) 민법의 원칙

① 근대 민법의 3대 원칙

  ㉠ 소유권 절대의 원칙(사유 재산권 존중의 원칙) : 개인의 사유 재산에 대한 절대적 지배를 인정하며, 국가나 타인의 간섭을 배제한다.

  ㉡ 사적 자치의 원칙(계약 자유의 원칙) : 계약 체결 여부, 상대방 선택, 계약 내용 형성 등 개인은 자신의 자유로운 의사에 기초하여 법률관계를 형성할 수 있다.

  ㉢ 과실 책임의 원칙(자기 책임의 원칙) : 개인이 타인에게 끼친 손해에 대해서는 고의 또는 과실이 있을 때만 책임을 지며, 타인의 행위에 대해서는 책임을 지지 않는다.

② 근대 민법의 3대 원칙의 실천에 따른 제약

  ㉠ 법률행위나 계약이 강행 법규, 선량한 풍속, 그 밖의 사회 질서에 반하면 무효이다.

  ㉡ 채무의 이행에는 신의와 성실이 요구된다.

  ㉢ 소유권의 행사에는 법률의 제한이 따르며, 소유권을 타인에게 해를 끼칠 목적으로 행사할 수 없다.

③ 현대 민법의 3대 기본 원리

구분	내용
소유권 공공의 원칙	• 개인의 재산권은 법에 의해 보장되지만, 사회 전체의 이익을 위해 그 권리의 행사가 제한될 수 있음 • 근거조항 : 재산권의 행사는 공공복리에 적합하도록 하여야 한다〈헌법 제23조 제2항〉.
계약 공정의 원칙	• 공정성을 잃은 계약은 법의 보호를 받을 수 없음 • 근거조항 : 당사자의 궁박(窮迫), 경솔 또는 무경험으로 인하여 현저하게 공정을 잃은 법률행위는 무효로 한다〈민법 제104조〉.
무과실 책임의 원칙	과실이 없는 경우에도 일정한 상황에 대해서는 관계있는 자에게 책임을 물을 수 있음

(1) 계약의 의미와 과정

① 계약의 의미와 특징

   ㉠ 의미 : 계약이란 거래를 하고 관계를 맺기 위한 사람과 사람 사이의 일정한 합의 또는 약속을 말한다.

   ㉡ 특징 : 기본적으로 계약 당사자들의 의사가 가장 중요하며, 당사자들이 원하는 대로 법적인 관계를 형성할 수 있는 계약 자유의 원칙을 가진다. 당사자의 합의만으로도 법적 효력이 인정되면 계약서가 반드시 요구되는 것은 아니다.

② 계약 성립의 조건

   ㉠ 성립조건 : 자유로운 의사에 합치하며 사회 질서에 반하지 않고 일정한 형식을 갖출 경우 계약이 성립한다. 반사회적이거나 일정한 형식을 갖추지 못한 경우, 필요한 내용을 다 담지 못한 경우 법적 효력이 발생하지 않는다.

   ㉡ 계약서 : 계약서에는 일반적으로 계약한 사람(대개 이름 외 주소나 주민등록번호 포함), 계약의 내용, 계약한 날짜를 명시하고 확인의 의미로 서명이나 도장을 찍는다.

   ㉢ 공증 : 계약의 내용을 국가가 지정한 사람이 확인하는 제도로, 다툼 발생 시 법정에서 증거로 활용된다.

③ 미성년자와의 계약

   ㉠ 원칙 : 미성년자는 행위 무능력자로 단독으로 법적 계약을 맺을 수 없으며 법정 대리인의 동의가 필요하다. 법정 대리인의 동의가 없는 계약은 취소할 수 있다.

   ㉡ 예외 : 미성년자에게 처분이 허락된 재산의 처분, 허락된 영업에 관한 법률 행위, 단순히 권리만을 얻거나 의무를 면하는 행위, 임금의 청구, 혼인 이후의 민법상 법률 행위는 미성년자가 단독으로 할 수 있다.

   ㉢ 거래 상대방 보호 : 미성년자를 보호하기 위한 제도로 인해 거래 상대방이 피해를 입는 것을 방지하기 위해 다음의 조치를 취할 수 있다.

     • 최고(催告)권 : 미성년자의 상대방이 미성년자의 법정 대리인에 대해 계약 취소 여부를 묻고 기한 내에 확답이 없을 경우, 추인으로 간주하여 거래를 확정할 수 있다.

     • 철회권 : 미성년자의 법정 대리인의 조치를 기다리지 않고 거래 자체를 철회할 수 있다.

     • 취소권의 배제 : 미성년자가 변조나 위조 등과 같은 적극적인 사술(詐術) 행위로 법률 행위를 맺은 경우 미성년자의 법정 대리인의 취소권이 배제된다.

(2) 불법 행위의 이해

① 의미 … 고의 또는 과실로 위법하게 타인에게 손해를 입힌 가해자의 행위

② 성립 요건 … 가해 행위, 위법성, 고의 또는 과실, 손해의 발생, 가해 행위와 손해 간의 인과 관계, 책임 능력

③ 특수한 불법 행위 … 일반적인 불법 행위의 성립 요건과 달리 책임의 성립 요건이 경감되거나 타인의 가해 행위에 대해서도 책임을 지는 경우

구분	내용
책임무능력자의 감독자의 책임	다른 자에게 손해를 가한 사람이 미성년자, 심신상실자의 책임능력에 따라 책임이 없는 경우에는 그를 감독할 법정 의무가 있는 자가 그 손해를 배상할 책임이 있다. 다만, 감독의무를 게을리 하지 아니한 경우에는 그러하지 아니하다〈민법 제755조 제1항〉.
사용자의 배상책임	타인을 사용하여 어느 사무에 종사하게 한 자는 피용자가 그 사무집행에 관하여 제삼자에게 가한 손해를 배상할 책임이 있다. 그러나 사용자가 피용자의 선임 및 그 사무 감독에 상당한 주의를 한 때 또는 상당한 주의를 하여도 손해가 있을 경우에는 그러하지 아니하다〈민법 제756조 제1항〉.
공작물 등의 점유자 · 소유자 책임	• 공작물의 설치 또는 보존의 하자로 인하여 타인에게 손해를 가한 때에는 공작물점유자가 손해를 배상할 책임이 있다. 그러나 점유자가 손해의 방지에 필요한 주의를 해태하지 아니한 때에는 그 소유자가 손해를 배상할 책임이 있다〈민법 제758조 제1항〉. • 동물의 점유자는 그 동물이 타인에게 가한 손해를 배상할 책임이 있다. 그러나 동물의 종류와 성질에 따라 그 보관에 상당한 주의를 해태하지 아니한 때에는 그러하지 아니한다〈민법 제759조 제1항〉.
공동불법 행위자의 책임	• 수인이 공동의 불법행위로 타인에게 손해를 가한 때에는 연대하여 그 손해를 배상할 책임이 있다〈민법 제760조 제1항〉. • 공동 아닌 수인의 행위 중 어느 자의 행위가 그 손해를 가한 것인지를 알 수 없는 때에도 전항과 같다〈민법 제760조 제2항〉.

(3) 손해 배상

① 의미 … 타인에게 입힌 손해를 전보(塡補)하고, 손해 발생 이전과 똑같은 상태로 회복시키는 것

② 손해 배상의 범위

   ㉠ 채무불이행으로 인한 손해배상은 통상의 손해를 그 한도로 한다.

   ㉡ 특별한 사정으로 인한 손해는 채무자가 그 사정을 알았거나 알 수 있었을 때에 한하여 배상의 책임이 있다.

③ 손해 배상의 방법 … 금전 배상이 원칙이며, 명예훼손의 경우에는 손해 배상과 함께 사죄 광고 등과 같은 명예회복에 필요한 처분을 명할 수 있다.

03 개인 간의 분쟁 해결

(1) 개인 간의 분쟁 해결을 위한 간편한 절차

① 내용 증명 우편 … 우체국에서 발송인이 언제, 누구에게, 어떤 내용의 문서를 발송했는지 증명해주는 제도

② 민사 조정 제도 … 소송 이전에 법관이나 조정 위원회에서 타협안을 제시하여 당사자들이 수용하도록 하는 제도

③ 소액 사건 심판 … 3천만 원 이하의 작은 액수를 빌려 준 경우

(2) 민사 소송의 이해

① 민사 소송 … 개인 간의 문제에 대해 법원이 개입하여 분쟁을 해결·조정해주는 정식 절차로 가장 강제적인 분쟁 해결 수단이다.

② 절차

단계	내용
재산 확보	가압류 신청 등과 같이 채무자의 재산을 미리 확인하고 확보해 주는 조치
재판 및 판결	• 돈을 받을 권리가 있음을 법원으로부터 확인 • 객관적으로 증명할 수 있는 자료 제시 • 변호사의 도움을 받을 수 있음
강제 집행	• 국가의 힘을 빌려 권리를 실현 • 가압류된 재산을 매각하거나 채무자가 타인에 대해 가지고 있는 채권을 대신 행사 • 미리 공증을 받은 경우, 재판 절차 없이 바로 강제 집행 가능

(3) 분쟁을 해결하는 다른 방법

① 대안적 분쟁 해결 방법

　㉠ 협상 : 분쟁 당사자들이 대화를 나누어 자율적으로 해결책 모색

　㉡ 조정 : 분쟁과 관련이 없는 타인이 개입하여 당사자 간의 대화를 주선하는 경우로 주로 민사 사건에 활용

　㉢ 중재 : 제3자에게 결정을 맡기는 해결 방식으로 법적 구속력이 있으며, 주로 언론 문제나 노동 문제의 해결에 활용

② 법률 구조 기관

　㉠ 대한 법률 구조 공단 : 민사 사건과 형사 사건에 모두 관여하며 무료 법률 상담 등을 제공하는 비영리 공익 법인이다.

　㉡ 한국 가정 법률 상담소 : 가정 문제를 비롯하여 법률문제 전반에 대한 상담 및 교육을 담당한다.

　㉢ 대한 변호사 협회 : 현직 변호사들이 법률 상담을 제공하고 법률 구조 대상자를 선정하여 변호사 선임 및 소송에 필요한 각종 비용을 지원한다.

04 ▶ 생활 속의 법 – (1) 가족관계와 법

(1) 출생

① 출생시점 … 민법은 태아가 살아 있는 상태로 완전히 어머니의 몸 밖으로 나온 때를 출생시점으로 보는 완전 노출설의 입장을 취한다. 태아의 경우 상속, 불법 행위로 인한 손해 배상 청구 등의 경우에 예외적으로 권리 능력을 인정한다.

② 이름 짓기 … 한글 또는 한자 사용이 가능하며, 성을 제외하고 5자 이내로 제한한다.

③ 출생신고 … 출생증명서를 갖추고 주민 센터에서 신고하며, 출생 후 1개월 내에 신고하지 않으면 과태료가 부과된다.

④ 인지 … 혼인 외의 관계에서 태어난 자녀에 대해서는 아버지나 어머니가 자신의 자녀라고 인정하는 절차를 거쳐야 부모와 관련된 법적 권리를 보장받을 수 있다.

⑤ 입양의 경우 양자는 친자녀와 동등한 법적 권리를 가진다.

(2) 결혼과 이혼

① 결혼

　㉠ 결혼(법률혼)의 성립요건

구분	내용
실질적 요건	• 혼인하겠다는 의사의 합치가 있어야 함 • 법적으로 혼인이 제한되는 친족 관계가 없어야 함 • 혼인 가능 연령(만 18세, 미성년자의 경우 부모의 동의 필요)에 도달해야 함
형식적 요건	혼인 신고

　㉡ 사실혼과 동거 : 혼인 신고 없이 결혼 생활을 하는 사실혼의 경우 제한적 범위에서만 법적 보호를 받으며, 동거의 경우 법적 보호를 받지 못한다.

　㉢ 결혼의 효력
　　• 친족 관계의 발생
　　• 부부 동거, 부양, 협조, 정조를 지킬 의무 발생
　　• 성년의제 : 만 18~19세의 미성년자가 혼인하면 민법상 성인으로 간주되어 단독으로 법률 행위가 가능하다.
　　• 부부 간의 계약 취소권 : 부부사이에서 혼인 중에 맺은 계약은 언제든지 부부의 일방이 이를 취소 할 수 있다.
　　• 부부간의 일상 가사 대리권 : 가정생활에 필요로 하는 통상적 사무의 수행은 부부 서로가 상대방을 대리할 수 있다.

② 이혼

　㉠ 협의상 이혼 : 부부의 의사 합치에 의한 이혼으로 이유나 원인을 묻지 않는다. 이혼 의사 확인 후 자녀 양육 문제를 결정하고 법원에 서류를 제출하면, 이혼숙려기간 거쳐 가정 법원에서 이혼 의사 여부를 공적으로 확인한다. 3개월 이내에 등록기준지 또는 주소지 관할 구청에 신고하면 이혼의 과정이 완료된다.

　㉡ 재판상 이혼 : 부부관계가 파탄의 상태에 이르러 부부관계를 더 이상 유지할 수 없지만, 협의를 통한 이혼이 불가능 할 때 주소지 관할 법원에 이혼소송을 청구하여 판결로써 부부관계를 해소할 수 있다.

　㉢ 이혼의 효력
　　• 혼인에 의해 성립한 부부 사이의 모든 권리와 의무, 친족관계 소멸
　　• 부부 공동 재산에 대한 분할 청구권
　　• 유책 배우자에 대한 위자료 청구 및 손해배상청구권 발생

(3) 사망과 상속

① 사망시점 … 사망시점에 대해서는 심장과 폐의 기능이 다하는 시점인 심폐 기능 정지설(민법에서의 일반설)과 뇌의 기능이 돌이킬 수 없는 손상으로 정지되는 시점인 뇌사설(제한적 인정)이 인정된다.

② 유언 … 유언자의 사망과 동시에 일정한 법률 효과를 발생시키기 위한 것으로 자필 증서, 녹음, 공정 증서, 비밀 증서 등과 같은 법에서 정한 형식이나 절차에 맞게 한 유언만 효력을 인정한다.

③ 상속 … 고인의 재산에 관한 권리와 의무가 배우자 및 일정한 범위의 친족에게 승계되는 것으로 재산뿐만 아니라 빚도 상속된다.

　㉠ 종류
- 유언 상속 : 피상속인의 유언이 있을 경우 유류분(법정 상속인에게 법으로 보장되는 부분)을 제외하고 유언에 따름
- 법정 상속 : 피상속인의 유언이 없을 경우 법에 정해진 대로 상속이 이루어짐

　㉡ 상속인 보호
- 상속포기 : 법정 상속을 받지 않겠다는 표시
- 한정승인 : 상속받을 재산 범위 내에서만 빚을 갚겠다는 표시
- 상속 여부의 재결정 : 뒤늦게 피상속인의 빚이 재산보다 더 많다는 것을 알게 된 경우, 일정 기간 내에 상속 여부를 재결정 할 수 있다.

　㉢ 상속 순위

구분	상속인	비고
제1순위	직계 비속, 배우자	배우자의 경우 직계 비속이나 직계 존속이 있으면 공동으로 상속하며, 그렇지 않을 경우 단독 상속한다.
제2순위	직계 존속, 배우자	
제3순위	형제자매	
제4순위	4촌 이내의 방계 혈족	

　㉣ 상속분과 기여상속분 : 성별, 결혼 여부 등에 관계없이 모두 균등하게 상속받으며, 배우자는 상속분의 50%를 더 받는다. 고인을 특별히 부양하였거나 고인의 재산 형성에 이바지한 공로가 인정되는 상속인에 대해서는 법에 정한 상속분보다 일정액을 더 상속받도록 기여상속분을 인정한다.

05 생활 속의 법 – (2) 부동산 관련 법

(1) 부동산 물권
① 물권법정주의

구분	내용
점유권	물건을 사실상 지배하고 있을 때, 그 상태를 보호해 주기 위한 권리
소유권	대표적 물권으로 물건을 직접적 및 배타적으로 사용, 수익, 처분하거나 그 밖의 방법으로 지배할 수 있는 권리
제한물권	• 물건의 한정된 면만 지배할 수 있는 권리 • 용익물권 : 타인의 물건(토지 또는 건물)을 일정 범위 내에서 사용, 수익할 수 있는 물권으로 지상권, 지역권, 전세권 등이 해당 • 담보물권 : 목적물을 자기 채권의 담보에 제공함을 목적으로 하는 물권으로, 유치권, 저당권 등이 해당

② 물권의 효력
　㉠ 상호간의 우선적 효력 : 시간적으로 앞서서 성립한 물권은 뒤에 성립한 물권에 우선한다.
　㉡ 물권과 채권간의 우선적 효력 : 동일물에 대하여 물권과 채권이 병존하는 경우에는 그 성립 시기에 관계없이 항상 물권이 우선한다.

③ 공시

　㉠ 의미 : 물권의 변동은 거래의 안전을 위하여 당사자는 물론 제3자도 쉽게 그 변동관계를 알 수 있도록 해주는 것으로 언제나 외부에서 인식할 수 있는 방법을 수반해야 한다.

　㉡ 공시의 방법

구분	물권의 공시	물권변동의 공시
동산	점유	인도
부동산	등기	등기

(2) 부동산 매매와 등기

① 등기 … 등기부라는 공적 장부에 부동산과 관련된 권리를 기재하는 것으로, 필요한 경우 다른 사람이 열람할 수 있으며 부동산의 거래는 등기부상에 내용이 기재되어야만 법적 효력이 발생한다.

② 등기부 등본의 구성 … 갑구와 을구에 관계없이 먼저 등기가 된 권리가 우선 보호된다.

구분	내용
표제부	소재지, 면적, 용도, 구조 등이 변경된 순서대로 기재
갑구	소유권에 관한 사항이 접수된 날짜순으로 기재
을구	저당권, 전세권 등 같은 소유권 이외의 권리에 관한 사항 기재

③ 부동산 거래의 절차

　㉠ 탐색 : 위치, 가격 등을 탐색

　㉡ 등기부 열람 : 토지나 건물의 소유자 확인, 권리설정관계의 유무 파악

　㉢ 토지대장 열람 : 등기부와 다른 점 확인, 해당 구청에서 열람

　㉣ 매매계약 체결 : 매도인이 실소유자가 맞는지 반드시 확인

　㉤ 계약금 지불 : 계약서 작성 후 통상 매매가의 10%

　㉥ 중도금 지급 : 계약일과 잔금일의 중간쯤 매매가의 40%

　㉦ 잔금 지급 : 매매대상물을 인도하는 날, 등기서류 및 부동산 인수

　㉧ 등기 : 신청서, 등기원인을 증명하는 서면, 매도인의 등기필증(집문서, 땅문서), 매매용 인감증명서 등을 첨부하여 지방법원관할 등기소에 신청

(3) 부동산 임대차

① 의미 ··· 임대인이 임차인에게 건물이나 토지 등을 빌려 주고 임차인이 그 대가를 지급하기로 하는 계약으로, 통상적인 전월세 계약을 임대차 계약으로 볼 수 있다.

② 임대차 계약 시 주의사항

   ㉠ 등기부 등본을 열람하거나 발급받아 계약 해지 시에 보증금을 안전하게 돌려받을 수 있는지를 확인

   ㉡ 등기부 등본에 기재가 안 된 선순위의 임차권자의 보증금이 얼마나 되는지, 해당 부동산이 경매될 경우 매각금액 예측

   ㉢ 잔금 지급 시에 주민 등록 전입신고를 하면서 임대차 계약서에 확정일자를 받음

   ㉣ 주택 임대차 보호법상의 대항력을 인정받으려면 현실로 주택을 인도받아야 함

③ 주택 임대차 보호법

   ㉠ 목적 : 세입자의 주거 및 보증금의 회수를 보장하고, 과도한 집세 인상 등에서 세입자를 보호하기 위하여 제정

   ㉡ 대항력 : 계약 기간까지 그 주택에 거주할 수 있고, 계약기간이 지났더라도 임차 보증금을 돌려 줄때 까지 계속 거주할 수 있는 권리

   ㉢ 우선변제권 : 임차 주택이 경매 처분될 경우 자신의 임대차 보증금을 후순위 저당권에 우선하여 우선 돌려받을 수 있는 권리

   ㉣ 계약기간특례 : 계약기간이 없거나 2년 미만으로 정한 임대차는 그 기간을 2년으로 본다. 또 임대인이 기간 만료 전 갱신 거절이나 조건 변경의 통지를 하지 않았을 경우 이전과 같은 조건으로 다시 계약한 것으로 본다.

   ㉤ 임차권 승계 : 임차인의 사실혼 배우자도 임차인이 사망한 경우 임차권을 승계할 수 있다.

   ㉥ 소액보증금 최우선 변제권 : 일정 범위의 소액 보증금은 다른 담보물권자보다도 우선하여 최우선으로 변제받을 수 있다.

출제예상문제

1 밑줄 친 ㉠, ㉡에 대한 설명으로 옳은 것은?

> 갑과 을은 법률상의 부부이다. 혼인 생활을 유지하던 중 갑은 을의 심각한 부정행위를 알게 되어 을에게 ㉠ 협의상 이혼을 요구하였다. 하지만 을은 이를 거절하였고, 이에 갑은 가정법원에 ㉡ 재판상 이혼을 청구하였다.

① ㉠의 효력은 법원에서 이혼 의사 확인을 받은 즉시 발생한다.
② ㉠과 달리 ㉡에서만 을은 갑에게 재산 분할을 청구할 수 있다.
③ ㉠, ㉡ 모두 법원을 거쳐야만 혼인 관계를 해소할 수 있다.
④ ㉡은 법률로 정한 이혼의 사유나 원인을 필요로 하지 아니한다.

> **ADVICE** ③ ㉠의 협의상 이혼은 이유나 원인, 동기는 법적으로 규정되어 있지 않으며 이혼의사에 대한 합의를 필요로 한다. ㉡의 재판상 이혼은 민법 제840조에 규정된 사유가 있어야 한다. 협의상 이혼은 부부가 판사 앞에 출석하여 협의 이혼의사를 확인받아야 하며, 재판상 이혼은 조정 또는 이혼소송 절차를 통해 확정된다. ㉠, ㉡ 모두 법원을 거쳐야만 혼인 관계를 해소할 수 있다.
> ① ㉠의 효력은 법원에서 이혼 의사 확인 및 이혼 숙려 기간 진행, 가정법원의 협의이혼의사 확인, 행정관청에 이혼 신고를 해야 효력이 발생한다.
> ② 재산 분할은 협의상 이혼, 재판상 이혼 모두 행사할 수 있다.
> ④ 재판상 이혼은 법률로 정한 이혼의 사유나 원인을 필요로 한다.

2 다음 밑줄 친 내용이 담고 있는 의미는?

> 민법 제2조는 "권리행사와 의무이행은 신의에 좇아 성실히 하여야 한다.", "권리는 남용하지 못한다."라고 규정하여 <u>신의성실</u>과 권리남용 금지의 원칙을 규정하고 있다.

① 정의와 형평
② 도덕적 양심
③ 국가안전보장
④ 법률

> **ADVICE** ① 신의성실은 원래 사람의 행위나 태도에 대한 윤리적·도덕적 평가를 나타내는 말이지만, 민법 제2조의 신의성실은 구체적인 사건에서 객관적인 법률을 무차별적으로 적용함으로써 발생하는 부작용을 회피하기 위한, 즉 정의와 형평을 의미한다.

ANSWER 1.③ 2.①

3 다음과 같은 판결의 근거가 될 수 있는 법의 원리는?

토지소유자가 자신의 친딸에게 그 소유의 대지 위에 건물을 신축하도록 승낙하여 딸이 건물을 짓고 소유권 보존등기를 하였는데, 그 딸의 채권자의 강제경매신청에 의하여 그 건물을 경락받은 제3자에게 토지소유자가 지어서 얼마 되지 않은 건물의 철거를 요구하는 것은 특별한 사정이 없는 한 이 원칙에 어긋난다.

① 신의성실의 원칙
② 권리남용금지의 원칙
③ 자력구제금지의 원칙
④ 공공복리적합의 원칙

ADVICE ① 민법 제2조 제1항의 "권리의 행사와 의무의 이행은 신의에 좇아 성실히 하여야 한다."는 규정은 민법 전체를 지배하는 원칙으로서 사권(私權)의 사회성·공공성으로부터 도출된다는 원칙이다. 따라서 채권자의 강제경매신청에 의하여 그 건물을 경락받은 제3자에게 토지소유자가 건물의 철거를 요구하는 것은 민법 제2조 제1항의 신의성실의 원칙에 위배된다고 할 수 있다.

4 다음 중 공법에 해당하는 것을 모두 고른 것은?

㉠ 헌법
㉡ 형법
㉢ 행정법
㉣ 민법
㉤ 상법

① ㉠㉤
② ㉡㉣
③ ㉠㉡㉢
④ ㉢㉣㉤

ADVICE ③ 공법에는 헌법, 형법, 소송법 등이 있다.
①②④ 사법에는 민법, 상법이 있다.

5 미성년자를 보호하기 위한 제도로 인해 거래 상대방이 피해를 입는 것을 방지하기 위한 조치가 아닌 것은?

① 공증   ② 최고권

③ 철회권   ④ 취소권의 배제

> **ADVICE** ① 공증은 특정한 사실이나 법률관계를 공적으로 증명하는 제도이다. 미성년자와 거래한 상대방을 보호하기 위한 직접적인 수단은 아니다.
> ② **최고(催告)권** : 미성년자의 상대방이 미성년자의 법정 대리인에 대해 계약 취소 여부를 묻고 기한 내에 확답이 없을 경우, 추인으로 간주하여 거래를 확정할 수 있다.
> ③ **철회권** : 미성년자의 법정 대리인의 조치를 기다리지 않고 거래 자체를 철회할 수 있다.
> ④ **취소권의 배제** : 미성년자가 변조나 위조 등과 같은 적극적인 사술(詐術) 행위로 법률 행위를 맺은 경우 미성년자의 법정 대리인의 취소권이 배제된다.

6 개인 간의 분쟁을 해결하기 위한 간편한 절차에 해당하지 않는 것은?

① 내용증명우편   ② 민사조정제도

③ 민사소송   ④ 소액사건심판

> **ADVICE** ③ 민사소송은 개인 간의 분쟁을 해결하는 가장 대표적인 방법이지만, 절차가 매우 복잡하고 비용이 많이 들며 최종 판결이 나오기까지 시간이 오래 걸린다.
> ① **내용증명우편** : 우체국을 통해 누가, 언제, 어떤 내용의 문서를 보냈는지 공적으로 증명하는 제도이다.
> ② **민사조정제도** : 판결을 내리기 전, 법관이나 조정위원회가 개입하여 양쪽의 주장을 듣고 합의를 이끌어내는 제도이다.
> ④ **소액사건심판** : 빌려준 돈이나 손해배상액이 3,000만 원 이하인 소액 사건의 경우, 절차를 대폭 간소화하여 빠르게 해결하는 제도이다.

7 피상속인의 유언이 있을 경우 법정 상속인에게 법으로 보장되는 부분인 유류분을 제외하고 유언에 따라 상속하는 제도는?

① 법정 상속   ② 유언 상속

③ 한정승인   ④ 상속포기

> **ADVICE** ① **법정 상속** : 피상속인의 유언이 없거나 유언이 무효인 경우, 민법에서 정한 순위와 비율에 따라 재산을 나누는 방식이다.
> ③ **한정승인** : 상속받은 재산의 범위 내에서만 빚을 갚는 조건으로 상속받는 것이다.
> ④ **상속포기** : 재산과 빚을 모두 포함한 모든 상속 권리를 완전히 포기하는 것이다.

ANSWER 5.①   6.③   7.②

8 상속 제1순위에 해당하는 자는?

① 4촌 이내의 방계 혈족

② 직계 존속

③ 형제자매

④ 직계 비속

ADVICE ④ 상속 제1순위는 직계비속에 해당한다.
① 삼촌, 고모, 이모, 사촌 형제 등에 해당하는 4촌 이내의 방계 혈족은 제4순위에 해당한다.
② 부모, 조부모 등 나를 기준으로 올라가는 혈족인 직계 존속은 제2순위에 해당한다.
③ 형제자매는 제3순위에 해당한다.

9 물권법정주의에 해당하는 것은?

① 점유권

② 근린공원 이용권

③ 소유권

④ 담보물권

ADVICE ② 근린공원 이용권 : 근린공원을 이용할 수 있는 권리는 인근 주민들이 누리는 생활상의 이익일 뿐, 이를 배타적인 권리인 '물권'으로 인정하지 않는다.
① 점유권 : 물건을 사실상 지배하고 있는 상태 그 자체를 보호하는 권리이다.
③ 소유권 : 물건을 전면적으로 사용, 수익, 처분할 수 있는 가장 기본적이고 강력한 물권이다.
④ 담보물권 : 채권을 확보하기 위해 물건을 잡아두는 권리로, 유치권, 질권, 저당권이 있다.

10 주택임대차보호법에 대한 설명으로 적절하지 않은 것은?

① 주택의 인도와 전입신고를 마친 다음 날 0시부터 발생한다.

② 경매로 넘어가거나 매매되어 주인이 바뀌어도 임대 기간 동안 계속 거주할 수 있다.

③ 보증금을 먼저 돌려받는 우선변제권이 있다.

④ 계약을 갱신할 때 임대료의 인상을 할 수 없다.

ADVICE ④ 법적으로 정해진 범위 내에서 인상을 할 수 있다.

ANSWER 8.④ 9.② 10.④

사회생활과 법

01 범죄의 성립과 형사 절차

(1) 형법의 의의

① 범죄와 형벌 … 범죄란 법률로 정해진 공권력을 동원해서라도 금지해야 하는 행동이며, 범죄가 저질러졌을 때 동원되는 공권력을 형벌이라고 한다.

② 죄형법정주의

    ㉠ 의미 : 어떤 행위가 범죄가 되고 그 범죄에 대하여 어떤 처벌을 할 것인가는 미리 성문의 법률로 규정되어 있어야 한다는 근대 형법의 최고 원칙으로, "법률이 없으면 범죄도 없고 형벌도 없다."라는 말로 요약될 수 있다.

    ㉡ 목적 : 국가 형벌권의 확장과 남용 방지하여 국민의 자유와 인권 보장하기 위함이다.

    ㉢ 원칙

        • 관습 형법 금지의 원칙 : 법관이 적용할 형벌에 관한 법은 반드시 성문의 법률이어야 하고, 관습법이나 불문법을 적용할 수 없다.

        • 명확성의 원칙 : 형법에 의하여 금지되는 행위가 무엇인지, 또 그 행위로 부과될 형벌의 종류와 형기가 명확하여 누구나 알 수 있어야 한다.

        • 유추 해석 금지의 원칙 : 법률에 규정되지 않은 사항에 대해 그것과 유사한 성질을 가지는 사항에 관한 법률을 자의적으로 해석하여 적용할 수 없다. 단, 행위자에게 유리한 유추해석은 가능하다.

        • 형벌 효력 불소급의 원칙 : 형벌 법규는 그 시행 이후에 이루어진 행위에 대해서만 적용되고, 이전의 행위에까지 소급하여 적용할 수 없다. 단, 행위자에게 신법이 유리한 경우에는 신법을 적용한다.

        • 적정성의 원칙 : 법률 자체가 적정해야 하고 범죄와 형벌 간에 균형이 이루어져야 한다.

③ 범죄 성립의 3요소

    ㉠ 구성 요건 해당성 : 구성 요건이란 형법의 규정에 범죄로 규정한 행위로, 즉 형벌 법규에 규정되어 있는 위법 행위의 정형을 말한다. 구성 요건에 해당하면 위법성이 추정된다.

        • 객관적 요소(행위, 인과관계, 결과 등)와 주관적 요소(고의, 과실)가 필요하다.

        • 살해행위, 재물절취 등이 해당한다.

    ㉡ 위법성 : 구성 요건에 해당하는 행위가 전체 법질서로부터 부정적 가치판단이 내려지면 위법성이 인정된다. 단 구성 요건에 해당하는 행위 중 예외적으로 위법성이 인정되지 않는 위법성 조각 사유가 있으면 범죄가 성립하지 않는다.

위법성 조각 사유	근거조항
정당행위	법령에 의한 행위 또는 업무로 인한 행위 기타 사회상규에 위배되지 아니하는 행위는 벌하지 아니한다〈형법 제20조〉.
정당방위	자기 또는 타인의 법익에 대한 현재의 부당한 침해를 방위하기 위한 행위는 상당한 이유가 있는 때에는 벌하지 아니한다〈형법 제21조〉.
긴급피난	자기 또는 타인의 법익에 대한 현재의 위난을 피하기 위한 행위는 상당한 이유가 있는 때에는 벌하지 아니한다〈형법 제22조〉.
자구행위	법정 절차에 의하여 청구권을 보전하기 불능한 경우 그 청구권의 실행 불능 또는 현저한 실행 곤란을 피하기 위한 행위는 상당한 이유가 있는 때에는 벌하지 아니한다〈형법 제23조〉.
피해자의 승낙	처분할 수 있는 자의 승낙에 의하여 그 법익을 훼손한 행위는 법률에 특별한 규정이 없는 한 벌하지 아니한다〈형법 제24조〉.

ⓒ 책임성 : 어떠한 행위를 이유로 그 행위자가 사회적으로 비난받을 만한 책임이 있어야 하며, 행위자가 법 규범의 의미 및 내용을 이해하여 당해 행위를 법률이 금지하고 있다는 것을 인식할 수 있는 통찰능력이 없는 경우나 행위 시의 구체적인 사정으로 보아 행위자가 범죄 행위를 하지 않고 적법행위를 할 것을 기대할 수 있는 가능성이 없는 경우에는 책임성 조각 사유가 된다. 심신미약자, 청각 및 장애인 등은 책임성 감경 사유에 해당한다.

④ 형벌과 보안 처분

㉠ 형벌의 종류

종류		내용
생명형	사형	범죄자의 생명을 박탈하는 형벌로, 형법 중에서 최고형
자유형	징역	범죄자를 교도소 내에 가두어 노역을 하게 하는 형벌
	금고	징역형과 마찬가지로 구금형에 해당하지만 교도소에서 노역을 시키지 않는다는 점에서 구별됨
	구류	1일 이상 30일 미만의 기간 동안 교도소 등의 수용 시설에 구금시키는 형벌
명예형	자격상실	• 법원으로부터 사형·무기징역·무기금고의 형의 선고가 있을 때에는 그 효력으로서 당연히 일정한 자격을 상실시키는 형벌 • 공무원이 되는 자격, 공법상의 선거권과 피선거권, 법률로 요건을 정한 공법상의 업무에 관한 자격, 법인의 이사, 감사 또는 기타 법인의 업무에 관한 검사역이나 재산 관리인이 되는 자격 등
	자격정지	일정 자격을 일정 기간 정지시키는 형벌
재산형	벌금	금전으로 과해진 형벌(5만 원 이상)
	과료	일정한 액수를 기준으로 벌금보다 상대적으로 가벼운 재산형(2천 원~5만 원 미만)
	몰수	유죄판결을 선고할 때 범죄 행위에 제공하였거나, 제공하려고 한 물건, 또는 범죄로 말미암아 생겼거나 범죄로 인해 취득한 물건, 그 밖에 이러한 물건의 대가로 취득한 물건을 범죄자의 수중으로부터 국가에 귀속시키는 형벌

㉡ 보안처분 : 범죄로부터 사회를 방위하고 범죄자를 사회로 복귀시키기 위해 형벌과 함께 혹은 형벌을 대신하여 부과하는 예방적 조치이다. 책임을 전제로 하는 형벌과는 달리 장래의 범죄적 위험성을 기초로 하며, 보호관찰, 사회봉사, 수강명령, 치료 감호 등이 있다.

(2) 형사 절차의 이해

① 수사 절차와 피해자의 권리

　　㉠ 수사의 의미와 절차 : 수사란 범죄가 저질러졌을 가능성이 있는 경우에 실제 범죄 행위 여부를 확인하는 활동으로, 피해자의 고소 또는 제3자의 고발로 수사가 개시되면, 입건→구속과 불구속→송치→구속 적부 심사를 거쳐 기소여부가 결정된다.

　　㉡ 피의자의 권리 보호
　　　• 무죄 추정의 원칙 : 피의자는 유죄 판결이 확정될 때까지 무죄로 추정한다.
　　　• 진술 거부권(묵비권) : 피의자는 진술을 강요당하지 않을 권리가 있다.
　　　• 변호인의 도움을 받을 권리 : 누구든지 변호인의 도움을 받을 권리가 있다.
　　　• 구속 적부 심사 제도 : 체포, 구속된 피의자는 절차의 적법성을 심사해 줄 것을 법원에 신청할 수 있다.
　　　• 미란다 원칙 : 체포 또는 신문 시 피의자에게 체포 및 구속 이유, 변호인의 도움을 받을 권리, 묵비권 행사의 권리 등을 고지해야 한다.

② 형사 재판 절차

　　㉠ 기소와 불기소 : 기소란 피의자에게 혐의가 있어 유죄 판결을 기대하며 검사가 재판을 청구하는 것을 말한다. 불기소란 기소하지 않고 사건을 종결하는 것으로, 무혐의 처분이나 기소 유예 등이 이에 해당한다.

　　㉡ 형사 재판의 절차 : 기소→법원 구성→재판의 시작→검사의 논거→피고인의 반박→심증 형성→법원의 선고

③ 형의 선고와 집행

　　㉠ 형의 선고 : 피고인의 죄가 인정되는 경우 실형을 선고하거나 집행 유예, 선고 유예 등의 유죄 선고를 할 수 있으며, 기소한 사건에 대해 죄를 인정할 만한 증거가 없는 경우 무죄를 선고한다.

　　㉡ 상소 : 제1심 판결 선고에 대한 이의 제기는 항소, 제2심 판결에 대한 이의 제기는 상고라고 한다.

　　㉢ 형의 집행 : 징역형 또는 금고형의 경우 교도소에 수감한다. 교도소에 갇힌 수형자가 잘못을 뉘우치고 모범적으로 수감 생활을 하는 경우, 법원이 선고한 기간이 지나기 전에 임시로 석방하는 가석방 제도가 있다.

④ 즉결 심판과 국민 참여 재판

　　㉠ 즉결 심판
　　　• 20만 원 이하의 벌금형, 30일 이내의 구류형 등이 예상되는 경미한 범죄에 대하여 정식 재판 절차를 거치지 않고 판사가 그 자리에서 바로 형을 선고하는 절차로 즉결 심판 또는 줄여서 즉심이라고 한다.
　　　• 즉결 심판 절차는 약식 절차와 달리 반드시 검사가 청구하지 않아도 되고 경찰서장의 청구에 의해 이루어질 수도 있다.
　　　• 피고인은 즉결 심판에 이의가 있다면 정식 재판을 청구할 수 있다.

　　㉡ 국민 참여 재판
　　　• 일반 시민이 배심원으로 참여하여 유무죄에 관한 평결을 내리고, 유죄로 평결이 내려진 피고인에 대해 선고할 적정한 형벌을 담당 재판관과 토의하는 제도이다.
　　　• 배심원은 만 20세 이상의 국민이면 누구나 가능하며(단, 전과자나 변호사·경찰관 등의 직업을 가진 사람은 예외), 배심원 평결의 효력은 재판부에 권고의 효력만 있다.

(3) 범죄 피해자의 보호와 형사 보상

① 범죄 피해자 구조와 보호

　ㄱ 범죄 피해자 구조 제도 : 범죄로 인해 사망, 상해 또는 재산상의 피해를 보고도 가해자를 알 수 없거나 가해자가 가난하여 피해를 보상받지 못하는 경우, 국가가 피해자 또는 유족에게 구조금을 지급한다. 단, 피해자와 가해자가 친족 관계이거나 범죄를 유발한 경우에는 제외한다.

　ㄴ 범죄 피해자 보호법 : 피해자 상담, 긴급 구호, 의료 및 경제적 지원 등의 정책 시행

　ㄷ 피해자 지원 센터 : 민간 주도로 범죄 피해자를 지원

② 형사 보상 및 명예 회복 제도

　ㄱ 형사 보상 제도 : 불기소 처분을 받거나 무죄 판결을 받은 사람에게 국가가 그에 대한 보상을 해주는 제도

　ㄴ 보상 청구

　　• 피고인 : 재판이 확정된 사실을 안 날로부터 3년, 재판이 확정된 날로부터 5년 이내에 무죄 판결을 한 법원에 청구

　　• 피의자 : 불기소 처분 통지를 받은 날로부터 3년 이내에 그 처분을 한 검사가 소속된 지검의 피의자 보상 심의회에 청구

　ㄷ 명예 회복 제도 : 형사 보상 제도에 대한 보완책으로 무죄 판결이 확정된 때로부터 3년 이내에 자신을 기소한 검사가 소속된 지검에 무죄판결 관련 재판서를 법무부 홈페이지에 게시해 줄 것을 청구할 수 있다.

③ 배상 명령 제도 … 피해자가 형사 재판 과정에서 간단한 신청만으로 민사상 손해 배상 명령까지 받아낼 수 있는 제도로, 피고인의 재판이 진행 중인 법원에 2심 변론이 끝나기 전까지 배상 명령 신청서를 제출(형사 재판의 증인으로 출석하고 있는 경우에는 구두로도 신청 가능)하면 가능하다.

02 ▶ 법치 행정과 행정 구제

(1) 법치 행정과 시민 참여

① 행정의 원리

　ㄱ 민주행정의 원리 : 국민 주권의 원리에 따라 행정은 국민 고두의 이익과 의사가 반영되는 방향으로 진행되어야 한다.

　ㄴ 법치행정의 원리 : 행정기관의 행정 작용이 법에 위배되어서는 안 되며, 미리 정해진 법률에 의거하여 행정권이 발동되어야 한다.

　ㄷ 복지 행정의 원리 : 행정은 국민의 소극적인 자유권 보호 작용에 머무르는 것이 아니라, 적극적으로 국민의 인간다운 생활을 보장해야 한다. 우리 헌법의 관련 규정으로, 인간다운 생활을 할 권리, 행복추구권, 사회권적 기본권의 보장, 국가의 사회 보장 의무 등이 있다.

　ㄹ 사법 국가주의 : 국민의 권리 보호에 중점을 둔 것으로, 행정에 대한 재판을 행정 재판소에서 하는 행정 국가주의를 지양하고 행정에 대한 개괄적 사법심사를 인정한다.

　ㅁ 지방 분권주의 : 지방 자치 단체는 주민의 복리에 관한 사무를 처리하고, 재산을 관리하며 법령의 범위 안에서 자치에 관한 규정을 제정할 수 있다〈헌법 제117조〉.

② 행정에의 시민 참여
  ㉠ 거버넌스(governance) : 행정에 시민의 참여가 일반화되는 것으로, 전통적인 통치인 거버먼트(government)와 구별하여 부르는 용어
  ㉡ 장점 : 분쟁의 예방, 효율적이고 합리적인 행정 작용 도모, 행정에 대한 민주적 통제
  ㉢ 참여 방법 : 청문, 공청회, 의견 제출 등
③ 행정 정보 공개 제도
  ㉠ 의의 : 국민의 알 권리 보장, 행정의 민주화 및 공정화 실현
  ㉡ 한계 : 일반 회사가 아닌 공공 기관에만 청구 가능

(2) 다양한 행정 구제 제도

① 행정상 손해배상제도 … 국가 또는 공공단체의 위법한 행정작용으로 인하여 발생한 개인의 손해를 국가 등의 행정기관이 배상하여 주는 제도이다.
  ㉠ 공무원의 위법한 직무행위로 인한 손해배상 : 국가나 지방자치단체는 공무원 또는 공무를 위탁받은 사인(이하 공무원)이 직무를 집행하면서 고의 또는 과실로 법령을 위반하여 타인에게 손해를 입히거나, 「자동차손해배상 보장법」에 따라 손해배상의 책임이 있을 때에는 이 법에 따라 그 손해를 배상하여야 한다. 다만, 군인·군무원·경찰공무원 또는 예비군대원이 전투·훈련 등 직무 집행과 관련하여 전사·순직하거나 공상을 입은 경우에 본인이나 그 유족이 다른 법령에 따라 재해보상금·유족연금·상이연금 등의 보상을 지급받을 수 있을 때에는 이 법 및 「민법」에 따른 손해배상을 청구할 수 없다〈국가배상법 제2조〉.
  ㉡ 영조물의 설치·관리상의 하자로 인한 손해배상 : 도로·하천, 그 밖의 공공의 영조물의 설치나 관리에 하자가 있기 때문에 타인에게 손해를 발생하게 하였을 때에는 국가나 지방자치단체는 그 손해를 배상하여야 한다〈국가배상법 제5조〉.
② 행정상 손실보상제도 … 공공필요에 의한 적법한 공권력 행사에 의하여 개인의 재산에 가하여진 특별한 손해에 대하여 전체적인 평등부담의 견지에서 행하여지는 재산적 보상을 말한다.
  ㉠ 손실보상의 요건 : 손실보상을 받기 위해서는 공공필요를 위해 재산권에 대해 적법한 공권력의 침해가 있고 이로 인한 개인이 특별한 희생이 있어야 한다.
  ㉡ 손실보상의 기준 : 학설은 헌법 제23조 제3항에서 규정하고 있는 정당한 보상에 대하여 완전보상설과 상당보상설이 대립하고 있는데, 현재는 완전보상설이 다수설이라고 할 수 있다.
  ㉢ 손실보상의 절차 및 방법 : 손실보상의 절차는 각 단행법에서 당사자 간의 협의, 행정청의 재결, 또는 행정 소송에 의하는 경우 등을 개별적으로 규정하고 있다. 손실보상의 지급방법은 금전보상을 원칙으로 한다.
  ㉣ 손실보상에 대한 구제 : 재산권 수용 자체에 불복이 있는 경우 행정심판을 제기하여 이의신청을 하거나 행정소송을 제기할 수 있으며, 보상금의 액수에 대해서만 불만이 있는 경우, 공법상 당사자소송에 의해 토지소유자와 사업시행자가 대등한 관계에서 증액 또는 감액을 다툴 수 있다.
③ 행정 쟁송 … 행정상 법률관계에 있어서의 다툼을 심리·판정하는 절차이다.
  ㉠ 행정 심판 : 행정기관이 행정법상의 분쟁에 대하여 심리·판정하는 절차이다.
  ㉡ 행정 소송 : 법원이 행정법상의 분쟁에 대하여 심리·판정하는 절차이다.

ⓒ 행정심판과 행정소송

구분	행정심판	행정소송
본질	행정통제적 성격	행정구제적 성격
대상	위법·부당한 처분, 부작위	위법한 처분, 부작위
판정기관	재결청	법원
절차	약식쟁송	정식쟁송
제소기간	처분이 있음을 안 날로부터 90일, 처분이 있은 날로부터 180일 이내	• 행정심판을 거치는 경우 : 재결서의 정본을 송달받은 날로부터 90일, 재결이 있은 날로부터 1년 이내 • 행정심판을 거치지 않는 경우 : 처분 등이 있음을 안 날로부터 90일, 처분 등이 있은 날로부터 1년 이내
심리	구술·서면심리	구두변론
공개	비공개원칙	공개원칙
내용	적극적 변경 가능	소극적 변경(일부 취소)만 가능
종류	취소심판, 무효등확인심판, 의무이행심판, 당사자심판, 민중심판, 기관심판	취소소송, 무효등확인소송, 부작위위법확인소송, 당사자소송, 민중소송, 기관소송
공통점	소송대상의 개괄주의, 불고불리의 원칙, 불이익변경금지의 원칙, 직권증거조사주의, 단기제소기간, 집행부정지원칙, 사정재결·사정판결	

03 청소년의 권리와 학교생활

(1) 청소년의 법적 지위와 권리

① 청소년 보호법상의 보호

ㄱ 목적 : 보편적 인권의 주체인 청소년이 경험과 판단 능력의 부족으로 유해 환경에 노출되거나 범죄의 피해자가 되는 것을 방지하기 위함

ㄴ 주요내용
• 만19세 미만의 청소년에게 술과 담배의 판매 금지
• 선량한 풍속을 해칠 우려가 있는 장소 출입 금지 및 풍기 문란 행위 규제
• 음란물(도서 및 음반) 등 소지, 제작, 판매, 대여, 관람금지

② 청소년 근로의 보호

ㄱ 고용 가능 연령 : 만 15세 이상, 단 15세 미만이라도 고용노동부장관이 발급한 취업인허증이 있으면 고용 가능

ㄴ 근로기준법에서 보호대상이 되는 연소자(15세 이상~8세 미만의 미성년자)의 근로계약
• 근로계약 : 친권자나 후견인은 미성년자의 근로계약을 대리할 수 없다.
• 만 13세 이상~만 15세 미만은 원칙적으로 근로가 금지도지만 고용노동부 장관이 발급한 취업인허증이 있으면 가능하다.

- 연소자 증명서 : 사용자는 18세 미만인 사람에 대하여는 그 연령을 증명하는 가족관계기록사항에 관한 증명서와 친권자 또는 후견인의 동의서를 사업장에 갖추어 두어야 한다.
- 임금의 청구 : 미성년자는 독자적으로 임금을 청구할 수 있다.
- 18세 미만의 미성년자의 근로시간 : 1일 7시간, 1주일에 35시간을 초과하지 못한다. 다만, 당사자 간의 합의에 의하여 1일에 1시간, 1주일에 5시간을 한도로 연장이 가능하다.
- 사용자는 임산부와 18세 미만자를 오후 10시부터 오전 5시까지의 사이 및 휴일에 근로시키지 못한다. 다만, 본인의 동의와 고용노동부장관의 인가를 받은 경우에는 가능하다.
- 위험·유해 업종인 유흥주점, 청소년 고용이 금지된 PC방, 숙박업 등 청소년에게 유해하거나 위험한 일은 시킬 수 없다.

③ 청소년 범죄 사건의 처리 … 청소년의 건전한 육성을 위해 성인보다 완화된 절차를 밟는다는 것이 특징으로, 형사 처분에 관한 특별 조치를 적용, 가정 법원 소년부에서 재판을 받는다.

　㉠ 결정 전 조사 제도 : 검사가 사건의 처분을 결정하기에 앞서 피의자의 주거지 또는 검찰청 소재지를 담당하는 보호 관찰소의 장, 소년 분류 심사원장, 소년원장 등에게 피의자의 품행, 경력, 생활환경 등에 대해 조사하는 제도

　㉡ 선도 조건부 기소 유예 : 사건의 죄질 및 범법 의도를 살펴 재범 가능성이 희박하다고 여겨지는 19세 미만의 청소년 범죄자에 예방 위원의 선도를 조건으로 기소를 유예하는 제도

(2) 학교생활과 법

① 학생의 권리와 의무

　㉠ 권리

- 인권 : 학생은 피교육자인 동시에 인권의 주체로, 학생을 포함한 학습자의 기본적 인권은 학교 교육 또는 사회 교육의 과정에서 존중되고 보호되어야 한다.
- 학습권 : 교육을 받을 수 있도록 국가의 적극적인 배려를 요구할 수 있는 적극적인 권리로, 교사의 수업을 수강할 수 있는 수학권, 학교 시설 이용권, 자치 활동권, 교육의 기회 균등권 등이 인정된다.

　㉡ 의무 : 교칙준수, 교원의 교육과 연구 활동 방해 금지, 학내 질서 유지 등

② 학생의 징계

　㉠ 징계의 사유

- 학교 내 규칙(교칙) 위반
- 수업 방해 및 교사의 정당한 교육 활동 방해(교권 침해)
- 학업 태만이나 무단결석 등 학교생활 부적응
- 기타 학생의 본분에 어긋나는 행위

　㉡ 징계의 종류 : 교내 청소, 사회봉사, 특별 교육 이수, 1회 10일 이내 연간 30일 이내의 출석정지, 퇴학처분(의무 교육 대상자 제외)

　㉢ 징계의 절차와 방법

- 학교장은 학생의 인격이 존중되는 교육적인 방법으로 징계 결정
- 사유의 경중에 따라 단계별로 적용하여 학생에게 개전의 기회 부여
- 의견 진술권 : 해당 학생 또는 학부모에게 의견 진술의 기회 부여

(1) 소비자의 권리

① 소비자기본법상의 소비자 권리

    ㉠ 안전할 권리 : 물품 및 서비스로 인한 생명 · 신체 · 재산상의 위해로부터 보호받을 권리

    ㉡ 정보를 제공받을 권리 : 물품 등을 선택함에 있어 필요한 지식 및 정보를 제공받을 권리

    ㉢ 선택할 권리 : 물품 등의 가격 · 장소 · 거래상대방 등을 자유롭게 선택할 권리

    ㉣ 의견을 반영시킬 권리 : 소비생활에 영향을 주는 국가 · 지자체 · 사업자의 정책에 의견을 반영할 권리

    ㉤ 피해를 보상받을 권리 : 물품 등의 사용으로 입은 피해에 대해 신속 · 공정한 절차에 따라 적절한 보상을 받을 권리

    ㉥ 교육을 받을 권리 : 합리적인 소비생활을 위해 필요한 교육을 받을 권리

    ㉦ 단체를 조직 · 활동할 권리 : 소비자 스스로 권익을 증진하기 위해 단체를 조직하고 활동할 권리

    ㉧ 쾌적한 환경에서 소비할 권리 : 안전하고 쾌적한 소비생활 환경에서 소비할 권리

② 국가 및 지방자치단체와 사업자의 의무

    ㉠ 국가 및 지방자치단체 : 소비자 관계 법령 마련 및 필요한 행정 조직을 정비하고, 소비자의 자주적 조직 활동을 지원해야 한다.

    ㉡ 사업자 : 국가 정책에 적극적으로 협조하고 소비자의 의견을 수렴하며 소비자 피해 발생 시 신속하고 정당한 피해 보상이 될 수 있도록 노력해야 한다.

③ 한국 소비자원 … 소비자의 권익을 증진하고 소비 생활의 향상을 도모하며 국민 경제의 발전에 이바지하고자 국가가 설립한 전문 기관으로 소비자 상담 및 분쟁의 조정, 소비자 곤련 정책 연구 및 건의, 소비자에 대한 교육 등을 담당한다.

(2) 소비자 권리의 보호

① 공정거래와 소비자 보호

    ㉠ 필요성 : 경제발전과 산업 구조 고도화, 기업 간의 과열 경쟁으로 인한 상품의 허위 · 과장 광고 등으로 인한 소비자의 피해가 증가하는 추세이다.

    ㉡ 독점 규제 및 공정거래에 관한 법률 : 부당한 공동 행위 및 불공정 거래 행위 규제하여 자유롭고 공정한 경쟁을 촉진하고, 국민 경제의 균형 있는 발전 및 창의적 기업 활동의 보장, 소비자 보호 등의 근거가 된다.

② 소비자 피해의 구제

    ㉠ 품질 보증 기간 또는 유효 기간 이내의 제조, 유통 과정이나 용역의 이용 과정에서 발생한 소비자의 피해에 대하여 사업자가 행하는 수리나 교환, 환불이나 배상, 해약 등

    ㉡ 당사자 간의 합의

    ㉢ 민간 소비자단체를 통한 조정과 소비자 분쟁 조정위원회에 조정신청

    ㉣ 한국소비자보호원에 피해구제신청

    ㉤ 국가기관에 있는 소비자보호를 위한 기구를 통한 조정신청

    ㉥ 민사소송 : 민사조정제도, 소액사건심판제도

③ 제조물 책임법과 리콜제도
　　㉠ 제조물 책임법 : 상품의 대량 생산 및 복잡한 유통 구조로 발생한 제조물의 결함으로 인한 피해에 대해 제조
　　　 자나 유통 관여자에게 배상 책임을 강제하는 법으로, 사후적 구제방법의 성격을 가진다.
　　㉡ 리콜제도 : 결함 있는 제품을 회수하여 무상으로 수리해 주거나 유통을 막는 제도로, 소비자 보호를 위한 사
　　　 전적 예방 조치이다.

05 근로자의 권리와 법

(1) 근로의 권리와 노동3권

① 근로권 … 근로의 능력과 의사를 가진 자가 사회적으로 근로할 수 있는 기회의 보장을 요구할 수 있는 권리

② 노동3권(근로3권)
　　㉠ 단결권 : 근로자들이 자주적으로 노동조합을 설립할 수 있는 권리
　　㉡ 단체 교섭권 : 근로자가 근로 조건을 유지·개선하기 위하여 조합원이 단결하여 사용자와 교섭할 수 있는 권
　　　 리로, 노동조합이 합리적인 조건으로 교섭을 요청할 때 사용자는 정당한 이유 없이 이를 거부 또는 회피할
　　　 수 없다.
　　㉢ 단체 행동권 : 근로자가 사용자에 대해서 근로 조건에 관한 자기 측의 주장을 관철하기 위하여 단결권을 배경
　　　 으로 각종 쟁의 행위를 할 수 있는 권리

(2) 근로자 권리의 보호

① 근로기준법
　　㉠ 의미 : 최저 근로 조건을 정하고 감독관청으로 하여금 근로 감독을 실시하게 하여 근로자를 보호하려는 법으
　　　 로, 개별적 근로관계에 있어서 근로자의 근로 조건과 그 밖의 생활 조건을 일정한 수준 이상으로 유지하는
　　　 것을 목적으로 한다.
　　㉡ 기본원칙
　　　• 최저 근로 기준 : 근로기준법에서 정하는 근로 조건은 최저 수준으로, 당사자는 이 기준을 이유로 근로 조건을 저
　　　　하시킬 수 없다.
　　　• 자유로운 합의 : 근로 조건은 근로자와 사용자가 동등한 지위에서 자유의사에 의해 결정해야 한다.
　　　• 계약의 성실 이행 의무 : 근로자와 사용자는 단체협약, 취업 규칙과 근로 계약을 준수해야 하며 성실하게 이행할
　　　　의무가 있다.
　　　• 차별 대우 금지 : 근로자에게 남녀 차별적 대우를 하지 못하며, 기타 국적, 신앙, 사회적 신분 등을 이유로 근로
　　　　조건에 대한 차별적 대우를 할 수 없다.
　　　• 강요, 폭행 금지 : 사용자는 폭행 등의 수단으로 근로자의 자유의사에 반하는 근로를 강요할 수 없으며, 어떠한
　　　　이유로도 근로자에 대한 폭행이나 구타 행위가 정당화되지 않는다.

② 근로자 권리의 보호 절차

　㉠ 부당해고 : 노동 위원회에 구제 신청, 법원에 해고 무효 확인 소송

　㉡ 부당 노동 행위 : 노동 위원회에 사건 진정, 소송제기

　㉢ 임금 체불 : 노동부에 진정, 민사 소송, 사용자 형사 처벌

　㉣ 성희롱 : 행위 중지 요구 → 회사 내 고충처리기관이나 사업주에게 시정조치 요구 → 국가인권위원회에 진정

출제예상문제

1 「형법」상 죄형 법정주의를 실현하는 구체적인 원칙과 그에 대한 설명으로 가장 옳지 않은 것은?

① 관습 형법 금지의 원칙 – 불문법인 관습법을 근거로는 처벌할 수 없다.
② 유추 해석 금지의 원칙 – 범죄 행위가 형법에 명확히 규정되어 있지 않은 때에 유사한 규정을 적용해서는 안 된다.
③ 명확성의 원칙 – 무엇이 범죄이고 그 범죄에 어떤 형벌이 부과되는지 법률에 명확히 기재되어 있어야 한다.
④ 소급효 금지의 원칙 – 범죄 행위 당시 그 처벌 규정이 법률에 없었으나 범죄 행위 이후에 그 처벌 규정이 법률에 제정되었다면 반드시 소급하여 처벌해야 한다.

> **ADVICE** ④ 죄형법정주의란 어떤 행위가 범죄가 되는지, 그러한 범죄를 저지르면 어떤 처벌을 받는지가 미리 성문의 법률에 규정되어 있어야 한다는 원칙이다. 파생원칙 또는 구체적 내용으로 관습 형법 금지의 원칙, 명확성의 원칙, 유추 해석 금지의 원칙, 형벌 불소급의 원칙, 적정성의 원칙이 있다. 이 중 소급효 금지의 원칙(형벌 불소급의 원칙)은 형법 법규는 그 시행 이후에 이루어진 행위에 대해서만 적용되고, 시행 이전의 행위에까지 소급하여 적용할 수 없다는 원칙이다.

2  국가형벌권의 한계를 제시하여 그 남용을 방지함으로써 국민의 인권을 보장하기 위한 형법의 가장 중요한 기본 원칙은?

① 관습형벌의 배제
② 죄형법정주의
③ 일사부재리의 원칙
④ 형벌불소급의 원칙

> **ADVICE** 죄형법정주의
> ㉠ 의의 : 공동생활의 질서를 해하는 행위인 범죄와 이에 대한 제재인 형벌의 내용을 미리 법률로 정해야 한다는 원칙이다. 죄형법정주의는 국가형벌권의 한계를 제시하여 그 남용을 방지함으로써 국민의 인권을 보장한다.
> ㉡ 죄형법정주의의 파생원칙 : 관습법 적용의 금지, 유추해석의 금지, 형벌불소급의 원칙, 절대적 부정기형의 금지 등이 있다.

ANSWER 1.④ 2.②

3 근로자의 근로의욕을 향상시키고 기본적 생활을 보장·향상시키며, 균형 있는 국민경제의 발전을 이룩하기 위하여 일정한 근로조건과 최소한의 한계를 규정하고 있는 법은?

① 직업안정법
② 근로기준법
③ 노동조합 및 노동관계조정법
④ 노동위원회법

ADVICE ① 모든 근로자가 각자의 능력을 계발·발휘할 수 있는 직업에 취업할 기회를 제공하고, 산업에 필요한 노동력의 충족을 지원함으로써 근로자의 직업안정을 도모하고 국민경제의 발전에 이바지하기 위한 법이다.
③ 근로자의 단결권·단체교섭권·단체행동권을 보장하여 근로조건의 유지·개선과 근로자의 경제적·사회적 지위의 향상을 도모하고, 노동관계를 공정하게 조정하여 노동쟁의를 예방·해결함으로써 산업평화의 유지와 국민경제의 발전에 이바지하기 위한 법이다.
④ 노동관계에 있어서 판정 및 조정업무의 신속·공정한 수행을 위하여 노동위원회를 설치하고 그 운영에 관한 사항을 규정함으로써 노동관계의 안정과 발전에 이바지하기 위한 법이다.

4 근로기준법에서 보호대상이 되는 연소자의 근로계약에 대한 설명으로 틀린 것은?

① 하루 7시간, 일주일 35시간을 초과할 수 없다.
② 가족관계기록사항에 관한 증명서(가족관계증명서)와 부모님의 동의서를 사업장에 비치해야 한다.
③ 위험·유해 업종에서 일을 시킬 수 없다.
④ 친권자가 근로계약을 대신 작성할 수 있다.

ADVICE ④ 친권자가 대신하여 근로계약을 할 수 없다.

5 형벌의 종류와 의미를 바르게 정리한 것은?

① 재판 전에 수사를 위해 가두는 것은 유치이다.

② 1일 이상 30일 미만 동안 교도소나 경찰서 유치장에 가두는 형벌은 구류이다.

③ 교도소 내에 가두어 노역을 하게 하는 형벌은 금고이다.

④ 금전으로 과해진 형벌은 과태료이다.

ADVICE ① 재판 전에 수사를 위해 가두는 것은 구속이다.
　　　③ 교도소 내에 가두어 노역을 하게 하는 형벌은 징역이다. 금고는 징역과 마찬가지로 교도소 내에 수감되지만 일을 해야 하는 의무가 없다.
　　　④ 금전으로 과해진 형벌은 벌금이다. 과태료는 국가나 지방자치단체가 행정상의 질서를 유지하기 위해 법규를 위반한 사람에게 부과하는 금전적 제재이다.

6 다음에서 위법성 조각사유에 해당하는 것을 모두 고른 것은?

> ㉠ 정당행위
> ㉡ 정당방위
> ㉢ 피해자의 승낙
> ㉣ 심신상실자
> ㉤ 복수

① ㉠, ㉡, ㉢

② ㉡, ㉢, ㉣

③ ㉢, ㉣, ㉤

④ ㉠, ㉣, ㉤

ADVICE 위법성 조각사유에는 정당행위, 정당방위, 긴급피난, 자구행위, 피해자의 승낙이 있다.

ANSWER 5.② 6.①

7 피의자의 권리를 보호하기 위한 것은?

① 형사 절차 참여권

② 미란다 원칙

③ 피해자 인적 사항 보호

④ 범죄 피해자 구조 제도

ADVICE ② 미란다 원칙 : 체포나 구속 시 변호인의 도움을 받을 권리, 진술 거부권 등을 미리 알려주어야하는 원칙이다.
① 형사 절차 참여권 : 범죄 피해자가 재판 과정에 출석하여 증언하거나 의견을 진술할 수 있는 권리이다.
③ 피해자 인적 사항 보호 : 보복 범죄 등을 방지하기 위해 피해자의 이름, 주소 등 개인 정보가 유출되지 않도록 관리하는 제도이다.
④ 범죄 피해자 구조 제도 : 가해자에게 배상받지 못하는 상황에서 국가가 피해자나 그 유족에게 일정 금액의 구조금을 지급하는 제도이다.

8 행정주체가 법의 절차에 따라 도시계획사업을 추진하는 경우, 어떤 절차에 따라 개인의 사유재산의 희생을 행정적으로 구제할 수 있는가?

① 손실보상 　　　　　　　　　② 손해배상
③ 민사소송 　　　　　　　　　④ 행정심판

ADVICE ① 손실보상은 적법한 공권력 행사에 의해 가해진 사유재산상의 특별한 희생에 대하여 사유재산의 보장과 공평부담의 견지에서 행정주체가 이를 조정하기 위하여 행하는 재산적 보상이다.

9 행정심판에 대한 설명으로 옳은 것은?

① 위법·부당한 처분을 한다.

② 판정은 법원에서 한다.

③ 정식쟁송으로 진행한다.

④ 공개를 원칙으로 한다.

ADVICE ① 행정심판은 행정청의 잘못된 처분으로 권리를 침해받은 국민이 행정기관 내부에 설치된 행정심판위원회에 구제를 요청하는 제도이다. 행정심판은 그 처분이 법을 어겼는지(위법)뿐만 아니라, 법을 어기지는 않았더라도 지나치게 가혹하거나 불합리한지(부당)까지 심판할 수 있어 구제 범위가 더 넓다.
② 행정심판은 행정부 내부에 설치된 행정심판위원회에서 결정한다.
③ 행정심판은 행정기관 스스로 잘못을 바로잡을 기회를 갖는 약식쟁송이다.
④ 행정심판은 비공개로 진행되는 것이 일반적이다.

ANSWER 7.② 8.① 9.①

10 학생에게 주어지는 징계의 종류로 적절하지 않은 것은?

① 교내 청소
② 퇴학 처분
③ 사회봉사
④ 벌금

> **ADVICE** ①②③ 학생에게 주어지는 징계는 학교에서 학생에게 내리는 행정적·교육적 조치이다. 범죄에 해당하지 않으므로 벌금을 부과할 수 없다.

11 노동3권에 해당하는 것이 아닌 것은?

① 단결권
② 단체교섭권
③ 경영참가권
④ 단체행동권

> **ADVICE** 노동3권에는 단결권, 단체교섭권, 단체행동권이 있다.

12 부당해고를 당한 근로자가 할 수 있는 간편한 권리보호 절차는?

① 고용노동관서에 진정·고소 접수
② 민사소송
③ 회사에서 피해자 보호 조치
④ 3개월 이내에 관할 지방노동위원회에 구제신청

> **ADVICE** ④ 해고 자체가 부당하다는 판단과 복직 명령은 노동위원회 소관에 해당한다.

ANSWER 10.④ 11.③ 12.④

13 형벌의 목적과 가장 관련이 없는 것은?

① 사회질서 유지　　　　　　　　　② 손해의 전보

③ 법률상 이익 박탈　　　　　　　　④ 범죄의 예방

> **ADVICE** 형벌
> ㉠ 개념 : 국가가 일정한 범죄행위에 대응하여 그 행위자에게 법률상의 이익을 박탈하는 제재를 가하는 것이다. 형벌의 주체는 국가이고 객체는 범죄이다.
> ㉡ 형벌의 목적 : 범죄자의 교화와 범죄예방 및 사회질서의 유지를 목적으로 한다.
> ㉢ 형벌의 종류 : 박탈되는 법익의 내용에 따라 생명형(사형), 자유형(징역, 금고, 구류), 재산형(벌금, 과료, 몰수), 명예형(자격상실, 자격정지)의 4종으로 구분하고 9종의 형벌을 구정하고 있다.

14 다음 중 형벌의 종류를 연결한 것으로 옳지 않은 것은?

① 생명형 – 사형

② 신체형 – 구류, 몰수

③ 자유형 – 징역, 금고

④ 명예형 – 자격정지

> **ADVICE** 형벌의 분류
> ㉠ **생명형** : 사형
> ㉡ **자유형** : 징역, 금고, 구류
> ㉢ **재산형** : 벌금, 과료, 몰수
> ㉣ **명예형** : 자격정지, 자격상실

15 다음 중 공무원 징계인 파면과 해임의 차이를 적절하게 제시한 것은?

① 공무원 연금법상 연금의 지급 여부

② 공무원 신분을 박탈당하느냐의 여부

③ 공무원 신분을 회복할 수 있느냐의 여부

④ 공무원 직무상의 위법한 행위인가의 여부

> **ADVICE** ① 파면과 해임은 공무원직을 박탈당한다는 점에서는 같다. 차이점으로는 파면은 연금지급이 금지되고 해임은 연금이 지급되며, 공무원이 될 수 없는 기간이 파면은 5년, 해임은 3년이다.

<hr>

ANSWER 13.② 14.② 15.①

사회

chapter.02 경제

경제생활과 경제문제의 이해

01 ▶ 경제생활과 경제문제

(1) 경제활동의 이해

① 경제활동의 의미

- ㉠ 경제활동 : 인간에게 필요한 물품이나 서비스를 생산, 분배, 소비하는 사람의 모든 활동을 의미한다.
- ㉡ 경제원칙 : 최소의 비용으로 최대의 효과를 달성하려는 인간 활동의 원리이다.

② 경제활동의 과정

- ㉠ 생산 : 재화나 용역을 창출하는 일체의 활동을 의미한다.
- ㉡ 분배 : 생산 활동에 대한 기여를 시장가격으로 보상받는 것을 의미한다.
- ㉢ 소비 : 분배된 소득으로 필요한 재화와 서비스를 구입해서 사용·소모하는 것을 의미한다.

③ 경제활동의 주체와 객체

- ㉠ 경제주체 : 경제활동에 참여하는 경제단위로 가계(소비의 주체), 기업(생산의 주체), 정부(생산과 소비의 주체), 외국(교역의 주체)이 이에 해당한다.
- ㉡ 경제객체 : 경제주체의 경제활동대상이 되는 물적 단위로, 재화(생산된 물품)와 용역(서비스)을 의미한다.

(2) 희소성과 경제문제

① 희소성과 경제재

- ㉠ 경제문제 : 물질적 수단의 희소성 때문에 발생된다.
- ㉡ 희소성의 원칙 : 인간의 무한한 욕구에 비하여 이를 충족시킬 수 있는 자원이 상대적으로 부족한 현상이한다.
- ㉢ 경제활동의 대상 : 경제적 가치가 있는 것(경제재)이다.

② 기본적 경제문제

- ㉠ 자원배분의 문제 : 무엇을, 얼마나 생산할 것인가 하는 문제로 최대 생산의 문제(효율성)와 관련된다.
- ㉡ 생산방법의 문제 : 어떻게 생산해야 할 것인지를 결정하는 문제로 최소 비용의 문제(효율성)와 관련된다.
- ㉢ 소득분배의 문제 : 생산물을 누구에게 분배해야 할 것인지를 결정해야 하는 문제로 공평 분배의 문제(형평성)와 관련된다.
- ㉣ 경제문제의 해결원칙 : 효율성, 형평성, 자주성 등이 있다.

③ 선택과 기회비용

- ㉠ 합리적 선택 : 자원배분이 효율적으로 이루어지도록 하는 선택이며, 만족을 극대화시킬 수 있는 선택을 의미한다.
- ㉡ 기회비용 : 어떤 재화나 용역을 선택하기 위하여 포기하거나 희생한 재화 또는 용역의 가치이다.

(1) 경제체제

① 전통경제체제

　㉠ 의의 : 전통과 관습에 의해서 경제문제를 해결한다.

　㉡ 특징

　　• 경제활동의 변화가 크지 않고 구성원의 자발적 선택을 찾아보기 어렵다.

　　• 변화보다 전통의 연속성과 안정성을 중요하게 생각한다.

② 명령경제체제(계획경제체제)

　㉠ 의의 : 중앙정부의 명령과 지시에 의해서 경제문제를 해결한다.

　㉡ 특징

　　• 개인의 소유권이 제한되어 개인 및 기업이 생산수단을 소유할 수 없다.

　　• 개인의 선택의 자유가 제한되어 본인의 의사와 무관한 작업을 하게 된다.

　　• 개인의 이윤추구 동기를 약화시켜 경제성장 동력을 상실하는 한계가 있다.

③ 시장경제체제

　㉠ 의의 : 개인이 자신의 이익을 추구하기 위해 의사결정을 내려 경제문제를 해결한다.

　㉡ 특징

　　• 소비자는 시장가격에 의해 소비를 결정하고 만족의 극대화를 추구한다.

　　• 생산자는 소비자가 원하는 상품을 생산하여 이윤의 극대화를 추구한다.

　　• 정부는 외교, 국방, 치안, 경제적 약자 보호의 영역에서만 역할을 한다(작은 정부).

　㉢ 장점 : 소비자가 원하는 상품을 생산하게 하고, 개인의 창의력 발휘에 대한 동기부여로 기술혁신을 통한 경제성장이 촉진된다.

　㉣ 단점 : 빈부격차 확대, 시장 실패(불완전한 경쟁 등으로 시장에 의한 자원의 최적 배분 실패) 발생, 구성의 모순(개별적으로는 합리적이지만 전체적으로는 비합리적인 것이 되는 모순) 발생, 유효 수요의 부족으로 극심한 경기 침체(경제 대공황, 1929년) 발생

④ 혼합경제체제

　㉠ 의의 : 명령경제체제와 시장경제체제의 요소를 적절히 결합하여 경제문제를 해결한다.

　㉡ 특징

　　• 시장경제체제에 바탕을 두고 공공부문의 생산이나 시장의 보완에 대해서 정부의 적극적 역할을 강조한다(큰 정부).

　　• 경제 대공황을 극복하기 위해 정부가 시장에 직접 개입한 것을 계기로 등장하였으며, 대부분의 나라가 채택하는 방식이다.

　　Point 》 경제 대공황 … 자유방임주의에 의해 생산력이 증대되면서 총공급이 증가했으나 소득분배의 실패로 총수요가 감소하면서 발생한 디플레이션 현상으로 자유방임주의를 붕괴시켰다.

(2) 우리나라의 경제체제와 경제제도

① 선택의 자유 보장 … 경제적 자유를 통해 자신의 이익을 추구할 권리를 가진다.

② 시장경제체제를 유지하기 위해 필요한 경제제도

　　㉠ 사유재산권 : 개인 또는 민간 기업이 재산을 소유하고 그것을 자유롭게 관리·사용·처분할 수 있는 권리를 말한다.
　　　• 사람들은 자신의 재산을 축적하고, 보유 중인 재산을 더 가치 있게 만들려는 동기를 부여한다.
　　　• 재산 가치를 증가시키기 위해 노력하는 과정에서 보유재산이 다른 사람에게 유익하게 사용된다.
　　　• 사유재산의 보장으로 다른 사람과의 교환도 발생한다.
　　㉡ 경쟁 : 시장경제체제에서 개인의 이익추구는 경쟁을 전제로 한다.
　　　• 기업의 생산성을 제고하며, 경쟁력이 떨어지는 기업을 시장에서 솎아내 희소한 자원이 낭비되지 않게 한다.
　　　• 소비자의 만족도를 높이는 상품 개발, 생산방법 혁신을 통해 저렴한 상품을 생산한다.
　　　• 재화의 가격에 타당한 가치를 느끼는 소비자만이 구입하게 하여 재화가 꼭 필요한 사람에게 배분된다.
　　　• 우리나라는 공정한 경쟁을 촉진하기 위해 공정거래법을 제정하였다.

③ 정부의 시장참여

　　㉠ 공공부문의 생산 : 국방, 치안, 교육, 사회간접자본 등
　　㉡ 개인의 자유를 일부 제한 : 사회적으로 금기시되거나 유해한 상품의 거래와 소비 규제
　　㉢ 국가경제를 이상적인 상태로 이끌기 위해 다양한 경제정책 시행
　　　• 세금 징수, 재정 지출 통한 특정계층의 경제생활 지원
　　　• 연구개발비 지원으로 민간부문의 기술개발 촉진, 환경보전을 위한 투자와 규제

(3) 다양한 경제목표

① 국가의 경제목표

　　㉠ 효율성 : 주어진 자원으로 최대효과를 달성하거나 의도한 효과를 최소비용으로 달성하는 상태를 말한다.
　　㉡ 형평성 : 구성원들이 공정한 대우를 받는 상태를 말한다.
　　㉢ 물가안정
　　　• 인플레이션 발생 : 가계 구매력 약화, 소비와 투자 억제
　　　• 디플레이션 발생 : 장기간의 경기침체에 빠져 투자·고용 위축, 기업·금융기관 부실화
　　㉣ 경제성장 : 일자리의 안정성과 질적 개선에 기여, 기업의 부실위험 감소, 삶의 풍요 제공
　　㉤ 완전고용 : 실업자가 없는 상태(전직과 개인사정으로 쉬는 사람이 있으므로 현실성 없음)

② 경제목표 간의 충돌(상충관계)

　　㉠ 효율성과 형평성 : 능력에 따른 보상은 효율성을 높이지만, 형평성의 달성에는 부적절하다.
　　㉡ 완전고용과 물가안정 : 통화량을 늘리면 고용은 증대되나 물가안정을 이루기 어렵다.

03 경제 문제의 합리적 해결

(1) 합리적 선택

① 비용과 편익

  ㉠ 기회비용 : 어떤 것을 선택하기 위해 포기한 것들 가운데 가장 가치 있는 것을 말한다.
  - 암묵적 비용 : 어떤 것을 선택함으로써 포기한 다른 기회나 가치
  - 명시적 비용 : 현금의 지출과 같이 직접 명시적으로 지불한 비용
  ㉡ 매몰비용 : 지불하고 난 뒤 회수할 수 없는 비용을 말한다.
  ㉢ 편익 : 경제행위를 통해 얻게 되는 이득이나 만족을 말한다.
  ㉣ 순 편익 : 편익에서 비용을 뺀 것을 말한다.
  ㉤ 합리적 선택 : 편익과 비용을 비교하여 편익이 비용보다 크면 선택하고 여러 대안 중에 가장 순 편익이 큰 것을 선택한다(매몰비용은 고려하지 말아야 한다).

② 합리적 의사결정

  ㉠ 문제 인식 : 직면한 희소성의 문제가 무엇이고, 추구하는 목적이 무엇인지 정확히 인식한다.
  ㉡ 대안 나열 : 취할 수 있는 선택 대안들을 나열한다.
  ㉢ 기준 설정 : 나열한 대안의 특성과 장단점을 평가하기 위한 기준을 마련한다.
  ㉣ 대안 평가 : 자료와 정보를 수집해 각 선택 대안을 구체적으로 평가하여 의사결정표를 작성한다.
  ㉤ 최종 선택 : 의사결정표에서 가장 높은 점수를 얻은 대안을 선택한다.

(2) 경제적 유인

① 경제적 유인

  ㉠ 의의 : 편익이나 비용에 변화를 주어 사람들의 행동 및 선택을 유도하거나 바꿀 수 있는 요인이 유인이며, 돈과 관련된 것을 경제적 유인이라 한다.
  - 긍정적 유인 : 보상이나 이득처럼 편익이 증가하여 어떤 행위를 더하게 한다.
  - 부정적 유인 : 벌금이나 손실처럼 비용이 증가하여 어떤 행위를 덜하게 한다.
  ㉡ 효과 : 경제적 유인은 사람들의 선택에 영향을 주므로 시장경제의 원동력으로 평가된다.

② 경제적 유인의 사례

  ㉠ 시장경제와 유인
  - 유가 상승 → 소비자는 대중교통 이용, 연비 좋은 차 구매 → 버스·택시 운행 늘리고, 운전기사 채용 확대 → 자동차회사는 연비 개선된 차량 생산 → 에너지회사는 대체 에너지 개발에 박차
  - 경제 주체들이 더 많은 이득을 얻기 위해 경제적 유인에 자발적으로 반응 → 경제 전체적으로 효율성이 높아진다.
  ㉡ 정부의 유인책 사례 : 과속 운전 범칙금 부과, 쓰레기종량제, 전력요금누진제, 환경오염세, 예방주사 접종비용 지불 등
  ㉢ 정책의 간접 효과 : 간접 효과가 가져온 손해가 긍정적인 직접 효과를 압도해서 전혀 다른 결과가 나타날 수 있어, 정부는 간접 효과까지 따져보고 정책을 채택해야 한다.
  예 영국 정부의 창문세

(3) **비교우위와 거래의 이득**

① 생산 가능 곡선

　　㉠ 의미 : 기업이 주어진 생산요소를 이용하여 최대로 생산할 수 있는 상품의 조합들을 연결한 선이다.

　　㉡ 형태 : 자원의 희소성으로 우하향 형태를 나타낸다(음의 기울기).

　　㉢ 생산 가능 곡선의 이해

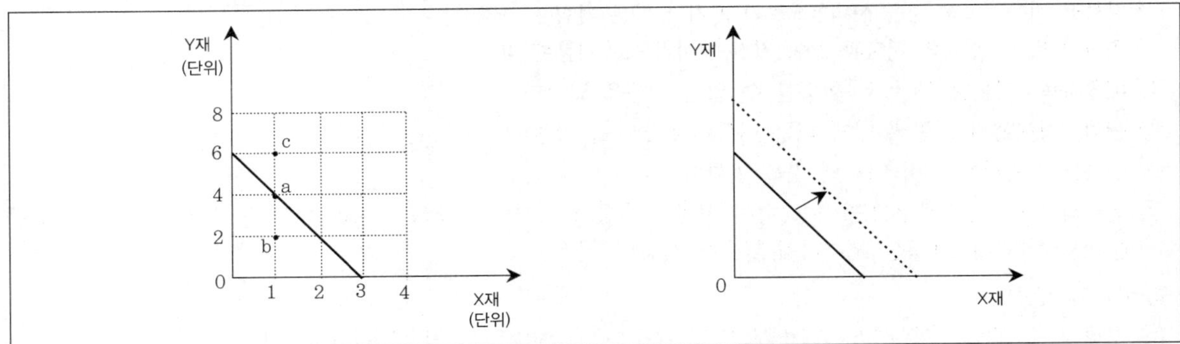

　　　• a : 효율적인 생산 조합
　　　• b : 비효율적인 생산 조합
　　　• c : 불가능한 생산 조합
　　　• 생산 가능 곡선의 기울기 : 기울기의 절댓값은 X재를 1단위 더 생산할 때 발생하는 기회비용
　　　• X재를 1단위 더 생산하는 기회비용은 Y재 2단위
　　　• 경제가 성장하게 되면 생산 가능 곡선이 바깥쪽으로 이동

② 분업과 특화

　　㉠ 분업 : 재화 또는 서비스를 생산하는 과정에서 작업자들이 각기 다른 공정을 담당하는 생산 방식을 말한다.

　　㉡ 특화 : 각자 잘하는 일 또는 자원을 가장 효율적으로 사용할 수 있는 일에 전념한다.

　　㉢ 교환(거래)의 이득 : 특화 생산하여 거래하면 자급자족하는 경우보다 다양한 재화와 서비스를 저렴한 가격으로 구입할 수 있다.

③ 절대 우위와 비교 우위

　　㉠ 절대 우위 : 동일한 자원을 이용하여 다른 생산자보다 더 많이 생산할 수 있는 능력이나 동일한 양을 생산하면서 자원을 더 적게 사용하는 능력을 말한다.

　　㉡ 비교 우위 : 다른 생산자보다 작은 기회비용으로 생산할 수 있는 능력을 말한다.

　　　• X재의 생산을 늘리기 위해 발생하는 기회비용이 상대방보다 작은 경우에 X재 생산에 비교우위가 있다고 한다.
　　　• 한 사람이 상대방에 비해 두 재화 모두에서 생산의 절대 우위를 가질 수는 있지만, 비교우위를 가질 수는 없다.

출제예상문제

1 ㈎, ㈏ 사례에 대한 〈보기〉의 진술 중 옳은 설명만을 고른 것은?

> ㈎ 태평양의 어느 섬에서는 망고보다 바나나가 더 많이 생산된다. 하지만 바나나가 망고보다 훨씬 높은 가격에 거래된다.
> ㈏ 물은 생존을 위해 반드시 필요한 재화이다. 하지만 물의 가격은 다이아몬드 가격보다 훨씬 낮다.

> 〈보기〉
> ㉠ ㈎의 사례에서 바나나는 망고보다 희소성이 큰 재화이다.
> ㉡ ㈎와 ㈏의 사례에서 가격을 결정한 요인은 유용성보다는 존재량이다.
> ㉢ ㈏에서 다이아몬드가 비싼 이유는 인간에게 더 유용한 재화이기 때문이다.
> ㉣ 희소성은 재화의 존재량과 인간의 욕구와의 관계에서 상대적으로 결정된다.

① ㉠, ㉡
② ㉠, ㉣
③ ㉡, ㉢
④ ㉢, ㉣

ADVICE ㉠㉣ 희소성이 큰 재화일수록 높은 가격에 거래된다. 따라서 망고보다 바나나가 더 희소성이 크다. 희소성은 재화의 존재량과 인간의 욕구와의 관계에서 상대적으로 결정된다.
㉡ ㈎와 ㈏ 사례에서 가격을 결정한 요인은 교환가치와 희소성이다.
㉢ ㈏에서 다이아몬드가 비싼 이유는 교환가치가 더 높기 때문이다.

ANSWER 1.②

2 다음 표는 각국이 보유한 생산요소를 X재나 Y재 중 한 재화에만 투입하였을 때 생산 가능한 최대 생산량을 나타낸 것이다. 이에 대한 설명으로 옳은 것은? (단, 생산요소의 양은 양국이 동일하다)

구분	X재	Y재
갑국	100개	80개
을국	90개	60개

① X재 생산에 따른 기회비용은 을국이 갑국보다 크다.

② 갑국은 두 재화 생산에 모두 비교우위를 가지기 때문에 교역을 통해 이득을 얻을 수 없다.

③ 양국이 비교우위를 가진 재화에 특화할 경우 X재 1개당 Y재 $\frac{11}{15}$개의 교역이 가능하다.

④ 양국이 비교우위를 가진 재화에 특화할 경우 갑국은 X재를, 을국은 Y재를 각각 생산한다.

ADVICE 갑국과 을국에서 각 재화 1개 생산의 기회비용은 다음과 같다.

구분	X재 1개 생산의 기회비용	Y재 1개 생산의 기회비용
갑국	Y재 80/100개(= $\frac{4}{5}$개)	X재 100/80개(= $\frac{5}{4}$개)
을국	Y재 60/90개(= $\frac{2}{3}$개)	X재 90/60개(= $\frac{3}{2}$개)

③ 갑국이 교역 이익을 얻기 위해서는 비교우위에 있는 Y재 1개를 생산해서 얻는 이익이 그 기회비용 X재 $\frac{5}{4}$개보다 커야 한다(Y재 1개 > X재 $\frac{5}{4}$개). 또, 을국의 입장에서는 특화 상품 X재 1개를 생산해서 얻는 이익이 Y재 $\frac{2}{3}$개보다 커야 한다(X재 1개 > Y재 $\frac{2}{3}$개). 따라서 X개 1개를 기준으로 양국이 모두 이익을 얻을 수 있는 교역 범위를 나타내 보면, 'Y재 $\frac{2}{3}$개 < X재 1개 < Y재 $\frac{4}{5}$개'이다. X재 1개당 Y재 $\frac{11}{15}$개는 교역 범위 안에 있으므로 교역이 가능하다.

① X재 생산의 기회비용은 을국($\frac{2}{3}$개)이 갑국($\frac{4}{5}$개)보다 작다.

② 갑국은 Y재 생산에 비교 우위가 있고, 을국은 X재 생산에 비교 우위가 있다.

④ 양국이 비교 우위를 가진 재화에 특화할 경우 갑국은 Y재를, 을국은 X재를 각각 생산한다.

3 다음 사례에서 야구 경기 관람의 기회비용은?

> 주유소에서 아르바이트를 하면 시간당 5,000원을 벌고, 고기집에서 아르바이트를 하면 시간당 6,000원을 벌 수 있는 대학생이 아르바이트를 하는 대신에 4시간 동안 8,000원의 입장료를 내고 프로 야구 경기를 관람하였다.

① 20,000원
② 24,000원
③ 28,000원
④ 32,000원

ADVICE • 주유소 아르바이트(4시간) 수입 : 4 × 5,000원 = 20,000원
• 고기집 아르바이트(4시간) 수입 : 4 × 6,000원 = 24,000원
야구 경기 관람의 기회비용 = 명시적 비용(야구경기 입장료 8,000원) + 암묵적 비용(포기한 것 중 가장 가치가 큰 것 → 고기집 아르바이트 24,000원) = 32,000원

4 경제체제에 대한 설명으로 옳지 않은 것은?

① 경제체제란 경제생활양식을 그 특질에 따라 통일적으로 파악한 것이다.
② 혼합경제체제는 자본주의체제와 사회주의체제의 단점을 서로 보완한 것으로 대부분의 국가들이 운영하고 있는 경제체제이다.
③ 시장경제체제는 시민사회의 형성과 산업혁명을 통해 성립되었으며, 그 주체가 개인이다.
④ 부의 불평등을 불러온다는 문제점이 있다.

ADVICE ④ 계획경제는 정부가 주체가 되어 공익과 형평성에 가치를 둔다는 장점이 있지만, 비효율적이라는 문제점이 있다. 부의 불평등은 시장경제의 단점이다.

---

5 다음에서 설명하는 사건은?

> 1929년부터 1930년대 후반까지 전 세계를 휩쓴 역사상 가장 길고 깊었던 경제 위기이다. 1929년 10월 24일 미국 뉴욕 주식 시장의 주가가 대폭락하며 시작되었다. 광란의 20년대라 불리던 거품 경제가 한순간에 터진 것이다. 공장은 물건을 쉴 새 없이 찍어냈지만, 노동자들의 임금은 그만큼 오르지 않아 재고가 쌓이고 판매가 줄어들었다. 미국 내 실업률이 25%에 달할 정도로 일자리가 사라졌다. 국가들이 자국 산업을 보호하기 위해 수입 관세를 높이면서 세계 무역량이 60% 이상 급감했다.

① 러다이트 운동　　　　　　　　② 경제 대공황
③ 차티스트 운동　　　　　　　　④ 엔클로저 운동

ADVICE ① 러다이트 운동 : 산업 혁명 초기 영국에서 노동자들이 기계를 파괴했던 운동이다.
　　　　③ 차티스트 운동 : 투표권을 요구하며 법적 권리를 찾으려 했던 노동자의 운동이다.
　　　　④ 엔클로저 운동 : 영국에서 농지 주인이 울타리를 쳐서 양을 기르기 시작한 사건이다.

6 다음의 그래프는 감자와 고구마의 생산조합을 나타낸 것이다. 이에 대한 설명으로 옳은 것은?

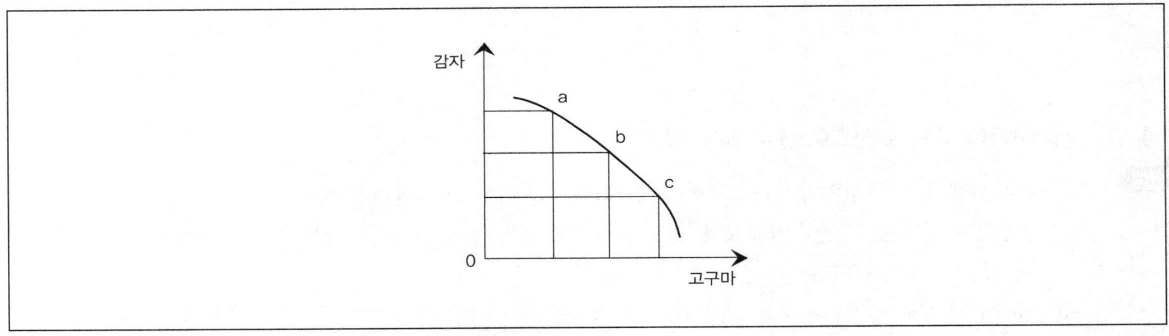

① 감자의 기회비용은 반비례한다.
② 고구마의 기회비용은 반비례한다.
③ c점에서 b점으로 이동하는 과정에서 고구마의 생산을 줄이지 않고도 감자의 생산을 늘릴 수 있다.
④ 일정한 양의 고구마 생산을 늘리기 위해서 포기해야 하는 감자의 양은 b점보다 c점에서 많아진다.

ADVICE ④ 기회비용은 제한된 자원과 재화의 이용은 다른 목적의 생산 또는 소비를 포기한다는 전제하에서만 이루어질 수 있다. 이때 포기되거나 희생된 재화 또는 용역을 선택된 재화와 용역의 기회비용이라 한다.

ANSWER 5.② 6.④

7 경제생활이란 대가를 지불해야만 하는 것이라는 관점에서 볼 때 경제생활의 출발점은?

① 형평성 　　　　　　　　　　　② 효율성

③ 기회비용 　　　　　　　　　　④ 희소성

> **ADVICE** ④ 희소성의 원칙은 무한한 인간의 욕망에 비해 이를 충족시켜 줄 재화와 용역이 상대적으로 부족하기에 가치를 가진다는 원리로서, 경제문제를 발생시키는 출발점으로 선택의 의미인 경제원칙을 제기한다.

8 효율성만을 중시하는 성장 위주의 경제정책으로 나타난 결과로 보기 어려운 것은?

① 소득분배의 불공평 　　　　　　② 도시와 농촌의 불균형

③ 정부 내지 관(官)의 지도력 약화 　④ 내수산업과 수출산업의 불균형

> **ADVICE** 효율성만을 중시하는 성장 위주의 경제정책으로 나타난 결과
> ㉠ 소득분배의 불공평(계층 간의 격차 심화)이 나타났다.
> ㉡ 도시와 농촌의 격차가 심화되었다.
> ㉢ 내수산업과 수출산업의 불균형이 이루어졌다.
> ㉣ 대기업과 중소기업의 격차가 심화되었다.
> ㉤ 기본적 수요충족에서의 불평등이 심화되었다.
> ㉥ 기업 간의 임금격차가 심화되었다.

9 시장경제체제를 유지하기 위한 경제제도에 해당하지 않는 것은?

① 사유재산권 보장 　　　　　　　② 공정거래법

③ 사적 자치의 원칙 　　　　　　　④ 중앙정부의 강력한 통제

> **ADVICE** ④ 사회주의 체제의 특징에 해당한다.

10 다음 중 경제활동을 가장 잘 설명한 것은?

① 경제원칙에 입각한 행위

② 재화와 용역을 유상으로 조달하는 인간의 행위

③ 시장에서 상품을 구입하고 판매하는 행위

④ 이윤을 극대화하려는 행위

> **ADVICE** ② 물이나 공기 등과 같이 대가 없이 재화나 용역을 얻는 경우는 경제활동이 아니다.

ANSWER 7.④ 8.③ 9.④ 10.②

11 시장경제체제에서 경제의 기본문제들을 해결하는 과정을 잘못 설명한 것은?

① 생산방법은 생산요소의 가격에 맞는 것을 선택한다.
② 값을 치를 수 있는 자를 위해 생산이 이루어진다.
③ 소득분배의 몫은 생산가격에 따라 결정된다.
④ 노동력, 토지, 자본 등의 가격이 곧 소득이 된다.

ADVICE ③ 시장경제체제하에서의 기본적인 경제문제해결은 보이지 않는 손에 의해 이루어진다.

12 경제문제에 대한 설명으로 옳지 않은 것은?

① 모든 사회에는 생산량, 생산방법, 분배 등의 문제가 존재한다.
② 무엇을 얼마나 생산할 것인가의 문제에서는 선택한 재화의 생산경비가 기회비용이다.
③ 누구를 위하여 생산할 것인가의 문제는 효율성과 형평성의 문제이다.
④ 생산량과 생산방법에 대한 합리적 결정은 최소희생으로 최대효과를 얻으려는 것이다.

ADVICE ② 얻을 수 있으나 다른 선택을 위해 포기하거나 희생된 재화 또는 용역이 기회비용이다.

13 보이지 않는 손(Invisible hand)에 관한 설명 중 옳지 않은 것은?

① 시장가격을 의미한다.
② 화폐를 의미한다.
③ 재화와 서비스의 가격을 결정하는 역할을 한다.
④ 경제활동을 하는 데 있어서 국가개입을 최소화한다.

ADVICE ② 보이지 않는 손은 애덤 스미스가 그의 저서 '국부론'에서 사용한 말로 보이지 않는 손은 시장가격을 의미하며, 시장을 국가의 간섭 없이 내버려두면 자연스레 공급과 수요가 균형을 이루고 가격이 결정되어 합리적이고 효율적인 경제상태가 마련된다는 이론이다.

ANSWER 11.③ 12.② 13.②

14 다음 중 경제적이라는 개념을 가장 잘 설명하고 있는 것은?

① 수요공급의 법칙에 따라 행동한다.
② 경제체제의 이념에 맞게 행동한다.
③ 최소비용으로 최대효과를 얻는다.
④ 효율성과 공평성 모두를 고려한다.

> **ADVICE** ④ 경제학에서 경제적이라는 것은 자원의 희소성 때문에 발생하는 선택의 문제에서 효율성을 극대화하는 행위이다.
> 정해진 목적(효과)을 달성할 때 비용을 가장 적게 들이는 최소 비용의 원칙이 경제적이다.

15 다음 중 의미가 다른 하나는?

① 사회정의
② 공공복리
③ 소득재분배
④ 경제성장

> **ADVICE** ①②③ 형평성
> ④는 효율성을 그 목적으로 한다. 효율성은 기회비용을 고려하여 경제원칙에 따라 선택할 때 이루어진다.

16 다음 중 경제활동이라고 할 수 없는 것은?

① 생산
② 분배
③ 소비
④ 소송

> **ADVICE** ④ 경제활동은 인간에게 필요한 물품이나 서비스를 창출하는 것을 말한다. 생산, 분배, 소비가 있다.

ANSWER 14.③ 15.④ 16.④

17 디플레이션이 발생한 경우 시행하는 물가안정 정책은?

① 은행 이자율을 높여 대출을 줄인다.
② 중앙은행이 보유한 채권을 시중에 판다.
③ 공공사업(도로, 다리 건설 등)을 늘려 일자리를 만든다.
④ 은행이 중앙은행에 반드시 맡겨야 하는 돈의 비율을 높인다.

ADVICE ③ 디플레이션이 발생한 경우 투자 · 고용 위축, 기업 · 금융기관 부실화가 나타난다. 정부 지출을 늘려 유동성을 만든다.
①②④ 인플레이션이 발생한 경우 하는 시행하는 정책이다.

18 정부의 경제적 유인책 사례는?

① 그린벨트 지정
② 전기차 구매 보조금
③ 유해한 물건 판매 금지
④ 의무 교육 실시

ADVICE ② 정부의 경제적 유인책은 사람이나 기업에 특정한 행동을 하도록 유도하기 위해 금전적인 이득(보상)을 주거나 손실(처벌)을 부과하는 정책이다.
① 특정 지역 개발을 막는 행정규제이다.
③ 판매를 막는 조치이다.
④ 강제로 교육을 받게 하는 제도이다.

ANSWER 17.③ 18.②

19 지불하고 난 뒤 회수할 수 없는 비용을 의미하는 것은?

① 사유재산권

② 편익

③ 기회비용

④ 매몰비용

> **ADVICE** ① **사유재산권** : 개인이 재산을 소유, 사용, 처분할 수 있는 법적 권리이다.
> ② **편익** : 어떤 선택을 함으로써 얻게 되는 이익이나 만족감이다.
> ③ **기회비용** : 여러 선택지 중 하나를 선택했을 때, 포기한 나머지 대안들 중 가장 가치가 큰 것을 의미한다.

20 국가의 경제목표에 해당하지 않는 것은?

① 효율성

② 강제성

③ 물가안정

④ 완전고용

> **ADVICE** ② 강제성은 정책을 집행하는 수단이나 방식의 특징일 뿐, 국가가 경제 활동을 통해 달성하고자 하는 최종적인 목표는 아니다.

ANSWER 19.④ 20.②

01 가계의 역할과 의사 결정

(1) 가계의 소비활동

① 가계와 경제활동

- ㉠ 소비생활 : 욕구를 충족시키기 위하여 이루어지는 경제활동이다.
- ㉡ 소비지출의 원천 : 가계소득(임금 · 이자 · 지대 · 이윤)이 소비의 원천을 이룬다.
- ㉢ 가계소득의 차이 : 생산요소의 종류와 질에 따라 가계의 소득이 달라진다.

② 합리적 소비(소득배분의 합리적 선택)

- ㉠ 합리적 선택 : 한정된 소득으로 최대 만족을 보장하는 선택을 의미한다.
- ㉡ 합리적 소비 : 주어진 소득범위 내에서 시장에서 거래되는 상품을 적절하게 선택하고, 현재와 미래를 감안하여 가계의 만족을 극대화하는 소비행위이다.
- ㉢ 합리적 소비를 위한 고려사항 : 소비액과 저축액의 결정, 구매하고자 하는 상품의 가격, 품질, 만족감, 기회비용 등을 고려하여 선택해야 한다.

  Point ≫ 한계효용균등의 법칙 … 각 상품의 소비에 지출하는 비용 1원어치의 한계효용이 서로 같도록 소비할 때, 소비자는 가장 큰 총효용을 얻게 되어 합리적인 소비를 하게 된다(고센의 제2법칙).

  $$\frac{X재의\ 한계효용}{X재의\ 가격} = \frac{Y재의\ 한계효용}{Y재의\ 가격}(=화폐\ 1원어치의\ 한계효용)$$

  즉, X재 1원어치의 한계효용=Y재 1원어치의 한계효용(=화폐 1원어치의 한계효용)이다.

(2) 소비와 국민경제

① 소비와 저축

- ㉠ 가계소득의 지출 : 생산요소를 제공하고 얻은 소득을 재화와 용역의 소비에 지출하고, 나머지는 저축한다.
- ㉡ 가계소득과 저축 : 가계소득이 증가하면 소비가 증가하게 된다. 따라서 장래의 예비를 위한 저축이 필요하다.

② 소비와 국민경제

- ㉠ 가계의 소비와 저축
  - 저축의 증가 : 대출 증가 → 기업 투자 증가 → 경제성장
  - 저축의 감소 : 대출 감소 → 기업 투자 감소 → 경제위축
- ㉡ 소비성향 : 소득 중에서 소비가 차지하는 비율(C / Y)
- ㉢ 저축성향 : 소득 중에서 저축이 차지하는 비율(S / Y)
- ㉣ 소비성향과 생산 활동 : 소비성향이 확산되면 상품에 대한 수요가 증대되고 경제가 활성화되거나 물가가 상승된다.

(1) 기업의 생산활동

① 생산
- ㉠ 재화의 생산 : 인간생활에 유용한 유형의 재화를 직접 만들어내는 활동이다.
- ㉡ 용역의 생산 : 인간의 활동 즉, 무형재의 재산(보관 · 저장 · 운반 · 판매 등의 간접적 생산활동 포함)을 의미한다.
- ㉢ 생산요소의 구입 : 가계로부터 토지, 노동, 자본 등을 구입하고 그 대가로 지대, 임금, 이자 등을 지불한다.
- ㉣ 생산의 주체 : 기업(생산을 위한 조직체)

② 기업
- ㉠ 기업의 목적 : 이윤 추구
- ㉡ 극대 이윤을 위한 기업의 결정 : 총수입을 늘리고 총비용을 줄이는 방향에서 결정해야 총이윤을 극대화시킬 수 있다.

(2) 기업의 형태

① 민간기업과 정부기업(기업의 소유 및 운영 주체에 따른 분류)
- ㉠ 민간기업 : 민간이 소유, 운영하는 기업으로서 일반적으로 이윤 추구를 목적으로 한다.
- ㉡ 정부기업 : 정부가 소유, 운영하는 기업으로서 민간기업어 맡기는 것이 부적절한 재화와 서비스의 생산을 담당한다.

② 민간기업의 종류
- ㉠ 개인기업 : 기업 운영에 필요한 자본 전액을 개인이 출자하고, 기업 운영에 따른 위험부담도 모두 개인이 지는 기업형태로 소규모 기업이 이에 속한다.
- ㉡ 회사기업 : 많은 사람이 자본을 출자하고 선정된 전문가에게 경영을 맡기는 기업형태이다. 위험부담이 분산될 수 있으며, 대규모 기업이 이에 속한다. 회사는 구성원의 회사 채권에 대한 책임 정도에 따라, 합명 · 합자 · 유한 · 주식회사로 나뉜다.

(3) 기업의 역할과 책임

① 사회적 역할 … 값싸고 품질 좋은 제품을 공급하며 생산설비를 확충하고 새로운 기술을 개발하고 고용기회를 늘리고 부가가치를 증대시킨다.

② 사회적 책임 … 사회구성원으로서의 책임, 근로자 및 소비자의 권리를 보호해야 할 책임, 문화활동 지원 및 공익활동에 대한 참여 등 기업의 사회적 책임이 확대되고 있다.

(4) 주식회사

① 정의 : 현대 자본주의 경제에서 가장 대표적인 기업 형태로, 다수의 사람들로부터 자본을 조달받아 설립된 법인이다.

② 특징

　　㉠ 자본의 증권화 (주식 발행) : 기업에 필요한 자금을 잘게 쪼개어 주식이라는 증권으로 발행한다. 덕분에 소액 투자자들도 쉽게 투자에 참여할 수 있어 거대한 자본을 모을 수 있다.

　　㉡ 주주 유한책임제 : 주주는 자신이 투자한 금액(주식 인수 대금) 한도 내에서만 책임을 진다. 회사가 망해서 빚이 많이 남더라도 주주는 본인이 산 주식비용만 손해를 본다. 개인 재산으로 회사의 빚을 갚을 의무가 없다.

　　㉢ 소유와 경영의 분리 : 주인이 너무 많기 때문에 모든 주주가 경영에 참여하기 어렵다. 따라서 주주는 소유만 하고, 실제 경영은 전문 지식을 갖춘 이사회나 전문 경영인에게 맡긴다.

　　㉣ 의사결정 기관(주주총회) : 회사의 중요한 의사결정은 주주들이 모이는 주주총회를 한다. 이때 1인 1표가 아니라 가진 주식 수에 비례하는 1주 1표 원칙이 적용된다.

③ 필수기관

　　㉠ 주주총회(의결기관) : 주주들이 모여 이사 선임 등 회사의 근본적인 사항을 결정한다.

　　㉡ 이사회(집행기관) : 주주총회에서 선출된 이사들이 모여 실제 사업 운영에 관한 중요 사항을 결정한다.

　　㉢ 감사(감독기관) : 이사의 업무 집행과 회계 처리가 적절한지 감시한다.

03 ▶ 정부의 역할과 의사 결정

(1) 시장경제의 효율성

① 경쟁시장의 균형

　　㉠ 경쟁시장 : 개별 기업이나 소비자가 시장가격에 영향을 줄 수 없는 시장이다.

　　㉡ 균형가격의 형성(시장의 균형) : 수요량과 공급량이 같아지면 균형가격이 형성된다.

② 경쟁시장의 효율성

　　㉠ 경쟁시장의 원리 : 경쟁시장에서 생산자와 소비자는 모두 시장정보를 바탕으로 개인의 이익을 추구·지향하며 이를 통하여 사회적 이익을 실현하려고 한다. 생산자는 이윤을 극대화 하고자 하며, 소비자는 만족의 극대화를 추구한다.

　　㉡ 개인과 사회 이익의 실현 : 생산자와 소비자의 경쟁적 이익 추구 행위는 사회 전체적으로 희소한 재화와 용역의 효율적 배분을 실현시켜 준다.

(2) 정부의 경제적 역할

① 경쟁체제의 유지와 보호 … 정부는 공정한 경쟁 유지, 개인의 재산권 보호, 자유로운 경제활동 보장, 화폐의 공급 및 통화량을 조절하는 기능을 담당한다.

② 경제활동의 규제 … 정부는 독과점 기업의 담합, 불공정한 거래 활동, 공해 유발행위의 규제 등 바람직하지 않은 경제활동에 적절한 규제를 행한다.

③ 사회간접자본의 건설 … 철도, 도로, 항만, 댐 등과 같은 사회간접자본의 건설과 시설 유지 및 관리는 정부나 공기업이 수행하는 중요한 경제적 기능이다.

④ 정부에 의한 생산

　㉠ 재화나 용역의 생산을 민간기업이 담당할 경우 나타날 수 있는 폐단을 막기 위하여 정부나 공기업이 사업자가 되어 직접 생산, 공급한다.

　㉡ 작은 기업들이 나누어 생산하는 것보다는 하나의 대기업이 도맡아 하는 것이 비용이 적게 든다.

　㉢ 민간기업이 규모의 경제가 존재하는 사업을 맡으면 이윤극대화를 위해 생산량을 제한하고 가격을 지나치게 올릴 수 있으므로, 이것을 방지하기 위하여 정부나 공기업이 직접 생산, 공급한다.

　　Point 》 규모의 경제(Economics to scale) ⋯ 생산요소의 투입량 증가 시 생산량이 그 이상으로 크게 증가하는 경우를 말한다. 단위당 생산비(평균비용)는 체감하게 되며, 독점이 발생한다. 이 경우의 독점을 자연독점(Ratural monopoly)이라고 한다.

⑥ 경제의 안정 ⋯ 정부는 물가를 안정시키고, 국민경제의 균형적 발전을 도모하는 역할을 수행한다.

　㉠ 긴축정책 : 경기가 과열되어 물가가 빠르게 오르는 인플레이션이 나타날 때 정부는 재정 및 금융활동에서 긴축정책을 채택한다.

　㉡ 확장정책 : 불경기가 심화되어 도산하는 기업이 많아지고 실업자가 증가할 경우, 정부는 기업의 생산을 원활하게 하고 근로자에게 일자리를 더 많이 만들어 주기 위해 재정 및 금융활동에서 확장정책을 채택한다.

⑦ 공정한 분배 ⋯ 누진소득세제도 채택, 생계비 보조, 사회보장제도 등 소득재분배정책을 실시하고 있다.

출제예상문제

1 경제주체에 대한 설명으로 옳지 않은 것은?

① 가계는 소비주체이다.
② 기업은 생산주체이다.
③ 정부는 공공서비스를 소비하는 주체이다.
④ 외국은 교역주체이다.

ADVICE ③ 정부는 국방, 치안, 의료, 교육 등의 공공서비스를 생산하는 동시에 이를 위해 필요한 자원을 활용한다.

2 공직자의 경제윤리라고 할 수 없는 것은?

① 행정편의주의에 치우쳐서는 안 된다.
② 공익을 우선하는 마음으로 솔선수범해야 한다.
③ 시장의 실패로 비롯되는 부작용을 최소화해야 한다.
④ 이윤추구만이 아니라 사회적 책임도 수행해야 한다.

ADVICE ④ 기업의 경제윤리이다.

3 다음 중 기업의 사회적 책임으로 옳지 않은 것은?

① 근로자, 소비자들의 권리보호
② 기업이윤의 사회 환원을 통한 공익활동에의 참여
③ 기술혁신을 통한 값싸고 품질 좋은 상품의 공급
④ 독과점방지를 통한 시장에서의 공정한 경쟁력 추구

ADVICE ④ 기업의 사회적 책임은 생산 활동을 하면서 사회구성원으로서 지켜야 할 책임이다.

ANSWER 1.③ 2.④ 3.④

4 **기업의 생산 활동에서 합리적인 선택이 필요한 이유로 옳은 것은?**

① 국민의 복지증진을 위하여
② 소비자의 권익 보호를 위하여
③ 기업의 사회적 책임을 다하기 위하여
④ 이윤극대화 추구를 위하여

ADVICE ④ 기업의 목적은 극대 이윤 추구이다. 따라서 기업은 이 목적을 달성하기 위하여 합리적인 생산방법을 선택한다.

5 **주식회사의 특징으로 옳지 않은 것은?**

① 많은 사람이 출자하여 대규모 자금조달이 용이하다.
② 회사의 손실에 대해 자기가 출자한 한도 내에서 책임을 진다.
③ 무한책임사원으로 구성된 인적 회사이다.
④ 소유와 경영이 분리되어 운영되는 회사이다.

ADVICE ③ 주식회사는 많은 출자자들이 동원될 수 있고 소유와 경영이 분리되어 위험부담을 분산할 수 있는 물적 회사이다.

6 **회사기업이 민간기업으로서 중요한 위치를 차지하게 된 배경과 관련이 없는 것은?**

① 기업의 경제규모 확대
② 산업기술의 고도화
③ 대자본의 필요성
④ 노동조합의 활성화

ADVICE ④ 많은 사람이 자본을 출자하고 선정된 전문가에게 경영을 맡기는 기업형태를 회사기업이라 한다. 기업의 경제규모가 커지고 산업기술이 고도화되면서 기업은 많은 자본을 필요로 하게 되고 사업에 따르는 위험부담도 커지게 되었다. 따라서 많은 사람들로부터 자금이 조달될 수 있고 위험부담도 분산시킬 수 있는 회사기업이 민간기업으로서 중요한 위치를 차지하게 되었다.

ANSWER 4.④ 5.③ 6.④

7 주식회사에서 회사의 운영을 책임지고 있는 곳은?

① 이사회

② 주주

③ 감사

④ 주식

ADVICE ① 주식을 소유한 사람을 주주라 하고 주주는 이사를 선임하여 이사회를 구성하고 이사회가 회사운영의 책임을 맡는다.

8 정부에서 다음 표에 나타난 물품들을 특별소비세의 과세대상에서 제외하기로 결정하였다. 이러한 정책의 시행에 따라 나타날 수 있는 경제적 효과를 알 수 있는 것을 모두 고르면?

구분	과세대상에서 제외되는 물품
식 · 음료품	청량 · 기호음료, 설탕, 커피, 코코아 등
생활용품	화장품, 크리스탈 유리제품, 피아노 등
가전제품	TV, 냉장고, VTR, 세탁기, 음향기기, 전자렌지 등
대중스포츠	스키, 볼링용품, 스키장 및 퍼블릭 골프장 이용료

㉠ 지방세의 수입이 증가할 것이다.
㉡ 조세부담의 역진성이 완화될 것이다.
㉢ 근로자의 일할 의욕이 감소할 것이다.
㉣ 특별소비세가 폐지된 상품의 가격이 인하될 것이다.

① ㉠, ㉡

② ㉠, ㉢

③ ㉡, ㉢

④ ㉡, ㉣

ADVICE ㉡ 특별소비세는 부가가치세의 단일세율에서 오는 세부담의 역진성을 보완하는 것이므로 이를 과세대상에서 제외한다면 역진성이 완화될 것이다.
　　㉣ 특별소비세의 과세대상에서 제외되는 물품은 그만큼 가격이 인하될 것이다.
　　㉢ 특별소비세를 과세하지 않으면 오히려 지나친 조세부담에서 벗어난 근로자들이 좋아할 것이다.
　　㉠ 특별소비세는 국세이므로 지방세의 증감과 관련이 없다.

ANSWER 7.① 8.④

9 민간기업과 정부기업으로 구분하는 기준으로 옳은 것은?

① 고정자본시설
② 운영주체
③ 회사의 규모
④ 투자규모

ADVICE ② 기업의 형태는 여러 가지가 있으나, 크게 소유 및 운영주체형태에 따라 민간기업과 정부기업으로 구분할 수 있다.

10 다음 중 재정에 관한 내용으로 옳은 것은?

① 우리나라 세출구조의 특징은 정부주도의 경제개발비의 비중이 점차 높아지고 있어 경직성을 띠고 있는 것이다.
② 간접세의 비율이 높아진 관계로 소득분배를 많이 개선시켰다.
③ 직접세 위주의 조세정책은 간접세에 비해 보다 많은 조세저항을 가져온다.
④ 국민경제가 불경기일 때 긴축재정은 물가를 안정시키고 경기를 회복시킨다.

ADVICE ① 경제개발비의 비중이 낮아지고 있는 것은 경제개발을 이끌어 나가는 데 있어서 민간부문의 역할이 증대되고 정부의 역할이 감소하는 추세에 있기 때문이다.
② 직접세의 비율이 높을수록 소득재분배효과가 있다(종합소득세, 법인세, 상속세, 재산세 등).
④ 불경기일 때 정부는 경기회복을 위해서 조세인하, 재정지출 증가 등의 팽창정책을 실시하여 경제안정화를 추구하고 호경기 때에는 반대로 조세인상, 재정지출 감소의 긴축재정을 펼친다.
※ 재정과 예산
　㉠ 재정 : 정부의 활동과 관련된 정부의 경제활동
　• 세입(재정수입) : 정부의 수입
　• 세출(재정지출) : 정부의 지출
　㉡ 예산 : 일정기간(보통 1년)의 정부의 재정수입 · 지출에 대한 계획서

ANSWER 9.② 10.③

11 정부에서 고율의 세금부과로 사치품의 범람을 막으려는 재정정책을 실시할 때 기대되는 효과는?

① 소득 재분배
② 경제 안정
③ 효율적인 자원배분
④ 물가 안정

ADVICE 재정정책의 기능
　㉠ 경제안정화
　• 불황기 : 조세인하, 재정지출 증가
　• 호황기 : 조세인상, 재정지출 감소
　㉡ 경제발전 : 정부의 재정 투자·융자를 통해 경제성장에 기여한다.
　㉢ 소득재분배
　• 세입면 : 누진세 적용, 특별소비세 부과
　• 세출면 : 사회보장비 지급
　㉣ 자원배분
　• 세입면 : 사치품에 대한 세율인상, 필수품에 대한 세율인하
　• 세출면 : 공공주택부문 등에 정부자금 사용

12 경제주체들의 공정한 경쟁여건을 조성하기 위한 정부의 규제로 적절하지 않은 것은?

① 담합행위에 대하여 법으로 금지한다.
② 개인의 조림사업을 지원해 준다.
③ 소비자의 권리를 보호해 준다.
④ 대기업의 부당한 거래조건의 강요를 규제한다.

ADVICE ② 바람직한 경제활동으로 정부가 장려 또는 권장하는 사례이다.

ANSWER 11.③　12.②

13 공공재 생산을 정부가 주관해야 하는 이유로 옳은 것은?

① 수익자부담의 원칙이 적용될 수 없기 때문이다.
② 기업에 맡기면 너무 과다한 이윤을 얻기 때문이다.
③ 소비자들의 욕망이 무한하기 때문이다.
④ 소비자들의 소비억제를 유도하기 위해서이다.

ADVICE ① 공공재는 정부예산을 통하여 공급되는 재화로 비배제성을 가지고 있으므로 수익자부담 적용이 어려워 정부가 주관해야 한다.

14 정부가 공공사업을 위하여 지출액을 증가시킬 경우의 효과로 옳은 것은?

① 실업자 증가
② 지속적인 불황
③ 가처분소득의 증가
④ 빈부의 차이 증가

ADVICE ③ 정부가 지출을 확대하면 통화량의 증가로 소득증대를 가져와 가처분소득이 증가한다.

15 다음과 같은 정책을 실시할 때 추구하는 목표로 가장 알맞은 것은?

> 수질오염의 주요 원인이 되는 합성세제에 적절한 소비세를 부과하였다.

① 효율적인 자원배분
② 공정한 소득재분배
③ 경제의 발전
④ 소비자보호

ADVICE ① 사회적 비용은 줄이고 사회적 효용은 증가시키기 위한 활동으로서 자원을 효율적으로 배분하기 위한 정책이다.

ANSWER 13.① 14.③ 15.①

03 시장과 경제활동

01 시장의 수요와 공급가격 탄력성

(1) 시장의 형태

① 시장형태

ⓐ 완전경쟁시장 : 다수의 거래자들이 참여하고 동질의 상품이 거래되며, 거래자들이 상품의 가격, 품질 등에 대한 완전한 정보를 지니고, 거래자들이 시장에 자유로이 들어가거나 나갈 수 있는 시장을 말한다(주식시장, 쌀시장).

ⓑ 불완전 경쟁시장

- 독점시장 : 한 기업이 한 상품을 도맡아 시장에 공급하는 경우에 발생, 가격의 차별화가 가능하다(전력, 상 · 하수도, 담배).
- 독점적 경쟁시장 : 많은 기업들이 각기 질적인 측면에서 조금씩 다른 상품을 공급하는 시장형태로 상품의 차별화가 이루어진다(주유소, 약국).
- 과점시장 : 소수의 기업들이 공급에 참여하여 경쟁하는 시장형태로 과점기업들은 서로 담합하기도 하고, 독자적인 행동을 취하기도 한다(가전제품, 자동차).

② 시장형태의 결정요인 … 상품의 공급자와 수요자의 수, 상품의 동질성 정도, 신규 공급자의 시장진입 정도, 기존 기업들의 행동양태 등이 있다.

(2) 시장형태의 특징

① 완전경쟁시장

ⓐ 완전경쟁시장의 특징

- 수요자와 공급자의 수가 많아야 한다.
- 완전경쟁시장에서 거래되는 같은 상품은 품질과 판매 조건 등이 모두 같아야 한다.
- 새로운 기업이 시장으로 들어오는 것과 비능률적인 기업이 시장에서 나가는 것 모두가 자유로워야 한다.
- 상품의 가격, 품질 등 시장정보에 대하여 수요자와 공급자가 모두 잘 알고 있어야 한다.

ⓑ 완전경쟁시장의 의의 : 이상적인 시장형태이며, 합리적인 경제활동을 영위하는 길잡이가 된다.

② 독점시장 … 한 상품의 공급이 하나의 기업에 의해서만 이루어지는 시장형태로, 정부가 투자한 공기업, 경쟁 기업의 파산, 특허권과 판권에 의한 독점, 공익을 위한 정부의 독점 등에 의해 생성된다(전력 · 상수도 · 담배 · 철도사업 등).

③ 독점기업의 가격결정

ⓐ 독점기업의 특징 : 독점기업은 한 상품의 유일한 공급자이므로 가격과 공급량을 마음대로 정할 수 있어 독점기업의 수요곡선은 우하향 형태를 띤다.

ⓛ 독점기업의 가격결정 : 최대 이윤을 보장하는 수준에서 생산량과 가격을 결정한다.
  • 생산비가 드는 경우 : 한계수입과 한계비용이 일치하는 수준에서 최적 산출량이 결정, 수요곡선과 만나는 점에서 독점가격이 결정된다.
  • 생산비가 들지 않는 경우 : 한계수입 = 한계비용 = 0이기 때문에 한계수입이 0일 때의 생산량이 최적 산출량이 된다.

④ 독점적 경쟁시장 … 상품의 특수성에 따른 차별화, 가격 변동에 민감한 반응, 단기적인 시장 지배력의 행사 등의 특징이 있다.

⑤ 과점시장 … 소수의 기업만이 서로 경쟁하면서 한 상품을 생산, 공급하는 시장형태로, 제조업의 주요 업종들이 과점시장의 형태를 이루고 있다. 과점기업 간의 행동 예측 곤란, 높은 가격과 적은 공급량, 과점기업 간의 담합 등 복잡성과 다양성이 나타난다.

(3) 수요

① 수요법칙

  ㉠ 수요법칙 : 상품 가격과 수요량 사이에 역의 관계(상품의 가격이 오르면 수요량을 줄이고, 가격이 내리면 수요량을 늘리는 것)가 성립하는 현상을 말한다.

  ㉡ 수요곡선 : 동일한 가격수준에서 소비자의 수요량을 모아 합계한 것이다.

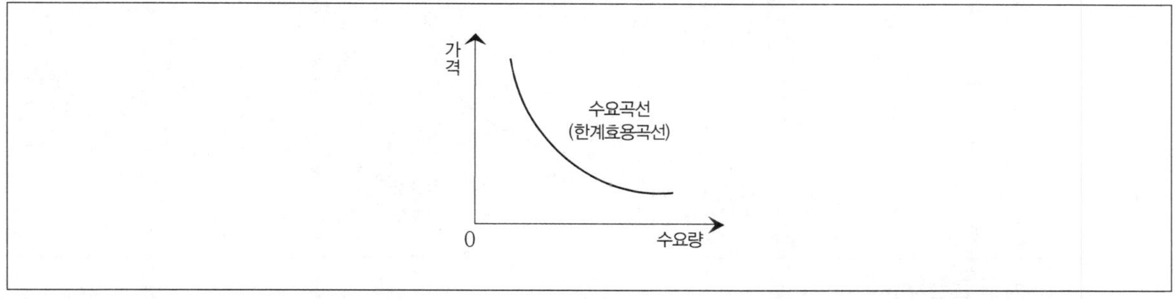

② 수요의 변동과 수요량의 변동

  ㉠ 수요의 변동 : 가격 이외의 요인(기호 변화, 소득 증감, 인구 증감, 대체재와 보완재 가격의 등락 등)이 변동함으로써 일어나는 변동을 뜻하며, 수요곡선의 이동으로 나타난다.
    • 수요의 증가요인 : 소비자의 기호상승, 소득증가, 인구증가, 대체재 가격상승, 보완재 가격하락, 재화의 용도확대 등
  ㉡ 수요량의 변동 : 상품의 가격변동에 대응하는 수요량을 나타내는 수요곡선상의 이동을 뜻한다.

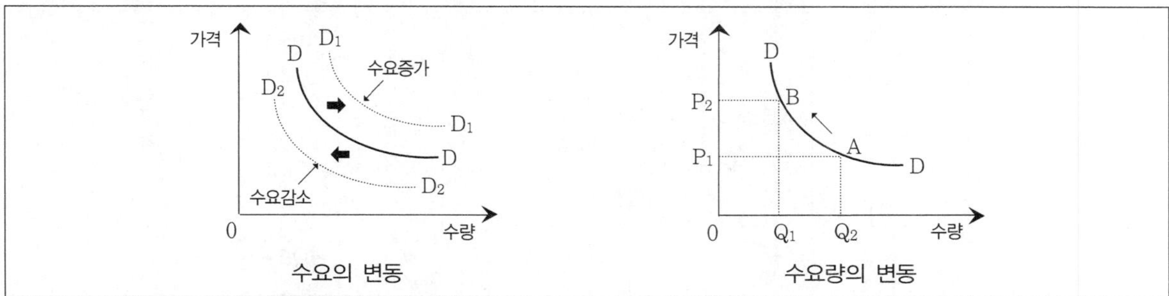

④ 수요의 가격탄력성 … 상품의 가격이 변동될 때 수요량이 변동되는 민감도를 나타낸다.

㉠ 탄력성의 크기
- $eD = \infty$: 완전탄력적, 수요곡선은 수평
- $eD > 1$: 탄력적, 가격변동률 < 수용량의 변동률(사치품)
- $eD = 1$: 단위탄력적, 수요곡선은 직각쌍곡선
- $eD < 1$: 비탄력적, 가격변동률 > 수용량의 변동률(생활필수품)
- $eD = 0$: 완전비탄력적, 수요곡선은 수직

㉡ 수입과의 관계 : 탄력성이 1보다 큰 탄력적 상품의 경우 가격이 하락하면, 총수요가 늘어 판매수입이 증가하나, 탄력성이 1보다 작은 비탄력적 상품의 경우 가격이 하락해도 수요가 많이 늘지 않아 판매수입은 감소한다.

(4) 공급

① 공급법칙

㉠ 공급법칙 : 한 상품의 가격이 오르면 그 상품의 공급량이 증가하고, 가격이 떨어지면 공급량이 감소하는 현상(정의 관계)을 말한다.

㉡ 공급곡선 : 동일한 가격수준에서 개별공급곡선을 합하여 나타낸다(개별공급곡선의 수평적 합계).

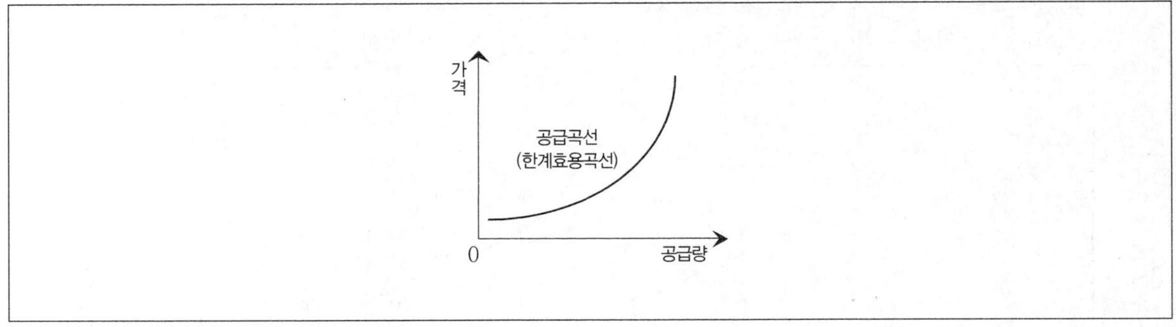

② 공급의 변동과 공급량의 변동

㉠ 공급의 변동 : 가격 외의 다른 요인(생산요소가격, 소비자 취향, 생산기술의 변화 등)이 변동함으로써 일어나는 공급량의 변동으로 공급곡선 자체의 이동을 표시된다.
- 공급의 증가요인 : 생산요소가격 하락, 생산기술의 진보, 정부의 보조금 지급, 다른 재화의 가격하락 등

㉡ 공급량의 변동 : 다른 조건이 일정할 때에 상품 자체의 가격이 변하면 공급량이 변하는데 이러한 변동은 공급곡선상의 움직임으로 표시된다.

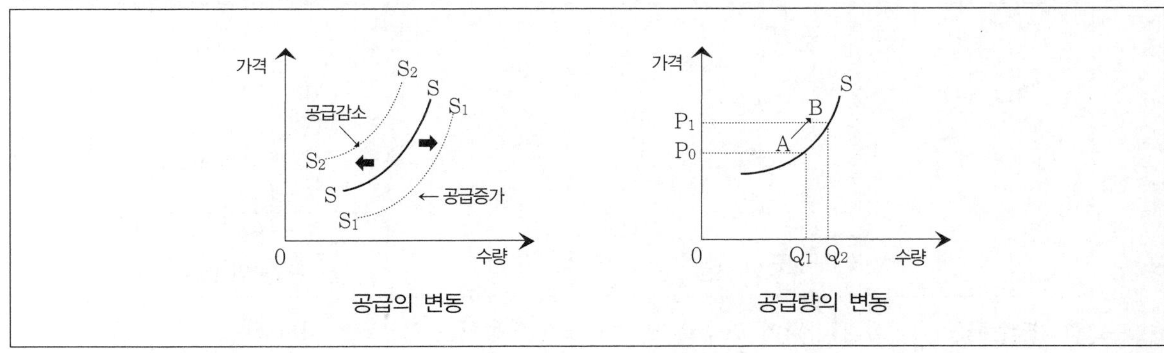

④ 공급의 가격탄력성 … 상품의 가격이 변동될 때 공급량이 변동되는 민감도를 나타내는 지표이다. 공급의 탄력성이 농산물은 작고 공산품은 크다. 또한 공급이 고정되어 있는 재화는 탄력성이 0이다.

02 시장 균형 가격의 결정과 변동

(1) 가격의 기능

① 시장 … 수요자와 공급자가 만나 거래가 이루어지는 장소 또는 범위를 말한다.

② 가격의 기능
  ㉠ 가격 : 시장에서 상품 한 단위와 교환되는 화폐단위
  ㉡ 가격의 역할
   • 신호등 역할 : 생산자와 소비자가 경제활동을 어떻게 조절할 것인지를 알려 주는 역할을 한다.
   • 생산물의 배분 : 인위적인 간섭 없이 생산물 배분에 있어서 가장 가격을 높게 지불하려는 사람들의 순으로 공급해 주는 기능을 수행한다.

③ 시장가격의 결정
  ㉠ 초과공급과 가격 : 수요부족현상이 발생하여 가격이 하락한다.
  ㉡ 초과수요와 가격 : 공급부족현상이 발생하여 가격이 상승한다.
  ㉢ 균형가격의 결정 : 시장 공급량과 시장 수요량이 같은 상태에서 균형가격이 결정된다.

(2) 시장 균형 가격의 변동

① 시장의 균형 가격의 변동

구분		공급		
		불변	증가	감소
수요	불변	균형 가격 불변 균형 거래량 불변	균형 가격 하락 균형 거래량 증가	균형 가격 상승 균형 거래량 감소
	증가	균형 가격 상승 균형 거래량 증가	균형 가격 불분명 균형 거래량 증가	균형 가격 상승 균형 거래량 불분명
	감소	균형 가격 하락 균형 거래량 감소	균형 가격 하락 균형 거래량 불분명	균형 가격 불분명 균형 거래량 감소

② 생산 요소 시장에서의 수요와 공급 … 생산 요소 시장에서의 가격은 생산 요소에 대한 수요와 공급에 의해 결정되며, 노동 시장의 가격은 임금, 자본 시장의 가격은 이자율, 토지 시장의 가격은 지대라고 한다.

③ 생산 요소 시장에서 가격 변동 … 수출 경기가 좋아져 기업의 신규 고용이 증가하면 기업의 노동에 대한 수요가 증가한다. 그러나 노동 공급 곡선은 경기의 영향을 받지 않으므로 변화하지 않는다. 노동의 수요곡선이 오른쪽으로 이동하면 균형 가격과 균형 거래량이 증가하고, 노동자들의 임금과 고용량도 동반 상승한다.

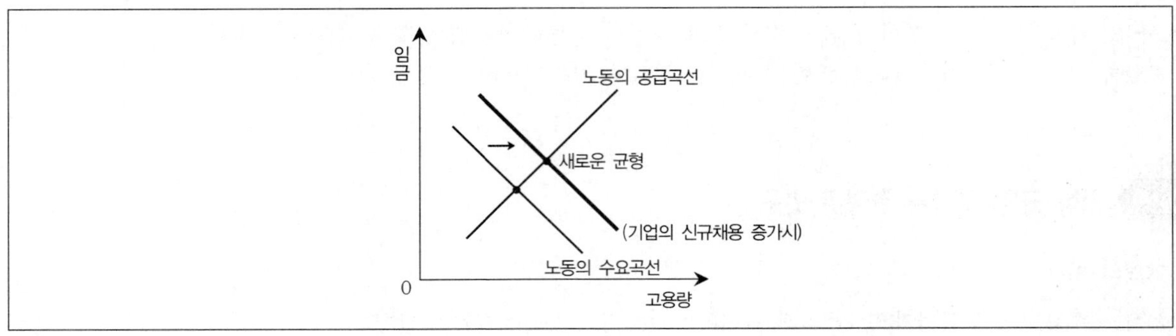

03 시장의 한계와 보완

(1) 시장의 실패

① 불완전한 경쟁시장 … 자원의 비효율적 배분, 공급의 제한과 가격의 상승, 품질의 하락과 비효율성을 증대시킨다.

② 사회적 비용의 발생

　㉠ 외부효과
　　• 사회적 비용이 발생하는 경우(외부불경제) : 개인의 행위가 정당한 가격의 지불 없이 사회 또는 다른 개인에게 불리한 효과를 미치는 경우이다.
　　　예 환경오염, 공해
　　• 사회적 수익이 발생하는 경우(외부경제) : 어떤 개인의 행위가 정당한 가격의 지불 없이 사회 또는 다른 개인에게 이익을 주는 경우이다.
　　　예 과수원과 양봉업자, 공원의 조성으로 인한 쾌적성 증가
　㉡ 환경오염 : 외부효과로 인해 사회적 비용이 발생하는 대표적인 경우이다.

③ 공공재의 공급 … 교육, 국방, 치안, 도로 등과 같이 공익과 관련되어 있는 재화를 공공재라 하며, 공공재는 시장에 의해서 자율적으로 공급되기 어렵다.

④ 시장의 실패 … 시장의 가격기능이 경제의 기본 문제를 자연스럽게 해결하지 못하거나 최선의 답을 제시하지 못하는 경우를 말한다. 독과점 기업, 해로운 외부효과, 공공재 공급 등에서 시장실패가 나타난다.

(2) 정부의 규제

① 정부규제의 필요성 … 시장의 실패가 나타나면서 정부의 규제가 필요(인 · 허가, 가격통제, 독과점 및 불공정 거래 규제 등)해졌다.

② 정부의 인 · 허가

　㉠ 특정 업자에 대한 인 · 허가 : 정부의 규제 가운데 대표적인 것은 특정 산업부문에서의 기업활동을 특정한 업자에게만 인 · 허가하는 방법이다.
　㉡ 인 · 허가 규제를 하는 이유 : 과당 경쟁의 방지, 공익 목적의 실현, 자원의 효율적 관리, 전략 산업의 육성 등을 위해 규제한다.

    © 정부의 인·허가에 대한 문제점

- 독과점의 폐해로 인한 손실이 규제에 의한 이익보다 클 수 있다.
- 보호받는 기업과 보호받지 않는 기업 간의 공평성 문제가 발생할 수 있다.
- 육성·보호되는 기업이 타성에 젖어 기술개발이나 비용절감, 고객서비스에 대하여 소홀히 할 우려가 있다.

③ 가격통제 … 정부가 최고가격(소비자 보호) 또는 최저가격(생산자 보호)을 정해 가격을 규제하는 방식이다.

    ⊙ 가격규제가 필요한 경우 : 소비자의 보호, 독점기업의 규제, 근로자의 생활 보장, 경기변동의 조정 등을 위해 규제가 필요하다.

    © 가격규제의 부작용 : 많은 인력과 비용에 따른 비효율성, 수요와 공급의 불균형, 암시장 형성 등

    © 가격통제의 예 : 근로자 최저임금제 도입, 금융기관의 최고 이자율 설정 등

④ 불공정 거래 및 독과점 규제

    ⊙ 자원배분의 비효율화 방지 : 기업 간의 담합행위를 금지하고 기업의 결합·합병을 규제한다.

    © 힘의 우위를 이용한 불공정 거래의 방지 : 정부는 시정명령을 내릴 수 있다.

(3) 공기업의 필요성과 민영화

① 공기업의 필요성

    ⊙ 공기업 : 정부가 직접 기업 활동을 하거나 출자하여 지배하는 기업을 의미한다.

    © 공기업 운영의 필요성 : 효율성과 공익성이 높으며 독점기업의 횡포 방지, 공공이익의 보호, 재화의 안정적 공급 등의 역할을 한다.

    © 공기업의 형태와 종류

- 정부가 직접 수행하는 사업 : 철도, 우편, 상·하수도, 청소사업 등이 있다.
- 정부가 주식을 보유하는 사업 : 전력, 가스, 전화, 도로사업, 토지 및 주택개발사업, 자원개발사업, 방송사업 등이 있다.
- 수익을 주목적으로 하는 사업 : 담배, 인삼 등의 전매사업이 해당된다.
- 정책목적을 위해 설립하는 사업 : 한국은행, 주택은행 등이 있다.

② 규제 완화의 필요성 … 규제의 현실적 곤란성, 정부 규제의 남발 경향, 경제적 여건과 구조의 변화, 정부기구의 비대화 현상에 따른 자원낭비 우려 등으로 인해 규제를 완화할 필요성이 대두되고 있다.

③ 공기업의 민영화

    ⊙ 공기업의 부작용 : 경쟁이 배제된 경우가 많아 조직이 방만해지고 관료화되어 비효율적이 될 가능성이 높다.

    © 공기업의 민영화 효과 : 경쟁원리를 도입하여 서비스의 개선, 가격의 인하, 경영의 효율화에 많은 성과를 거두고 있다.

출제예상문제

1 다음 중 완전경쟁시장의 특징이 아닌 것은?

① 수요자와 공급자의 수가 많다.
② 거래되는 상품이 동질의 상품이다.
③ 새로운 기업의 시장 진입이 자유롭다.
④ 가격경쟁이나 비가격경쟁이 심하게 나타난다.

> **ADVICE** ④ 가격경쟁이나 비가격경쟁이 심하게 나타나는 것은 독점적 경쟁시장의 특징이다.

2 독점기업의 수요곡선이다. 그래프가 다음과 같이 주어져 있을 때, 이를 바르게 해석한 것은?

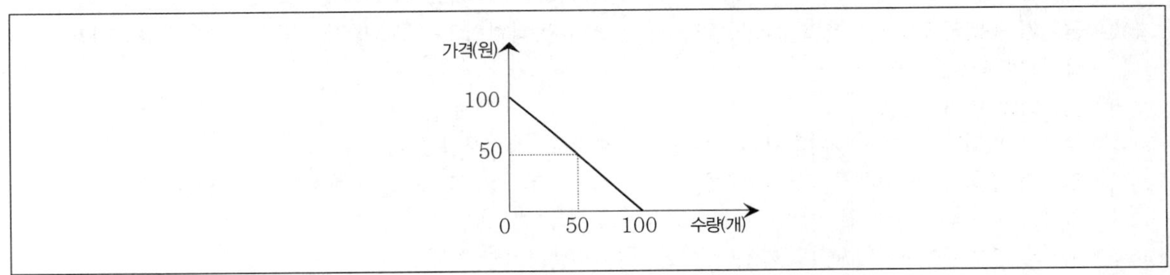

① 기업이 판매량을 늘리려면 가격을 내려야 한다.
② 가격이 100원일 때, 기업의 총수입이 최대가 된다.
③ 기업의 공급곡선은 우상향하는 형태가 될 것이다.
④ 가격을 50원에서 60원으로 올리면 총수입은 증가한다.

> **ADVICE** ① 독점기업이 가격을 내리면 수요가 늘어나 판매량이 증가한다.
> ② 가격이 100원일 경우 수요가 0이므로 기업의 수입이 없다.
> ③ 독점기업은 유일한 공급자이므로 시장 전체의 수요가 곧 그 기업의 상품에 대한 수요가 되어 생산량을 늘리면 가격이 내려가게 되고 생산량을 줄이면 가격이 오르게 된다. 따라서 기업의 공급곡선은 존재하지 않는다.
> ④ 기업의 총수입은 가격 × 판매량으로 그림에서 보면 가격이 50원일 때 수요량은 50개로 총수입은 50 × 50으로 최대가 된다. 따라서 생산량을 조절하여 가격이 50원보다 낮아지거나 높아지면 총수입은 가격이 50원인 경우보다는 감소하게 된다.

ANSWER 1.④ 2.①

3 수요가 변동하는 요인으로 적절한 것은?

① 소비자 소득 수준의 변화
② 상품의 가격 변화
③ 생산 기술의 발달
④ 원자재 가격의 하락

ADVICE ① 해당 상품의 가격은 그대로인데, 주변 상황이 바뀌어 사람들이 더 많이 사거나 적게 사게 되는 경우가 수요가 변동하는 요인이다.
②③④ 공급의 변동 요인에 해당한다.

4 다음 상황으로 나타나는 결과는?

> X재와 Y재는 서로 대체재이다. 최근 X재 생산에 필요한 원자재 가격이 상승하여 X재를 생산하는 기업들의 고민이 깊어지고 있다.

① X재의 가격이 하락할 것이다.
② X재의 거래량이 증가할 것이다.
③ Y재의 가격이 하락할 것이다.
④ Y재의 판매 수입이 증가할 것이다.

ADVICE • X재 생산에 필요한 원자재 가격 상승 → X재 공급 감소(공급곡선 좌측 이동) → X재 가격 상승, X재 거래량 감소
• X재와 Y재는 서로 대체재이므로 X재 가격 상승 → X재 수요 감소 → Y재 수요 증가 (수요곡선 우측 이동) → Y재 가격 상승, Y재 거래량 증가(Y재 판매 수입 증가)
④ Y재의 판매 수입이 증가할 것이다.
① X재의 가격이 상승할 것이다.
② X재의 거래량이 감소할 것이다.
③ Y재의 가격이 상승할 것이다.

ANSWER 3.① 4.④

5 독점기업의 특징으로 적절하지 않은 것은?

① 다수의 경쟁기업이 존재한다.
② 가격과 공급량을 결정할 수 있다.
③ 독점기업의 수요곡선은 우하향 형태이다.
④ 최대 이윤을 보장하는 수준에서 생산량을 결정한다.

ADVICE ① 독점기업은 한 상품을 유일하게 공급하는 공급자에 해당한다.

6 다음 그래프에서 커피의 수요곡선이 D에서 D1으로 이동하였을 때 그 원인으로 보기 어려운 것은?

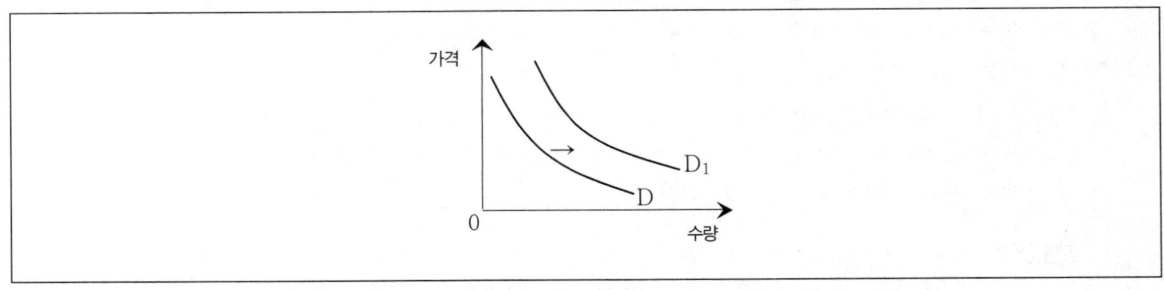

① 커피소비자들의 소득의 증가　　　　② 커피소비인구의 증가
③ 홍차가격의 상승　　　　　　　　　　④ 커피가격의 하락

ADVICE ④ 가격의 하락은 생산비가 감소되어 공급이 증가할 경우이고, 반대로 공급이 감소할 경우 가격은 상승한다.
　　　　※ **수요의 증가요인** … 인구의 증가, 대체재의 가격상승, 보완재의 가격하락 등이 수요를 증가시키는 요인이다.

7 다음의 내용을 종합하여 개념정의를 한다면?

> • A는 집주변 공한지를 이용하여 지난해 작황소득이 좋았던 고구마를 심기로 했다.
> • B는 생산공장을 확장하면서 노동인력과 기계설비 양자를 놓고 선택의 고민을 하던 중 장기적으로 볼 때 인건비 상승이 우려되어 당장은 투자비가 더 들지만 기계설비 쪽을 선택하였다.

① 시장지배　　　　　　　　　　② 시장실패
③ 수요공급　　　　　　　　　　④ 가격기능

ADVICE 가격과 경제문제
　　㉠ 가격의 기능 : 시장경제체제하에서 기본적인 경제문제를 해결, 가격의 자유로운 변동은 인위적인 계획이나 명령에 의하지 않고도 해결되도록 한다.
　　㉡ 경제문제해결
　　　• 생산선택의 문제해결
　　　• 생산방법의 문제해결
　　　• 소득분배의 문제해결

8 시장의 형태를 결정하는 요인이 아닌 것은?

① 판매자의 수
② 제품의 동질성
③ 진입장벽의 존재 여부
④ 소비자의 소득기준

ADVICE ④ 시장의 형태를 결정하는 핵심 요인은 판매자의 수, 진입장벽의 존재 여부, 제품의 동질성 · 차별성, 가격 지배력이 있다.

9 정부가 사치품에 대해서 가격을 올릴 때 이 가격정책이 최대의 효과를 나타낼 수 있는 경우는?

① 수요의 탄력성이 0일 때
② 수요의 탄력성이 1일 때
③ 수요의 탄력성이 1보다 클 때
④ 수요의 탄력성이 1보다 작을 때

ADVICE 수요의 가격탄력성
    ⊙ **사치품**: 수요의 가격탄력성이 1보다 큰 상품은 가격을 내릴 때 수요량 증가율이 하락률보다 커서 총판매수익이 증가한다.
    ⓒ **생필품**: 수요의 가격탄력성이 1보다 작으면 가격을 내린 상품의 수요량 증가율이 가격의 하락률보다 작아 총판매수익은 감소한다.

10 수요의 증가 요인에 해당하는 것은?

① 대체제 가격 하락
② 미래 가격 하락 기대
③ 보완재의 가격 하락
④ 소비자 선호도 하락

ADVICE ③ 보완재 가격이 저렴해지면 둘 다 많이 구매하면서 수요가 증가한다.
    ①②④ 소요의 감소 요인이다.

11 다음의 조건하에 쌀시장에서 발생될 수 있는 경제현상으로 옳은 것은?

> • 식생활의 개선으로 빵의 수요가 급증
> • 쌀시장의 개방

① 가격 하락, 거래량 증가
② 가격 하락, 거래량 감소
③ 가격 상승, 거래량 증가
④ 가격 상승, 거래량 감소

ADVICE ② 식생활의 개선으로 빵의 수요가 급증하면 결국은 가격이 하락하게 되고, 쌀시장이 개방되면 거래량이 감소하게 된다.

12 효용의 개념에 대한 설명 중 옳지 않은 것은?

① 재화는 효용이 인정되나, 용역에는 효용이 인정되지 않는다.
② 효용은 수량적으로 측정할 수 없는 것이다.
③ 어떤 재화의 소비로부터 얻게 되는 효용의 총량을 총효용이라고 한다.
④ 소비자가 재화나 용역의 소비로부터 느끼는 만족도가 효용이다.

ADVICE 효용의 종류와 개념
  ㉠ **효용**: 소비자가 재화나 용역의 소비로부터 느끼는 만족 또는 즐거움의 크기이다.
  ㉡ **총효용**: 어떤 재화의 소비로부터 얻게 되는 효용의 총량이다.
  ㉢ **한계효용**: 재화 1단위를 더 소비함으로써 얻어지는 총효용의 증가분이다.

$$한계효용 = \frac{총효용의\ 증가분}{소비량의\ 증가분}$$

  ㉣ **재화의 소비와 총효용**: 일반적으로 재화의 소비량이 늘면 총효용은 증가한다. 그러나 일정량 소비 후에는 오히려 감소한다(한계효용체감의 법칙).

13 생산량의 변화에 따라 변하는 가변비용으로 옳은 것은?

① 공장구입비
② 원자재구입비
③ 자본설비구입비
④ 기계설비도입비

ADVICE ①③④ 기술개발비, 공장구입비, 자본설비구입비, 기계설비도입비 등은 고정비용에 포함된다.

14 수요량과 공급량을 결정짓는 가장 중요한 요인으로 옳은 것은?

① 임금수준
② 소득수준
③ 재화의 가격
④ 소비자의 기호

ADVICE ③ 수요량과 공급량을 결정짓는 가장 중요한 요인은 가격이며 나머지는 수요나 공급의 변동요인이다.

15 모든 사람이 공동으로 소비할 수 있는 재화나 서비스로 정부가 세금을 투입하여 공급하는 것은?

① 외부효과
② 공공재
③ 시장실패
④ 정부규제

ADVICE ① **외부효과** : 어떤 경제 주체의 경제 활동이 시장 거래를 거치지 않고 제3자에게 의도치 않은 혜택이나 손해를 끼치면서도, 이에 대한 대가를 받거나 지불하지 않는 상태이다.
③ **시장실패** : 시장의 가격기능이 해결되지 못하거나 최선의 답을 찾지 못하는 상태이다.
④ **정부규제** : 인 · 허가, 가격통제 등 시장교란 방지 등의 목적으로 정부가 규제를 하는 것이다.

ANSWER 13.② 14.③ 15.②

01 한국 경제의 변화와 위상

(1) 우리 경제의 여건과 발전과정

① 어려운 경제 여건

  ㉠ 광복 이후의 사회적 여건

- 경제적 여건 : 좁은 국토와 불리한 농업 여건, 국토의 분단, 불균형적인 산업 분포, 남한 인구의 급증 등이 있다.
- 정치적 여건 : 미국의 군정시대에 이어 새 정부가 들어섰으나 국가경영이 미숙하였고, 정치적 주도권 싸움이 발생하였다.

  ㉡ 6 · 25전쟁 후 : 생계유지 곤란, 인구집중현상 등 최빈국 상태에 놓여 있었다.

② 폐허 속의 전후 복구

  ㉠ 1950년대의 경제 : 전후 복구사업으로 어느 정도 경제성장을 이루었으나 식량의 부족, 공업과 사회간접자본의 부족 등 여전히 사회가 불안하였다.

  ㉡ 외국 원조의 역할 : 전후 복구사업에 도움을 주었으며, 1960년대 초 이후 고도성장을 이룩하는 데 밑거름이 되었다.

③ 개발계획의 성과

  ㉠ 1960년대의 경제개발 : 군사정변을 계기로 등장한 새 정부는 경제개발 5개년계획을 1962년부터 입안 · 시행하기 시작했다.

- 성과 : 경제규모의 확대, 산업구조의 고도화, 공업구조의 개선, 절대 빈곤 퇴치, 대외 위상의 향상 등을 들 수 있다.
- 문제점 : 경제적 불균형 심화, 경제력 집중현상, 환경오염 등이 나타났다.
- 발전요인 : 정부주도형 개발, 풍부한 노동력, 기업의 투자 의욕, 경제성장에 유리한 국제환경 등의 요인이 있다.

  ㉡ 1970년대 초반의 경제개발 : 수출주도의 기조를 그대로 살리면서 중화학공업 육성과 농촌개발을 위한 새마을운동에 박차를 가하였다.

  ㉢ 1970년대 후반의 경제개발 : 중화학공업이 지속적으로 육성되었으며 경제개발과 아울러 사회개발의 중요성이 부각되었다.

  ㉣ 1980년대의 경제시책 : 경제적 안정과 중화학공업 육성을 완성하는 데 역점을 두었다.

(2) 경제개발의 성과와 발전방향

① 신흥공업국으로 부상

  ㉠ 공업국으로 변천 : 경제개발 5개년계획을 거듭하는 동안에 우리나라는 신흥공업국으로 부상하였고, 지금은 상위 중진국에서 선진국으로 발돋움하려는 단계에 있다.

ⓛ 산업구조의 고도화
  - 선진국형 산업구조 : 농림·어업의 비중이 크게 낮아지고, 광공업과 사회간접자본 및 서비스업의 비중이 크게 높아진 선진국형으로 전환되었다.
  - 공업구조의 고도화 : 중화학공업의 비중이 경공업 부문보다 훨씬 높은 수준에 달하였다.
  - 수출상품구조의 변화 : 노동집약적 공산품에서 자본 및 기술집약적인 것으로 큰 변화를 가져왔다.
② 우리 경제의 발전방향 … 선진 경제권으로의 진입을 위해서는 민간 주도형의 경제 운영, 경제적 불균형 개선, 신흥개발도상국과의 경제협력 증대, 산업기술 혁신, 원만한 노사관계의 정립 등의 노력이 필요하다.

(3) 우리 경제의 위상과 역할

① 의존관계의 심화
  ㉠ 경제적 성과의 원인 : 교육받은 풍부한 인력을 활용하면서, 대외지향적인 공업화를 이루었기 때문이다.
  ㉡ 우리 경제의 변모
  - 경제발전 초기 : 경제 및 무역의 규모가 미미하여 국제사회에서 관심의 대상이 되지 않았다.
  - 오늘날의 우리 경제 : 고도성장으로 인해 세계 각국의 주목 대상국이 되었고, 세계시장에서의 역량이 증대되었다.
  ㉢ 대외지향적 발전전략의 결과 : 세계 각국과의 상호 의존관계가 심화되었으며, 국가 간의 교류가 확대되었다.
  ㉣ 국제경제 질서의 세계화 : 경제적 실리추구의 자유시장경제체제가 형성되었으며 자유무역규범이 마련되었고 (GATT체제) WTO체제가 출범하면서 무한경쟁시대가 전개되었다. 이런 과정 중에 국가 간의 경쟁이 격화되고 협력과 의존관계가 심화되었다.
② 우리 경제의 국제적 위상
  ㉠ 신흥공업국으로 부상 : 급속한 경제성장에 따라 신흥공업국으로 부상하였으며, 국내총생산(GDP)에 의한 경제규모는 세계 10위권 안쪽으로 들어섰다.
  ㉡ 세계적 생산 및 수출국으로 부상 : 공업생산능력과 무역규모가 확대되었으며, 세계 유수의 생산 및 수출국으로 떠오르고 있다.
  ㉢ 교역대국으로 부상 : 무역수지가 개선되고 있으며, 세계 8위의 교역대국으로서의 위치를 차지하고 있다.
  ㉣ 우리 경제의 역량 증대 : 경제개발자금 융자대상국에서 탈피하였고, 외국과 대등한 국민경제 운용 역량을 인정받았으며, 원조 제공국으로 탈바꿈하게 되었다.

02 ▶ 국민 경제 순환과 경제 성장

(1) 국민 경제의 활동과 경제지표

① 국민경제지표 … 국민경제활동을 총량화한 수치로 국민경제의 상태 파악이 가능하다.
② 국내총생산(GDP) … 한 나라의 국경 안에서 일정기간에 걸쳐 새로이 생산한 재화와 용역의 부가가치 또는 모든 최종재의 값을 화폐단위로 합산한 것을 의미한다.
  ㉠ 국민경제의 전체적인 생산수준을 나타내며, 국내에서 생산된 재화와 용역의 생산물 가치가 포함된다.
  ㉡ 국내총생산 = 각 생산단계의 부가가치의 합계 = 최종 생산물 가치의 합계 = 총생산물액 − 중간 생산물액

ⓒ **삼면등가의 법칙** : 국내총생산은 생산, 분배, 지출의 어느 측면에서 측정하더라도 같은 금액이 된다.

ⓔ **국내총생산의 한계** : 국내총생산은 계산상의 어려움으로 시장 외의 거래가 제외되며, 복지수준과 소득분배 파악이 불가능하다.

③ **국민총생산(GNP)** … 한 나라의 국민이 국내와 국외에서 생산한 것의 총합을 의미한다.

④ **국민소득의 기타 개념**

ⓐ **국민순생산(NNP)** : 국민총생산에서 감가상각비를 제외한 금액으로 국민경제의 순생산액이다.

    Point 》 국민순생산(NNP) = 국민총생산 − 감가상각비
                        = 소비 + 순투자
                        = 순생산물의 합계
                        = 순부가가치의 합계

ⓑ **국민소득(NI)** : 국민순생산에서 간접세를 빼고 정부보조금을 더한 합계액으로 요소소득의 합계액이다.

ⓒ **개인소득(PI)** : 개인이 실제로 받는 소득이다.

ⓔ **가처분소득(DI)** : 개인이 자유롭게 처분할 수 있는 소득이다.

ⓜ **1인당 국민총생산** : 국민총생산을 국민수로 나눈 것으로 그 나라 국민들의 생활수준을 알 수 있으며, 보통 국제비교를 위해 미 달러화로 표시한다.

(2) 경기 순환과 안정화 정책

① **경기순환과 경기의 네 측면**

ⓐ **경기** : 국민경제의 총체적인 활동수준을 의미한다.

ⓑ **경기순환** : 국민경제에 있어서 어느 정도의 규칙성을 가지고 호황과 불황이 반복되는 과정을 뜻한다.

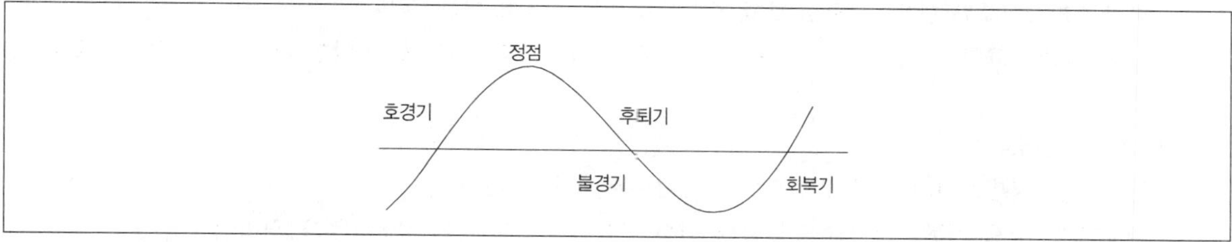

ⓒ **경기순환의 네 국면**
- 호경기 : 생산, 고용, 판매 등의 경제활동이 가장 활발한 시기
- 후퇴기 : 전반적인 경제활동이 점차 위축되는 시기
- 불경기 : 전반적인 경제활동이 침체된 시기
- 회복기 : 생산, 고용, 판매 등의 경제활동이 점진적으로 활발해지는 시기

ⓔ **경기순환의 유형**

종류	주기	원인
콘드라티예프 파동	약 50년(주기가 가장 김)	기술혁신, 전쟁, 혁명 등 사회변동
쿠즈네츠 파동	약 20년	인구증가율, 경제성장률의 변동
주글라 파동	10~20년(주순환)	기업의 설비투자 변동
키친 파동	3~4(소순환)	재고, 이자율의 변동

② 경기안정화 정책

    ㉠ 경기안정화 정책 : 국민경제의 지속적·안정적인 성장을 위한 일련의 정책으로 재정정책, 금융정책 등이 있다.

    ㉡ 경기안정화 정책의 수단

      • 경기 과열 시 : 재정지출 축소, 금리·세율 인상 → 민간투자와 소비 억제 → 경기 진정

      • 경기 불황 시 : 정부투자 및 소비지출 확대, 금리·세율 인하 → 민간투자와 소비 증대 → 경기 회복

    ㉢ 미국의 뉴딜(New Deal) 정책

      • 1929년 발생한 경제 불황을 타개하기 위해 미국의 루즈벨트 대통령이 실시한 경제회복정책이다.

      • 적자재정을 실시하여 새로운 도로와 댐을 건설하고 구매력을 살려 다시 이 구매력을 수요로 연결했다.

      • 케인즈(J. M. Keynes)의 수정자본주의에 이론적 기초를 두었다.

(3) 경제의 성장

① 경제성장과 성장률

    ㉠ 경제성장 : 국민경제 생산능력의 확대를 통한 성장을 의미한다.

    ㉡ 경제성장률 : 국내총생산의 증가율로, 이때의 성장률은 물가의 변동을 제외한 실질 성장률이어야 한다.

$$실질\ 경제성장률 = \frac{금년도\ 국내총생산 - 전년도\ 국내총생산}{전년도국내총생산} \times 100$$

② 경제성장의 요인

    ㉠ 생산요인 : 토지, 자원, 인력, 자본, 기술 등이 있다.

      • 경제성장 초기단계 : 인력과 자본의 기여도가 기술보다 높다.

      • 산업구조의 고도화 단계 : 기술 진보의 중요성이 점차 커지고 있다.

    ㉡ 경제 외적인 요인 : 기업가정신, 정부의 정책과 법제·사회적 관행, 원만한 노사관계, 경제주체의 강한 의지 등이 있다.

③ 경제성장과 경제발전

    ㉠ 경제성장 : 국민경제의 생산이 양적으로 증가하는 것을 의미한다.

    ㉡ 경제발전 : 경제성장이 사회발전과 함께 이루어지는 경제의 질적 성장과정을 의미한다.

03 실업과 인플레이션

(1) 총수요와 총공급

① **총수요** … 국민경제의 모든 경제주체들이 소비와 투자를 목적으로 사려고 하는 재화와 용역의 총량이다.

> 총수요 = 민간 소비 + 민간 투자 + 정부 지출 + 수출

② **총공급** … 한 나라의 모든 경제주체들이 공급하는 재화와 용역의 총량이다.

> 총공급 = 국내총생산 + 수입

③ 총수요와 총공급의 변동

   ㉠ 총수요 > 총공급 : 인플레이션이 발생된다.

   ㉡ 총수요 < 총공급 : 실업이 증가하고 물가가 하락한다.

(2) 실업과 물가

① 고용과 실업

   ㉠ 실업 : 노동자가 일자리를 가지고 있지 않은 상태를 뜻한다.

   ㉡ 실업의 종류

- 자발적 실업 : 개인의 여가를 누리기 위해 스스로 일하지 않으려고 하는 상태
- 비자발적 실업 : 개인이 일하려는 의지는 있으나 일자리를 찾지 못하는 상태

   ㉢ 실업의 폐해 : 장기간의 실업은 개인적으로는 경제적 곤란과 사회적으로는 인력의 낭비를 야기한다.

   ㉣ 경제활동참가율과 고용률 · 실업률

- 경제활동참가율 = (경제활동인구 / 15세 이상 인구) × 100
- 고용률 = (취업자수 / 15세 이상 인구) × 100
- 실업률 = (실업자수 / 경제활동인구) × 100

② 물가와 물가지수

   ㉠ 물가 : 개별적인 상품의 가격을 종합하여 평균한 것이다.

   ㉡ 물가지수 : 물가수준을 나타내는 지표이다.

$$물가지수 = \frac{비교시의\ 물가지수}{기준시의\ 물가지수} \times 100$$

(3) 인플레이션의 원인과 영향

① 인플레이션의 의미와 종류

   ㉠ 인플레이션 : 물가수준이 상당히 높은 비율로 지속적으로 오르는 현상을 말한다.

   ㉡ 인플레이션의 원인

- 초과수요 : 총수요가 총공급을 웃도는 초과수요에서 비롯된다.
- 생산비의 상승 : 원자재 값, 임금 등의 상승으로 생산비가 높아짐에 따라 물가가 오르게 된다.
- 독과점기업의 시장 지배 : 독과점기업들이 시장을 지배하여 시장의 수요와 공급과는 관계없이 평균비용에 일정한 이윤율을 더하여 높은 가격을 결정함으로써 물가가 오르기도 한다.
- 해외 인플레이션의 국내 파급 : 해외 원자재 가격의 급격한 인상으로 인플레이션이 국내에 파급되는 경우도 있다.

② 인플레이션의 부정적 영향

   ㉠ 부와 소득의 불공평한 재분배 : 실물자산(부동산, 상품 재고 등) 소유자, 채무자가 유리하다.

   ㉡ 장래 가격에 대한 예측 곤란 : 저축 감소, 소비 증가, 금리 상승, 생산비 상승으로 예측이 곤란하다.

   ㉢ 국제수지의 악화 : 수출이 위축되고 수입이 증가한다.

   ㉣ 국민경제성장 저해 : 근로의욕이 상실되고 투자활동이 위축되는 등 국민경제성장에 악영향을 미친다.

③ 인플레이션 해결책 … 소비억제, 저축 장려, 통화량 감축, 대출 억제, 폭리 단속, 토지가격규제, 공공요금대책 등
이 있다.

(4) 물가안정대책

① 물가안정의 필요성
   ㉠ 물가불안 : 경제주체들이 자신의 이해득실을 고려하여 제각기 행동하기 때문에 국민경제의 악순환을 초래한다.
   ㉡ 물가안정정책 : 정부의 경제정책과 함께 각 경제주체들의 협조가 필요하다.

② 경제주체의 역할
   ㉠ 정부의 역할 : 정부가 직접 가격결정에 개입, 금융·재정정책을 통한 총수요 관리 및 안정적인 공급 기반 확
   충 등 경제안정화 정책을 실시한다.
   ㉡ 기업의 역할 : 공정한 경쟁, 경영혁신 등을 통해 물가를 안정시킨다.
   ㉢ 가계의 역할 : 건전한 소비풍조조성 등이 필요하다.
   ㉣ 근로자의 역할 : 생산성의 범위를 벗어난 임금인상요구를 자제한다.

출제예상문제

1 다음의 그래프는 어떤 나라 외화의 수요와 공급을 나타낸 것이다. 이 나라의 환율이 $1 = ₩1,000에서 $1 = ₩1,100으로 변화하였을 때 나타날 수 있는 현상으로 가장 적절한 것은?(단, 다른 조건은 일정하다.)

① 해외여행이 증가할 것이다.

② 해외 유학이 증가할 것이다.

③ 수출 기업의 가격 경쟁력이 하락할 것이다.

④ 수입 원자재를 사용하는 기업의 생산 비용이 증가할 것이다.

ADVICE ① 해외 여행이 감소할 것이다.

② 해외 유학이 감소할 것이다.

③ 수출 기업의 가격 경쟁력이 상승할 것이다.

※ 환율의 변동

구분	환율인상(평가절하)	환율인하(평가절상)
의미	$1 = ₩1,000 ⟹ $1 = ₩1,100 원화 가치의 하락	$1 = ₩1,100 ⟹ $1 = ₩1,000 원화 가치의 상승
효과	• 수출↑, 수입↓ (국제수지 개선) • 수입원자재의 가격상승으로 물가 상승 • 외채상환 부담 증가 • 통화량 증가, 물가 상승 • 해외여행 불리	• 수출↓, 수입↑ • 수입원자재의 가격하락으로 물가 안정 • 외채상환 부담 감소 • 통화량 감소, 물가 하락 • 해외여행 유리

2 소득 중에서 음식비가 차지하는 비중과 가장 관계가 깊은 것은?

① 제본스법칙

② 슈바베법칙

③ 엥겔법칙

④ 고센법칙

ADVICE ③ 음식비가 차지하는 비중

① 일물일가의 법칙

② 근로자의 소득과 주거비에 대한 지출의 관계법칙

④ 욕망포화의 법칙

ANSWER 1.④ 2.③

3 다음 글을 통해 알 수 있는 국제 경제의 특성으로 가장 적절한 것은?

> 중동의 원유 가격 변동은 세계 각국 경제에 영향을 미친다. 원유 가격이 오르면 세계 각국의 물가가 오르고 경기가 침체되는 경우가 많다.

① 지역주의 심화
② 상호 의존성 증대
③ 지역 간의 격차 심화
④ 세계 시장의 경쟁 격화

ADVICE ② 국제경제가 세계화로 변화되면서 전 세계가 하나의 단일시장으로 통합되어 국제표준이 형성되고 국가 간 재화, 자본, 노동, 서비스 등의 생산요소가 자유롭게 이동하게 되었다. 따라서 국가 간 상호의존성이 심화되고 지구촌이 시장화 되면서 세계표준이 보편화가 되었다.

4 GDP에 대한 설명으로 잘못된 것은?

① 한 나라의 국민이 국내와 국외에서 생산한 것의 총합을 의미한다.
② 국민경제 전체적인 생산수준을 나타낸다.
③ 국내에서 생산된 재화와 용역의 생산물 가치가 포함된다.
④ 각 생산단계의 부가가치의 합계 혹은 최종 생산물 가치의 합계로, 총 생산물액 – 중간 생산물액을 말한다.

ADVICE ① 국민총생산인 GNP에 대한 설명이다. 국내총생산인 GDP는 한 나라의 국경 안에서 일정기간에 걸쳐 새로이 생산한 재화와 용역의 부가가치 또는 모든 최종재의 값을 화폐단위로 합산한 것을 의미한다.

5 소득수준과 그에 따른 소비생활에 대한 설명으로 옳지 않은 것은?

① 소득이 높아질수록 소비지출의 증가보다 저축의 증대가 상대적으로 커진다.
② 같은 소득수준일 경우에 가족원의 수가 많을수록 저축액이 상대적으로 많을 가능성이 크다.
③ 가족의 수가 적을수록 소비지출이 소득에서 차지하는 비중이 상대적으로 작아질 것이다.
④ 소득수준이 높아질수록 음식비의 비중이 상대적으로 작아질 것이다.

ADVICE ② 가족원의 수가 많을수록 지출액이 상대적으로 많아져서 저축액은 줄어들 것이다.

ANSWER 3.② 4.① 5.②

6 인플레이션이 국민경제에 미치는 영향으로 옳지 않은 것은?

① 사업가가 고정 봉급자보다 유리하다.
② 임금과 부동산가격이 급격히 상승한다.
③ 수입은 감소하고 수출은 증가한다.
④ 물가가 상승하여 경제적 불안요소로 작용한다.

ADVICE ③ 인플레이션은 물가가 상승하고 화폐가치는 하락하는 현상으로 수입은 증가하고 수출은 감소한다.

7 다음에 나타난 경제 행위가 A국의 2026년 국내 총생산에 직접적으로 미치는 영향으로 옳은 것은?

> A국에 거주하는 국민 갑은 2026년 12월 말에 직거래를 통해 자녀가 입을 의류를 B국으로부터 수입하였다.

① 소비가 감소했다.
② 투자가 감소했다.
③ 순수출이 증가했다.
④ 국내 총생산은 변하지 않았다.

ADVICE ④ 수입품은 국내 총생산(GDP)에 포함되지 않는다.
  ① 수입 증가는 소비 증가로 나타난다.
  ② 투자에 영향을 주지 않는다.
  ③ 수입이 증가하면 순수출(수출−수입)은 감소한다.
  ※ 총수요=소비+투자+정부지출+순수출(수출−수입)

8 다음 중 경기침체와 생산 활동의 위축으로 실업률이 증가한 상황에서 가장 적절한 경제정책은?

① 세율의 인상
② 재할인율의 인상
③ 지급준비율의 인하
④ 유가증권의 매각

ADVICE ③ 경기침체시 정부는 투자 및 소비지출을 늘리고 금리와 세율을 인하하여 민간투자와 소비의 증대를 유도한다.

ANSWER 6.③ 7.④ 8.③

9 수정자본주의의 내용 중 유효수요의 증가를 통한 가장 중요한 정부정책은?

① 재정지출과 공공사업 추진
② 복지정책 실시
③ 주요 산업의 국유화
④ 경제계획의 수립

ADVICE ① 재정정책과 공공투자정책은 자본주의국가들이 공황극복을 위하여 대규모의 재정지출로 공공사업을 일으켜 유효수요를 증대시킴으로써 실업자를 구제하려는 정책을 추진하는 것으로, 미국에서 실시한 뉴딜(New Deal)정책이 그 대표적인 예이다.

10 민간의 경제활동이 과열되어 물가상승 등의 문제가 발생할 경우 이를 억제하기 위한 정책으로 옳은 것은?

① 긴축재정과 흑자예산
② 팽창재정과 균형예산
③ 적극재정과 적자예산
④ 팽창재정과 흑자예산

ADVICE ① 경기과열 시에는 총수요 억제 및 소비 억제를 위하여 정부지출보다 수입을 늘리는 흑자예산을 편성하고 긴축재정을 실시한다.

11 경기침체 시 경기회복을 위한 정책으로 가장 바람직한 방법은?

① 개인의 소득에 대한 추가적인 세금 부과
② 직접세율의 인상
③ 부가가치세 세율의 인상
④ 중앙은행으로부터의 정부차입금 증가

ADVICE ④ 경기회복을 위해서는 통화량 증대 정책이 필요하다.
①②③ 경기과열 시 필요한 정책이다.

ANSWER 9.① 10.① 11.④

12 경기침체 시 경제안정을 위한 정부의 경기조절대책으로 옳은 것은?

① 재할인율 인상 ② 긴축재정
③ 확장재정 ④ 유가증권 매각

ADVICE 정부의 경기조절대책
㉠ 경기침체시 : 확장재정, 재할인율 인하, 지급준비율 인하, 유가증권 매입 등
㉡ 경기과열시 : 긴축재정, 재할인율 인상, 지급준비율 인상, 유가증권 매각 등

13 국민총생산을 증가시킬 수 있는 방법 중 단기간에 할 수 있는 것은?

① 자본의 기간투자를 증대시킨다.
② 자연자원의 양적 공급을 증가시킨다.
③ 고용을 증가시켜 자본량을 늘린다.
④ 단기간의 생산기능을 향상시킨다.

ADVICE ③ 국민총생산을 증대시키기 위해서는 생산요소를 양적으로 늘리거나, 그것을 활용하는 기술을 향상시켜야 한다.

14 다음에서 물가상승을 유발시킬 가능성이 가장 큰 정책으로 옳은 것은?

① 지급준비율의 인하 ② 세출의 측소
③ 국·공채의 매각 ④ 부가가치세율의 인상

ADVICE ① 지급준비율의 인하, 국·공채의 매입, 재할인율 인하 등은 통화증가의 요인으로 물가상승을 초래한다.

15 국내총생산(GDP)에 포함되지 않는 것은?

① 자기소유 건물의 임대료
② 도로 건설
③ 노동자에 대한 현물 지급
④ 증여, 상속

ADVICE ④ 밀수, 밀매, 도박, 상속, 증여 등은 그 행위가 비생산적이어서 국내총생산에 포함되지 않는다.

<hr>

ANSWER 12.③ 13.③ 14.① 15.④

01 ▶ 국제교역

(1) 국제교역의 필요성

① 국민경제 … 다른 나라와 상호교류 하는 개방경제를 지향한다.

② 국제경제 … 국가 상호 간의 인적·물적 교류에 의한 활발한 국제경제가 이루어지고 있다.

③ 국제거래의 특징

    ㉠ 국가 간의 생산요소의 이동은 다른 나라의 법규에 따라야 하므로, 국내에서 만큼 자유롭지 못하다.

    ㉡ 국가 간에는 부존자원, 생산기술 등의 차이가 있으므로, 각국 상품의 생산비와 가격에도 차이가 생긴다.

(2) 국제교역의 대상

상품뿐만 아니라 생산요소, 서비스, 지적 소유권에 이르기까지 매우 다양하다.

(3) 국제교역의 발생

① 국제교역의 발생원인 … 자국의 이익 추구, 생산비와 가격의 차이 등으로 인하여 국가 간의 무역이 발생한다.

② 국제분업 … 생산비가 싼 비교우위상품을 중심으로 국제 분업이 발생하므로 각국이 상대적으로 생산비가 적게 드는 상품을 생산, 교환하면 양국이 모두 이익을 얻게 된다.

(4) 무역마찰

① 무역마찰의 발생원인 … 각국의 이해관계가 서로 대립되어 국가 간에 무역마찰이 발생한다.

② 선·후진국 간의 무역마찰

    ㉠ 후진국 : 자국 제품의 수출 기간산업과 수입대체산업을 보호, 육성하기 위하여 수입품에 관세를 부과한다.

    ㉡ 선진국 : 증대를 위해 무역장벽을 낮추어 달라는 협상을 요구한다.

③ 자유무역주의와 보호무역주의

    ㉠ 자유무역주의 : 무역에 참가하는 모든 나라가 이익을 얻을 수 있으므로 무역거래를 자유롭게 해야 한다는 주장으로 영국의 스미스가 제창했다. 국내 상업, 생산향상, 기술개발 자극, 물가안정 등의 장점이 있으나, 장기적인 면에서의 국제수지 악화가능성, 국내산업의 기반약화 등의 단점이 있다.

    ㉡ 보호무역주의 : 국제경제력을 갖출 때까지 국내 산업을 보호·육성하고, 대외무역을 통제해야 한다는 주장으로 19세기 후반 독일의 리스트 등에 의해 체계화되었다. 국내 산업을 보호할 수는 있으나 국내기업의 독과점초래, 국제경쟁력 약화 등의 단점이 있다.

    ㉢ 보호무역정책 : 수입품에 대하여 일정 비율의 세금을 징수하는 관세부과조치나 국내 생산업체에 수출보조금과 수입보조금을 지불하는 방법을 사용하고 있다.

(5) 국제거래

① 경상거래

　　㉠ 무역거래 : 재화의 수출입을 말하며, 국제거래 중에서 가장 대표적이다.

　　㉡ 무역외거래 : 운수, 통신, 보험, 관광 등 용역의 수출입이나 해외투자수익, 차관, 이자 등의 수입과 지급을 말한다.

　　㉢ 이전거래 : 국가 간에 반대급부 없이 수취되거나 지급되는 증여, 무상원조, 이민송금 등의 일방적 거래를 말한다.

② 자본거래 … 기업의 해외 직접투자와 금융기관을 통한 간접투자로 구분된다.

　　㉠ 장기자본거래 : 상환기간이 1년 이상인 자본의 이동이다.

　　㉡ 단기자본거래 : 상환기간이 1년 미만인 일시적인 자본의 이동이다.

(6) 국제수지와 구성

① 국제수지 … 일정 기간 동안에 한 나라가 받은 외화와 지급한 외화의 차액을 국제수지라 한다.

② 국제수지의 구성

　　㉠ 경상수지 : 재화 및 서비스의 거래에 따른 외화의 수취와 지급을 말한다.

　　㉡ 자본수지 : 차관, 해외투자 등 자본거래에 의한 외화의 수치와 지급을 말한다.

　　㉢ 종합수지 : 경상수지와 자본수지의 합을 말한다.

　　㉣ 기초수지 : 경상수지와 장기자본수지를 합하여 말한다.

③ 국제수지 불균형의 문제점

　　㉠ 대내적인 측면

　　　• 국제수지 흑자 : 통화량 증대를 가져와 경제안정을 저해한다.

　　　• 국제수지 적자 : 통화량 감소를 가져와 경제위축을 초래한다.

　　㉡ 대외적인 측면 : 만성적인 국제수지 흑자나 적자는 무역마찰을 가져오는 원인이 된다.

02 환율의 결정과 변동

(1) 국제거래 결제수단

① 결제수단 … 국제거래에서의 대금의 결제는 각국이 화폐제도를 달리 하고 있으므로 국제통화인 외화를 사용한다.

② 결제방법 … 외화로 표시된 수표나 어음(외국환, 외환)으로 결제한다.

③ 주사용 외화 … 미국의 달러($), 영국의 파운드(£), 독일의 마르크(DM), 일본의 엔(¥)

(2) 환율의 의미와 결정

① 환율 … 통화제도가 다른 나라와 거래를 위해 정해 놓은 자국 화폐와 외국 화폐와의 교환 비율을 뜻한다.

② 환율의 표시 … 외국 화폐 1단위와 교환되는 자국 화폐의 단위로 표시한다.

③ 환율의 결정 … 각국의 화폐가 가지는 구매력으로 결정되는 것이 바람직하다.

④ 환율제도

    ㉠ 고정환율제도 : 한 나라의 환율을 정부(중앙은행)가 결정, 고시하여 운영하는 제도이다. 수·출입 계획을 세우기가 쉽고 국제 거래가 촉진되며 국내 경제가 안정되나, 무역 분쟁의 원인이 될 수 있다.

    ㉡ 변동환율제도 : 외환시장에서 수요·공급의 법칙에 따라 한 나라의 환율이 적정 수준으로 변동하는 제도이다. '보이지 않는 손'에 의한 자동적 균형유지가 이루어지고 국제수지의 불균형이 조절되나 수·출입 계획을 세우기가 어렵고, 환율의 변동으로 인해 경제가 불안정하다는 단점이 있다.

(3) 환율의 변동(평가절하와 평가절상)

① 환율인상(평가절하)

    ㉠ 의미 : 우리나라 원화 가치의 하락(1달러 : 700원 → 1달러 : 900원)

    ㉡ 효과
- 수출↑, 수입↓(국제수지 개선)
- 수입원자재의 가격상승으로 물가 상승
- 외채상환 부담 증가
- 통화량 증가, 물가 상승
- 해외여행 불리

② 환율인하(평가절상)

    ㉠ 의미 : 우리나라 원화 가치의 상승(1달러 : 700원 → 1달러 : 500원)

    ㉡ 효과
- 수출↓, 수입↑
- 수입원자재의 가격하락으로 물가 안정
- 외채상환 부담 감소
- 통화량 감소, 물가 하락
- 해외여행 유리

③ 우리나라 환율제 변천 : 고정환율제 → 단일변동 환율제 → 복수통화 바스켓제 → 시장평균 환율제 → 자율변동 환율제

03   국제 경제 환경의 변화와 우리의 대응

(1) 국제 경제 질서의 변화

① 자유무역의 확대 … 국제 분업의 발달과 GATT체제 아래 자유무역이 확대되었다.

② 신보호주의의 등장

    ㉠ 신보호주의 : 1970년대 중반 이래 점차 강화되는 무역 제한 조치를 통틀어서 신보호주의라 한다.

    ㉡ 신보호주의 등장 원인 : 선진국의 경기 침체, 선진국의 일부 산업에서의 경쟁력 상실, 선진국간의 무역마찰 심화 등이 원인이 되었다.

ⓒ 신보호주의 정책 : 국가와 상품에 따라 선별적으로 취해지는데 신흥공업국의 수출품에 대한 수입 규제, 선진국의 제조업 보호를 위한 비관세 장벽, 신흥공업국에 대한 관세 장벽 등의 방식으로 행해진다.

③ 국제무역의 전개과정

　㉠ 남북문제의 대두
　　• 남북문제 : 선·후진국 간의 소득격차 문제가 생겼다.
　　• 남북문제의 원인 : GATT체제하의 관세인하교섭이 선진국 상호 간에 이루어짐에 따라 후진국의 이익을 경시하여 소득격차가 크게 확대되었다.
　㉡ 무역마찰의 발생
　　• 배경 : 세계무역의 다극화 현상이 생겼다.
　　• 원인 : 각국 간의 무역 불균형현상이 두드러졌다.
　㉢ 새로운 자유무역 질서의 성립 : 무역질서의 재편에 대한 노력으로 우르과이라운드협상이 타결됨에 따라 1995년 세계무역기구(WTO)체제가 구축되어 새로운 자유무역 질서가 성립되었다.

(2) 국제 경제 협력의 확대

① 지역적인 경제통합

　㉠ 경제통합 : 국가와 국가 간에 존재하는 무역 장벽을 헐어 버리고, 자유무역의 무차별 원칙을 지역적으로 적용하려는 국제관계를 뜻한다.
　㉡ 경제통합의 형태
　　• 자유무역지역 : 가맹국 간에 관세가 완전히 철폐되어 자유무역이 실현되지만, 비가맹국에 대해서는 공동관세로 대처하지 않고 독자적인 관세정책을 인정하는 형태로 유럽자유무역지역(EFTA), 북미자유무역지역(NAFTA)등이 있다.
　　• 관세동맹 : 가맹국 간에 자유무역이 실현되면서, 비가맹국에 대해서는 공동관세로 대처하는 형태로 중앙아메리카공동시장(CACM)이 있다.
　　• 공동시장 : 관세동맹에서 생산요소의 이동까지 자유로운 형태의 유럽공동시장(EC)이 있다.
　　• 경제동맹 : 공동시장에서 더 나아가 국가 간에 재정·금융정책까지 상호협조하게 되는 형태로 유럽연합(EU)이 있다.

② 국제경제협력 증대 … 경제통합의 형태는 아니지만 특정 지역 내의 국가들이 경제협력기구를 만들어, 국제경제관계를 더욱 긴밀히 하고 있다(OECD, ASEAN).

③ 우리의 경제협력 … 경제협력기구에 적극적으로 참여하여 협력, 국가 간 경제교류 증대, 저개발 국가에 대한 원조를 확대해야 한다.

출제예상문제

1 환율상승(평가절하)했을 때의 내용으로 옳지 않은 것은?

① 물가의 상승

② 수입업체의 이윤 증가

③ 외채상환 비용부담 증가

④ 유학간 자녀의 해외송금비용 증가

> **ADVICE** ② 수입품의 국내가격 상승으로 수입업체의 이윤은 감소하게 된다.
>
> ※ **환율인상**(평가절하) … 1달러가 500원에서 1,000원이 된 경우로 우리나라의 원화가치가 달러에 대해 하락한 것을 말한다.
> - ㉠ **수출 증가** : 국내에서 500원이던 재화의 국제가격이 1달러에서 0.5달러로, 달러화 표시가격이 하락하여 수출이 증가한다.
> - ㉡ **수입 감소** : 외국에서 2달러인 재화의 수입가격이 1,000원에서 2,000원으로, 원화표시가격이 상승하여 수입이 감소한다.
> - ㉢ **외채상환부담 증가** : 1달러를 상환할 경우 부담액이 500원에서 1,000원으로 상승한다.
> - ㉣ **해외여행 불리** : 100만원을 해외여행에 지출할 경우 해외에서 쓸 수 있는 돈이 2,000달러에서 1,000달러로 감소한다.
> - ㉤ **물가의 상승** : 수출증가와 수입감소로 통화량이 증가하여 물가가 오른다.

2 환율이 인상되었을 때 나타나는 현상은?

① 수입원자재 가격의 상승으로 국내물가는 오른다.

② 수출품에 대한 해외수요의 감소로 수출은 줄어든다.

③ 수입품에 대한 국내수요의 증가로 수입은 늘어난다.

④ 이미 도입된 외국자본에 대한 상환부담은 감소한다.

> **ADVICE** ① 환율인상(평가절하)이 되면 수입상품의 원화가격이 오르므로 수입이 감소되고, 수출상품의 외화가격을 내릴 수 있으므로 수출이 증가하게 되어 국제수지가 호전된다. 그러나 수입가격이 오르면 국내물가도 따라서 오르게 되어 물가안정을 저해하기도 한다.

ANSWER 1.② 2.①

3 국제수지의 불균형을 조절하기 위해서 다음과 같은 방법을 썼을 때 국내물가를 상승시킬 우려가 가장 큰 것은?

① 균형환율정책
② 금융확장정책
③ 수입자유화정책
④ 긴축재정정책

ADVICE 금융확장정책
　　㉠ **정의** : 실업이 늘어나는 등 불황의 문제가 커질 경우에 중앙은행이 경기를 자극하기 위하여 시중의 자금사정을 풀어주는 금융정책이다.
　　㉡ **방법** : 국 · 공채나 통화안정증권의 매입, 지급준비율 인하, 재할인율 인하 등이 있다.

4 변동환율제도하에서 국내물가가 상승하면 환율은 어떻게 되는가?

① 수출 감소와 수입 증가로 환율이 인상된다.
② 수출 증가와 수입 감소로 환율이 인하된다.
③ 수출 감소와 수입 증가로 환율이 인하된다.
④ 수출 증가와 수입 감소로 환율이 인상된다.

ADVICE ① 국내물가가 상승하면 수출품의 외화가격이 올라 수출이 감소되고 수입이 증대되므로 외화의 공급감소 및 수요의 증대를 가져와 환율이 인상된다.
　※ **변동환율제도**
　　㉠ **개념** : 외화에 대한 수요와 공급에 의하여 환율이 자유로이 변동되도록 하는 제도이다.
　　㉡ **장점** : 환율이 자동적으로 균형을 이루게 되므로 국제수지불균형을 조절하기 위한 정책을 실시할 필요가 없다.
　　㉢ **단점** : 환율이 자주 변동하면 수입과 수출에 대한 계획을 세우기 어렵고, 수출품과 수입품의 가격변동이 심해져 국민경제가 불안정하다.
　　㉣ **우리나라의 환율제도**(시장평균환율제도) : 국내 외환시장에서 은행 간에 원화와 달러화의 매매가격에 의해 환율이 결정된다.
　　㉤ **변동환율제도하의 국제수지균형**
　　　• 국제수지 흑자 → 환율 인하 → 수출 감소 · 수입 증가
　　　• 국제수지 적자 → 환율 인상 → 수출 증가 · 수입 감소

5 국제적인 경제협력기구로 정책 수정 및 조정을 통해 세계 경제의 안정과 번영을 도모하는 정부 간 국제기구에 해당하는 것은?

① OECD
② CACM
③ EFTA
④ GATT

> **ADVICE** ① OECD : 경제성장, 개발도상국 지원, 세계 무역 확대의 목적을 가진다.
> ② CACM : 중미 국가들의 지역 경제 통합을 위한 것으로 관세 철폐와 공동 시장이 목적이다.
> ③ EFTA : 유럽 자유무역 협정이다.
> ④ GATT : 관세 · 무역 규범 협정에 해당한다.

6 우리나라 무역수지를 흑자로 되게 하는 요인으로 보기 어려운 것은?

① 재할인율의 중단
② 원화의 평가절상
③ 국제금리의 하락
④ 원유가격의 하락

> **ADVICE** ② 원화의 평가절상(환율인하)은 수입을 촉진시켜 무역수지가 악화될 수 있다.

7 다음 기사를 설명하는 용어로 가장 적절한 것은?

> 수십 년간 세계 경제를 지탱해온 무역의 근간이 흔들리고 있다. 과거 관세를 낮추고 장벽을 허물어 효율성을 극대화하던 시대에서, 이제는 자국 산업을 보호하고 핵심 자원을 무기화하는 것이 새로운 국제 질서로 자리 잡고 있다. 관세 장벽을 넘어 서서 보조금 전쟁을 하고 있다. 주요 국가들은 반도체, 전기차, 배터리 등 미래 핵심 산업에 천문학적인 국가 보조금을 쏟아 붓고 있다. 이는 자국 내에 공장을 짓는 기업에게만 혜택을 주는 방식으로, 타국 기업에게는 보이지 않는 거대한 장벽으로 작용한다.

① 경제블록화
② 자유무역주의
③ 보호무역주의
④ 공정무역

> **ADVICE** ③ 기사에서는 외국의 경쟁으로부터 국내 산업을 지키려는 보호무역의 핵심 목적을 나타내고 있다. 자유로운 경쟁을 제한하고 자국 우선주의를 내세우는 전형적인 보호무역의 특징이다.
> ① **경제블록화** : 지리적으로 가깝거나 이해관계가 맞는 국가들끼리만 뭉쳐서 그 안에서는 자유무역을 하고, 외부 국가에게는 장벽을 세우는 방식이다.
> ② **자유무역주의** : 국가가 무역에 개입하지 않고 시장의 원리에 맡기는 정책이다.
> ④ **공정무역** : 개발도상국의 저임금 노동자와 생산자에게 정당한 가격을 지불하고, 아동 노동 착취 등을 방지하려는 운동 성격의 무역 정책이다.

ANSWER 5.① 6.② 7.③

8 **국제수지가 흑자일 경우 나타나는 경제적 상황으로 옳은 것은?**

① 한국은행의 외환보유고가 감소한다.
② 환율이 상승하여 가격경쟁력이 증대된다.
③ 국내물가가 하락한다.
④ 시중의 통화량이 증가하여 유효수요가 증가한다.

ADVICE ④ 국제수지가 흑자이면 외환보유고가 증가하고 시중의 통화량이 증가하여 물가가 상승한다.

9 **다음 중 평가절상에 관한 설명으로 옳은 것은?**

① 수출이 증가한다.
② 국내 물가가 상승한다.
③ 유학생 자녀를 둔 경우 송금 부담이 증가한다.
④ 원자재를 수입해서 사업하는 회사의 경우 유리하다.

ADVICE ①②③ 평가절하가 국내 경제에 미치는 영향에 대한 설덕이다.

10 **자유무역지역에 대한 설명으로 옳은 것은?**

① 자유무역지역에 입주하는 대상은 재한이 없다.
② 보호무역을 위한 지역이다.
③ 미통관 상태에서 유지가 가능하다.
④ 일반 세법이 적용된다.

ADVICE ③ 자유무역지역(FTZ)은 관세법 등 외환 및 무역에 관한 규제를 완화하여 자유로운 제조, 물류, 유통 활동을 보장하기 위해 지정된 특수 구역이다. 외국 물품을 수입 선고(통관)하지 않은 상태에서 반입하여 보관, 가공, 조립할 수 있다.
　① 자유무역지역은 주로 수출입을 전문으로 하는 기업, 물류 기업, 외국인 투자 기업 등 특정 자격을 갖춘 기업들이 입주 대상이다.
　② 자유무역을 촉진하기 위한 구역이다.
　④ 자유무역지역에 입주한 기업은 관세 유보, 부가가치세 영세율 적용, 법인세 및 소득세 감면 등 일반적인 세법과는 차별화된 다양한 조세 혜택을 받는다.

ANSWER 8.④　9.④　10.③

사회

chapter.03 사회·문화

사회·문화현상의 탐구

01 ▶ 사회·문화현상의 이해

(1) 자연현상과 사회·문화현상의 의미와 특징

구분	자연현상	사회·문화현상
의미	인간의 의지는 무관한 보편적인 자연법칙에 따르는 자연계의 모든 현상	인간에 의해 인위적으로 창조되는 모든 현상
지배법칙의 내용과 성격	• 사실법칙 : 자연적 사실을 지배하는 법칙 • 인과법칙 : 원인과 그로 인한 결과가 존재한다는 법칙 • 필연법칙 : 우연이나 예외가 없는 법칙 • 존재법칙 : 사실상 그러함을 나타내는 법칙	• 규범법칙 : 인간의 행위의 기준이 되는 법칙 • 당위법칙 : 마땅히 행해야 하는 법칙 • 목적법칙 : 반대현상이 발생할 가능성이 있는 법칙 • 자유법칙 : 자유의지에 따라 예외가 존재할 수 있는 법칙
특징	• 몰가치적(가치중립적)이고 보편적이다. • 인간이 창조해낸 가치 기준과는 무관하게 존재한다. • 고정성과 불변성이 있다. • 규칙성의 발견 및 예측이 용이하다. • 관찰과 실험, 특히 통제된 실험을 통한 조사가 가능하다. • 확실성의 원리에 의해 이론화된다.	• 가치함축적이고 가치판단적이다. • 인간이 창조해낸 가치기준으로 특수성을 지닌다. • 유동성과 가변성이 있다. • 규칙성의 발견 및 예측이 곤란하다. • 통제된 실험이 불가능(조사·관찰·답사·사례연구 등)하다. • 확률의 원리에 의해 이론화된다.

(2) 사회·문화현상 연구의 특징

① 사회과학의 세분화·전문화 … 사회과학은 사회·문화 현상을 과학적으로 탐구하려는 학문이다. 사회·문화 현상이 점점 복잡해지고 다양해지자 그에 따라 세분화되고 전문화되었다.

   ㉠ 정치학 : 권력, 공공정책, 정치적 의사결정과정을 연구 대상으로 하는 학문이다.

   ㉡ 경제학 : 인간의 경제활동에 기초를 둔 사회적 질서를 연구 대상으로 하는 학문이다.

   ㉢ 사회학 : 인간의 사회적 공동생활을 연구하는 학문이다.

   ㉣ 문화 인류학 : 인류의 생활 및 역사를 문화적인 면에서 비교하고 연구하는 학문이다.

② 간학문적 연구

   ㉠ 전통적인 학문 영역간의 소통을 통해 특정한 현상을 통합적으로 이해하려는 방식이다.

   ㉡ 사회현상은 매우 복잡하기 때문에 개별 학문만으로는 모든 것을 설명하기 어려우므로 사회·문화현상을 종합적으로 분석하기 위해 여러 학문들을 적용하여 통합적으로 연구할 필요성이 있다.

(1) 거시적 관점과 미시적 관점

구분	거시적 관점	미시적 관점
내용	사회 체계 전체의 수준에서 탐구하려는 관점	개인 및 개인 간의 상호작용에 초점을 맞추어 탐구하려는 관점
관심대상	계층구조, 사회조직, 사회제도,	개인의 태도나 행동, 개인 간의 상호작용
관련이론	기능론, 갈등론	고환이론, 상징적 상호작용론,

(2) 사회 문화 현상을 이해하는 여러 관점

① 기능론적 관점

　㉠ 사회 구성요소들은 상호의존적인 관계에 있으며, 사회 전체의 유지와 통합에 기여한다.

　㉡ 각 요소들의 역할과 기능은 사회구성원들의 합의에 의해 결정된 것이다.

　㉢ 전체 사회는 유기체와 같이 부분들의 체계로 이루어져 있다.

　㉣ 통합과 균형을 강조하며, 안정성과 지속성을 기본으로 한다.

　㉤ 보수주의학자들의 지지를 받는다.

　㉥ 갈등과 변동의 중요성을 간과하고 현상유지만을 강조하여, 혁명과 같은 급격한 사회변동을 설명하지 못하는 한계를 가지고 있다.

② 갈등론적 관점

　㉠ 사회 구성요소들은 갈등적인 관계에 있으며, 사회 전체의 변동에 기여한다.

　㉡ 각 요소들의 역할과 기능은 강제와 탄압에 의한 것이다.

　㉢ 사회가 존속하는 한 희소가치를 둘러싼 갈등과 긴장은 끊임없이 존재한다.

　㉣ 갈등과 강제를 중심으로 현상 파괴적 측면을 강조한다.

　㉤ 진보주의 학자들의 지지를 받는다.

　㉥ 갈등을 통한 변혁을 강조하며, 사회존속과 통합의 중요성을 경시하는 비관적, 부정적인 관점이라는 한계를 가지고 있다.

③ 상징적 상호작용론

　㉠ 사람들이 주고받는 언어와 문자, 기호 등 상호 작용 속에 교환되는 상징과 의미의 중요성을 강조하는 이론이다.

　㉡ 일상생활에서 사람들이 어떻게 행위하고 상호작용하는지에 관심을 둔다. 인간의 능동적 사고과정과 자율적 행위의 측면을 중시한다.

　㉢ 사회는 사람들이 서로 주관적인 의미 규정과 해석을 주고받으며 유지 또는 변동 된다.

　㉣ 사회·문화 현상을 개인들의 일상생활 속의 행동을 통해 상호 작용한 결과로 발생한 주관적인 의미가 담긴 것으로 본다.

　㉤ 사회적 행위에는 스스로가 상대방의 주관적 동기와 의미를 해석하는 과정, 즉 상황정의가 필요하다.

　㉥ 개인은 상징적 상호작용을 통해 자아를 형성하게 되고 자신의 기대역할과 행동을 학습한다.

　㉦ 사회구조의 힘이 개인의 상호작용에 미치는 영향을 과소평가하여 거시적 구조를 보지 못하는 한계를 가지고 있다.

④ 교환이론

　㉠ 인간의 행위를 비용과 그에 따른 보상과 연관 지어 생각한다.

　㉡ 인간은 교환을 통해 이익을 추구하는 합리적 존재이다.

　㉢ 사회조직 속에서 흥정과 타협을 통하여 서로 주고받게 되어야 관계의 균형이 유지된다.

　㉣ 교환되는 것은 물질적인 것뿐만 아니라 애정, 명예, 권력 등도 포함된다.

　㉤ 개인이나 집단이 왜 그런 행동을 하는 가를 설명하는데 유용하다.

　㉥ 교환관계 : 일대일로 이루어지기도 하고 세대 간 교환이 이루어지기도 하고, 순환적 교환이 일어나기도 한다.

　㉦ 인간을 지나치게 단순하게 취급한다는 비판도 받고 있다.

(3) 사회 · 문화 현상을 보는 관점들의 조화와 균형

① 거시적 관점과 미시적 관점의 비교

구분	거시적 관점(기능론과 갈등론)	미시적 관점(상징적 상호 작용론과 교환 이론)
특징	개인을 구속하는 사회의 구조에 초점을 둔다.	개인의 능동적 사고 과정과 선택 그리고 타인과의 상호 작용과정에 초점을 둔다.
단점	개인의 주체적 능동성을 간과하였다.	개인을 구속하고 통제하는 거시적 구조를 설명하지 못하였다.

② 사회 · 문화 현상을 보는 관점들의 조화와 균형 … 사회문화현상에 대하여 종합적으로 인식하고, 균형 잡힌 시각을 가지고 개인과 사회의 관계를 보려면 거시적 관점과 미시적 관점을 종합하여 보아야한다.

03 ▶ 사회 · 문화 현상의 연구 방법

(1) 사회과학의 연구방법

① 실증적 연구방법(양적 접근법) … 자료를 계량화하여 분석하는 연구방법으로 사회현상에 관한 일반적인 법칙을 발견한다.

　㉠ 특징
　　• 객관적으로 관찰 가능한 인간행위를 분석대상으로 삼는다.
　　• 객관적 법칙발견이나 엄밀한 인과관계의 확인이 목적이다.
　　• 수량적으로 표현할 수 있는 양적인 자료를 중시한다.
　　• 통계적인 분석기법을 활용한다.
　　• 연구자가 관찰대상과 일정한 거리를 유지한 채 가치중립적으로 연구한다.

　㉡ 장점 : 객관적이고 정확 · 정밀한 연구, 법칙발견에 유리하다.

　㉢ 단점 : 계량화가 곤란한 인간의 정신적 영역 등에 관한 연구는 제약을 받는다.

　㉣ 전제
　　• 자연현상과 사회 · 문화현상은 본질적으로 다르지 않다.
　　• 자연과학적 연구방법을 사회 문화현상에 적용할 수 있다는 방법론적 일원론을 주장한다.

　㉤ 절차 : 문제인식 → 가설설정 → 연구 설계 → 자료수집 → 자료 분석 → 가설검증 → 결론도출

② 해석적 연구방법(질적 접근법) … 연구자의 직관적인 통찰에 의해 사회현상의 의미를 해석하고 이해하려는 연구방법
이다.
  ㉠ 특징
    • 인간의식의 심층적 영역에 관심을 가진다.
    • 인간행동의 동기, 의도 등과 같은 의미의 파악이 목적이다.
    • 비공식적 문서, 역사적 기록의 이면적 의미를 중시한다.
    • 연구자의 직관적 통찰에 의거하여 연구한다.
    • 연구자가 관찰대상의 입장이 되어 볼 것을 강조한다.
  ㉡ 장점 : 행위자의 주관적 의식의 심층에 대한 이해가 가능하다.
  ㉢ 단점 : 실증적 연구와 같은 객관성 확보가 쉽지 않다.
  ㉣ 전제
    • 자연현상과 사회·문화 현상은 본질적으로 다르다고 생각한다. 그렇기 때문에 자연과학적 연구방법을 가치 함축
      적인 사회 문화현상에 적용할 수 없다는 방법론적 이원론을 주장한다.
    • 사회는 행위자에 의해 구성되면 개인들은 지속적으로 상호작용을 한다.
  ㉤ 절차 : 문제인식 → 연구 설계 → 자료수집 → 자료 처리 및 해석 → 결론 및 적용

(2) 자료수집방법

① 질문지법 … 조사하고자 하는 내용을 설문지로 만들어, 이를 조사 대상자가 직접 기입하게 하는 방법이다.
  ㉠ 장점 : 시간과 비용 절약, 분석기준 명확, 자료 분석용이 등이 있다.
  ㉡ 단점 : 회수율이 낮고 문맹자에게는 실시가 곤란하며 질문내용이 잘못 이해될 수 있다.
  ㉢ 단점보완책 : 질문지를 이해하기 쉽게 작성하고, 사전검사를 통해 질문에 대한 반응을 관찰하고 그 결과를 분
    석하여 결함을 보완한다.
② 면접법 … 연구자와 조사대상자가 직접 만나 필요한 정보를 대화를 통해 수집하는 방법이다.
  ㉠ 장점 : 문맹자에게도 실시가능하며 자세한 조사가 가능하다.
  ㉡ 단점 : 시간과 비용이 많이 들고 표본을 많이 구하기 어려우며 조사자의 편견이 개입할 우려가 있다.
③ 참여관찰법 … 연구자가 사회현상을 직접 보고 듣고 느끼면서 자료를 수집하는 방법이다.
  ㉠ 장점 : 의사소통이 곤란한 경우에도 실시 할 수 있으며, 정보를 깊이 있게 관찰할 수 있다.
  ㉡ 단점 : 원하는 현상이 나타날 때까지 기다려야 하는 경우가 발생하며 관찰자의 주관이 작용할 가능성이 높고
    예상치 못한 변수가 발생할 우려가 있다.
④ 문헌연구법 … 역사적인 문헌을 수집하거나 이미 발표된 통계자료를 수집하는 방법이다.
  ㉠ 장점 : 적은 비용으로 폭넓은 연구가 가능하며 주어진 연구문제에 대한 기존 연구동향을 효과적으로 파악할 수
    있다.
  ㉡ 단점 : 문헌자료의 신뢰성 문제가 따르며 연구자의 주관적 문헌해석 가능성이 존재한다.
⑤ 실험법 : 인간행위에 일정한 자극을 주고 이에 대한 반응을 구함으로써 자료를 수집하는 방법이다.
  ㉠ 장점 : 과학적인 연구가 가능하다.
  ㉡ 단점 : 인간에 대한 실험은 비윤리적이라는 비판이 있다.

04 **사회 · 문화 현상의 탐구 절차와 태도**

(1) 사회 · 문화 현상의 탐구 절차

① 연역적 방법과 귀납적 방법

- ㉠ 연역적 방법 : 보편적인 원리에서 가설을 설정하고 출발하여 연구하고 일반적인 법칙이나 이론을 찾아내는 방법이다.
- ㉡ 귀납적 방법 : 개별사례에 대한 관찰을 총괄하여 그 공통된 성질을 일반적인 법칙으로 확립하는 방법이다.

② 양적 연구방법의 탐구절차

- ㉠ 문제제기 및 연구 주제 선정 : 연구를 통하여 해결하고자 하는 문제가 무엇인지를 명확히 밝히는 단계이다.
- ㉡ 가설 설정
  - 기존의 연구 결과와 이론 등을 참고하여 가설을 설정하는 단계이다.
  - 결론을 예측해 보는 것으로 원인에 해당하는 독립변수와 결과에 해당하는 종속 변수 간의 관계를 구체적으로 나타낸다.
- ㉢ 연구 설계
  - 자료수집방법 : 조사대상과 범위, 조사 기간, 그리고 분석 도구에 대해 구체적으로 계획을 세우는 단계이다.
- ㉣ 자료수집 및 분석 : 연구 설계에서 계획된 자료 수집 방법에 따라 자료를 수집하고 수치화된 자료를 통계 기법을 이용하여 분석하는 단계이다.
- ㉤ 가설 검증 및 일반화 : 자료를 분석한 결과를 바탕으로 가설을 수용할지 기각할지 검증하고 가설이 입증된 경우에는 일반화를 시도하는 단계이다.

③ 질적 연구 방법의 탐구 절차

- ㉠ 문제제기 및 연구주제 선정 : 가설을 설정하지 않거나 설정하는 경우에도 추상적인 형태로 만드는 것이 일반적이다.
- ㉡ 연구 설계 : 자료수집 방법, 조사대상과 범위, 조사기간에 대해 구체적인 계획을 세우는 단계이다.
- ㉢ 자료 수집 및 분석
  - 주로 녹음, 메모, 촬영 등의 방법을 통해 자료 수집을 한다.
  - 연구자의 직관적인 통찰에 의거하여 자료를 분석한다.
- ㉣ 결론 : 분석한 자료의 의미를 중심으로 결론을 도출하는 단계이다.

(2) 사회 · 문화 현상의 탐구 태도

① 사회 · 문화 현상의 탐구에서 필요한 연구자의 태도

- ㉠ 성찰적 태도 : 현상을 있는 그대로 받아들이지 않고 의문을 가지고 살펴보려하거나 자신의 연구과정에 대해서 제대로 탐구하고 있는지 되짚어 보려는 태도
- ㉡ 객관적인 태도
  - 자신의 주관을 떠나 사실을 있는 그대로 관찰하고 인식하려는 태도
  - 자신의 선입관이나 감정적 요소를 배제한 제3자적 입장
- ㉢ 개방적인 태도
  - 여러 가지 가능성이 동시에 공존할 수 있다고 인정하는 태도
  - 논리적으로 옳아 보이는 주장이나 이론도 경험적으로 실증될 때까지는 가설로 받아들이는 태도
  - 편견이나 편협한 가치관 배격, 무비판적 추종이나 무조건적 배격 탈피
- ㉣ 상대주의적인 태도
  - 사회와 문화의 특수성을 이해하는 태도
  - 동일한 사회 · 문화현상이라 할지라도 해당 사회의 역사적 · 문화적 배경이나 현실적 여건에 따라 다르게 이해하려는 태도
- ㉤ 조화의 중요성을 인식하는 태도
  - 사회는 조화를 이루는 가운데 발전하는 것임을 인식하는 태도
  - 협동과 대립, 갈등이 교차하고 반복되면서 사회가 발전한다그 생각하는 태도

② 사회 · 문화 현상의 탐구에서 가치중립문제

- ㉠ 사실과 가치
  - 사실 : 실재하는 어떤 것의 객관적 상태를 있는 그대로 설명해 주는 명제로, 경험적 증거를 바탕으로 하여 참과 거짓을 객관적으로 규명할 수 있다.
  - 가치 : 사물이나 사건, 행위나 사람, 관행, 제도 등에 대한 주관적 평가의식을 담고 있는 명제로, 평가적 용어가 사용된다.
- ㉡ 가치중립 : 가치로부터 자유로운 상태, 즉 가치의 영향이 배제된 상태를 뜻한다.
- ㉢ 가치개입 : 특정한 가치를 전제로 그것과의 연관성 속에서 의사결정에 임하는 것이다.
- ㉣ 과학과 가치중립성을 지키기 어려운 이유 : 사회현상 자체에 가치가 내포, 연구자 자신이 사회현상 내부에서 관찰, 연구 주제와 대상의 선택에서 연구자의 가치판단이 불가피할 수밖에 없기 때문이다.

출제예상문제

1 다음 사회현상의 탐구과정 중 가치중립이 필요한 곳은?

> 문제제기 → 가설의 설정 → 자료수집 및 해석 → 결론도출 → 대안모색
> ㉠　　　　　　㉡　　　　　　㉢　　　　㉣

① ㉠
② ㉡
③ ㉢
④ ㉣

> **ADVICE** ③ 가치중립은 가치의 영향이 배제된 상태, 즉 가치로부터 자유로운 상태를 말한다. 사회현상의 탐구과정 중 자료의 수집 및 해석단계는 연구자의 가치가 개입될 경우 과학적 연구에 객관성이 결여되어 사실을 왜곡할 위험이 있다. 즉, 본인이 설정한 가치에 유리한 자료만을 증거로 채택하고 불리한 자료는 무시하여 잘못된 결론도출에 이를 수 있다. 따라서 연구자의 가치중립적 자세는 올바른 결론도출에 꼭 필요한 요소이다.

2 다음 중 실증적 연구방법에 대한 설명으로 옳은 것은?

① 직관적인 통찰에 의하여 연구한다.
② 사회현상에 대한 의미를 파악한다.
③ 경험적인 자료를 계량화하여 분석하고 개념의 조작적 정의를 통해 법칙을 발견한다.
④ 비공식적 자료를 활용한다.

> **ADVICE** ①②④는 해석적 연구방법(질적 접근법)에 대한 설명이다.
> ※ 실증적 연구방법(양적 접근법) … 경험적 자료를 계량화하여 분석하고 연역적 추론과정을 통하여 사회현상의 일반적인 법칙을 발견하여 설명하려는 연구방법이다.

ANSWER 1.③ 2.③

3 밑줄 친 ㉠, ㉡과 같은 연구 방법의 일반적인 특징에 대한 설명으로 옳지 않은 것은?

> 신입 사원들의 직장 생활을 주제로 A 연구자는 ㉠ 신입 사원들의 입사 성적과 근무 성적 간의 상관관계를 연구하였고, B 연구자는 ㉡ 신입 사원들의 사내 문화 적응 과정을 연구하였다.

① ㉠은 방법론적 일원론에 기초하고 있다.

② ㉠은 수집된 자료를 계량화하여 분석하는 방법을 주로 사용한다.

③ ㉡은 비공식적 자료의 수집과 활용을 중시한다.

④ ㉡은 직관적 통찰의 방식을 활용함으로써 연구 결과의 일반화에 유리하다.

ADVICE ㉠ 양적 연구, ㉡ 질적 연구
④ 직관적 통찰을 활용하는 것은 질적 연구이나, 연구 결과의 일반화에 유리한 것은 양적 연구이다.
① 양적 연구는 사회·문화 현상과 자연 현상의 연구방법은 같다고 보는 방법론적 일원론을 전제로 한다.
② 양적 연구는 수집된 자료를 계량화하여 분석하는 방법을 사용한다.
③ 질적 연구는 일기, 역사적 기록 등 비공식적 자료를 중시한다.

4 다음 중 해석적 연구방법으로 옳은 것은?

① 직관적 통찰　　　　　　　　　② 법칙 발견

③ 통계적 연구　　　　　　　　　④ 조작적 정의

ADVICE ① 해석적 연구방법은 연구자의 직관적인 통찰에 의하여 사회현상의 의미를 해석함으로써 사회현상을 이해하는 연구방법이다.

5 사회현상에 대한 탐구는 일반적 법칙을 발견하는 일 못지않게 사회적 의미를 파악하는 일도 중요하다. 그 까닭으로 가장 적절한 것은?

① 사회현상에는 인과법칙이 존재할 수 없기 때문에

② 사회현상은 실증적 방법을 통하여서는 탐구할 수 없기 때문에

③ 사회현상은 가치와 목적이 개입되어 있기 때문에

④ 사회현상의 탐구과정에서 연구자의 관점을 배제할 수 있기 때문에

ADVICE ③ 사회현상은 가치와 목적이 개입되어 있기 때문에 사회적 의미를 파악하는 일도 중요하다.

ANSWER 3.④　4.①　5.③

6 비교적 소수의 응답자로부터 깊이 있는 정보를 얻고자 할 때 가장 적절하게 쓰일 수 있는 정보수집방법은?

① 질문지법   ② 면접법
③ 참여관찰법   ④ 문헌연구법

ADVICE ② 면접법은 많은 사람으로부터 비슷한 정보를 얻고자 할 때보다는 비교적 소수의 응답자로부터 깊이 있는 정보를 얻고자 할 때 더 적절하게 쓰일 수 있다.

7 사회현상을 바르게 인식하기 위해서는 새로운 사실 또는 다른 사람들의 주장을 편견없이 받아들이는 태도가 필요한데, 이와 관계 깊은 사회현상의 인식태도는?

① 객관적인 태도
② 개방적인 태도
③ 상대주의적인 태도
④ 특수성을 고려하는 태도

ADVICE ② 개방적인 태도는 여러 가지 가능성이 공존할 수 있다는 사실을 인정하는 태도이다. 즉, 사회현상은 다소의 공통성도 가지지만 모두가 다른 특성을 가지기 때문에 사회현상을 바르게 인식하기 위해서는 새로운 사실 또는 다른 사람의 주장을 편견 없이 받아들이고 경험적으로 실증될 때까지는 가설로서만 받아들이는 태도를 지녀야 한다.

8 다음 중 사회·문화현상을 탐구하는 태도로 옳지 않은 것은?

① 사회·문화현상의 특수성을 고려한다.
② 가능한 한 선입관이나 편견을 배제한다.
③ 부분적인 가치를 지닌 특정한 이론은 그대로 받아들인다.
④ 사회·문화현상 그 자체를 있는 그대로 정확하게 인식하는 단계에서는 냉정한 제3자의 입장에 서야 한다.

ADVICE ③ 부분적인 가치를 지닌 어떤 특정한 이론을 무비판적으로 받아들이거나 다른 사람의 주장을 무조건 배격하는 일은 피해야 한다.
  ※ 사회·문화현상을 탐구하는 태도 … 객관적인 태도, 개방적인 태도, 상대주의적 태도, 조화의 중요성을 인식하는 태도가 요구된다.

ANSWER 6.② 7.② 8.③

9 다음의 두 가지 성질이 모두 사회현상이 지닐 수 있는 특징이라고 생각되는 것은?

① 구속법칙 – 당위법칙
② 목적법칙 – 필연법칙
③ 특수성 – 존재법칙
④ 특수성 – 보편성

ADVICE 사회현상의 특수성과 보편성
　　ⓐ 특수성 : 문화적 · 역사적 배경과 사고 및 행동양식이 상이하다.
　　ⓑ 보편성 : 인류 공통의 이상과 목표를 추구하는 사회과학이다.

10 다음의 내용과 관련이 있는 것은?

> '사람을 해치지 말라', '이웃을 사랑해야 한다' 등과 같이 '마땅히 그러해야 한다', '마땅히 그렇게 해야 한다' 등이 그 예이다.

① 사실법칙　　　　　　　　　　　　　　② 당위법칙
③ 존재법칙　　　　　　　　　　　　　　④ 인과법칙

ADVICE ①③④ 자연을 지배하고 있는 법칙의 내용들이다.

11 사회현상의 탐구와 자연현상의 탐구가 서로 다르다고 보는 사람들이 중시하는 입장으로 가장 옳은 것은?

① 일반적인 법칙발견
② 행위의 의미파악
③ 탐구의 목적과 주제
④ 주어진 환경과 조건

ADVICE ② 사회현상을 모두 자연과학과 똑같은 방법으로 탐구할 수 있는지와 그 방법이 과연 타당한지에 대해서는 의문을 제기하는 학자들이 있는데, 그들은 사회현상이 인간의 의식과 의지를 바탕으로 일어나며, 인간의 행위에는 주어진 환경과 조건, 그리고 자신의 행위에 대한 해석과 의미가 담겨 있기 때문에 자연 과학적 방법과는 다른 방법으로 탐구해야 한다고 본다.

ANSWER 9.④　10.② 　11.②

12 사회현상의 탐구과정에 대한 진술로 옳지 않은 것은?

① 시대와 사회를 초월하는 보편적 가치를 지닌 사회현상도 있음을 인정한다.

② 연구의 결과 얼마나 사실과 일치하느냐의 문제는 연구가 얼마나 체계적이냐에 달려 있다.

③ 연구가 얼마나 정밀성이 있느냐의 문제는 측정의 단위가 얼마나 정확한가에 달려 있다.

④ '신은 있는가', '인생의 궁극적인 목적은 무엇인가' 등은 경험적으로 증명할 수 없으므로 연구의 대상으로 삼지 않는다.

ADVICE 사회현상 탐구의 객관성과 체계성
    ㉠ 객관성 : 연구자 자신의 단순한 감정이나 느낌을 배제한다.
    ㉡ 정확성 · 정밀성 : 연구결과와 사실과의 일치여부의 문제이다.
    ㉢ 체계성 : 부분적 지식과 전체와의 적절한 연계성이 문제이다.

13 다음 내용을 읽고 사회과학연구에서 연구자의 주관이나 가치관이 개입될 수도 있는 단계를 고르면?

> 모든 사회현상이 객관적 성격을 가지고 있지는 않지만 사회현상 중에서도 자연현상과 마찬가지로 객관화시킬 수 있는 분야가 있다. 인구의 수, 연령 및 성별로 구분된 분포형태라든가, 봉급과 물가의 현황, 생산구조, 노동조건 등은 객관성을 갖는다. 뿐만 아니라 역사학에서의 전쟁과정이나 동맹의 내용, 정치학에서의 선거제도 등도 객관적 사실로 파악된다. 이처럼 사회과학에서도 여러 현상들이 객관성을 가지며 관찰자의 편견을 배제시킬 수 있는 장점을 가지기 때문에 사회과학자들은 가능한 한 많은 사회현상을 객관적인 방법으로 연구하려 한다.

① 개념의 규정
② 가설의 설정
③ 대책의 수립
④ 자료의 수집

ADVICE ③ 연구과정에서 중요한 것은 객관성이다. 그러나 연구결과를 어디에 어떻게 적용시키는가는 연구자의 주관에 의해 결정될 수도 있다.

ANSWER 12.② 13.③

14 다음의 내용과 가장 관련이 깊은 것은?

> • 여러 가지 개념 간의 상호관계에 대한 잠정적 결론을 미리 진술한 것이다.
> • 경험적인 검증을 거치지는 않았지만, 충분히 기대되고 예측되는 원리적이고 법칙적인 내용을 잠정적으로 서술한 것이다.

① 개념   ② 가설
③ 정리   ④ 공리

ADVICE ② 경험적인 실증을 거쳐서 확실하게 된 가설은 결론이 된다.
　① 어떤 현상을 가리키기 위하여 그것을 구체적으로 관찰해서 얻은 공통의 특성을 추상해 낸 것이다.
　③ 이미 진리라고 증명된 일반적인 명제이다.
　④ 직접 자명한 진리로 승인되어 다른 명제의 전제가 되는 근본명제이다.

15 자료수집방법 중 질문지법의 특징에 해당하는 것은?

① 짧은 시간 안에 대규모 인원을 대상으로 자료를 수집하기에 유리하다.
② 회수율이 높은 편에 해당한다.
③ 문맹자에게도 실시가 가능하다.
④ 응답자의 표정, 말투, 태도 등을 관찰할 수 있다.

ADVICE ① 질문지법은 시간과 비용에 효율성이 있다.
　② 우편이나 온라인 조사의 경우 응답을 하지 않고 무시하는 경우가 많아 회수율이 낮다.
　③ 글을 읽고 쓸 줄 모르는 사람에게는 실시하기 어렵다.
　④ 종이나 온라인 등에서 작성하기 때문에 표정, 말투, 쾌도 등 관찰은 어렵다.

01 인간의 사회적 성장

(1) 사회화

① 사회화의 의미와 종류

　㉠ 사회화의 의미 : 개인이 사회적 상호작용을 통해서 그 사회의 행동방식과 사고방식을 학습해가는 과정이다.

　㉡ 사회화의 종류

구분	내용	예
탈사회화	새로운 문화나 환경에 적응하기 위해 이미 배웠던 것을 버리는 과정	군 생활
예기 사회화	지위 변화에 따른 역할을 미리 배우고 준비하는 과정	교육 실습, 신부 수업
재사회화	새로운 환경에 적응하고자 새로운 규범과 가치, 지식 등을 학습 하는 과정	교도소에서 복역할 경우

　㉢ 사회화 과정

　　• 1차적 사회화 : 유아기에 가족과 주변의 가까운 사람들에 의해 이루어지며 이시기에 습득되는 사회화 내용은 인성의 기본 틀을 형성한다.

　　• 2차적 사회화 : 아동기 이후부터 의도적인 교육과 훈련, 일상의 경험을 통해 평생 이루어진다.

② 사회화를 바라보는 관점

　㉠ 거시적 관점

구분	기능론	갈등론
사회화의 의미	• 합의와 균형을 강조 • 다양한 개인들의 행동을 원만하게 조정, 통합하는 과정	지배 계급의 문화를 전수하여 지배층의 지배를 정당화 시키는 과정
사회화의 기능	• 개인을 사회에 적응 통합시켜 사회를 유지함 • 사회 구조의 안정과 질서를 유지시킴	기득권을 가진 집단의 이익이 지켜지는 상태를 유지, 강화하기 위한 내용을 전달함
사회화의 내용	사회의 안정과 질서유지 및 통합에 필수적으로 개인과 사회의 필요에 따라 합의된 것	기득권층의 이익이나 의사를 대변하여 기득권층에 유리한 이데올로기 전파

　㉡ 미시적 관점

　　• 사회화란 타인들의 반응에 따라 어떻게 생각하고 행동하는 것이 바람직한지 내면화하는 과정이다.

　　• 사회화에서 인간의 자아형성과 상징적 상호작용의 중요성을 강조한다.

　　• 사회화는 개인을 사회적 성원으로 성장시키고 사회적 소속감을 형성한다.

(2) 사회화 기관

① 사회화 기관의 의미와 종류

　㉠ 사회화 기관의 의미 : 개인의 사회화를 담당하는 기관이다.

　㉡ 주요사회화기관

사회화 기관	주요사회화 내용	사회화 기관	주요사회화 내용
가족	기본적인 욕구충족, 정서적 반응방식 습득	학교	지식과 기술 습득, 진로 및 직업 선택, 역할 규범 학습
또래집단	언어, 규칙과 가치관습득	대중매체	새로운 정보와 지식 및 생활 양식 습득

② 사회화 기관의 분류

　㉠ 1차적 사회화 기관과 2차적 사회화 기관

구분	1차적 사회화 기관	2차적 사회화 기관
특징	자연발생적으로 형성, 전인격적 관계	인위적으로 형성, 형식적 비인격적 관계
기능	• 기초적인 사회화 담당 • 기본적 인성과 정체성 형성	• 전문적, 고차원적인 사회화 담당 • 사회생활을 위한 지식과 기능 습득
종류	가족, 친족, 또래집단	학교, 정당, 직장, 대중매체 등

　㉡ 공식적 사회화 기관과 비공식적 사회화 기관

구분	공식적 사회화 기관	비공식적 사회화 기관
특징	사회화 : 주목적	사회화 : 부수적으로 수행
종류	학교, 유치원 등	가족, 직장, 대중매체, 군대

(3) 지위와 역할, 역할 갈등

① 지위

　㉠ 지위 : 지위의 의미 한 개인이 집단이나 사회적 관계 속어서 차지하고 있는 위치이다.

　㉡ 지위의 종류

구분	귀속 지위	성취 지위
의미	태어나면서부터 자연적으로 획득하는 지위	개인의 재능과 노력에 의해 후천적으로 획득하는 지위
특징	전통 사회에서 중요시	현대사회에서 중요시

② 역할

　㉠ 역할 : 지위에 따라 사회가 기대하는 일정한 행위 유형이다.

　㉡ 역할행동(역할 수행) : 개인이 자신에게 부여된 역할을 실제로 행동에 옮기는 방식으로 개인의 성격, 습관, 나이 등에 따라 각기 다르게 나타난다.

③ 역할 갈등
  ㉠ 역할 갈등 : 한 사람이 수행해야 할 여러 가지 역할들이 서로 모순을 일으켜 역할 수행자가 갈등을 느끼게 되는 현상을 의미한다.
  ㉡ 역할 갈등의 유형

구분	역할긴장	역할모순
지위의 수	하나의 지위	여러 개의 지위
의미	한 개인이 가지고 있는 하나의 지위에서 서로 상반되는 역할이 요구될 때 발생하는 역할 갈등	한 개인이 가지고 있는 여러 가지 지위에 따라 기대되는 역할들이 서로 상충 될 경우에 발생하는 역할 갈등

  ㉢ 역할 갈등의 해결
    • 사회적으로는 어느 것을 우선시 하는 것이 바람직한지에 대한 합의와 기타의 역할을 다른 방법으로 수행할 만한 제도적 뒷받침이 마련되어야한다.
    • 개인적으로는 역할의 우선순위를 정하여 중요한 것부터 처리해 나가거나, 여러 가지 역할 가운데 하나를 선택하여 수행해야 한다.

02 개인과 사회의 관계

(1) 사회적 상호작용

① 사회적 상호작용 … 사회생활을 하면서 사람들 간에 서로 영향을 주고받으면서 행동을 교환하는 것이다.
② 사회적 상호작용의 유형
  ㉠ 협동 : 공동의 목표를 달성하기 위해 구성원들이 서로 힘을 합치는 것이다. 평등한 참여 기회가 보장되며 목표 달성 시, 그 혜택을 공평하게 나눠야 잘 이루어진다.
  ㉡ 경쟁 : 둘 이상의 행위자 혹은 집단이 공통의 규칙에 따라 동일한 목표를 서로 먼저 차지하기 위해 애쓰는 것이다. 심할 경우 갈등으로 발전할 수 있다.
  ㉢ 갈등 : 목표나 이해관계가 충돌하여 상대방을 강제로 굴복시키거나 제거해서 목표를 달성하려는 것이다. 사회 분열과 혼란을 초래하기도 하지만 사회문제를 파악하고 해결방안을 모색함으로써 사회발전에 기여한다는 긍정적인 작용도 한다.

(2) 개인과 사회의 관계

① 개인과 사회를 보는 입장

구분	사회 실재론	사회 명목론
내용	• 사회는 실제로 존재 • 사회는 개인들의 행위 양식이나 특성들만으로는 설명 불가 • 개인은 사회를 구성하는 하나의 단위에 불과하며 사회가 개인보다 우선시 됨	• 사회는 명목상으로만 존재 • 사회는 개인의 행위와 동기에 근거하여 설명됨 • 실재하는 것은 개인뿐이고 사회는 개인들의 단순한 집합체에 붙여진 이름에 불과하며 개인이 사회보다 더 근원적임
특징	• 개인보다 사회가 중요 • 사회현상을 파악 할 때 사회 조직이나 사회 집단을 탐구한다.	• 사회보다 개인이 중요 • 사회현상을 파악할 때 개인들의 특성을 탐구
관점	사회유기체설, 전체주의의 토대	개인주의, 자유주의의 토대, 사회계약설, 공리주의
장점	사회 통합에 기여	민주주의 발전에 기여
문제점	• 전체를 위한 개인의 희생을 정당화함 • 인간의 주체적이고 능동적인 사고와 행위의 측면을 간과함	• 극단적인 개인주의로 빠질 우려 • 개인의 행위에 대한 사회구조나 사회제도의 영향력을 간과함

② 개인과 사회를 보는 바람직한 관점

　㉠ 사회는 개인 없이 존재할 수 없고, 개인은 사회 없이 인간다운 삶을 누릴 수 없다.

　㉡ 사회명목론이나 사회 실재론 중 하나의 관점만을 적용할 경우, 현상을 바르게 이해할 수 없다.

　㉢ 개인과 사회의 밀접한 상호 연관성에 중점을 두고 개인과 사회의 관계를 이해해야 한다.

03　사회 집단과 조직

(1) 사회 집단

① 사회 집단 … 두 사람 이상이 어느 정도의 소속감과 공동체 의식을 가지고 지속적인 상호작용을 하는 사람들의 집합체를 의미한다.

② 사회집단의 유형

　㉠ 내집단, 외집단 : 구성원의 소속감을 기준으로 분류(섬너)

구분	내집단(공동체의식)	외집단(적대의식)
특성	• 강한 소속감과 공동체 의식, 유대감과 동료애, 애착심을 가진 집단 • 자아 정체감 형성, 판단과 행동의 기준을 배우게 함	• 이질감과 적대감을 가진 집단 • 적대의식이나 공격적 태도를 가지기도 하며, 집단 결속의 필요성을 가져오기도 함
예	친족, 이웃, 학교	게임의 상대편, 적군

ⓛ 1차 집단, 2차 집단 : 접촉방식을 기준으로 분류(쿨리)

구분	1차 집단(원초집단)	2차 집단
형성방법	자연발생적 형성	특정 목적달성을 위한 인위적 형성
친밀도	친밀한 대면관계	친밀감이 낮은 형식적 관계
목적	관계자체가 목적	목적 달성을 위한 수단
관계	자기 노출수준이 높고, 타인에 대한 지식과 관계가 포괄적	타인에 대한 지식과 관계가 부분적, 간접적
통제	관습 도덕 등 비공식적 관계	법 규칙 등 공식적 통제
실례	가족, 또래 집단, 이웃	학교, 회사, 군대, 국가 등

ⓒ 공동사회와 이익사회 결합의지에 따른 분류(퇴니스)

구분	공동사회(자연발생)	이익사회(인위적 형성)
형성방법	본질적, 자연적인 의지로 형성	의도적, 선택적으로 형성
결합목적	결합자체	특수목적달성
인간관계	• 서로 친밀함 • 정서적, 영구적인 인간관계 • 신뢰와 협동심이 강함	수단적, 형식적, 타산적, 목표지향적
특성	• 상호이해와 관습이 집단 구성의 바탕 • 가입과 탈퇴가 자유롭지 못함	• 효율성, 전문성 지향 • 구성원들의 이해관계에 따른 계약과 규칙이 집단 구성의 바탕
실례	가족, 촌락	회사, 정당, 학교

ⓔ 준거집단 : 개인의 판단과 행동의 기준이 되는 집단으로, 그 개인이 소속하고 있는 집단일 수도 있고 그렇지 않을 수도 있다. 준거집단과 소속집단이 불일치할 경우 사회 이동의 증가, 문화 전파의 촉진 등이 나타난다.

(2) 사회조직

① 사회조직 … 공식적인 목표와 과업의 효율적 달성이 1차적 관심이며 구성원의 지위와 역할이 명백하게 구별되고 절차와 규범에 따른 구성원들의 형식적·비인격적 관계가 형성되며 구성원의 개인적 행동을 상당히 제한하는 집단이다.

② 사회조직의 유형

ⓐ 공식 조직과 비공식 조직

구분	공식 조직	비공식 조직
특성	• 뚜렷한 목표달성을 위해 의도적으로 형성 • 구성원의 지위와 역할이 명확하게 구분되고 전문화됨 • 효율적인 과업수행을 위해 성원들의 활동제한	• 공식 조직 내에서 개인적인 관심이나 취미에 따라 형성 • 구성원의 만족감과 사기를 높여 조직의 효율성을 높임
예	학교, 회사, 정당, 정부	사내 동호회, 교내 동아리

ⓛ 자발적 결사체 : 공동의 이해나 목표를 추구하는 사람들이 스스로 만든 집단을 의미한다.
  • 특징 : 자발적 가입 · 탈퇴, 신념과 목표 뚜렷, 토론과 합의중시 등이 있다.
  • 형태 : 친교목적(취미동호회, 동창회), 특정이익을 위한 목적(한의사협회), 공익목적(시민단체, NGO) 등이 있다.
  • 기능 : 정서적 만족, 사회의 다원화, 정보제공, 사회운동 등의 기능을 한다.
  • 역기능 : 배타적 특권집단화 가능성, 공익과의 상충 등이 나타날 수 있다.

(3) 관료제와 탈관료제

① 관료제의 특징과 장점 … 대규모 조직을 합리적으로 운영하는 방식으로 가장 발달된 조직형태이다.
  ㉠ 특성 : 과업의 전문화, 권한과 책임에 따른 위계의 서열화, 문서화된 규약과 절차에 따른 업무수행, 지위획득
    기회의 균등, 경력에 따른 보상 등이 있다.
  ㉡ 기능
    • 효율성 : 거대한 집단적 과업을 안정된 속에서 효율적으로 처리할 수 있다.
    • 표준화 : 업무가 표준화되어서 구성원이 바뀌어도 과업수행에 차질이 없다.
② 관료제의 역기능 … 수단을 지나치게 강조하여 본래 목표보다 더 중시하는 현상이 나타난다.
  ㉠ 무사안일주의(비능률성) : 구성원들은 자기에게 유리한 것은 과장하고, 불리한 것은 축소시켜 조직의 목표와
    과업을 달성하는 데 지장을 초래할 수 있다.
  ㉡ 인간소외 : 인간을 주어진 규칙과 절차만을 지키는 객체로 전락시킬 수 있다.
  ㉢ 창의성 저하 : 규격화된 행동을 요구하며 진취적이고 독창적인 사고를 방해한다.
③ 탈관료제 … 변화에 빠르게 적응하며 조직의 구성과 해체가 자유롭다. 수평적 관계로 효율적인 의사소통 및 빠른
  업무처리가 가능하며 개인과 조직의 경쟁력 강화, 창의력 증진, 구성원의 능력과 업적에 따른 보상이 가능하다.
  ㉠ 형태
    • 팀제조직 : 문제를 해결하기 위해 다양한 전문 인력들에 의해 임시적으로 조직되는 조직형태이다.
    • 네트워크형 조직 : 실제 업무 담당자와 최고 경영층이 유기적인 관계를 맺어 신속하고 효율적인 의사 결정을 내릴
      수 있는 조직 형태이다.
    • 아메바형 조직 : 자율성과 유연성을 기본 원칙으로 하여 조직 편성의 변경, 분할, 증식이 수시로 일어난다.
    • 오케스트라형 조직 : 구성원들이 협동하고 동등한 지위와 책임을 가진다.
  ㉡ 역기능 : 소속부서가 자주 바뀌어 심리적 불안감 가중, 공동 작업으로 인해 책임의 경계가 불분명하다.

04 ▶ 사회구조의 의미와 특징

(1) 사회구조의 의미와 특징

① 사회적 관계 … 개인의 생존과 활동 과정에서 이루어지는 주변과의 상호 작용이 지속적으로 일어나면서 형성된
  관계를 말한다.
② 사회구조 … 하나의 사회 내에서 개인들이나 집단들이 상호 관계를 맺고 있는 방식이 정형화되어 안정된 틀을 이
  루고 있는 조직적인 총체를 말한다.

③ 사회구조와 개인 및 집단 간의 상호작용
  ㉠ 사회구조는 구성원의 행동을 규정 : 사회구조가 일상생활에서 개인의 사회적 행위에 대하여 영향력을 행사한다.
  ㉡ 개인이 사회구조를 변화 : 인간에게는 자율성과 독립적 의지가 있어서 사회구조를 바꿀 수 있는 원동력이 되기도 한다.
④ 사회구조에 대한 관점
  ㉠ 기능론적 관점
    • 합의와 균형 강조
    • 상호의존성 : 사회를 이루는 구성요소들은 상호 의존적 관계에 있으며, 사회의 유지와 통합에 기여하고 있다고 보는 입장
    • 사회적 합의 : 각 사회적 요소들의 기능과 방식들은 이미 사회적으로 합의된 것이므로, 당연히 지켜져야 함
    • 사회문제는 비정상적인 상태이므로 사회구조는 이를 극복하고 안정적인 상태로 돌아가려는 속성을 가진다.
  ㉡ 갈등론적 관점
    • 갈등과 강제 강조
    • 사회구성요소의 대립 : 사회의 구성요소들이 서로 대립되거나 불일치한 상태로 존재, 이러한 갈등은 사회 전체의 변동에 기여함
    • 강제와 억압을 통한 집단 이익의 추구 : 사회구성요소들 간의 이해관계의 상충은 기존 사회에 변동을 촉진시킴
    • 서로 다른 이해관계를 지닌 집단들이 서로 투쟁하면서 사회변동이 일어난다.

(2) 일탈 행동의 원인과 대책

① 일탈 행동의 의미와 특징
  ㉠ 의미 : 한 사회의 구성원들이 인정하는 사회 규칙이나 사회적 규범에 어긋나는 행동
  ㉡ 특징
    • 일탈행동의 여부는 역사적 조건, 시대적 상황과 지역에 따라 달라진다.
    • 개인적 긴장 야기, 사회문제로 확산될 수 있다
    • 일탈행동을 통해 사회문제 표면화가 일어나고 이를 해결함으로써 사회발전을 가능하게 한다.
② 일탈 행동의 원인
  ㉠ 거시적 측면 : 일탈의 원인을 사회구조의 틀에서 찾는다. (관련이론 : 기능론, 갈등론)
  ㉡ 미시적 측면 : 일탈의 원인을 개인들 간의 상호관계에서 찾는다. (관련이론 : 상징적 상호작용론)

③ 일탈 행동의 원인에 대한 이론

㉠ 기능론

이론	일탈의 의미 및 원인	일탈에 대한 대책
아노미론	• 목표와 수단이 어긋나서 규범부재나 혼란의 상태에 있을 때, 일탈행동 발생 • 사회의 규범이 약화되거나 부재할 때, 또는 두 가지 이상의 규범이 동시에 존재할 때 행동지침을 잃게 되는 현상을 아노미로 규정	• 사회적 합의에 바탕을 둔 지배적 규범의 정립 필요 • 다양한 사회적 욕구를 공평하게 해소 시켜줄 수 있는 사회제도의 정립
사회병리론	사회를 하나의 유기체와 같이 보고, 어느 집단이나 제도 등이 제 역할을 해주지 못하는 것을 일탈행위로 간주	도덕교육의 강화와 올바른 사회화
사회해체론	사회변동으로 인해 기존의 사회구조가 해체되어 제 기능을 담당하지 못할 때 일탈 행동 발생	사회체계의 불균형제거와 균형 상태를 회복하려는 제도적 노력 필요

㉡ 갈등론

이론	일탈의 의미 및 원인	일탈에 대한 대책
집단 갈등론	지배적인 사회집단 혹은 계층의 가치와 규범, 이해관계가 법과 같은 강제성 있는 사회 규범으로 만들어지기 때문에 지배 집단이 정해 놓은 규범에 상충되는 행위를 함으로써 일탈 행동 발생	공정한 법 제정과 시행 및 사회 불평등 구조 해소
가치갈등론	지배집단이 갖고 있는 가치와 피지배집단이 갖고 있는 가치가 존재하며 지배집단의 가치에서 벗어난 행동을 일탈행동으로 봄	두 집단의 지배와 피지배의 역학관계 해소

㉢ 상징적 상호작용론

이론	일탈의 의미 및 원인	일탈에 대한 대책
낙인이론	사회가 일탈행위자로 낙인찍을 경우, 스스로 체념하고 일탈행동을 반복하게 된다.	부정적 낙인에 대한 신중한 판단
차별적교제이론	개인이 일탈유형과 지속적으로 접촉하면서 사회규범에 동조적인 행동유형과 멀어지고 일탈행동을 하게 됨	일탈행위자와의 접촉차단

④ 일탈 행동의 기능

㉠ 역기능 : 사회의 기본 질서와 규범파괴, 혼란 야기, 사회결속 약화

㉡ 순기능 : 범죄자에 대한 낙인과 엄격한 제재로 다른 구성원에게 범죄 예방효과가 나타난다. 사회문제를 표면화하여 발전에 기여한다.

출제예상문제

1 관료제와 탈관료제에 대한 설명으로 가장 옳은 것은?

① 관료제는 업무의 세분화와 전문화를 강조한다.

② 탈관료제는 관료제에 비해 연공서열에 따른 보상을 중시한다.

③ 탈관료제는 관료제와 달리 조직 운영의 효율성을 추구한다.

④ 탈관료제는 업무 수행 방식의 표준화를 중시한다.

> **ADVICE** ① 관료제는 조직을 효율적, 합리적으로 관리하기 위한 하나의 방식으로 업무의 세분화와 전문화를 강조한다. 탈관료
> 제란 관료제의 역기능을 극복하기 위해 등장한 것으로 팀제 조직, 네트워크 조직, 아메바형 조직, 오케스트라형
> 조직 등으로 세분화된다.
> ② 관료제는 탈관료제에 비해 연공서열에 따른 보상을 중시한다.
> ③ 관료제와 탈관료제 모두 조직 운영의 효율성을 추구한다. 다만, 탈관료제는 보다 유연하고 빠른 적응력을 강조한다.
> ④ 업무 수행 방식의 표준화를 중시하는 것은 관료제다.

2 다음 중 일탈행동에 대한 설명으로 옳은 것은?

① 일탈행동은 산업화 초기단계에서 나타난다.

② 일탈행동은 청소년에게만 나타난다.

③ 일탈행동에는 부정적인 측면만 있다.

④ 일탈행동의 기준은 시대와 지역에 따라 다르다.

> **ADVICE** ④ 사회적 행동을 평가하는 가치관·규범이 역사적 조건, 사회적 상황에 따라 달라질 수 있기 때문에 일탈행동에 대
> 한 기준은 가변적이다. 이를 일탈행동의 상대성이라 한다.
> ※ **일탈행동** … 사회구성원들이 정상적인 것으로 인정하는 규범의 허용한계를 벗어난 행동으로 마약중독, 가출, 범죄
> (법률의 허용한계를 벗어난 일탈행동)를 비롯하여 어떤 취미나 신앙에 극단적으로 몰두하여 정상적인 생활을 하지
> 못하는 상태이다.

ANSWER 1.① 2.④

3 다음 중 관료제에 대한 설명으로 옳지 않은 것은?

① 업무의 분화와 전문화로 효율화를 추구한다.
② 조직 내의 모든 지위가 권한과 책임에 따라 위계서열화 되어 있다.
③ 공정한 경쟁을 통하여 귀속지위를 획득할 수 있다.
④ 승진과 보수는 근무경력과 능력에 의한다.

ADVICE ③ 관료제에서의 지위는 공개경쟁을 통한 공평한 기회가 부여되며, 이때의 지위는 귀속지위가 아닌 성취지위이다.

4 피라미드형 계층구조와 비교하여 다이아몬드형 계층구조의 내용으로 옳지 않은 것은?

① 사회이동이 극히 제한되어 있어 불안정하다.
② 적극적인 복지정책을 추진하는 나라에 많이 보인다.
③ 분화된 산업사회의 계층구조이다.
④ 중간계층이 상·하층보다 상대적으로 많다.

ADVICE 다이아몬드형 계층구조
　㉠ 중류계층의 구성원 비율이 상류나 하류계층에 비하여 높아서 상대적으로 발전되어 있고 안정된 기반을 갖추고 있는 경우이다.
　㉡ 산업사회가 진행됨에 따라 전문직, 관료직, 사무직과 같은 직종이 크게 늘어남으로써 나타나게 되었다.
　㉢ 국가가 국민의 복지수준을 높이고 계층 간의 격차를 줄이고자 하는 정책을 적극 추진함에 따라 나타나는 일반적 경향이다.

5 사회구조를 이해함에 있어서 갈등론적 관점에 대하여 올바른 설명은?

① 사회구조를 하나의 유기적 관계로 파악한다.
② 강제와 변동을 사회구조의 기본성격으로 본다.
③ 사회구조에서 부분들 간의 상호의존적 관계를 강조한다.
④ 상호관계에서 사회성원들의 합의를 강조한다.

ADVICE ①③④ 기능론적 관점에 대한 설명이다.

6 다음 표는 사회집단을 구분한 것이다. 다음의 설명으로 옳은 것은?

구분	공동사회	이익사회
1차 집단	(개)	(내)
2차 집단	(대)	(래)

① 학교, 회사, 정당은 (개)의 예이다.

② 동호회는 (내)에 해당한다고 볼 수 있다.

③ (래)보다 (개)가 가입과 탈퇴가 더 자유롭다.

④ 가족, 친족, 또래집단은 (대)의 예이다.

ADVICE ② 동호회, 친목회, 동창회 등은 이익사회이면서 1차 집단적 성격을 갖는다.
① 학교, 회사, 정당은 (래)의 예이다.
③ 공동사회보다 이익사회가 가입과 탈퇴가 더 자유롭다.
④ 가족, 친족, 또래집단은 (개)의 예이다.

7 사회구조에 대한 설명으로 옳지 않은 것은?

① 사회구조에 대한 기능론적 관점은 사회를 하나의 유기체로 보고 변화의 속성을 강조한다.

② 사회구조에 대한 갈등론적 관점은 갈등과 강제의 속성이 있다.

③ 사회구조는 구성원이 바뀌더라도 비교적 오랫동안 지속되는 특징을 지닌다.

④ 사회구조는 안정성과 변화의 가능성을 함께 지닌다.

ADVICE ① 변화의 속성을 강조하는 것은 갈등론적 관점이다.
※ 사회구조
　㉠ 개념 : 인간의 사회관계가 통일적이고 조직적인 총체를 이루고 있는 상태를 말한다.
　㉡ 특징 : 지속성, 안정성, 변동의 가능성을 지닌다.
　㉢ 기능론적 관점
　• 사회는 하나의 유기체
　• 각 부분은 상호의존관계
　• 전체적인 균형과 통합 유지(지속성과 안정성 추구)
　• 합의에 의한 협동적 관계
　㉣ 갈등론적 관점
　• 대립적 불균형 상태
　• 갈등 · 강제 · 변동관계
　• 긴장 · 마찰에 의한 변화
　• 강제에 의한 종속관계

ANSWER 6.② 7.①

8 사회집단의 유형 중 2차 집단의 속성에 해당하는 것은?

① 집단의 소규모성   ② 친밀한 대면접촉

③ 부분적 인간관계   ④ 비공식적 통제

ADVICE 쿨리의 사회집단분류
ㄱ 1차 집단: 집단의 소규모성, 직접적인 대면접촉과 친밀감, 관계의 지속성, 전인격적 인간관계
ㄴ 2차 집단: 형식적 관계, 간접적인 접촉, 공식적 통제, 목적달성을 위한 수단적·부분적 인간관계

9 집단은 하나의 사회단위로서 소멸되지 않고 유지·발전되어 간다. 그 요인이 아닌 것은?

① 구성원의 이동제한
② 구성원들의 합의와 동조
③ 적당한 방식의 보상과 제재
④ 집단의 지도력

ADVICE 집단의 유지·발전요인
ㄱ 구성원들의 합의와 동조
ㄴ 집단의 적절한 크기
ㄷ 집단의 지도력
ㄹ 적당한 방식의 보상과 제재

10 사회적 상호작용에 대한 설명으로 옳지 않은 것은?

① 협동은 달성된 목표나 혜택이 고루 분배된다는 조건이 보장될 때 잘 이루어진다.
② 경쟁은 모든 분야에서 무제한 허용되지는 않는다.
③ 타협과 공존은 갈등이 부분적일 때 일어난다.
④ 집단 간에 갈등이 생기면 집단 내부의 갈등은 심화되는 경향이 있다.

ADVICE 갈등적 상호작용
ㄱ 의의: 목표나 이해관계가 달라서 상대를 적대시하거나 상대를 제거·파괴하려는 상태이다(전쟁, 노사분규).
ㄴ 특징: 집단 간에 갈등이 생기면 집단 내부의 갈등은 줄어드는 경향이 있다(조정과 타협, 강제를 통한 일시적 잠재화).

ANSWER 8.③ 9.① 10.④

11 '다른 집 아이들은 어찌되던 우리 집 아이만 좋고 괜찮으면 그만이다'라고 생각하는 형태는 다음 중 어디에 해당하는가?

① 아노미
② 집단이기주의
③ 문화지체
④ 문화해체

ADVICE ② 설문은 가족이기주의에 관한 설명으로 집단이기주의의 하나의 행태이다.
① 사회구성원들의 목표와 수단이 어긋나서 규범의 부재 또는 혼란의 상태를 보이는 것을 뜻한다.
③ 문화변동의 속도와 관련하여 비물질적인 제도나 가치의 변화가 물질적 측면의 변화를 따르지 못해 간격이 점점 커지는 현상이다.
④ 외래문화가 수용되어 종래의 문화체계까지 변동이 일어나 기존문화체계의 통합성마저 분리하게 되는 문화변용을 말한다.
※ 집단이기주의
　㉠ 의의 : 한 집단이 전체 사회의 공동의 이익과 발전은 고려하지 않고, 자기 집단의 이익과 발전만을 추구하는 것을 말한다.
　㉡ 형태 : 가족이기주의와 지역이기주의 등이 있다.

12 다음의 내용을 충족시키는 가장 적절한 개념은?

• 동물에게서는 발견되지 않는다.
• 사고, 의지와 관계가 있다.
• 생각과 느낌의 흐름을 파악한다.

---

① 생리적 욕구
② 사회적 존재
③ 상징체계
④ 자기성찰력

ADVICE ④ 생각과 느낌의 흐름을 파악한다는 것에 착안한다.

13 다음에서 협동의 조건이 되는 것만을 옳게 골라 묶은 것은?

> ㉠ 목표달성을 위한 활동에 누구나 참여할 수 있다.
> ㉡ 달성된 목표나 혜택이 고루 분배된다.
> ㉢ 달성목표가 제한되어 있다.
> ㉣ 달성목표나 이해관계가 상충되어 있다.

① ㉠, ㉡　　　　　　　　　　　　　② ㉠, ㉢

③ ㉡, ㉢　　　　　　　　　　　　　④ ㉢, ㉣

ADVICE ① 협동은 당사자들이 어떤 목표를 달성하기 위한 활동에 누구나 참여할 수 있고, 그 결과로 달성된 목표나 혜택이 고루 분배된다는 조건이 보장될 때에 잘 이루어진다.

14 갈등의 긍정적 측면으로서 거리가 먼 것은?

① 집단 내부의 결속과 연대의 강화　　　② 달성된 목표의 공정한 분배의 실시

③ 사회적 혁신을 촉진시키는 계기를 제공　④ 보다 확고한 협동을 이끌어내는 분위기 조성

ADVICE 갈등에 대한 긍정적 측면
　㉠ 집단 내부의 결속강화 : 갈등이 바로 혼란이나 파멸과 직결되는 것은 아니다. 그것은 오히려 집단 내부의 결속을 강화시키기도 한다.
　㉡ 비합리적인 면의 폭로·개선 : 갈등은 인습에 가려 있어 당연시되던 비합리적인 면을 폭로하여 이를 개선시킬 수도 있다.
　㉢ 확고하고 협동적인 상호작용의 유도 : 조정과 타협이 제대로 이루어지기만 하면, 갈등은 전보다는 더 확고하고 협동적인 상호작용을 이끌어낼 수도 있다.

15 사회구조에 대한 설명으로 옳지 않은 것은?

① 사회구조는 그 구성원이 바뀌면 변동한다.

② 사회구조는 전체적으로 파악한 사회적 관계의 체계이다.

③ 사회구조는 안정성과 변화가능성을 동시에 지니고 있다.

④ 사회구조는 부분 이상의 기능과 힘을 지니고 있다.

ADVICE ① 사회구조는 개인의 집합체 이상의 체계와 기능을 지니고 있기 때문에 사회구성원의 교체 여부와는 관계없이 사회구조는 존속·유지된다.

ANSWER 13.①　14.②　15.①

03 문화와 사회

01 문화의 의미와 특징

(1) 문화의 의미와 속성

① 문화의 의미

    ㉠ 좁은 의미 : 교양을 갖춘 혹은 개화되거나 세련된 상태를 말한다.

    ㉡ 넓은 의미 : 한 사회 구성원들이 생각하고 행동하는 방식인 생활양식의 총체이다.

(2) 일상생활에 담긴 문화

① 일상생활과 문화

    ㉠ 반복되는 일상은 우리가 의식하지 못한 채 행하는 문화 활동의 연속 과정이다.

    ㉡ 객관적으로 일상을 바라보면 그 속에 숨겨진 문화 현상의 의미를 파악할 수 있다.

② 정치 및 경제생활과 문화

    ㉠ 정치나 경제현상도 사람들의 가치관이나 전통, 종교적 지향 등에 의해 복합적으로 영향을 받는다.

    ㉡ 정치 및 경제생활을 통해서 그 사회의 문화현상과 문화의 여러 가지 속성을 파악할 수 있다.

(3) 문화 요소와 기능

① 문화 요소

    ㉠ 문화 요소 : 한 사회의 문화에서 총체적으로 나타나는 독특한 문화 복합체를 설명하는 기본요소이다. 예 기술, 언어, 가치, 규범, 상징, 예술 등

    ㉡ 기술 : 인간의 욕구나 욕망에 적합하도록 주어진 대상을 변화시키는 모든 인간적 행위이다. 문화의 창조와 변동, 전승과 축적에 영향을 미친다.

    ㉢ 언어 : 생각이나 느낌을 나타내거나 전달하기 위하여 사용하는 음성, 문자 등의 수단이다. 사람간의 소통 수단이 될 뿐만 아니라 삶의 방식과 연관이 있다.

    ㉣ 가치 : 사회구성원의 신념이나 감정 체계, 사회의 다양한 문화 현상에 영향을 미치며, 한 사회집단의 성격을 규정한다.

    ㉤ 규범 : 사람의 사회생활에 있어서 판단, 행위, 평가 등의 기준이나 규칙이다. 따르지 않으면 사회적 제재를 받는다. 종종 사회의 존립을 위해 금지 하는 금기로 나타난다.

    ㉥ 상징 : 사물이나 의미를 나타내는 작용을 하는 것을 말한다. 문화마다 다르게 부여되고 사람들의 관념이나 가치에 영향을 미친다.

◎ 예술 : 인간의 창의력과 아름다움을 표현하는 활동과 그 결과물로서의 작품, 한 사회의 상징이나 일상을 담아내는 중요한 문화요소이다.
ⓩ 개별문화요소간의 연계성 : 개별문화요소들은 그 자체로도 다양한 문화 형태를 만들어내지만 이것들은 서로 영향을 미치면서 한 사회의 문화를 만들고 사회 구성원의 일상에 영향을 미친다. 그래서 개별적 혹은 유기적으로 연계된 문화요소 없이는 인간의 문화적 특성을 발휘하기가 어렵고 사회생활을 영위하기도 어려우므로 사회구성원으로서 이에 대한 이해가 요구된다.

② 문화의 기능

㉠ 문화는 집단 간에 소속감을 주고 동질감을 높이는 긍정적인 기능을 한다.
㉡ 인간을 환경에 적응하게 하는 중요한 기제이다. 인간이 환경에 적응하는 과정에서 각각 다른 적응방식을 택함으로써 사회는 다른 문화를 발전시켜왔다.
㉢ 인간이 가진 지식을 축적하고 확장하게 해준다.
㉣ 인간의 기본 욕구를 충족시켜준다.

02 문화 이해의 관점과 태도

(1) 문화를 이해하는 태도

① 문화를 이해하는 잘못된 태도

구분	자문화 중심주의	문화 사대주의
의미	자신의 문화를 우월하게 생각하여 자기 기준으로 다른 문화를 평가하는 태도	자신의 문화를 무시하거나 낮게 평가하고 다른 문화만을 동경하거나 숭상하는 태도
장점	같은 문화를 공유하는 사람들끼리 소속감과 자부심 고무	외래문화에 개방적인 태도로 새로운 문화수용이 용이
단점	• 다른 문화에 대한 편견 및 갈등 초래 • 국제적 고립으로 자문화의 발전 장애, 문화제국주의로 전락가능	• 문화에 대한 편협한 이해 초래 • 문화의 주체성과 정체성 상실, 전통문화의 발전 장애
사례	인디언보호구역 인디언문화퇴보	일본식 다도예찬, 서구인 체형에 맞춘 성형수술

② 문화를 이해하는 바른 태도(문화 상대주의)

㉠ 전제 : 각 사회의 문화는 독특한 의미가 있기 때문에 문화 간 열등하거나 우월한 것을 평가할 수 없다.
㉡ 의미 : 한 문화를 바르게 이해하기 위해서는 그 사회의 떡락과 환경을 고려하여 이해해야하고 각각의 특수성과 다양성을 인정하여 문화를 이해하는 태도이다.
㉢ 극단적 문화 상대주의 : 각문화의 특수성을 지나치게 강조하여 인류의 보편적 가치마저 부정하는 태도를 말한다. 문화상대주의는 비인간적인 문화까지 용인하고 이해하자는 것은 아니다. 예를 들어 식솔을 함께 묻는 순장제도, 지참금이 적다는 이유로 결혼한 여자를 살해하는 관습 등과 같은 인류의 보편적인 가치인 인간존엄성, 자유, 평등 등을 침해하는 문화적 관습까지 상대론적 시각으로 이해해서는 안 된다.

(2) 문화를 바르게 이해하는 관점

① **총체론적 관점** … 특정 문화를 사회 구성요소와 관련지어 이해하려는 관점, 문화현상을 부분적으로 바라본다면 편협하고 왜곡될 수 있다.

② **상대론적 관점** … 문화의 특수성을 인정하고 그 문화를 그 사회의 입장에서 이해하려는 관점이다.

③ **비교론적 관점** … 두 지역 이상의 문화를 비교하여 문화 간의 보편성과 특수성을 이해하려는 관점이다.

03 현대사회의 다양한 문화 양상

(1) 하위문화

① 하위문화

ㄱ 하위문화 : 사회의 전통적인 문화에 대하여 어떤 특정한 집단만이 가지는 문화적 가치나 행동 양식

ㄴ 집단구성원에게 독특한 기능 수행 : 정신적인 지향점 제시, 하위 집단 나름의 욕구해소, 소속감을 느끼게 하고 다른 집단과의 차별성 부여

ㄷ 사회전체에 대해서 일정한 역할 : 문화의 다양성과 역동성 제공, 전제문화의 유지와 존속에 영향

② 지역문화

ㄱ 한 나라를 구성하는 여러 지역에서 나타나는 고유한 생활양식이다.

ㄴ 지역 공동체의 유지와 발전에 기여 한다.

ㄷ 한 국가가 문화다양성을 지닐 수 있는 바탕을 제공한다.

ㄹ 우리나라의 지역문화

- 정부 주도의 근대화 과정으로 문화의 수용에서 수동적인 성향이 강하다
- 지방자치시대의 개막과 함께 지역문화에 대한 관심이 증가하였다.
- 지역적 특성을 반영한 문화축제나 문화 행사들을 많이 개발하고 있다.

③ 청소년문화

ㄱ 기성세대의 문화에 대하여 비판적이고 새로운 것을 추구하여 미래지향적이고 저항적이다.

ㄴ 대중매체나 대중문화의 영향을 받아 충동적이고 모방적인 성향이 강하다.

ㄷ 청소년들은 감각적이고 쉽게 싫증을 느끼므로 또 다른 특징을 가진 형태로 변모하는 일시적 성향을 가진다.

④ 반문화 … 지배 집단에 대하여 적극적으로 도전하거나 상반되는 문화

ㄱ 시대나 사회에 따라 반문화의 규정은 달라진다.

ㄴ 보수사회에 대한 저항의 문화로 작동하면서 사회변화를 견인하는 역할을 한다.

ㄷ 반문화의 대표적인 예로는, 종교적인 급진적 종파운동, 동성애의 자유화 운동자 집단 등이 반문화의 예가 될 수 있다.

(2) 대중문화

① 대중문화의 의미

    ㉠ 대중문화

      • 사회 다수 사람들이 소비하거나 누리는 문화

      • 한 사회의 지배집단이 오랫동안 누려온 고급문화에 대응하는 의미로도 사용된다.

② 대중문화의 형성과정

    ㉠ 대중사회 : 대중이 정치·경제·사회·문화의 모든 분야에 진출하여, 큰 영향을 발휘하는 사회

    ㉡ 대중사회 이전사회 : 여가나 오락 등의 문화는 귀족 등 지배계층이 누리는 문화와 일반 사람들이 누리는 문화가 구분되었다.

    ㉢ 대중사회 형성 과정 : 대중매체의 발달, 여가문화의 발달, 대중들의 경제적인 여유가 생기면서 대중이 즐기는 문화가 형성되었다.

    ㉣ 대중문화 형성

      • 자본주의 발달과정에서 대량 생산과 대량 소비 가능하게 되었다.

      • 대중들에게 경제적인 여유가 생기면서 여가에 관심을 쏟게 되었다.

      • 대중 매체의 발달로 다양한 문화 상품이 생성되었다.

      • 근대 교육을 받은 대중이 확대되면서 대중의 지위상승, 문화적 역량이 증가하게 되었다.

③ 대중문화의 순기능 … 소식을 전하고 정보를 전달하는 교육적인 기능과 일상에서 오락 및 여가 문화로서의 기능을 제공하고, 삶의 활력소 역할을 하며 계층 간 문화 차이를 줄이고 문화 민주주의 실현, 사회비판적인 역할도 수행한다.

④ 대중문화의 역기능 … 이윤을 추구하는 성격이 강해 문화를 상업화 시키고 한순간에 유행되어 문화의 획일성과 몰개성을 가져오며, 사회의 퇴폐화와 저속화 및 문화의 질적 저하를 가중시킨다. 또한 대중 소외를 심화시키고 정치적 무관심과 배금주의적 가치를 양산하며 권위주의 정부가 대중조작을 일삼거나 대중들의 주체성을 잃게 만들 위험성이 크다.

04 ▶ 문화 변동과 한국 문화의 다양성

(1) 문화의 의미 및 양상

① 문화 변동의 의미와 요인

    ㉠ 문화의 변동 : 새로이 등장한 문화 요소로 인해 기존의 문화 요소들이 변화하는 현상

    ㉡ 문화의 변동의 원인

      • 내부적 요인 : 발명과 발견(새로운 문화 요소 창조, 알려지지 않은 것을 알아내거나 찾아내는 행위)

      • 외부적 요인 : 전파(한 사회의 문화 요소가 다른 사회로 전해져 그 사회의 문화과정에 정착되는 현상)

② 문화 변동의 과정과 양상

㉠ 문화 접변 : 성격이 다른 문화 간의 접촉으로 한 문화가 다른 사회에 전파됨으로써 나타나는 문화를 말한다.

구분	내용
자발적 문화 접변	직접적인 접촉에 의해서나 간접적인 접촉에 의해서나 새로 접하게 된 문화체계가 기존의 것보다 효과적이라고 느끼고 자발적으로 일어나는 경우로 문화변동이 비교적 완만하며 문화통합정도가 강하다.
강제적 문화 접변	정복이나 식민통치와 같이 강제성을 지닌 외부의 압력에 의해 일어나는 경우로 복고운동이나 거부 운동이 일어날 수 있다.

㉡ 문화 접변의 결과

구분	내용
문화 공존	한 사회에 다른 문화요소가 나란히 존재하여 같이 발전하는 경우
문화 동화	한 사회의 문화 요소는 사라지고 다른 사회의 문화 요소로 대체되는 경우
문화 융합	서로 다른 두 문화 요소가 결합하여 기존의 문화와 다른 새로운 제3의 문화가 나타나는 경우

③ 문화 변동과 사회문제

㉠ 문화지체현상

- 문화 변동 과정에서 물질문화와 비물질 문화의 속도차이로 나타나는 부조화현상을 말한다.
- 해결방안으로는 법 제도의 개선, 의식개선을 위한 캠페인 등이 있다.

㉡ 문화적 전통과 정체성 상실 : 외래문화의 급격한 수용으로 기존의 문화 정체성의 약화 및 사회구성원 간의 갈등이 유발되며 기존 사회 규범의 붕괴로 사회 혼란 현상이 발생할 수 있다.

(2) 세계화와 한국 문화의 다양성

① 세계화와 다문화 사회의 도래

㉠ 문화의 세계화 : 세계화로 서로 다른 문화들 간의 접촉이 활발해지고, 정보 통신 기술의 발달로 인적, 물적 교류 뿐 아니라 일상적인 문화까지 교류가 가능하게 되었다.

- 문화와 세계화의 영향
- 긍정 : 새로운 문화의 유입으로 기존의 문화가 더욱 풍부해지게 되었다.
- 부정 : 서구 중심의 문화에 일방적인 동화로 고유한 문화 소멸, 획일화가 이루어지고 있다.
- 문화의 다양성의 심화 : 세계화로 인한 노동력의 이동과 국제결혼의 증가로 다양한 인종, 종교, 문화를 가진 사람들이 공존하면서 다인종·다문화 사회로 변화중이다.

㉡ 다문화사회의 바람직한 자세 : 다른 문화에 대하여 개방적이고 서로 존중하는 태도, 문화적 다양성 인정 등이 있다.

② 우리 문화의 정체성과 세계화

　㉠ 문화의 정체성
- 문화적 정체성 : 한 사회의 구성원이 그 사회에서 오랫동안 공유한 역사적 경험과 공동체로서의 의식, 구성원들 사이에 공유된 가치관·세계관·신념 등의 문화에 대해 갖는 일체감
- 문화적 정체성의 약화 : 기존과 다른 문화요소의 유입으로 인한 급격한 문화변동으로 정체성이 약화되었다.
- 발전방향 : 타 문화의 좋은 점을 주체적으로 수용하여 전통문화를 발전시키면서도 창조적 계승이 필요하다.

　㉡ 세계화 시대의 문화 발전 방안
- 문화의 세계화 : 우리 문화를 세계에 알릴 수 있는 기회 제공
- 영향 : 우리 문화의 정체성 확립, 국가 경쟁력 강화, 전 세계적인 문화 다양성에 기여
- 방법 : 대중매체를 이용한 우리 전통문화의 소개, 우리의 것을 세계적인 것으로 발전

1 다음은 문화를 이해하는 다양한 태도 중에서 하나이다. 이와 관련된 사례로 가장 적절한 것은?

> • 외국 상품에 대한 절대적이고 맹목적인 선호
> • 국악보다는 서양의 클래식 음악을 잘 알아야 교양 있는 사람으로 여기는 풍조

① 과거에 유럽 강대국이 식민지의 문화를 미개한 것으로 보고 자신의 문화를 식민지에 이식하려고 했던 행동과 유사하다.

② 과거에 우리나라가 중국의 문자나 제도, 학문 등을 우월한 것으로 여기며 숭상하고 모방했던 태도와 유사하다.

③ 일제 강점기 때 일본이 우리 고유의 문화를 무시하면서 신사참배나 일본식 성명 사용을 강요한 것과 유사하다.

④ 이슬람교도들은 라마단 기간을 두어 행하는 종교의식이 있는데 이러한 문화를 평가하는 절대적 기준은 존재할 수 없다는 태도와 유사하다.

ADVICE ② 외국 상품에 대한 절대적이고 맹목적인 선호, 국악보다는 서양의 클래식 음악을 잘 알아야 교양 있는 사람으로 여기는 풍조는 문화 사대주의의 예다. 이는 과거에 우리나라가 중국의 문자나 제도, 학문 등을 우월한 것으로 여기며 숭상하고 모방했던 태도와 유사하다.

① 과거에 유럽 강대국이 식민지의 문화를 미개한 것으로 보고 자신의 문화를 식민지에 이식하려고 했던 행동은 유럽 강대국의 자문화 중심주의다.

③ 일제 강점기 때 일본이 우리 고유의 문화를 무시하면서 신사참배나 일본식 성명 사용을 강요한 것은 일본의 자문화 중심주의다.

④ 종교의식과 관련하여 문화를 평가하는 절대적 기준은 존재할 수 없다는 태도는 문화 상대주의에 해당한다.

ANSWER 1.②

2 문화이해의 태도에 관한 다음 글에 대한 반론으로 적절한 것은?

> 어떠한 문화현상이든지 모두 나름대로의 의미와 가치를 가지고 있다. 따라서 자신의 가치와 다르다고 해서 나쁜 것으로 평가할 수는 없다. 예를 들면, 기형아를 물에 빠뜨려 죽이는 것이나 노인을 버리는 것도 그 사람 나름의 사정이 있기 때문에 어느 정도는 타당성을 인정해야 한다. 이렇게 보면, 인간이 하는 활동, 즉 문화는 어떠한 것이든지 나쁜 것이 없다고 인식해야 한다.

① 도덕성이 상실되었다.
② 그 사회의 맥락에서 해석해야 한다.
③ 어느 사회에서나 보편적으로 적용되는 가치는 있다.
④ 그런 문화를 가진 사회는 다 이유가 있으니까 비난하지 말아야 한다.

ADVICE ③ 제시된 내용은 보편적 가치를 무시하는 극단적인 문화상대주의이다. 문화상대주의는 한 사회의 문화를 그 사회의 입장에서 평가하고 이해하려는 태도이지, 인류의 보편적 가치에 반하는 문화도 모두 다 옳다는 것은 아니다. 아무리 각 문화에서의 고유한 가치를 인정하더라도 인류가 보편적으로 합의할 수 있는 가치는 있게 마련이고, 그에 위배되는 행위는 어느 사회에서나 용납될 수 없는 것이다. 제시된 내용에서는 기형아와 노인의 생명의 존엄성을 무시하고, 인간의 기본적 가치를 고려하지 않는 태도가 드러나 있다. 그러므로 반론으로는 보편적 가치에 대한 문제를 제기하는 것이 적절하다.

3 OTT, SNS 등을 통하여 한류 열풍이 일어나는 등의 문화현상을 가장 잘 나타낸 용어는?

① 문화전파
② 문화개혁
③ 문화지체
④ 문화공존

ADVICE ① 문화의 전파는 한 사회의 문화요소들이 다른 사회로 직·간접적으로 전해져서 그 사회의 문화과정에 통합, 정착되는 현상을 의미한다.

ANSWER 2.③ 3.①

4 문화의 역기능을 모두 고른 것은?

> ㉠ 인간의 물질적 정신적 욕구 충족
> ㉡ 사회 집단의 유지 발전
> ㉢ 지식 제공과 축적
> ㉣ 문화적 갈등 축소
> ㉤ 환경 오염 문제 해결

① ㉠, ㉢
② ㉡, ㉣
③ ㉢, ㉤
④ ㉣, ㉤

ADVICE ㉣ 문화의 다양성으로 인한 문화적 갈등이 유발할 수 있다.
㉤ 공업화, 산업화 등으로 자원 고갈, 환경오염의 문제가 등장하였다.
㉠㉡㉢ 문화의 순기능에 해당한다.

※ 문화의 기능
• 문화의 순기능 : 환경 적응의 수단, 사회 집단의 유지 · 발전, 지식 제공과 축적, 인간의 욕구 충족 −
• 문화의 역기능(부정적 기능) : 혼란 유발, 사회 문제 발생(자원 고갈, 환경오염, 무기경쟁, 교통체증)

5 다음 중 문화의 상대성에 대한 설명으로 옳은 것은?

① 한 문화는 다른 사회의 기준에 의해 평가될 수 있다.
② 한 문화는 그 나라의 상황을 고려해서 평가해야 한다.
③ 문화는 인류 공통의 특성과 가치를 가지고 있다.
④ 문화 간의 우열은 상대적으로 가릴 수 있다.

ADVICE 문화의 상대성 인정
㉠ 한 사회의 문화특성은 그 사회성원들에게는 매우 가치 있고 의미 있는 것이므로 그 사회의 맥락에서 그 문화를 평가하고 이해하는 태도를 가져야 한다.
㉡ 어떤 나라의 생활양식도 그 나라의 상황을 고려하여 평가하고 이해하는 태도가 필요하다.

ANSWER 4.④ 5.②

6 기술혁신에 따른 문화변동의 결과에 대한 비판적 견해라 할 수 없는 것은?

① 사회가 기계화되고 물질만능주의와 개인주의가 확산될 것이다.
② 정보화 사회의 진전으로 개인정보가 노출되어 사생활을 침해받을 수 있다.
③ 대량 생산과 소비를 가져와 지구의 한정된 자원을 급격히 소모시킬 것이다.
④ 대중매체에 따른 대중문화의 역기능으로 인해 문화의 전반적인 침체를 가져올 것이다.

> **ADVICE** ④ 정보화 시대에서 기술의 발전은 일반대중의 참여와 선택의 범위를 넓혀, 문화적 다양성을 증가시키고 풍요로운 문화로 발전시키는 데 기여한다.

7 다음에 제시된 내용과 관련된 가장 적절한 개념은?

> 중국의 우리 동포사회가 오랫동안 모국문화와 직접적인 접촉없이 전개되면서, 현지의 문화요소들이 많이 추가되어 점차 민족문화의 양식들이 변해가고 있다.

① 문화지체
② 아노미
③ 문화접변
④ 문화의 내재적 변동

> **ADVICE** ③ 성격이 다른 두 개의 문화체계가 장기간에 걸쳐 전면적인 접촉을 함으로써 문화요소가 전파되어 일어나는 변동을 문화의 접촉적 변동 또는 문화접변이라 한다.

8 다음 (　　) 안에 알맞은 것은?

> 인간이 문화적 전통을 이룩할 수 있는 것은 한번 고안해낸 것을 다음 세대에 전달할 수 있는 수단, 즉 (　　)와(과) 그것을 학습할 수 있는 능력을 가지고 있기 때문이다. (　　)의 대표적인 것으로는 언어와 문자가 있다.

① 충동
② 본능
③ 상징체계
④ 반사작용

> **ADVICE** ③ 인간이 문화적 전통을 이룩할 수 있는 것은 상징체계(언어, 문자)와 학습능력을 바탕으로 한다.

ANSWER 6.④ 7.③ 8.③

9 문화지체현상이 나타나는 이유는?

① 문화는 정태적인 성격을 갖고 있기 때문이다.

② 문화요소를 조합하여 새로운 문화요소를 만들어내기 때문이다.

③ 문화요소들 사이에 전파와 변화의 속도가 다르기 때문이다.

④ 아노미현상과 사회적 혼란 때문이다.

> **ADVICE** ③ 문화지체현상은 문화요소 간의 변동속도가 달라서 일어나는 부조화현상으로, 미국의 사회학자 오그번이 처음 사용하였다.

10 우리 민족의 문화가 수도작문화에 기초했기 때문에 형성된 것이라고 볼 수 없는 것은?

① 농악, 계, 두레, 울력

② 향약

③ 상부상조의 전통

④ 풍수지리설

> **ADVICE** ④ 풍수지리설은 신라시대 말 도선(道詵)이 중국에서 받아들인 인문지리적인 지식과 예언적인 도참신앙이 결부된 학설로서, 수도작문화와는 관련이 없다.
>
> ※ 수도작문화의 영향
> ㉠ 근면, 협동, 상부상조의 전통 형성(두레, 울력, 품앗이)
> ㉡ 계, 향약의 발달
> ㉢ 알뜰하고 정교한 솜씨
> ㉣ 토속신앙 형성(고사, 동제, 산신제)
> ㉤ 민속놀이(쥐불놀이, 농악, 지신밟기, 줄다리기)

11  오늘날 대중매체를 통해 외국가요나 복장이 우리 청소년들에게 쉽게 접촉되면서 이로 인해 그들의 행동양식에도 변화가 나타나는데 이러한 현상을 가장 잘 나타내는 말은?

① 문화전파   ② 문화개혁

③ 문화지체   ④ 문화진화

> **ADVICE** ① 문화의 전파는 한 사회의 문화요소들이 다른 사회로 전해져서 그 사회의 문화과정에 통합·정착되는 현상을 의미한다.

ANSWER 9.③ 10.④ 11.①

12 다음 중 문화의 속성으로 보기 어려운 것은?

① 축적성

② 공유성

③ 학습성

④ 부분성

ADVICE 문화의 속성
  ㉠ **공유성**: 문화란 한 사회구성원들에게 공통적인 경향으로 나타나는 행동 및 사고방식의 전체이다.
  ㉡ **학습성**: 문화는 후천적인 학습으로 습득가능하다.
  ㉢ **축적성**: 인간은 상징체계(언어·문자)를 사용함으로써 지식과 경험을 다음 세대로 전달, 축적할 수 있다.
  ㉣ **전체성**: 문화는 초개인적인 사회적 소산물이다.
  ㉤ **변동성**: 문화적 특성들은 어느 정도의 규칙성은 있으나, 고정불변한 것은 아니다.

13 다음 내용으로부터 추론할 때 인간의 문화에 대한 설명으로 옳지 않은 것은?

> 영국의 인류학자 타일러(E.B. Tyler)는 「원시문화」라는 책에서 문화의 개념정의를 이렇게 하였다. "문화란 사회성원으로서의 인간이 습득한 지식, 믿음, 예술, 도덕, 법, 관습 기타 모든 능력과 습관을 다 포함하는 복합적인 총체이다."

① 문화란 특정한 인간집단의 성원들이 생각하고 행동하는 방식의 총체로서의 생활양식을 뜻한다.

② 인간이 출생 후 성장과정에서 사회생활을 하고 학습을 통하여 얻은 것은 문화적인 특성이다.

③ 문명은 발달된 사회에만 존재하지만 문화는 어느 사회에서나 존재한다.

④ 문화와 문명을 구분할 때 '발전된 것', '개화된 것'으로 파악하는 것은 문화의 개념이다.

ADVICE ④ 문화의 개념을 협의로 파악할 때는 '발전된 것', '개화된 것'으로 파악하기도 하지만, 이는 문명의 개념으로서 오늘날은 대부분 문화와 문명의 개념을 분리하여 사용한다. 즉, 문명은 발달된 사회에만 존재하지만 문화는 생활양식이므로 소규모의 단순사회 및 미개사회에도 존재한다.

ANSWER 12.④ 13.④

14 광의의 문화개념이 옳게 사용된 것은?

① 미술전람회나 음악공연회에 자주 참석하면 문화시민이 된다.
② 한 사회의 사람들이 관습적으로 침을 뱉는 것은 그 사회의 문화적인 행위이다.
③ 어떤 사람들은 한국인이 일본인보다 더 문화적인 민족이라고 생각한다.
④ 아프리카 미개사회의 원주민은 문화인의 범주에 속하지 않는다.

ADVICE ③④ '문명'의 개념과 같은 맥락에서의 좁은 의미의 문화개념과 관련이 깊다.
※ 광의의 문화개념 … 넓은 의미의 문화란 인간에 의해서 학습, 창조, 전승되고 누적된 물질적·정신적 소산의 일체를 가리킨다. 특히 사회성원들이 가지고 있는 공통된 행동양식 또는 생활양식을 가리켜 문화라고 한다.

15 문화의 특성에 대한 설명으로 옳지 않은 것은?

> • 한 한국소녀의 가족이 온돌방에 상을 차려 놓고 둘러앉아 수저로 밥과 반찬을 먹고 있다.
> • 한 백인소녀의 가족이 식탁에 둘러앉아 포크와 나이프로 고기를 먹고 있다.

① 두 사람이 피부색, 얼굴형태, 머리색 등이 다른 것은 모두 문화적 특성이 다르기 때문이다.
② 그들의 이런 특성들은 출생 후 성장하면서 각기 그들의 문화를 학습한 결과이지 가지고 태어난 것이 아니다.
③ 어디서, 어떻게 앉아, 무슨 음식을, 어떤 식으로 먹는지는 그들의 생활양식의 한 부분으로서의 문화적 특성이다.
④ 문화는 특정한 사회집단의 성원들이 생각하고 행동하는 생활양식이다.

ADVICE ① 피부색, 얼굴형태, 머리색 등은 부모로부터 유전적으로 물려받은 체질적 특성이다.

ANSWER 14.② 15.①

16 문화에 관한 설명 중 옳지 않은 것은?

① 모든 사회의 문화는 언어, 예술, 신화, 종교 등 서로 공통된 요소를 가진다.
② 문화는 각 사회마다 특수성이 있어 전체적으로 다양성을 가진다.
③ 각 문화는 고유의 가치를 가지고 있으므로 우열을 가려서는 안 된다.
④ 개개인의 특징적이고 독특한 버릇도 장기화되면 문화라 한다.

ADVICE 문화의 특성
　㉠ 한 사람만이 가지고 있는 개인특유의 행동이나 생각은 다른 사람에게 전파되고 공유되지 않는 한 문화를 구성하지 않는다. 따라서 문화는 집단적인 사회생활을 통해서만 유지·존속될 수 있다.
　㉡ 문화는 사회구성원에게 공유되고 있는 공통의 사고 및 행동양식의 총체이기 때문에, 초개인적인 성격을 지니게 마련이다.

17 다음에서 문화의 공유성 기능에 속하는 것만을 옳게 골라 묶은 것은?

> ㉠ 사회생활을 위한 공통의 장을 제공한다.
> ㉡ 사회구성원 간의 행동 및 사고를 예측하게 한다.
> ㉢ 그 나라의 사회생활을 전체적으로 파악하게 한다.

① ㉠　　　　　　　　　　　　② ㉠, ㉡
③ ㉠, ㉢　　　　　　　　　　④ ㉡, ㉢

ADVICE 문화의 공유성의 기능
　㉠ 사회생활을 위한 공통의 장을 제공 : 문화를 공유하고 있는 구성원들에게 원활한 사회생활을 위한 공통의 장(場)을 제공한다.
　㉡ 사회구성원 간의 행동 및 사고의 예측 가능 : 특정한 상황에서 상대방이 어떻게 행동할 것인지, 서로에게 무엇을 기대할 수 있는지를 예측할 수 있게 한다.

ANSWER 16.④　17.②

18 문화의 관념적 구성요소가 아닌 것은?

① 철학
② 예술
③ 교육
④ 신화

ADVICE ③ 제도적인 구성요소에 속한다.
※ 문화의 구성요소
　㉠ **기술적인 구성요소** : 인간의 기본적 욕구충족과 관련된 구성요소로 물질문화와 관련이 깊은 문화구성요소이다.
　㉡ **제도적인 구성요소** : 사회구성원들의 행동기준과 관련된 요소로 사회구성원들에게 행동기준을 제공(가족, 친족, 혼인, 정치, 경제, 법률, 교육)한다.
　㉢ **관념적인 구성요소** : 신화, 전설, 철학, 언어, 문학, 예술, 종교 등이 있는데 삶의 의미와 방향을 제시해 준다.

19 다음의 내용은 문화의 속성 중 무엇을 말하는가?

> • 인간의 출생과 더불어 가지고 태어난 것은 아니다.
> • 성장과정에서 그가 어떠한 문화 속에 살았느냐에 달려 있다.
> • 어릴 때에는 주로 가정교육, 또래집단에서의 놀이, 친구들과의 담소 등을 통해서 익혀 나간다.

① 문화의 전체성
② 문화의 학습성
③ 문화의 변동성
④ 문화의 축적성

ADVICE ② 인간이 어떤 문화를 학습하여 어떻게 행동하고 생각하는지는 부모로부터 물려받은 유전인자와는 상관없고, 성장과정에서 그가 어떠한 문화 속에서 살았느냐에 달려 있다.

ANSWER 18.③ 19.②

20 다음과 관련된 문화현상은?

> ㉠ 쌀 + 햄버거 → 밥버거
> ㉡ 피자 + 김치 → 김치피자

① 문화종속
② 문화융합
③ 문화수용
④ 문화정체성

ADVICE 문화융합
　　㉠ 전통적 문화특질들과 새로 도입된 문화특질들이 혼합되는 것이다.
　　㉡ 한 사회의 문화가 다른 사회로 전파될 때 상호간에 영향을 미쳐 새로운 제3의 문화가 나타나는 현상이다.

ANSWER 20.②

01 ▶ 사회 불평등의 의미와 유형

(1) 사회 불평등의 의미와 유형

① 사회 불평등 … 어떤 사회속의 개인들이 평등한 사회적 지위를 갖지 못한 상태를 말한다.

  ㉠ 사회구성원다수가 가치 있게 여기는 희소가치가 차등적으로 분배되면 사회 불평등이 발생한다.

  ㉡ 어느 시대 어느 사회에서나 사람들의 신체적 특징, 재능, 관심사 등의 차이를 바탕으로 사회적 지위가 부여되면서 사회적 분화가 일어나고 사회계층의 서열화가 발생한다.

② 사회 불평등의 유형

  ㉠ 개인 간의 불평등 : 개인의 특성이나 하는 일의 기능적 중요성 또는 희소성 등의 이유로 급여 수준이 달라진다.

  ㉡ 집단 간의 불평등 : 백인종과 유색인종, 부유층과 중산층 및 빈곤층 등 다양한 사회 집단사이에 나타날 수 있다.

(2) 사회 불평등의 여러 형태

① 전통사회와 현대사회의 불평등

  ㉠ 전통사회 : 신분제도에 따른 사회적 불평등이 핵심이다.

  ㉡ 현대사회 : 다양한 사회적 요인에 의해 여러 측면에서 불평이 발생한다.

② 사회적 불평등의 형태

  ㉠ 경제적 불평등 : 경제적 자산이나 소득분배의 격차를 말한다.

  ㉡ 절대적 빈곤 : 기본적인 의식주의 해결이 불가능한 빈곤상태를 말한다.

  ㉢ 상대적 빈곤 : 생활 조건의 상대적 차이에서 느끼는 박탈감과 빈곤의식을 말한다.

  ㉣ 정치적 불평등 : 권력이 불평등하게 분배되는 상태를 말한다.

  ㉤ 사회·문화적 불평등 : 사회적 위신, 명예, 신뢰도, 교육수준 등 사회 문화적 자원의 불평등한 분배에서 비롯된 격차를 말한다.

  ㉥ 정보 격차로 발생하는 불평등 : 정보화의 혜택이 모든 사람에게 균등하게 분배되지 않아서 발생하는 것을 말한다.

02 ▶ 사회 계층 현상에 대한 이론적 설명

(1) 사회 계층현상의 의미

① 사회 계층 현상

  ㉠ 한 사회 내에서 구성원들 간에 사회적 희소가치가 불평등하게 분배됨에 따라 개인과 집단이 서열화되어 있는 현상을 말한다.

  ㉡ 사회적 희소가치가 개인의 능력 또는 가정적 배경 등에 따라 불평등하게 분배된다.

② 사회 계층 제도 … 사회적 업무와 지위 간의 불평등이 사회 전반에 받아들여져서 제도로 정착된 것을 말한다.

　　㉠ 사회 계층 제도의 종류

　　　• 노예 제도 : 주인의 재산이 되는 노예를 전제로 성립된 제도로 가장 오래된 불평등 형태

　　　• 카스트 제도 : 인도사회 특유의 제도로 개인의 출생 시부터 계층의 위치가 정해지는 제도

　　　• 신분 제도 : 개인의 사회적 지위가 혈연관계에 의해 세습되고 결정되는 계층 제도

　　　• 계급 제도 : 자본주의와 더불어 등장한 사회 계층 제도

③ 계급과 계층

　　㉠ 계급 : 경제적 요인에 의해 서열화 된 위치의 집단(일원론적 관점)

　　㉡ 계층 : 사회적 희소가치에 따라 다양하게 서열화 되어있는 집단(다원론적 관점)

(2) 현대사회의 계층과 불평등 현상을 바라보는 관점

① 기능론적 관점과 갈등론적 관점

구분	기능론적 관점	갈등론적 관점
계층 발생원인	개인의 능력, 역할의 기여도에 따른 사회적 희소가치의 차등분배에 의한 필연적 결과	지배집단의 기득권 유지를 위한 노력의 결과
사회 불평등에 관한 입장	차등적 보상 체계, 사회의 기능이 원활히 작동	집단 간의 적대감과 불신을 조장하여 사회 갈등을 유발
자원배분의 기준과 절차	구성원들 간의 합의된 기준, 개인의 자질과 능력에 의해 합법적으로 배분	지배집단에 유리한 기준, 가정배경, 권력, 경제력 등에 의해 강제적으로 배분
사회 계층 현상의 사회적 기능	• 개인과 사회가 최선의 기능을 하도록 하는 장치 • 동기를 부여하고 인재를 충원함으로써 사회 발전에 기여	• 개인과 사회가 최선의 기능을 하는 데 장애요소가 됨 • 상대적 박탈감과 집단 간 갈등을 유발하여 사회 발전 저해
직업관	"중요하고 어려운 직업에 종사하는 개인에게 그에 합당한 지위와 높은 보상을 부여하는 것은 당연하다."	"직업의 중요도에는 차이가 없으며, 현존하는 직업 간 불평등 현상은 지배 집단의 이해관계가 반영된 결과이다."

② 기능론, 갈등론의 균형적·비판적 이해 … 기능론적 관점과 갈등론적 관점에서 각각 의미 있는 통찰력과 시사점을 찾아 사회 불평등 현상의 개선 방안을 모색해야 한다.

03　사회 계층 구조의 유형과 특징

(1) 사회 계층 구조의 유형과 특징

① 사회 계층 구조의 의미

　　㉠ 계층

　　　• 재산, 지위 신분 등 객관적인 조건이 동일한 사람들의 모임이다.

　　　• 존재는 한 사회 내에서 희소한 자원이 불평등하게 분배되어 있음을 의미한다.

　　　• 계층을 구분하는 기준은 사회에 따라 다르며 같은 사회 나에서도 시대에 따라 각기 다르다.

    ⓛ 계층 구조
- 사회적 불평등이 지속적으로 상층, 중층, 하층의 형태로 고정된 구조이다.
- 계층 구조는 한 사회의 희소한 자원의 분배 형태를 보여준다.
- 어느 사회이든지 사회 계층의 모습이 일정한 정형화된 구조를 띠고 있다.
- 일반적으로 사회의 불평등 정도를 알아보는 척도로 쓰인다.

② 사회 계층 구조의 유형

    ㉠ 평등 유형별 계층구조

구분		평등유형	내용
수직형 계층 구조		완전 불평등	• 모든 사회 구성원이 서로 다른 계층에 속해 있음 • 실제로 존재할 수 없는 극단적 형태의 구조
수평형 계층 구조		완전 평등	• 모든 사회 구성원이 같은 계층에 속해있음 • 실제로 존재할 수 없는 극단적 형태의 구조
피라미드형 계층 구조	상 중 하	부분 불평등	• 상층 < 중층 < 하층의 순으로 계층비율 구성 • 소수의 상층이 다수의 하층을 지배하고 통제함 • 전근대적인 폐쇄사회에서 나타남
다이아몬드형 계층 구조	상 중 하	부분 평등	• 중층의 구성원비율이 상하층의 합보다 높은 경우 • 중간계층의 비율이 높아짐에 따라 사회가 안정적임 • 현대 산업사회에서 관료·사무직 등의 증가로 인해 나타남

    ⓛ 피라미드형에서 다이아몬드형 계층 구조로 바뀐 계기 : 신분제도의 철폐, 의무 교육의 확대, 사회 복지제도의 확대, 산업화로 인한 중산층 확대 등

    ⓒ 새롭게 등장한 계층구조

구분		내용
타원형 계층 구조	상 중 하	• 다이아몬드형 계층 구조에서 중상층과 중하층의 인구비율이 증가한 형태 • 중간계층의 비율이 가장 높음 • 가장 사회적 안전성이 높음
표주박형 계층 구조	상 중 하	• 다른 구조에 비해 중간 계층 비율이 상대적으로 낮은 형태 • 사회 양극화로 사회적 불안정이 매우 심각한 형태

(2) 사회 이동의 유형과 특징

① 사회 이동의 의미 … 개인 또는 집단의 계층 구조상 위치가 변하는 현상

　　㉠ 원인

　　　• 개인적 원인 : 개인의 능력, 교육의 정도, 지위 상승에 대한 열망 등
　　　• 사회 구조적 원인 : 산업 구조와 직업 구조의 변화, 과학 기술의 발달, 교육의 보급 등

　　㉡ 경향 : 전근대 사회보다 근대사회에서, 농촌보다 도시 사회에서 뚜렷이 나타남

② 사회 이동의 유형

분류 기준	유형	내용
이동 방향	수평 이동	• 같은 계층 내에서의 위치변화 • 계층적 위치의 높낮이는 바뀌지 않은 상태에서 비슷한 위치의 다른 직업과 소속으로 옮겨가는 것
	수직 이동	• 계층적 위치가 상승 또는 하강하는 변화, 계층 간 이동 • 상승이동과 하강이동으로 구분
이동 기간	세대 내 이동	• 한 개인의 생애에 걸쳐 일어나는 계층적 위치의 변화 • 주로 직업 변동을 통해 알 수 있음
	세대 간 이동	• 세대를 가로질러 일어나는 계층적 위치의 변화 • 부모와 자식의 계층적 지위의 변화 • 세대 간 이동이 잘 이루어 지지 않으면 계층적 지위의 세습이 이루어질 가능성이 높음
이동 원인	개인적 이동	주어진 계층 구조 내에서의 개인의 능력이나 노력에 의한 사회적 지위의 변화
	구조적 이동	전쟁 · 혁명, 산업화, 도시화 등과 같은 급격한 사회 변동에 따라 기존의 계층구조가 변화하여 발생한 계층적 위치의 변화

③ 사회 이동과 계층 구조

　　㉠ 이동가능성에 따른 계층구조

구분	내용
폐쇄형 계층구조	• 수직이동이 제한되어 있거나 불가능한 경우, 수평이동은 가능 • 개인의 노력에 관계없이 수직 이동제한(귀속지위 강조) • 신분질서가 엄격했던 사회의 주요 계층 구조
개방형 계층구조	• 수직이동과 수평이동이 모두 가능한 경우 • 상승이동과 하강 이동, 세대 내이동과 세대 간 이동이 자유로움 • 개인의 노력과 능력 중시(성취지위 강조) • 현대산업사회의 주요 계층 구조

　　㉡ 사회 이동의 결과

　　　• 개인적 : 심리적 만족감 또는 좌절감을 경험하게 된다.
　　　• 사회적 : 정치적 · 사회적 통합에 이바지, 개방형 계층 구조는 사회 통합수준이 높다.

(1) 빈곤문제

① 빈곤의 의미와 유형

    ㉠ 빈곤 : 인간의 기본적 욕구가 충족 되지 않은 상태

    ㉡ 절대적 빈곤 : 생존욕구 충족에 필요한 자원이 부족하여 최저 생계비를 확보하지 못하는 상태를 의미한다.

    ㉢ 상대적 빈곤 : 다른 사람이나 계층과 비교해서 상대적 박탈감을 느끼는 상태

    ㉣ 주관적 빈곤 : 개인의 주관적인 판단 수준에서 스스로가 가난하다고 느끼는 상태

② 빈곤의 원인

    ㉠ 기능론(개인적 요인) : 개인의 능력, 의욕부족으로 성공하지 못한 것, 빈곤층은 빈곤 문화를 형성하며 빈곤 문화는 자녀 세대에 전수되어 빈곤을 재생산시킨다.

    ㉡ 갈등론(사회구조적 요인) : 개인의 능력과는 무관한 사회 구조에 빈곤이 원인이 있다고 봄, 빈곤층은 모순된 사회 구조의 희생자임을 강조한다.

③ 빈곤문제의 해결방안

    ㉠ 개인적 측면

      • 빈곤에서 벗어나기 위한 개인의 의지와 노력(교육, 직업훈련) 필요

      • 빈곤층에 대한 편견과 인식을 버리고, 공존의 가치관과 공동체 의식 함양 필요

    ㉡ 사회적 측면

      • 직접지원 : 기초 생활비 및 자녀 양육비 보조, 최저 생계비 이상 소득보장, 조세의 형평성 실현

      • 간접지원 : 최저 임금제, 고용규모 확대, 고용 정보 시스템 강화, 교육 기회 확대, 기회의 평등

(2) 성 불평등 문제

① 성 불평등의 의미

    ㉠ 성 불평등 : 한 사회에서 남자와 여자가 차지하는 지위, 권력, 위신 등에서 나타나는 차이로 남자이거나 여자라는 이유만으로 다른 사람과 불평등한 대우를 받는 것을 말한다.

    ㉡ 성별 분업 : 성에 따른 사회적 역할의 구분, 전통적으로 남성의 역할이 여성의 역할보다 더 높은 평가와 보상을 받음으로써 성 불평등을 초래한다.

② 성 불평등의 양상

    ㉠ 경제적 측면 : 경제 활동 참가율, 임금 수준 및 승진 기회의 남녀 차, 취업의 기회의 남녀 차

    ㉡ 정치적 측면 : 여성의 정치적 영향력 및 참여 여건 저조(국회의원, 지방 자치 단체장 등의 여성 비율)

    ㉢ 사회 · 문화적 측면 : 교육 기회, 직업 선택에서의 차이, 남녀 차별적 자녀 양육 관행, 왜곡된 여성상을 표현하는 미디어

③ 성 불평등의 원인

    ㉠ 기능론 : 남자와 여자의 생물학적 특성이 반영된 자연스럽고 바람직한 역할 문화, 불평등문제는 남녀 간 역할 체계가 새롭게 정립되지 못해 나타나는 일시적 교란 상태

ⓛ 갈등론 : 남성 중심적 사회 구조(남성 위주의 경제 구조, 가부장제) → 여성의 역할 경시, 사회 참여제한, 보조적 역할 강요
ⓒ 차별적 사회화 : 고정관념에 따른 성 정체성과 성 역할을 사회화 과정을 통해 학습한다.

④ 성 불평등의 해결방안

㉠ 제도적 차원 : 성 차별적 제도 철폐, 여성의 권익 신장을 위한 정책, 여성 관련 사회복지 개선
ⓛ 의식적 차원 : 성 차별적 고정 관념·편견 타파, 평등 의식 제고, 양성성 함양

(3) 사회적 소수자 차별 문제

① 사회적 소수자의 의미

㉠ 사회적 소수자 : 신체적·문화적 특징 때문에 사회의 다른 구성원들로부터 불평등한 처우를 받으며, 집단적 차별의 대상이 되는 사람
ⓛ 사회적 소수자 집단의 조건
  • 구별 가능성 : 소수자 집단은 신체 또는 문화적으로 다른 집단과 구별되는 뚜렷한 차이가 있거나 그럴 것으로 여겨진다.
  • 권력의 열세 : 정치·경제·사회적 권력에서 열세에 있거나, 자원 동원 능력이 뒤처지는 사람들이 소수자 집단으로 간주된다.
  • 사회적 차별 : 소수자 집단은 그 집단 구성원이라는 이유만으로 사회적 차별의 대상이 된다.
  • 집합적 정체성 : 자기가 차별받는 집단의 구성원이라는 점을 느껴야 비로소 소수자가 된다.
ⓒ 발생 기준 : 국적, 민족, 언어, 지역, 나이, 종교, 장애, 성, 계급, 문화, 가치관 등

② 사회적 소수자 차별의 주요 형태

㉠ 외국인 노동자와 결혼 이민자, 탈북자, 다문화 가정 자녀 : 취업, 교육 기회의 불평등
ⓛ 장애인 : 이동의 자유 제한, 취업 기회의 불평등, 동정의 시선
ⓒ 성적 소수자 : 정신 질환 또는 일탈 행위자로 인식, 혐오와 기피의 대상

③ 사회적 소수자 차별의 원인

㉠ 기능론 : 급격한 사회 변동에 따라 사회 제도의 일시적 기능 장애 상태
ⓛ 갈등론 : 소수자에 대한 기득권층의 일방적 착취

④ 사회적 소수자 차별문제의 개선방안

㉠ 제도적 차원 : 차별적 제도의 철폐, 소수 집단 우대 정책, 올바른 인식 개선 캠페인 주최
ⓛ 의식적 차원 : 배타적 민족주의·순혈주의 극복, 관용정신, 소수자에 대한 국민 의식 전환

05 사회 복지와 복지 제도

(1) 사회 복지의 의미와 발달과정

① 사회 복지의 의미와 등장배경

㉠ 사회 구성원의 기본적 욕구를 충족시키기 위한 사회적 활동체계이다.

   ⓛ 자유방임적 초기 자본주의 사회의 폐해에서 최소한의 인간다운 삶을 국가가 보장해야한다는 인식이 발생하였다.

   ⓒ 현대복지국가는 국가에 의한 사회보장제도, 사회정책 시행(강제적, 포괄적 성격), 사회 구성원 전체를 대상으로 삶의 질 향상을 추구한다.

   ⓔ 인도주의, 평등주의, 보상주의가 기본이념이 된다.

② 사회 복지의 발달 과정

   ㉠ **영국** : 엘리자베스 여왕의 구빈법(1601년) → 베버리지 보고서(1942년)

   ⓛ **독일** : 비스마르크의 사회보험제도(1883년)

   ⓒ **미국** : 대공황 시기 루스벨트의 뉴딜정책과 사회보장법(1935년)

   ⓔ **석유파동이후** : 정부역할 축소(1980년대) → 신자유주의

   ⓜ **제3의 길**(영국) 신자유주의 폐해와 복지병의 동시 극복 → 생산적 복지 추구

(2) 복지 제도의 유형

① 사회 정책 … 복지 향상을 위해 국가가 시행하는 모든 정책

   ㉠ 여러 가지 사회 복지 정책

     • 소득보장 정책 : 질병, 재해, 노령, 실업 등으로 소득을 얻지 못하는 경우에 국가와 사회가 개입하여 최저 생계를 보장하려는 정책이다(각종 연금제도, 생활보호, 최저임금제 등).

     • 의료보장 정책 : 의료보험(국민의 질병, 부상, 분만 시 보험 급여), 산업재해보상보험(업무상 재해 시 치료 및 생계 보장), 의료보호(생활보호대상자, 저소득층 대상) 등이 있다.

     • 교육 정책 : 복지사회 건설을 위한 가장 적극적인 수단으로 사람답게 살 수 있는 능력을 배양해 준다.

     • 주택정책 : 주거안정과 안락한 주거환경을 제공하여 안정된 생활을 유지하도록 해 준다.

   ⓛ 사회 복지 정책의 과제 : 복지에 대한 국민의 인식이 제고되어야 하며, 성장과 분배가 조화된 복지정책이 추진되어야 한다.

② 사회 보장 제도 … 국민의 최저 생활을 보장하고, 높은 삶의 질을 영위 할 수 있도록 국가가 정책적으로 지원하는 제도

구분	대상	종류	특징	비용
사회 보험	일정 수준 소득이나 재산이 있는 자	건강보험, 국민연금, 산업재해보상보험, 고용보험	사회적 위험예방, 강제가입, 능력별 부담, 상호 부조의 성격, 비영리 보험, 소득 재분배 효과	피보험자 + 국가 또는 고용주
공공 부조	생계유지가 곤란한 생활 무능력자	국민기초생활보장제도, 의료보호 제도, 긴급 구호(재해 지원)	최저 생활 보장, 일방적 지원, 조세 부담 증가	전액 국가 부담
사회 복지 서비스	특별한 보호가 필요한 취약 계층	노인복지, 가족복지, 장애인복지, 아동복지, 여성복지	취약계층의 자립과 생활안정지원 (취업지원, 시설제공), 전문 사회서비스 제공	공공부문부담 + 민간 지원

(3) 복지 제도의 역할과 한계

① 복지 제도의 역할 ··· 인간 존엄성의 실질적 보장, 사회 불평등 현상 극복, 사회 안정과 통합

② 복지 제도의 한계와 발전 방향

    ㉠ 한계 : 근로 의욕 저하 및 복지 의존, 생산성과 효율성 저하, 국가 재정 악화

    ㉡ 우리나라 : 사회보험 재정 악화, 보험 가입자간 비용부담 불균형, 미흡한 정보공유제도

    ㉢ 발전 방향 : 조건부 지원, 복지와 노동의 연계, 경제적 효율성과 복지 형평성의 조화

출제예상문제

1 다음 중 산업재해보상보험의 성격이 아닌 것은?

① 고용보장 ② 사회보험

③ 의료보장 ④ 소득보장

> **ADVICE** ① 산업재해보상보험은 근로자의 업무 또는 작업상의 재해를 신속·공정하게 보상하기 위하여 사업주의 강제가입방식으로 운영되는 사회보험이다. 재해상태에 따라 보상연금을 지급함으로써 소득보장을 해주고 간병급여, 장해급여를 지급하여 의료보장을 받을 수 있다. 그러나 산업재해로 인해 취업하지 못하면 휴업급여를 지급하고 있을 뿐 고용보장까지는 하지 못한다.
>
> ※ **고용보장정책**
> ㉠ **고용보장정책의 의의** : 실업으로 인한 소득 상실에서 생긴 생계곤란의 방지와 실업 자체를 예방하거나 실업이 되더라도 단기간 내에 재취업하도록 도와주는 제도이다.
> ㉡ **고용보장정책의 종류**
> • c고용보험 : 실업급여지급을 통한 소득보장기능 외에 실업자에 대한 직업훈련, 직업지도, 직업소개 등의 사업을 통해 재취업을 촉진해 주며, 고용을 조정하고 안정시키는 역할을 수행한다.
> • 최저임금제도 : 고용이 되어 소득이 생긴다고 하여도 그 소득으로는 최소한의 생계가 보장되지 않는 것을 방지하기 위한 제도이다.

2 좁은 의미의 사회보장제도에 해당하는 것을 모두 고르면?

> ㉠ 최저임금제
> ㉡ 실업수당
> ㉢ 고용정책
> ㉣ 의료혜택
> ㉤ 주택보장
> ㉥ 의무교육

① ㉠, ㉡, ㉢ ② ㉠, ㉡, ㉢, ㉣

③ ㉠, ㉡, ㉢, ㉣, ㉤ ④ ㉠, ㉡, ㉢, ㉣, ㉤, ㉥

> **ADVICE** ① 좁은 의미의 사회복지제도란 흔히 소득보장을 의미한다.

ANSWER 1.① 2.①

3 (개), (내)는 사회 불평등 현상을 설명하는 개념에 대한 내용이다. 이에 대한 설명으로 옳은 것은?

> (개) 불평등의 경제적 측면이 중요하기는 하지만 이는 단순한 경제적 현상 이상의 것이다. 사회의 위계 질서적 성격은 계급 이외에 지위, 권력 등의 요소들이 서로 중복되면서 상호 작용하는 요소를 반영하는 것이므로 사회 불평등 현상은 이 세 가지 차원에서 이해되어야 한다.
>
> (내) 현재까지의 인류의 역사는 투쟁의 역사였다. 지배자와 피지배자가 정반대의 입장에 서서 때로는 숨겨진 싸움을, 때로는 공개적인 싸움을 끊임없이 해 왔다. 그리고 이러한 투쟁은 사회를 혁명적으로 변화시키기도 했다.

① (개)는 생산 수단의 소유 여부가 사회적 위계를 결정한다고 본다.
② (개)는 사회를 구성하는 두 집단 간의 대립적 집단의식을 강조한다.
③ (내)는 사회 구성원들이 경제적 요인에 의해 이분법적으로 구분되어 있다고 본다.
④ (개)보다 (내)의 개념이 지위 불일치 현상을 설명하기에 용이하다.

ADVICE ③ (개)는 계층, (내)는 계급에 대한 설명이다. 계급은 생산 수단의 소유 여부라는 단일한 기준으로 사회집단을 이분법적으로 구분하는 개념이다. 경제, 정치, 사회적 요소들을 기준으로 사회집단을 구분하는 계층은 다원화된 현대 사회에서 발생하는 사회 불평등 현상을 설명하기에 용이하다.

4 단기적으로 소득재분배의 효과를 보다 크게 얻을 수 있는 사회보장의 방법은?

① 생활보호
② 공무원연금
③ 국민건강보험
④ 산업재해보장보험

ADVICE 사회보장제도
　　㉠ **공공부조제도** : 생활무능력자의 생활보호를 목적으로 하고 있으며, 소득재분배의 효과를 가져온다. 소득이 낮은 나라에서는 시행하기 곤란하며, 국민의 나태심을 유발할 우려가 있다.
　　　　예 생활보호, 의료보호, 노인복지, 아동복지, 재해구호, 군사원호보상제도
　　㉡ **사회보험제도** : 불의의 사고·재해·질병 등에 대비함을 목적으로 상호부호·강제가입의 성격을 띠고 있으며, 근로의욕을 증진시킨다.
　　　　예 국민건강보험, 국민연금, 산업재해보상보험, 공무원연금, 사립학교교원연금, 군인연금

ANSWER 3.③ 4.①

5 현재 우리나라에서 실시하고 있는 사회보험의 내용으로만 묶인 것은?

> ㉠ 의료보호제도 ㉡ 생활보호제도
> ㉢ 공무원연금제도 ㉣ 산업재해보장보험제도
> ㉤ 의료보험제도 ㉥ 아동보호제도
> ㉦ 노인복지제도

① ㉠, ㉡, ㉢ ② ㉡, ㉢, ㉦
③ ㉢, ㉣, ㉤ ④ ㉣, ㉤, ㉥

ADVICE 사회보장의 방법
  ㉠ 사회보험
   • 수혜자가 납부하여 마련된 기금에서 사고발생시 급여하는 제도
   • 비용은 보험에 가입한 개인, 고용주, 국가가 부담
   • 국민건강보험제도(의료보험제도), 연금제도, 산업재해보상보험제도, 고용보험제도 등
  ㉡ 공공부조
   • 일정 기준 이하의 빈곤자에게 국가가 제공하는 부조
   • 비용은 국가가 세금으로 보조
   • 국민기초생활보장제도(생활보호제도), 의료보호제도, 재해구호제도 등

6 모든 사람이 인간다운 생활을 보장받을 수 있는 사회가 복지사회이다. 다음 중 그 요건이 아닌 것은?

① 민주주의의 토착화 ② 소득의 공정한 분배
③ 최저생활의 보장 ④ 완전고용의 실현

ADVICE ① 복지사회의 요건은 소득의 공정한 분배와 재분배, 최저생활의 보장, 완전고용의 실현이다.

7 사회보험과 공공부조를 구별하는 기준이 되는 것은 무엇인가?

① 혜택의 범위 ② 소득의 유무
③ 보험료의 과다 ④ 비용부담의 주체

ADVICE ④ 사회보장제도는 누가 비용을 부담하느냐에 따라 사회보험과 공공부조의 두 가지로 분류된다.

ANSWER 5.③ 6.① 7.④

8 다음 중 사회보험제도에 대한 설명으로 적절한 것은?

① 생활무능력자에게 필요에 따라서 개별적으로 생활을 도와준다.

② 세금을 재원으로 하기 때문에 소득재분배효과가 있다.

③ 대상자에 대하여 개별적으로 자산상황, 건강상태 등을 조사한다.

④ 소요비용은 피보험자, 기업, 국가가 분담하게 된다.

ADVICE ④ 사회보험제도는 사회적 변화와 함께 발생이 예상되는 불안요소에 대처하여 사회성원들의 생활을 보장하기 위한 제도로서 강제가입의 원칙과 피보험자, 기업주, 국가가 보험료를 분담한다.

9 다음 중 균형 개발 방식에 대한 설명으로 적절한 것을 고른 것은?

> ㉠ 지역 격차를 심화시킬 우려가 있다.
> ㉡ 지방자치제도가 정착된 사회에 적합하다.
> ㉢ 투자의 효율성을 우선하는 개발 방식이다.
> ㉣ 낙후된 지역을 우선적으로 개발하는 방식이다.

① ㉠, ㉡   ② ㉠, ㉢

③ ㉠, ㉣   ④ ㉡, ㉣

ADVICE ④ 균형개발방식은 낙후된 지역을 우선적으로 개발하여 지역격차를 줄이고자 하는 방식으로 주민의 욕구를 반영하고 지역 간 균형발전을 이루는 장점이 있으나, 자본의 효율적 투자는 불리하다.

10 대중사회를 출현시킨 배경으로 적절한 것을 모두 고른 것은?

> ㉠ 의무교육의 시행   ㉡ 보통선거의 실시
> ㉢ 소수자의 권리 보장   ㉣ 탈(脫)관료제의 정착

① ㉠, ㉡   ② ㉠, ㉣

③ ㉡, ㉢   ④ ㉡, ㉣

ADVICE ① 대중사회는 자본주의가 발달하고 자본의 집중으로 대량생산, 대량소비, 교통·통신의 발달, 대중매체의 발달, 보통선거제도의 도입, 의무교육제도 도입 등으로 출현했다.

ANSWER 8.④ 9.④ 10.①

01 사회변동과 근대화

(1) 사회변동

① 사회변동의 의미와 요인
- ㉠ 일정한 시간동안 나타나는 사회의 구조적 변화
- ㉡ 사회변동의 요인으로는 제도적 요인, 기술적 요인, 의식적 요인 등이 있다.

② 사회변동의 방향에 대한 관점
- ㉠ 진화론
  - 사회는 일정한 방향으로 진보·발전한다고 보는 것이다.
  - 단순하고 미분화된 상태에서 복잡하고 분화된 상태로 진보한다고 본다.
  - 사회가 일정한 방향으로 진보한다는 전제의 오류와 제국주의 국가의 식민지 지배를 정당화 한다는 비판을 받고 있다.
- ㉡ 순환론
  - 사회변동은 시간의 흐름에 따라 사회가 탄생, 성장, 쇠퇴, 해체를 반복하는 것이라고 본다.
  - 문명의 노쇠나 소멸까지 생각, 사회변동을 다소 비관적으로 바라보는 측면이다.
  - 앞으로의 사회변동에 대해 예측하고 대응하기 적합하지 않다는 비판을 받고 있다.

③ 사회변동 요인에 대한 관점
- ㉠ 기술 결정론
  - 기술 발달로 생산 능력이 향상되고 생산양식이 변화되면서 사회는 총체적으로 변화한다.
  - 기술의 발달로 인한 경제 영역의 변화가 정치 사회의 변화는 물론 인간의 의식 구조도 변화시킨다는 이론이다.
- ㉡ 문화결정론
  - 사고, 가치관과 같은 비물질 문화의 변화가 정치, 경제, 사회의 총체적 변화를 불러온다.
  - 인간의 의식과 정신생활이 사회구조의 전반적인 변동을 가져온다는 이론이다.

④ 사회변동에 대한 관점
- ㉠ 기능론
  - 사회가 전체적으로 균형을 유지하기 위해 각 부분이 조정되는 과정에서 나타나는 변화를 사회변동이라고 본다.
  - 사회는 수많은 부분이 각각의 기능을 원활히 수행할 때 균형을 이루고 안정을 유지할 수 있으며, 이 균형이 무너지는 것이 곧 사회변동이다.
- ㉡ 갈등론
  - 사회변동을 보편적이고 자연스러운 현상으로 받아들인다.
  - 사회의 여러 부분이 대립하는 과정에서 지배적인 위치에 있는 사람과 지배를 받는 사람들과의 불안과 갈등이 표출되면서 사회변동이 일어난다.
  - 사회 구조나 사회제도를 혁명과 같은 급진적인 수단을 통하여 근본적으로 고쳐야한다고 주장한다.

(2) 근대사회의 형성

① 근대화의 의미

    ㉠ 좁은 의미 : 기존의 농촌 중심의 사회에서 선진 공업 사회로 변화하는 과정

    ㉡ 넓은 의미 : 정치, 경제, 사회, 문화, 가치관 등 모든 영역에서 구조적인 변화가 나타나 총체적으로 더욱 개선된 생활양식으로 바뀌어 가는 과정

정치적 측면	국가의 권위와 합법성이 국민으로부터 나오며, 국민의 의사에 따라 정책이 이루어지는 것
경제적 측면	절대적 빈곤상태에서 벗어나 의식주 해결에 어려움이 없는 상태, 또는 공업 사회가 이룩되는 것으로 자본주의의 시작
사회문화적 측면	문맹퇴치, 교육 지위 획득과 같은 사회적 기회의 평등, 동·서양 문화교류가 활발해짐

② 근대 사회의 형성배경

정치적 측면	• 시민 혁명을 통해 절대왕정의 전제정치와 봉건적 잔재를 타파하고, 시민계급이 주도하는 새로운 사회건설 • 정치 체제와 권력의 민주화과정
경제적 측면	• 지리상의 발견과 산업혁명으로 전 세계를 하나의 거대한 자본주의로 편입 • 산업혁명을 통한 생산 능력과 생활수준 향상으로 자본주의적 생활양식의 확산 • 자족적 농촌공동체에서 도시중심의 상공업으로 발전
사회문화적 측면	• 과학혁명과 계몽주의의 확산에 따른 합리적 신념 확산 • 개별 주체들의 특성과 권리가 강조되며 개인주의와 다원주의 확산

(3) 근대화를 설명하는 이론

① 서구 사회를 발전 모델로 제시한 이론

    ㉠ 근대화 이론

      • 근대화를 진보적 사회 변동으로 이해

      • 선진국 모델의 근대화 과정을 통해 민주적 정치 제도, 합리주의적 생활양식 등의 확산으로 삶의 질 향상이 이루어진다고 본다.

      • 서구 사회의 개인주의, 물질주의, 인간소외 등의 문제점이 나타난다.

    ㉡ 수렴이론

      • 뒤따르는 사회들이 앞선 사회의 발전 경로를 모방하면서 결국 각 사회의 발전 양상이 대체로 유사해진다는 이론

      • 궁극적으로 정치적 다원주의를 수용하게 된다고 본다.

② 서구 사회를 발전 모델로 보는 이론에 대한 반론과 수정

    ㉠ 종속이론

      • 서구식 근대화 모델을 저개발 국가에 적용하는 것을 비관한다.

      • 저개발 국가가 선진국에 종속되어 착취당하기 때문에 저발전 상태에 머무른다고 보고 자국 산업을 중심으로 독자적인 발전을 도모할 것을 주장한다.

      • 신흥 공업국에는 적합하지 않아 동아시아의 상황을 설명할 수 없다.

ⓛ 신근대화이론

- 전통과 근대의 공존 및 보완 관계 강조하며, 전통이 근대성과 조화를 이룰 수 있다고 본다.
- 근대화모델이 다양하게 존재할 수 있음을 인정한다.

02 사회변동과 사회문제

(1) 산업화와 노동 문제

① 산업화의 의미와 특성

ㄱ 산업화

- 생산 활동의 분업화와 기계화로 2·3차 산업 중심으로 산업구조의 변화하였다.
- 공업이 차지하는 비율이 높아지고 그에 따라 생활양식이 변화하는 현상

ⓛ 산업사회에서 나타나는 현상 : 과학 기술과 기계의 발달, 대량 생산과 대량 소비, 직업의 세분화와 전문성 증가, 관료제의 원리 확산, 자본주의적 원리 확산, 생산성 향상, 이촌 향도 등

ⓒ 산업사회의 문제점 : 사회 불평등, 환경오염, 물질 만능주의, 노동자 소외, 지역 간 불균형, 도시 문제 등

② 산업화에 따른 노동 구조의 변화

ㄱ 경공업에서 중화학공업으로, 중화학공업에서 첨단 과학 산업, 정보 통신 산업, 서비스업 등으로 변화하였다.

ⓛ 산업 구조의 변화에 따라 노동의 구조도 변화하였다.

ⓒ 단순작업 노동 중심에서 창의적 노동중심으로 변화하였다.

③ 실업문제

ㄱ 실업의 영향 : 개인의 자아실현 기회와 생계유지 수단 박탈로 인한 삶의 질 저하와 의욕저하, 사회적으로는 인력자원의 낭비

- 사회가 요구하는 능력이나 직업이 변화하면서 전체적으로 일자리가 부족해진다.
- 마찰적 실업, 구조적 실업, 경기적 실업, 계절적 실업 등이 있다.

ⓛ 해결방안 : 정부의 공공사업 확대를 통한 일자리 마련, 구인, 구직정보 제공 시설 확충, 취업교육 및 생계지원, 근무제도 변경, 새로운 산업분야 개척, 동절기 공공근로사업 등

④ 임금문제

ㄱ 임금문제의 발생원인과 유형

- 저임금 문제와 임금 격차 문제 발생.
- 기업의 고용 관행 변화 : 비용절감을 목적으로 비정규직 노동자 고용 증가
- 노동자가 받아야할 임금을 받지 못한 임금체불 문제
- 남녀 차별 및 인종 갈등으로 인한 여성 노동자와 외국인 노동자 문제

ⓛ 해결방안 : 사회적 형평성 고려, 최저임금제 도입, 비정규직 노동자의 정규직 전환, 임금체불 관련 법적 규제 만들기 등

⑤ 노사문제

ㄱ 더 많은 임금과 복지를 원하는 노동자와 적은 비용으로 많은 이윤을 얻고자 하는 사용자 간의 대립이다.

ⓛ 노동자와 사용자는 근로 조건, 복지 등에 대해 대립한다.
- 파업 : 노동자가 집단적으로 노동제공을 정지하는 행위
- 태업 : 집단적으로 작업 능률을 저하시키고 소극적 작업으로 사용자에게 손해를 주는 행위
- 직장 폐쇄 : 사용자가 자기의 요구를 관철하려고 공장이나 작업장을 폐쇄하는 행위
ⓒ 해결방안
- 서로의 의견을 존중하며 더 큰 이익을 공유하는 협상이 필요하다.
- 법적 보장범위 내의 권리 행사와 그에 따라 책임을 지는 자세가 요구된다.

(2) 도시화로 인한 사회문제

① 도시화의 의미와 특성

ⓐ 도시로 인구가 집중이 되면서 도시적 생활양식이 증가하고 확산되는 과정을 말한다.

ⓛ 인구 집중으로 인한 높은 인구 밀도, 2·3차 산업 종사자 증가, 분업화·전문화, 주로 수단적·형식적 인간 관계가 나타난다.

ⓒ 우리나라의 도시화 : 1960년대 이후 산업화가 진행되면서 도시의 인구 집중과 도시 비율이 상당히 높아졌다.

② 도시화로 나타난 문제

ⓐ 도시문제 주택문제(주택부족, 지가 상승), 교통문제(교통체증, 주차난, 교통 혼잡), 환경오염, 각종 범죄 증가, 인간소외문제

ⓛ 농촌문제 노동력 부족, 기반시설 부족, 상대적 박탈감 등

③ 도시문제에 대한 대책

ⓐ 가장 기본적인 문제 해결방법 : 도시 인구분산

ⓛ 분야별 대책

구분	내용
주택문제	낡은 주거지 재개발, 위성 도시 건설, 서민용 주택 공급 및 지원 등
교통문제	대중교통 수단의 확보, 도로 재정비, 주행세부과, 자동차 5부제 시행 등
환경문제	쓰레기 종량제 실시, 환경오염관련 규정 만들기, 청정에너지 사용, 환경오염 기준 제시, 환경운동 등
범죄와 인간소외	CCTV 설치, 작은 공동체 중심으로 인격적 인간관계 강조, 시민의식과 규범 활용 등

ⓒ 농촌문제의 해결 : 귀농 정착금지원, 농촌의 생활환경 개선, 농촌의 소득 증대 방안 모색

(3) 인구변천으로 인한 사회문제

① 인구의 변천과정

ⓐ 인구의 증가와 감소를 의미한다.

ⓛ 인구변천에 영향을 주는 요소는 출생, 사망, 인구 이동 등이 있다.

ⓒ 인구변천

- 1단계 : 출생률과 사망률이 모두 높아 총인구의 변화가 거의 없는 단계로, 산업혁명 이전의 모든 국가와 오늘날의 중부 아프리카들이 여기에 속한다.

- 2단계 : 출생률은 높으나 사망률이 감소하기 시작하여 인구증가율이 높아지는 단계로, 대부분의 아시아 국가들이 여기에 속한다.
- 3단계 : 의학의 발달로 사망률은 급감하는데 비해 출생률은 약간 감소하여 인구증가율이 가장 높은 단계로, 대부분의 중남미 국가들이 여기에 속한다.
- 4단계 : 가족계획과 생활수준의 향상으로 출생률이 급감하여 인구증가율이 낮아지는 단계로, 일부 남미 국가와 홍콩, 싱가포르 등이 여기에 속한다.
- 5단계 : 출생률과 사망률이 모두 낮은 단계에 이르고 인구증가율이 다시 낮아지는 단계로, 선진 공업국들이 여기에 속한다.

② 인구변화로 나타나는 문제 및 대책

문제점	내용	대책
자원부족	부존자원의 개발이나 자원의 재생속도보다 인구증가 속도가 빨라 자원 고갈	에너지 절약, 대체자원개발, 농업생산성 개선 등
저출산	• 여성들의 지위가 향상되고 사회활동 참여의 기회가 증대 • 이혼율 증가, 독신 증가, 자녀 양육비 및 교육비 증가 등이 원인 • 사회의 유지와 부양에 심각한 위협	출산장려금 지급, 사회의 복지 수준 향상, 육아비용 시설, 휴직 등의 지원 확대, 교육비 부담 줄이기 위한 노력 필요
고령화	평균 수명 증대, 의학기술 및 보건 수준 향상, 경제수준 향상에 따른 식생활 개선으로 등장하였다. 산업인구 감소. 세대 간 갈등, 독거노인 증가. 노인부양비 증가	경로효친 사상 고양, 노령층의 취업 기회 강화, 노인 복지 지원 필요

03 현대사회의 변동과 대응

(1) 세계화

① 세계화의 의미와 요인
   ㉠ 세계화 : 삶의 범위가 민족과 국경의 범위를 넘어서 전 세계로 바뀌어 인적, 물적 교류가 활발하게 이루어지는 과정
   ㉡ 세계화의 요인 : 과학 및 정보 기술과 교통·통신기술의 발달, 국가 간 교류의 폭 확대, 자본의 자유로운 이동

② 세계화 양상과 현황
   ㉠ 정치적 측면 : 민주주의의 확산
   ㉡ 경제적 측면 : 자본주의의 확산, 시장개방을 지향하는 세계 무역 기구(WTO) 체제, 자유무역 협정(FTA)
   ㉢ 사회 문화적 측면 : 세계 각 지역의 생활양식이 확산되면서 문화 간 접촉과 전파 증가로 인해 문화동화, 문화융합 등의 문화 변동이 일어나게 되었다.

③ 세계화의 특징 … 전 지구적 상호 의존성 증가, 물리적 공간과 시간의 제약이 줄어듦, 일부 특정한 문화권의 생활양식이 확산되며 상대적으로 약한 지역이나 문화가 소외된다.

④ 세계화에 대한 대응

　ⓐ 세계화의 문제점 : 한 국가의 상황이 전 세계적으로 경제상황에 영향을 미치고, 문화의 획일화 가능성이 크고, 경쟁력 약한 문화의 존립 기반과 정체성이 약화되며 지역·인종·민족·문화 등에 따른 불평등 심화 등의 문제점이 있다.

　ⓑ 세계화에 대한 대응 : 다른 문화에 대한 열린 사고와 협력의 필요성을 인식하고 국제적 경쟁력을 확보하며, 세계 공통의 보편적 가치와 인류애 추구의 정신을 가진 세계 시민으로서의 자질이 필요하다.

(2) 정보화

① 정보사회의 형성과 특징

　ⓐ 정보사회 정보의 지배가 사회적인 권력관계의 결정적 요소가 되는 사회

　ⓑ 형성배경

　　• 기술적 기반 : 새로운 기술이 등장하였다. 예 AI, 피지컬 AI

　　• 경제적 기반 : 정보 기술이 자본과 결합하여 이윤을 창출할 수 있는 산업으로 발전하였다.

　　• 사회적 기반 : 대중의 사회 참여 욕구 증대와 다원화 경향 등이 있다.

　ⓒ 특징 : 가치 창출의 원천으로서 지식과 정보 중시, 다품종 소량 생산 방식 확대, 쌍방향적 정보 흐름에 의한 의사 결정의 분권화, 지적 창조적 활동을 통한 자아실현의 부각, 공간적 범위 확대와 새로운 관계양상 증가 등

② 정보사회의 긍정적인 면

　ⓐ 정치적 측면 : 대중의 정치 참여를 확대하여 직접 민주주의의 실현기반이 되었다.

　ⓑ 경제적 측면 : 생산의 효율성을 증대시키고 소비자 중심의 시장을 만들었다.

　ⓒ 사회적 측면 : 새로운 인간관계 형성에 도움을 주어 사회통합에 긍정적 영향을 미친다.

　ⓓ 문화적 측면 : 다양성과 창의성을 중시하며 폭넓은 문화교류를 가능하게 했다.

③ 정보사회의 문제점 … 정보격차, 사생활 침해, 사회적 통제와 감시, 정보기기와 서비스에 대한 지나친 의존도, 정보의 오남용, 정보 윤리 미흡, 정보 유출, 인간 소외 등이 있다.

④ 정보사회의 문제에 대한 해결책

　ⓐ 개인적 차원 : 보안에 주의하고, 역기능을 인식하고, 정보·윤리를 실현하고, 올바른 정보 활용 능력을 갖추고 절제하는 습관을 기른다.

　ⓑ 사회적 차원 : 인터넷 실명제 실시, 사이버 범죄 담당부서 설치, 통신비 지원정책, 정보·윤리 공익 광고방송, 공유 정보 공개, 개인 정보 보호에 관한 법과 제드 구축, 정보 소외 계층 교육 등이 있다.

(3) 전 지구적 차원의 문제

① 환경 문제 … 산업화 이후로 인구가 증가하였고, 무분별한 개발과 자원의 낭비로 인해서 지구의 재생 능력의 한계에 도달하였다. 이로 인해 지구 온난화, 생물 멸종 위기, 열대 우림 감소, 사막화, 빙하 손실, 황사, 환경 재앙 사고 등의 환경문제들이 발생하고 있다.

② 자원 문제 … 인구 증가 및 급속한 개발로 인하여 자원이 부족하다. 삶에 필요한 물과 식량의 부족, 기아로 인한 어린이 생명의 위협 그리고 에너지 자원 고갈 등으로 인해 자원은 무기화 또는 분쟁의 씨앗이 되기도 한다.

③ 전쟁과 테러 문제…국가나 지역, 자원, 종교, 민족 등을 둘러싼 분쟁, 전략적 전쟁 및 테러가 발생한다. 무고한 인명 피해, 막대한 전쟁비용 소요, 테러발생으로 불특정 다수 피해, 인권문제와 환경문제를 야기한다.

④ 전 지구적 문제에 대한 대응

    ㉠ 세계인들의 관심과 노력

        • 그린피스(Green peace), 유엔 환경 계획(UNEP) 등의 국제 환경 NGO활동이 적극적으로 이루어져야 한다.

        • 기후변화 협약, 생물 다양성 협약 등 지구 환경 보호 협약을 지키도록 노력한다.

        • 지속 가능 한 개발에 대한 합의를 잘 지켜야한다.

        • 국가 간 또는 지역 간 갈등과 분쟁에서의 국제 연합(UN)과 같은 국제기구의 중재와 지속적인 관심이 필요하다.

    ㉡ 각 주체의 노력

        • 시민 : 일상생활의 작은 것부터 노력하고, 국제적 감시 및 지지 활동을 해야 한다.

        • 정부 : 국제적 연대를 견고히 하고, 선진국의 큰 책임감과 양보하는 자세가 필요하다.

        • 기업 : 환경과 인간을 고려하고 국제적 약속과 정의의 범위에서 경제적 이윤을 추구해야 한다.

출제예상문제

1 다음 중 정보사회에 대한 설명으로 옳지 않은 것은?

① 부가가치를 창출하는 원천으로 지식과 정보가 중시된다.

② 전자 민주주의의 발달로 직접 민주 정치의 실현 가능성이 높아지고 있다.

③ 다품종 소량 생산에서 소품종 대량 생산으로 생산 방식이 전환되고 있다.

④ 사회적 관계 형성이 면대면 접촉에서 사이버 공간으로 이동하고 있다.

ADVICE ③ 산업사회의 소품종 대량 생산은 정보사회로 오면서 다품종 소량 생산으로 전환되고 있다.

2 다음 근대화를 설명하는 이론 중 밑줄 친 ㉠, ㉡에 대한 설명으로 가장 옳지 않은 것은?

> 우리나라의 사회 과학계에 영향을 끼쳤던 사회학자 갑(甲)은 낙후된 국가의 빈곤 문제를 '종속에 의한 저발전의 심화'라고 설명하며, 근대화를 설명하는 ㉠또 다른 이론에 도전장을 던졌다. ㉡갑의 이론은 서구 선진국에 의해 주도된 이론에 대한 비판 이론으로 주목을 받으며 등장했다. 1970년대 한국에도 유입되어 최근까지 연구가 진행되고 있다.

① ㉠은 사회 변동 방향에 대해 진화론을 기초로 한다.

② ㉡은 낙후된 국가의 저발전 원인을 외부에서 밝히고 있다.

③ ㉡은 ㉠과 비교하여 개별 국가의 주체적 발전을 더 강조한다.

④ ㉠은 ㉡과 달리 각 국가는 다양한 경로를 거쳐 발전할 수 있다고 본다.

ADVICE 낙후된 국가의 빈곤 문제를 종속에 의한 저발전의 심화로 설명하는 '갑의 이론'은 종속이론이다. 따라서 근대화를 설명하는 또 다른 이론 ㉠은 근대화론이다. ㉡은 서구 선진국에 의해 주도된 이론(근대화론)에 대한 비판으로 주목을 받으며 등장했다. 이는 낙후된 빈곤 문제를 종속에 의한 저발전의 심화로 보는 종속 이론에 해당한다.

④ 근대화론은 서구화를 이상적인 모습으로 제시함으로써 각 국가가 다양한 경로를 거쳐 발전할 수 있음을 부정한다.

① 근대화론은 사회 변동 방향과 관련하여 진화론을 기초로 한다.

② 종속이론은 낙후된 국가의 저발전의 원인을 중심부와 주변부라는 외부(국제)의 관점에서 밝히고 있다.

③ 종속이론은 중심부 국가인 선진국과의 종속 관계에서 벗어나 주체적 발전을 해야 함을 강조한다.

ANSWER 1.③ 2.④

3 후기 도시화의 과정에 해당하는 내용은?

① 공업도시의 형성
② 이촌향도 현상
③ 도시로의 인구 집중
③ 도시적 생활양식의 농촌 파급

> **ADVICE** ④ 도시화의 후기단계에서는 도시적 생활양식이 농촌으로 파급되어 농민의 생활양식도 도시적으로 바뀌게 되는 현상이 나타난다.

4 노인문제와 청소년문제의 발생배경이 근본적으로 같다고 보는 시각의 근거로 볼 수 있는 것을 고르면?

> ㉠ 개인주의의 강화
> ㉡ 노동력 상실로 인한 빈곤
> ㉢ 가족의 사회적 중요성 약화
> ㉣ 수명의 연장으로 인한 건강문제
> ㉤ 과학문명의 발달로 인한 인간소외 현상

① ㉠, ㉡, ㉢
② ㉠, ㉢, ㉤
③ ㉡, ㉣, ㉤
④ ㉡, ㉢, ㉣

> **ADVICE** ② 노인과 청소년문제는 노인과 청소년의 사회부적응문제로 가족의 기능과 공동체의식의 강화 없이 근본적으로 해결될 수 없다.

5 농촌사회의 변동과 그 파생효과에 관한 다음 설명 중 옳지 않은 것은?

① 젊은 노동력의 부족현상으로 농업활동이 기계화되고, 기업농이 대두되었다.
② 인구의 노령화로 영농의 어려움이 가중되고, 생산성은 감소하여 생산연령층의 인구부양부담이 가중되었다.
③ 근교농업은 주로 채소재배에 치중하고, 오지에서는 목축업이나 고산작물을 재배하는 상업적 농업의 발달로 촌락 간의 이질성이 증대되었다.
④ 농촌의 전출인구는 대부분 경제적인 상층과 하층이 잔류한다.

> **ADVICE** ④ 농업에 잔류하는 사람들은 주로 경제적으로 중간층이다.

ANSWER 3.④ 4.② 5.④

6 다음 중 종속적 발전이론에 대한 내용으로 옳지 않은 것은?

① 동아시아의 신흥공업국의 발전과정을 설명하기 곤란하다.
② 제3세계 국가들은 저발전상태가 아니라 미발전상태에 있다.
③ 한 나라의 발전에 있어서 이념적인 문제를 부각시켰다.
④ 근대화론에 대한 반발로 등장하였다.

ADVICE ② 종속적 발전론에 따르면 제3 세계 국가들은 발전을 시작하지 않은 '미(未)발전'의 상태에 있는 것이 아니라, 발전을 하려고 해도 되지 않는 '저(低)발전'의 상태에 있다는 것으로, 제3 세계의 국가들의 저발전은 그들의 전통이나 제도 때문이 아니라 선진 자본주의 국가들에게 종속되어 있기 때문이라고 한다.

7 다음 중 환경오염의 원인이 아닌 것은?

① 인구증가와 도시화 ② 환경문제에 관한 인식부족
③ 노동집약적 농업 ④ 과학 · 기술의 발달

ADVICE ③ 노동집약적 농업은 환경오염과 무관하며, 오히려 환경친화적이다.

8 청소년문제나 노인문제의 가장 근본적인 원인은?

① 가족의 보호 · 통제기능의 약화
② 소득격차에 따른 상대적 빈곤감의 증대
③ 자유주의 · 평등주의 가치관의 확산
④ 국가의 사회복지대책 미흡

ADVICE 청소년 · 노인문제
　㉠ 청소년문제 : 현대선진공업사회에서 공통적으로 꼽히는 문제로서 대중사회화, 도시화의 결과로 나타난 광범위한 가족해체가 이 문제의 배경을 이루고 있다. 즉, 1차적인 사회통제의 기능을 수행해 온 가족기능의 약화는 청소년들로 하여금 쉽게 일탈행위에 빠지게 한다.
　㉡ 노인문제 : 노인문제 발생의 근본적인 배경은 청소년문제의 발생배경과 같다. 즉, 가족의 사회적 중요성의 약화, 개인주의의 강화, 그리고 과학문명의 발달로 인한 인간소외현상의 대두가 그것이다.

ANSWER 6.② 7.③ 8.①

9 소수집단 또는 불리한 위치에 있는 집단에 대한 사회적 차별과 관련되어 있으며 평등주의적 사상을 받아들일 때에만 의미를 지니는 사회문제를 모두 고른 것은?

> ㉠ 청소년문제
> ㉡ 여성문제
> ㉢ 인종문제
> ㉣ 노인문제

① ㉠, ㉡
② ㉠, ㉢
③ ㉡, ㉢
④ ㉢, ㉣

ADVICE ③ 여성문제, 인종문제는 소수집단 또는 불리한 위치에 있는 집단에 대한 사회적 차별과 관련되어 있으며, 평등주의적 사상을 받아들일 때에만 의미를 갖는다. 청소년과 노인문제는 특정인구집단에만 해당되는 사회문제이다.

10 다음의 내용을 뒷받침하는 근거로 적절하지 않은 것은?

> 대중문화는 대중매체를 소유하고 있는 대기업이나 국가가 국민을 일방적으로 조종하는 데 이용할 수 있다는 점에서 지배계층의 대중조작수단으로 규정되기도 한다.

① 집집마다 TV가 있고 신문을 구독한다.
② 미국의 대통령 선거에서 유력 신문들은 자신들의 지지후보에게 유리하도록 보도를 했다. 그리하여 선거는 치열한 접전을 하였다.
③ 대중들은 공신력 있는 대중매체를 통해 발표된 것이면 무엇이든 믿는 경향이 있다.
④ 드라마가 60%대의 시청률을 기록하기도 한다.

ADVICE ① 관습적 사고를 하는 대중은 관습을 만들어 나가는 권력기관의 의도대로 생각하고, 판단하기도 한다. 비판적으로 사고하는 사람들에게는 TV나 신문은 오히려 권력기관의 지배의도를 파악하는 좋은 수단이 된다.

ANSWER 9.③ 10.①

11 다음과 같은 원인으로 인하여 사회문제가 발생하게 된 것은?

> 사회문제는 반드시 사회변동의 결과로 나타난 새로운 현상들로만 이루어지는 것은 아니다. 어떤 것은 예전부터 있었던 것이, 또는 예전에는 바람직하다고 생각되던 것이, 사람들의 생각이 바뀌면서 심각한 사회적인 문제로 인식되기도 한다. 오히려 사회적으로 중요한 문제들 중에서 많은 것이 새로운 관념과 가치의 형성이나 도입으로 인해 나타난 것 등이다.

① 인권문제
② 환경오염문제
③ 자원고갈문제
④ 인구문제

ADVICE ②③④ 산업화와 경제발전에 따라 나타난 사회문제이다.

12 다음 내용을 바탕으로 하여 사회운동에 관한 결론을 내릴 때 가장 적절한 것은?

> • 서구에서는 환경운동, 반핵운동, 녹색운동, 소비자운동, 인권운동, 여성해방운동 등이 다양하게 일어나고 있다.
> • 미국에서는 특징적으로 흑인민권운동이 발생한다.
> • 우리나라에서는 1970~1980년대에 빈민운동, 농민운동, 노동운동 등이 격렬하게 전개되었다.

① 사회운동은 사회발전에 긍정적인 영향을 끼친다.
② 사회운동을 보면 그 사회의 변동모습을 예측할 수 있다.
③ 사회운동은 사회변동의 주요 요인 중의 하나이다.
④ 사회운동의 내용을 보면 그 사회의 구조적 모순을 알 수 있다.

ADVICE ③ 사회운동은 그 사회의 가장 격렬한 이슈를 포함하며, 사회변동을 일으키거나 막기 위해 행하는 지속적이며 집단적인 노력이다.

ANSWER 11.① 12.③

13 다음 현상들을 일반화하여 진술할 수 있는 가설로 옳은 것은?

> • 1인당 국민소득이 증가함에 따라 자원소비량이 증가하고 이에 따라 자원고갈의 문제가 나타났다.
> • 산업화 정책으로 인해 계층 간의 이해관계가 다양해지고 첨예하게 대립되는 현상이 나타났다.
> • 산업화 정책으로 인해 농촌에는 일손부족현상과 이농현상이 나타나고 대도시에서는 주택난과 구직난이 발생한다.

① 사회문제의 해결을 위해 공업화는 필요하다.
② 가치변동은 사회의 변동을 가져온다.
③ 산업화 정책으로 경제성장을 이루었지만 여러 문제가 동시에 발생했다.
④ 경제성장은 지속적인 공업화로 가능하다.

ADVICE ③ 제시된 내용은 산업화 정책으로 생겨난 문제들이다.

14 다음 내용과 관련된 사회변동에 관한 입장으로 옳은 것은?

> • 사회는 발전 · 퇴보 · 멸망하기도 한다는 비판을 받고 있다.
> • 서구의 선진사회가 후진사회를 식민지화하고 착취하는 것을 정당화하기 위한 것이라 비판받기도 한다.

① 종속이론
② 진화론
③ 갈등론
④ 균형론

ADVICE ② 사회가 진보한다고 보는 전제조건이 잘못되었다는 비판을 받는 진화론은 후진사회를 식민화하는 것을 정당화시키며, 사회는 발전만 하는 것이 아니라 퇴보도 하며 멸망하기도 한다는 비판을 받고 있다.

ANSWER 13.③ 14.②

15 사회변동에 대한 균형론적 시각으로 옳은 것은?

① 사회 여러 부분의 사이에는 항상 갈등이 존재한다.
② 현재의 사회는 과거의 사회보다 더 나은 사회이다.
③ 혁명적 사회변동의 설명에 적합하다.
④ 사회 어떤 부분에 마찰·갈등이 발생해도 정상을 회복하여 통합된다.

ADVICE 균형론적 마찰
　　㉠ 사회의 여러 부분들은 서로 균형을 이루면서 통합되어 있다고 보는 입장이다.
　　㉡ 사회변동을 긴장·갈등의 발생과 해소의 과정으로 이해하는 입장이다.
　　㉢ 항상성을 바탕으로 사회변동을 설명하려는 입장이다.
　　㉣ 사회변동의 근원을 균형지향성에서 찾고자 하는 입장이다.

16 다음 내용이 설명하는 사회변동의 이론으로 옳은 것은?

> 사회는 항상 현재의 상태를 파괴하려는 힘을 가지고 있으며, 바로 이러한 힘에 의해 혁명을 포함한 여러 가지 중요한 사회변동이 일어난다.

① 진화론　　　　　　　　　　② 기능론
③ 균형론　　　　　　　　　　④ 갈등론

ADVICE ④ 마르크스와 베버의 이론에서 연유하였고 다렌도르프가 주장하였다.

17 사회의 빠른 변동이 우리 사회에 안겨준 심각한 문제에 해당하지 않는 것은?

① 아노미현상　　　　　　　　② 가치관의 혼란
③ 대중사회화현상　　　　　　④ 세대 간의 갈등

ADVICE 사회문제
　　㉠ **가치관의 혼란** : 비물질적인 변화에 대한 부적응(문화지체), 세대 간의 갈등
　　㉡ **환경의 파괴와 오염** : 우리 삶의 근거를 위협, 대책 미흡
　　㉢ **계층간·지역간 불균형** : 빈부의 격차, 노·사 간의 갈등, 농촌과 도시의 격차
　　㉣ **아노미현상의 확산** : 인간성의 상실, 각종 범죄와 부정·부패의 만연, 청소년들의 일탈행위

ANSWER 15.④　16.④　17.③

18 인구 변화로 나타나는 문제가 아닌 것은?

① 이혼율 증가
② 독신의 증가
③ 산업인구 증가
④ 세대간 갈등

> **ADVICE** ①② 저출산으로 인해 나타나는 것이다.
> ④ 고령화로 인해 나타나는 것이다.

19 삶의 질을 결정하는 조건을 모두 골라 묶은 것은?

> ㉠ 기회의 균등
> ㉡ 빈곤의 추방
> ㉢ 도덕성의 회복
> ㉣ 인권의 보장

① ㉠, ㉡
② ㉡, ㉢
③ ㉠, ㉡, ㉢
④ ㉠, ㉡, ㉢, ㉣

> **ADVICE** ④ 인간다운 삶의 조건으로는 흔히 가난의 추방, 기회의 균등, 인권의 보장, 오염없는 환경, 도덕성의 회복 등을 들고 있다. 이러한 조건들이 오늘날 사회문제인식의 전제가 된다고 볼 수 있다.

ANSWER 18.③ 19.④

20 계획에 의한 발전은 무엇에 치중하는 경향이 있는가?

① 도시화의 공업화

② 경제발전과 공업화

③ 기계화와 과학화

④ 경제발전과 생활의 합리화

ADVICE ② 계획에 의한 발전은 급속한 변동, 국가의 계획에 의해 주도, 경제발전과 공업화에 치중하는 경향이 있다.

면접

❶ 면접 목적

(1) 역량 검증

면접은 다양한 기법을 활용하여 지원자가 직무에 필요한 능력을 보유하고 있는지 확인하는 절차이다. 지원자는 직무 수행에 필요한 요건과 관련한 자신의 경험, 관심사, 성취 등을 기업에 직접 어필하고, 인사 담당자는 기업은 서류만으로는 알 수 없는 지원자의 정보를 직접적으로 판단하고 평가한다.

(2) 강점 어필

면접은 보통 대면으로 이루어지며, 즉흥적인 질문을 포함하기 때문에 지원자가 완벽하게 준비하기 어렵다. 그러나 지원자에게는 서류 전형에서 미처 보이지 못한 실제 외국어 능력이나 커뮤니케이션 능력, 비즈니스 매너 등을 인사 담당자에게 추가로 어필하는 기회가 될 수 있다.

(3) 가치관 및 태도 확인

지원자의 성실성, 책임감, 윤리 의식 등 기본적인 인성 요소를 종합적으로 판단한다. 위기 상황에서의 태도, 실패 경험에 대한 인식 등을 통해 가치관의 방향성을 확인한다. 이는 장기 근속 가능성과도 밀접하게 연결되는 평가 요소이다.

(4) 의사소통 능력 평가

면접은 질문을 이해하고 핵심을 구조화하여 전달하는 능력을 평가하는 과정이다. 논리 전개력, 표현의 명확성, 경청 태도 등을 종합적으로 본다. 특히 조직 내 보고·협업 환경에서 원활한 소통이 가능한지를 판단한다.

(5) 성장 가능성 탐색

현재 역량뿐 아니라 향후 발전 가능성을 함께 평가한다. 피드백 수용 태도, 자기 성찰 능력, 학습 의지를 통해 잠재력을 확인한다. 즉시 투입 가능한 인재와 동시에 장기적으로 성장할 수 있는 인재를 선별하고자 한다.

② 평가 요소

(1) 경험에 대한 이해와 성찰

면접 평가에서는 지원자가 제시한 경험 그 자체보다 해당 경험을 통해 무엇을 느꼈고 어떤 발전을 이루어냈는지가 더 중요하게 고려된다. 동일한 경험이라 하더라도 문제 인식의 깊이, 판단의 기준, 성찰 정도에 따라 평가가 달라질 수 있다.

(2) 태도와 잠재력

면접관은 지원자의 의사소통 방식, 질문에 대한 반응 등을 통해 협업 능력과 발전 의지를 파악한다. 완벽한 답변보다는 겸손하면서도 주도적인 자세, 피드백을 수용하는 열린 태도, 그리고 조직의 가치관과 부합하는 직업관을 가지고 있을 때 좋은 평가를 받을 수 있다.

(3) 직무 역량

지원 직무와 관련된 이해도, 문제 해결 능력, 실무 적용 가능성을 평가한다. 경험 기반 답변이 구체적일수록 높은 평가를 받을 가능성이 크다.

(4) 의사소통 능력

질문 의도를 정확히 이해하고 구조적으로 답변하는지를 본다. 논리 전개, 핵심 전달력, 태도의 안정성이 중요한 요소이다.

(5) 조직 적합성

기업 문화와의 조화 가능성을 평가한다. 협업 태도, 갈등 해결 방식, 규범 수용 태도 등이 관찰 대상이다.

(6) 태도 및 인성

자신감, 성실성, 책임감, 예의 등을 종합적으로 판단한다. 지나친 과장이나 방어적 태도는 감점 요인이 될 수 있다.

(7) 성장 가능성

현재 능력뿐 아니라 학습 의지와 발전 가능성을 함께 평가한다. 피드백 수용 태도와 자기 성찰 능력도 중요한 요소이다.

1 면접 전 준비 사항

(1) 복장 및 스타일

최근 면접 복장을 점차 자율화하는 추세지만, 인사 담당자와 처음으로 만나는 자리이므로 예의를 갖춰 단정하게 입는 것이 좋다.

- 깔끔한 셔츠나 블라우스에 슬랙스를 매치하는 것이 가장 무난하다. 여성의 경우 단정한 원피스도 좋은 선택지가 될 것이다.
- 너무 화려한 액세서리와 넥타이, 높은 구두는 피하는 것이 좋다.
- 헤어스타일 역시 복장의 일부이기에 단정하게 정돈한다. 앞머리가 있다면 눈을 가리지 않도록 정리한다. 여성의 경우 묶이지 않는 길이가 아니라면 깔끔하게 묶는 것을 권장한다.

(2) 조직 정보 확인

지원한 조직의 홈페이지에서 비전과 경영 목표 등을 미리 확인한다. 조직마다 지향점이 다르고, 그 지향점에 따라 지원자에게 바라는 인재상 또한 달라지기 때문이다. 조직에서 제시하는 핵심 가치나 인재상에 자신의 경험과 강점을 연결 지어 답변할 수 있도록 준비한다.

(3) 시간 준수

예절의 기본은 시간이다. 지각할 경우 면접에 응시할 수 없거나 불이익을 받을 가능성이 높다. 면접 시간과 장소가 결정되면 가장 먼저 교통편과 소요 시간을 미리 확인하도록 한다. 가능하면 사전에 방문해 본다. 면접 당일 여유를 가지고 20 ～ 30분 전에 도착하는 것이 좋다.

(4) 지원서와 자기소개서 숙지

인성 면접은 지원서와 자기소개서에 관한 내용을 바탕으로 진행하기 마련이다. 그러므로 작성했던 지원서와 자기소개서를 사전에 충분히 숙지하도록 한다. 특히 자신이 작성한 경험이나 성과에 대해 '왜 그렇게 했는지', '그 과정에서 무엇을 배웠는지' 등의 세부 내용을 명확히 알고 있어야 꼬리 질문에 대비할 수 있다.

(5) 최신 뉴스와 시사상식 파악

사회 이슈에 대한 견해나 시사상식에 관한 질문에 대비하기 위해, 지원한 분야와 관련된 최신 뉴스와 시사상식을 알아 두는 것이 좋다. 이런 부분에서 해당 조직에 대한 관심, 입사 의지, 직무 이해도 등을 보일 수 있다.

(6) 예상 질문 및 답변 준비

사전에 다빈도 기출 질문 리스트를 만들고 예상 답변을 정리해 본다. 다소 긴장한 상태에서도 자연스럽게 답할 수 있도록 반복해서 연습한다. 거울을 보며 말하거나 답변하는 자신의 모습을 동영상으로 촬영해 보는 것도 도움이 될 수 있다.

(7) 면접 점검표

점검사항	확인
① 면접 장소를 확인했다.	
② 면접 장소까지의 교통편과 소요 시간을 확인했다.	
③ 지원한 조직의 비전과 목표를 확인했다.	
④ 지원한 조직의 인재상을 확인했다.	
⑤ 면접 자리에 알맞은 복장을 준비했다.	
⑥ 헤어스타일을 단정하게 정돈했다.	
⑦ 지원서와 자기소개서를 숙지했다.	
⑧ 지원한 조직의 보도 자료를 확인했다.	
⑨ 지원 분야와 관련된 최신 뉴스를 확인했다.	
⑩ 지원 분야와 관련된 시사상식을 숙지했다.	
⑪ 다빈도 기출 질문 리스트를 만들고 예상 답변을 정리했다.	

❷ 면접 중 유념 사항

(1) 자세

① 인사를 할 때는 목만 숙인다거나 흐트러진 상태가 되지 않도록 주의한다.

② 걸을 때는 상체를 곧게 유지하고 발끝은 평행이 되게 하며 무릎은 스치듯 11자로 걷는다. 보폭은 어깨너비만큼이 적당하지만, 스커트를 입은 경우 보폭을 줄인다.

③ 서 있을 때는 팔을 자연스럽게 내리고 양손을 가볍게 쥐어 바지 옆선에 붙인다. 치마를 입은 경우 공수 자세를 유지한다.

④ 앉아 있을 때 시선은 정면을 바라보며 턱은 가볍게 당기고 미소를 짓는다.

⑤ 앉고 일어날 때는 자세가 흐트러지지 않도록 의식해서 행동한다.

(2) 언어적 표현

① 인사말을 할 때는 밝고 친근감 있는 목소리로 또박또박 발성하며, 이름과 응시직렬, 수험번호 등을 간략하게 소개한다.

② 면접은 면접관과 지원자가 서로 이야기를 나누는 과정이므로 목소리가 미치는 영향력이 상당히 크다. 때문에 적절한 답변을 하더라도 자신감 없는 작은 목소리나 콧소리를 동반하면 신뢰감이 떨어질 수 있다. 부드러우면서 명확한 목소리를 유지하는 것이 바람직하다.

(3) 비언어적 표현

① 표정은 감정을 가장 잘 표현할 수 있는 의사소통 도구이며, 면접에서 지원자의 첫인상을 결정하는 중요한 요소 중 하나이다. 따라서 면접 중에는 밝은 표정으로 미소를 지어 호감을 형성할 수 있도록 한다.

② 시선은 면접관과 고르게 맞추고 생기 있는 눈빛을 띠도록 한다. 인사 시에는 상대방의 눈을 보며 하는 것이 가장 중요하지만, 너무 빤히 쳐다본다는 느낌이 들지 않도록 주의한다.

③ 면접관의 감점 포인트

(1) 질문 의도 파악 실패

질문과 무관한 답변을 장황하게 이어가는 경우 감점 요인이 된다. 면접은 말하기 시험이 아니라 질문에 정확히 답하는 능력을 평가하는 과정이다. 질문의 핵심을 파악하지 못하면 직무 이해도와 사고력에 대한 신뢰가 낮아질 수 있다.

(2) 경험의 구체성 부족

추상적인 표현이나 일반론적 답변은 실제 역량 검증이 어렵다. 열심히 했다, 최선을 다했다와 같은 표현은 설득력이 낮다. 구체적인 상황 · 행동 · 결과가 제시되지 않으면 직무 수행 가능성에 의문이 생길 수 있다.

(3) 책임 회피형 태도

실패 경험을 설명하면서 타인이나 환경 탓으로 돌리는 태도는 부정적으로 평가된다. 조직은 완벽한 인재보다, 문제를 인식하고 개선하는 인재를 선호한다. 책임을 인정하고 학습한 점을 제시하지 못하면 성장 가능성 점수가 낮아질 수 있다.

(4) 과도한 자기 연출

지나치게 이상적이거나 완벽한 모습만을 강조하면 진정성이 의심될 수 있다. 실제 경험과 동떨어진 과장된 답변은 추가 질문에서 쉽게 드러난다. 완벽한 사람보다 예측 가능한 사람을 선호한다는 점을 이해해야 한다.

(5) 비언어적 태도의 불안정성

시선 처리, 표정, 자세, 말의 속도는 신뢰감 형성에 영향을 미친다. 과도한 긴장으로 인한 급한 말투나 불안정한 태도는 준비 부족으로 해석될 수 있다. 안정된 자세와 일정한 말하기 속도는 내용 이상의 평가 요소가 된다.

03 면접 답변 구조

1 STAR

(1) 정의 및 특징

상황과 경험 면접에서 주로 사용한다. 어려운 상황을 극복했던 경험, 갈등을 중재했던 경험 등을 묻는 질문에 답하기 좋다.

상황(situation)		업무(task)		실행(action)		결과(result)
계기나 상황	→	맡은 업무	→	실행한 사례	→	실행의 결과

(2) 질문 답변 예시

> Q. 가장 힘들었던 때와 그때를 극복해 낸 경험을 말해 보십시오.

① S : 고등학교 이 학년 때 동아리 회장직을 맡게 되었습니다. 그런데 내부 갈등으로 인원과 예산이 줄어 동아리를 폐쇄해야 할 위기에 직면했습니다.

    <u>TIP</u> 당시 상황과 맥락을 들어 사건의 시발점을 간결하게 제시한다.

② T : 저는 동아리 재건에 도전하기로 마음먹었습니다. 동아리 활성화를 위해 가장 중요한 것은 사람이라고 생각했고, 새로운 동아리 회원을 모집하고자 했습니다.

    <u>TIP</u> 주어진 책임이나 목표를 언급하며, 해결해야 했던 핵심 과제 또는 맡은 업무를 중심으로 답변한다.

③ A : 그래서 동아리 홍보 포스터를 만들어 일 학년 게시판이나 복도에 중심적으로 게시하고, 점심시간과 쉬는 시간에 선생님들께 양해를 얻어 일 학년 교실에서 동아리 홍보를 하기도 했습니다.

    <u>TIP</u> 중심이 되는 부분이므로 명확하게 전달한다. 문제 해결을 위해 취한 행동을 구체적으로 설명하며, 능동 표현을 사용하는 것이 좋다.

④ R : 그 결과 폐쇄 위기였던 저희 동아리는 일 년 만에 학교에서 신입생이 가장 많은 동아리가 되었고, 이후 다양한 활동을 하며 동아리를 활성화했습니다. 이 경험으로 문제 해결을 위해 주도적으로 행동하는 자세의 중요성을 배울 수 있었습니다.

    <u>TIP</u> 구체적인 성과를 언급하며 마무리한다. 가능하다면 수치나 객관적 지표를 제시하는 것이 효과적이다. 배운 점 또는 느낀 점을 덧붙이면 더 좋은 인상을 남길 수 있다.

2 SCAR

(1) 정의 및 특징

압박이나 개별 면접에서 주로 사용한다. 갈등이나 위기, 도전 경험을 설명하는 데 유용하게 사용할 수 있다.

상황(situation) 상황 설명	→	위기(crisis) 위기 상황	→	행동(action) 위기 해결 행동	→	결과(result) 행동의 결과

(2) 질문 답변 예시

> Q. 갈등 상황을 중재한 적이 있습니까? 있다면 경험을 말해 보십시오.

① S : 팀 프로젝트에서 자료 분석 방향을 두고 두 명이 서로 다른 해석을 주장하며 큰 의견 차이를 보인 적이 있었습니다.

TIP 지원 분야와 관련한 전문적인 과제 및 업무 상황의 내용을 제시하면 유리하다.

② C : 가벼운 토의에서 시작했지만 분석 기준과 책임 범위를 두고 감정적인 논쟁으로까지 번졌고, 이에 따라 프로젝트가 무산될 위험까지 생겼습니다.

TIP 위기 또는 갈등 상황을 구체적으로 설명한다. 예상되었던 부정적인 결과를 덧붙이면 상황의 심각성을 더욱 설득력 있게 전달할 수 있다.

③ A : 저는 우선 갈등 악화를 막기 위해 회의를 중단하고, 이후 중립적인 기준을 바탕으로 두 주장을 정리한 뒤, 타협안을 도출해서 다음 회의 때 제시했습니다.

TIP 자신의 역할과 행동을 중심으로 답변한다. 가능한 경우 문제의 접근 방법과 합리적인 판단의 근거 등을 함께 설명하면 좋다.

④ R : 그 결과, 의견이 원만하게 통일되어 프로젝트에서 만족스러운 결과를 얻을 수 있었습니다. 저는 이를 통해 양측의 입장을 헤아려 합리적인 해결책을 제시하는 중재자의 역할을 경험했습니다.

TIP 앞서 언급한 행동의 긍정적인 결과를 제시하고, 그로 인해 얻은 교훈이나 역량으로 마무리한다.

③ PREP

(1) 정의 및 특징

토론이나 발표 면접에서 주로 사용한다. 논리적인 이유와 실제 사례 및 데이터에 기반하므로 설득력 있는 주장을 펼칠 수 있다.

주장(point)		이유(reason)		사례(example)		주장(point)
주장 제시	→	논리적 이유	→	근거 보충	→	주장 강조

(2) 질문 답변 예시

> Q. 재택근무 제도에 대해 어떻게 생각하십니까?

① P : 저는 재택근무 제도에 찬성합니다. 재택근무를 확대하는 것이 조직의 발전에 도움이 된다고 생각합니다.

TIP 주장과 주장의 핵심이 되는 내용을 시작으로 답변을 전개한다. 짧고 간결한 표현을 사용하면 좋다.

② R : 업무 특성에 따라 유연한 근무 환경을 제공하면 직원들의 업무 집중도와 조직 전체의 효율성이 높아질 수 있기 때문입니다.

TIP 주관적인 판단보다는 주제를 객관적으로 파악하는 관점을 가지는 것이 좋다.

③ E : 실제로 근래에 많은 기업이 재택근무를 도입하기 시작했는데, 출퇴근 시간 단축과 자율적인 근무 환경으로 만족도와 생산성이 동시에 향상되었다는 조사 결과가 있었습니다.

TIP 근거와 직접적으로 연결되는 부연 설명을 덧붙인다. 연구 결과, 기사, 통계 등을 활용하면 신뢰성과 설득력을 높일 수 있다.

④ P : 그러므로 재택근무 제도를 적극 도입해 근무자의 업무 수행력을 높일 수 있도록 도와야 한다고 생각합니다.

TIP 마무리 단계에서 처음 주장을 반복함으로써 자신의 의견을 강조할 수 있다. 제안이나 기대 효과 등을 함께 언급하면 논리의 전문성을 높이는 데 도움이 된다.

4 OREO

(1) 정의 및 특징

토론이나 발표 면접에서 주로 사용한다. 설득보다는 설명과 이해를 좀 더 중시한다는 특징이 있다.

주장(opinion)		이유(reason)		예시(example)		주장(opinion)
주장 명시	→	논리적 이유	→	구체적 예시	→	주장 강조

(2) 질문 답변 예시

Q. 현재 동물 학대 처벌 수준에 대해 어떻게 생각하십니까?

① O : 저는 동물 학대에 대한 처벌을 크게 강화해야 한다고 생각합니다.

TIP 도입부에서 자신의 주장을 명확하게 제시한다. 추상적이거나 애매한 입장은 피하고 확실한 태도를 갖는 편이 더욱 신뢰감을 줄 수 있다.

② R : 동물 또한 감정과 고통을 가진 존재이기 때문에 윤리적으로 충분히 보호받아야 할 필요가 있습니다. 그러나 현행 처벌 수준으로는 동물 학대의 실질적인 억제 효과가 부족합니다.

TIP 의견을 뒷받침하는 논리적 근거를 중심으로 답변한다. 이때 주장과 이유의 인과관계를 분명히 하여, 타당하고 듣는 이가 납득하기 쉽게 구성하는 것이 좋다.

③ E : 일부 국가에서는 동물 학대에 대한 처벌을 강화한 후, 관련 범죄가 감소하고 동물 복지 의식이 높아졌다는 보고가 있습니다. 예를 들어, 독일은 헌법에 동물 보호를 명시하고 학대자에 대해 최대 3년의 징역형을 집행하면서, 동물 학대가 매우 드문 국가가 된 사례가 있습니다.

TIP 구체적인 사례나 통계를 제시하여 주장과 이유를 보다 자세히 설명한다. 이때 검증할 수 있고 신뢰가 가는 자료를 채택하는 것이 좋다.

④ O : 따라서 동물 학대에 대한 처벌을 대폭 강화해 실질적인 동물 복지를 개선하고 사회 전반의 윤리적 수준을 높여야 한다고 생각합니다.

TIP 핵심 의견을 다시 강조하며 마무리한다. 가능하다면 예상되는 결과나 미래 전망 등을 함께 언급해서 결론을 더 강조할 수 있다.

1 인성면접

(1) 평정 요소

① 대인관계능력

- 처음 만나는 사람과 쉽게 친해지는 편입니까?
- 생각이 다른 동료와 함께 일했을 때 어떻게 협업했습니까?
- 업무 중 동료와 갈등이 생긴다면 어떻게 하겠습니까?

㉠ 협조성과 갈등 중재 능력, 팀워크 등을 심사하는 질문이다. 인사 담당자로서는 동료들과 얼마나 원활한 관계를 형성하고 유지해 나가는지도 중요한 평정요소이다.

㉡ 대인관계능력은 의사소통에서 시작한다. 의사소통능력은 단순히 조리 있게 말을 잘 하는 것뿐만 아니라 경청하는 자세, 문서를 읽고 쓰는 능력, 기초 외국어 능력까지 포함한다.

② 자기계발능력

- 가장 힘들었던 때와 그때를 극복해 낸 경험을 말해 보십시오.
- 입사 후 전문성을 키우기 위해 어떤 자기 계발을 할 계획입니까?
- 새로운 업무 시스템이나 절차가 도입되었을 때 빠르게 이해하고 적응했던 경험이 있습니까?

㉠ 과거에 자기 계발을 했던 경험, 또는 입사 후 포부 등 다양한 형태로 질문한다.

㉡ 과거의 경험은 자신의 부족한 점이나 약점을 인식한 후 어떤 노력을 통해 극복했는지, 입사 후 포부는 자신의 부족한 점을 어떻게 더욱 개발할지를 묻는다.

③ 스트레스 관리

- 취미가 무엇입니까?
- 자신만의 스트레스 관리법이 있습니까?
- 평소 여가시간을 어떻게 보내는 편입니까?

㉠ 스트레스를 어떻게 관리하고 해소하는지를 통해 인사 담당자는 해당 지원자가 압박 상황에서 어떻게 대처하는지를 알 수 있다.

㉡ 취미나 여가 시간을 묻는 단순한 질문에도 자신의 직무 역량과 연결해 답하는 것이 중요하다.

④ 성실성

> • 장기간 꾸준히 노력했던 경험을 말씀해 주십시오.
> • 마감 기한이 촉박했던 상황에서 어떻게 대응했는지 구체적으로 설명해 보십시오.
> • 반복적이고 단조로운 업무를 맡았을 때 어떻게 동기를 유지했습니까?

㉠ 성실하게 근무를 했었던 경험에 대해서 질문한다.

㉡ 장기 근속 여부 및 맡은 업무를 성실하게 할 수 있는 가를 중요하게 확인한다.

⑤ 책임감

> • 본인의 실수로 문제가 발생했던 경험과 그 해결 과정을 설명해 보십시오.
> • 팀 프로젝트에서 갈등이 발생했을 때 본인은 어떤 역할을 했습니까?
> • 맡은 역할 이상으로 추가적인 책임을 수행했던 경험이 있다면 말씀해 주십시오.

㉠ 업무에 책임감을 확인하는 평정요소이다.

㉡ 문제 해결을 한 경험에 대해서 빈번하게 묻는다.

⑥ 가치관 및 조직적합성

> • 조직 내에서 규정과 개인의 판단이 충돌한다면 어떻게 행동하시겠습니까?
> • 본인이 중요하게 생각하는 직장인의 덕목은 무엇입니까?
> • 상사의 지시가 본인의 생각과 다를 경우 어떻게 대응하겠습니까?

㉠ 가치관을 확인하는 질문을 하는 평정요소이다.

㉡ 인성검사 결과와 연관되는 질문을 빈번하게 하는 편이다.

⑦ 의사소통 태도 및 안정성

> • 본인의 의견이 받아들여지지 않았던 경험을 설명해 보십시오.
> • 예상치 못한 질문을 받았을 때 어떻게 대응하시겠습니까?
> • 면접과 같은 긴장 상황에서 본인을 어떻게 조절합니까?

㉠ 의사소통 및 소통능력을 확인하는 평정요소이다.

㉡ 동료들과 의사소통을 통해서 갈등을 해결한 경험을 주요하게 물어본다.

(2) 준비전략

인성면접은 지원자의 인품을 넘어 상기 평정 요소들을 평가하는 일종의 구술시험이다. 따라서 인성 평가라는 사고에 갇혀 무난한 모범 대답만 반복하는 것은 피해야 한다. 질문의 의도를 파악하고 그것을 조리 있게 말하는 능력이 중요하다. 주로 지원서나 자기소개서에 기반으로 하는 질문 또는 사회적으로 쟁점이 되는 뉴스와 시사상식에 대한 견해를 묻기 때문에 해당 내용을 사전에 숙지해야 한다.

2 직무면접

(1) 평정 요소

① 직무상식

> • A 프로그램을 사용할 수 있습니까?
> • 해당 업무를 수행할 때 바람직한 태도는 무엇입니까?
> • 직무와 관련해 개인적으로 학습하거나 준비한 것이 있습니까?

㉠ 직무를 수행할 최소한의 학습 경험과 이해도·관심도를 갖추었는지를 평가한다.

㉡ 해당 직무를 담당할 때 필요한 기초 지식과 태도 등의 이해를 필요로 한다.

㉢ 전공 개론 수준의 이론 또는 사용하는 툴이나 프로그램 등을 묻는다.

② 응용능력

> • 업무 과정에서 비효율적인 부분을 발견하고 개선한 경험이 있습니까?
> • 업무에서 실수를 줄이고 정확성을 유지하기 위한 자신만의 방법이 있습니까?
> • 업무 마감 시간이 얼마 남지 않았는데 시스템 오류가 발생했다면 어떻게 하겠습니까?

㉠ 직무 지식을 실제 현장에서 응용할 수 있는지 파악하기 위한 질문이다.

㉡ 직무와 관련된 상황을 분석하고 해결 전략을 제시하는 논리적 사고를 필요로 한다.

㉢ 어떠한 상황을 주고 그 상황에서 본인이라면 어떻게 할 것인지를 묻는 경우가 많다.

③ 직무이해도

> • 이 직무를 수행하는 데 가장 중요한 역량은 무엇이라고 생각합니까?
> • B 법이 다음 달부터 개정 발효되는데 이유를 알고 있습니까?
> • C 안건을 본인이 한다면 어떤 순서로 하겠습니까?

㉠ 지원하는 업무를 정확히 이해하고 있는지를 확인하기 위한 질문이다.

㉡ 자신이 어떤 일을 해야 하는지 알고 해당 직종의 정책 및 지향점을 명확히 파악하는 것이 중요하다.

㉢ 직무에 대한 세부적인 질문을 받았을 때, 기업의 비전 또는 미션과 해당 직무의 역할을 연결 지어 답변하는 것 또한 좋은 어필이 된다.

(2) 준비전략

직무면접은 지원자의 직무 적합성을 검증하기 위한 면접이므로, 지원하는 직무에 대한 기본 이론부터 응용 상식까지 포괄적인 내용을 숙지하는 것이 중요하다. 채용 공고의 직무 설명, 홈페이지의 기업의 직무 소개, NCS 직무기술서 등을 토대로 필요 역량과 툴 등을 명확하게 파악하도록 한다.

③ 개별면접

(1) 특징

한 명 또는 여러 명의 면접관과 한 명의 지원자가 면접을 치르는 것이다. 지원자가 한 명인 만큼 심층적인 질문과 다양한 꼬리 질문을 받는다. 지원자의 사고 과정과 태도를 집중적으로 검증할 수 있다는 특징이 있다.

(2) 준비전략

① 심화 질문에 대비하기 위해서는 채용 공고, 기업의 비전과 미션, 보도 자료, 직종과 관련된 시사상식, 최근 이슈, 지원서와 자기소개서 등을 모두 꼼꼼하게 숙지하도록 한다.

② 다 대 일 면접의 경우 심리적 압박감이 강할 수 있으드로 모의 면접을 통해 여러 면접관의 질문에 차분히 대응하는 연습을 해두는 것이 좋다.

③ 한 면접관의 질문에 답변할 때도 다른 면접관들과 자연스럽게 시선을 나누며 소통하는 자세를 유지해야 한다.

④ 상황면접

(1) 특징

실제 업무 중 마주할 수 있는 상황을 제시하고 어떻게 행동할 것인지를 묻는 방식으로 진행하는 면접이다. 현장에서 겪을 수 있는 상황을 제시함으로써 입사 이후의 실제적인 업무 수행 능력을 중점적으로 평가한다.

(2) 준비전략

① 상황면접 특성상 면접 질문이 길다는 점에 유의한다. 질문의 핵심 의도를 짚어내고 적절한 답을 제시할수록 높은 점수를 얻을 수 있다.

② 다양한 관점을 고려하여 어려운 문제 상황에 대한 답을 미리 생각해 보고 구조화된 면접 답변을 준비하는 것이 좋다.

① 공무직 면접

① 특징

　㉠ 서류전형 합격자를 대상으로 실시한다.

　㉡ 직무수행에 필요한 능력과 적격성을 심사하는 평가를 진행한다.

　㉢ 공무직 채용에서 면접은 블라인드 면접으로 진행된다.

　㉣ 이름, 나이, 성별, 출신학교명, 가족관계, 신체조건 등의 개인 신상정보나 편견을 유발하는 요인이 노출되지 않도록 답변에 유의해야 한다.

② 면접평정요소

면접평정요소	합격자 발표
① 공직자로서의 정신 자세	
② 관련 지식과 응용능력	
③ 의사표현의 정확성과 논리성	해당직무수행에 필요한 능력 및 적격성을 상·중·하로 종합평가하여 평정성적이 우수한 자 순으로 합격자 결정
④ 예의·품행 및 성실성	
⑤ 창의력·의지력 및 발전가능성	

③ **면접 불합격 기준** : 면접위원 과반수가 평정요소 5개 항목 중 2개 항목 이상을 하(미흡)으로 평정 또는 과반수가 어느 하나의 동일 평정요소를 하(미흡)으로 평정한 경우

② 면접평정요소

(1) 공직자으로서의 정신 자세

① **특징** : 공무직으로 왜 이 일을 지원했는가에 대한 가치관을 주의 깊게 본다. 공익성, 책임감, 봉사정신을 핵심으로 평정한다.

② 준비포인트

　㉠ 공공기관 일원으로 시민에게 서비스를 제공하겠다는 마음가짐이 드러나게 한다.

　㉡ 기관의 설립 목적, 본인의 업무가 시민에게 어떠한 영향을 주는지 이해한 답변을 제시한다.

③ 예상질문

  ㉠ 우리 기관에 대해서 아는 대로 말해보세요.

  ㉡ 공무직과 공무원의 차이점은 무엇인가요?

  ㉢ 직업윤리관에서 가장 중요하게 생각하는 가치는 무엇인가요?

(2) 관련 지식과 응용 능력

① 특징 : 실제 현장에 투입되어 바로 일을 할 수 있는가를 확인하기 위한 평정요소이다. 실무 지식이나 기술에 대한 것을 주요하게 묻는다. 또한 실무와 관련하여 발생할 수 있는 상황에 대처하는 능력을 묻는 질문을 주로 한다.

② 준비포인트

  ㉠ 지원한 직종의 업무내용을 정확하게 숙지한다.

  ㉡ 돌발 상황이 발생한 경우 조치하는 상황 질문을 가지고 있는 기술적 지식이나 경험을 섞어서 답변한다.

③ 예상질문

  ㉠ 지원한 직무에서 중요하다고 생각하는 역량은 무엇인가요?

  ㉡ 해당 직무와 관련된 경력이 있나요?

  ㉢ 업무 수행 시 발생할 수 있는 안전사고 예방을 위해서 무엇이 중요한가요?

(3) 의사표현의 정확성과 논리성

① 특징 : 말을 잘하는지를 확인하는 것이 아니다. 상대방이 이해하기 쉽고 알아듣게 잘 말하는지를 확인하는 요소이다. 전달력과 결론부터 말하는 두괄식 습관을 핵심적으로 확인한다.

② 준비포인트

  ㉠ 질문의 요지를 정확하게 파악하고 답변을 한다.

  ㉡ 횡설수설하면서 답변을 하지 않도록 결론을 먼저 말하는 답변을 연습한다.

  ㉢ 모르는 것은 잘 모르겠다고 명확하게 알린다.

③ 예상질문

  ㉠ 민원인이 막무가내로 화를 내며 항의한다면 어떻게 설득하겠습니까?

  ㉡ 협업 상황에 자신의 의견이 수용되지 않는다면 어떻게 대처하겠습니까?

  ㉢ 복잡한 업무 지시를 받은 경우 어떠한 방식으로 수행하나요?

(4) 예의 · 품행 및 성실성

① 특징 : 조직 적응력과 신뢰도와 면접 시에 태도를 주요하게 평정을 한다.

② 준비포인트

　㉠ 면접장 들어가는 순간부터 나가는 순간까지 태도가 모두 포함되어 평정을 한다.

　㉡ 인사, 앉는 자세, 경청하는 표정을 신경 쓰면서 답변을 해야 한다.

　㉢ 이전 직장에서 근태에 대한 것이나 갈등상황을 원활하게 해결했던 경험을 준비하여 답변한다.

③ 예상질문

　㉠ 본인의 업무 방식과 다른 방식으로 상급자가 지시를 내린다면 어떻게 하겠습니까?

　㉡ 동료와 갈등이 생겼을 때 본인만의 해결 방법은 무엇인가요?

　㉢ 본인의 장단점에 대해서 말해보세요. 그리고 단점을 보완하기 위해서 어떠한 노력을 했나요?

(5) 창의력 · 의지력 및 발전가능성

① 특징 : 업무 중에 발생하는 상황이나 문제에 대해서 능동적으로 대처할 수 있는가를 주요하게 확인한다. 문제 해결능력과 자기계발의 의지를 확인한다.

② 준비포인트

　㉠ 반복되는 업무에서 효율적으로 업무 방법을 고민해본 경험을 섞어서 답변한다.

　㉡ 업무와 관련된 새로운 기술을 익히는 열정을 보여준다.

　㉢ 시키는 일을 잘하겠다는 태도보다는 더 잘하기 위해서 노력하겠다는 자세를 가진다.

③ 예상질문

　㉠ 효율적인 방법으로 기존의 업무 방식을 개선해본 경험이 있나요?

　㉡ 업무 수행 중 돌발상황이 발생하면 어떻게 대처하겠습니까?

　㉢ 본인의 역량을 키우기 위해서 어떠한 노력을 하겠습니까?

공무직 빈출 질문

Q. 자기소개를 간단하게 해 보세요.

A. 안녕하십니까, ○○시 공무직 채용에 지원한 OOO(이)라고 합니다. 저는 제 핵심 강점인 책임감을 바탕으로, 어느 조직에서나 끈질긴 분석과 협업을 통해 목표 달성에 기여하고자 노력해 왔습니다. 이 과정에서 업무에 필요한 문제 해결 능력과 추진력 또한 키울 수 있었습니다. 실제로 여러 프로젝트에 참여하여 직접 제안한 아이디어로 성과 개선에 기여한 경험이 있습니다. 입사 후에도 이러한 역량과 경험을 바탕으로 빠르게 업무에 적응하고, 장기적으로는 부서의 핵심 인재로 성장할 수 있도록 노력하겠습니다. 감사합니다.

TIP 블라인드 면접 시 학교명이나 나이 등의 신상정보를 빼고, 직무와 관련된 강점 중심으로만 답변해야 한다. 자신의 성향을 한 문장으로 요약하고, 이어서 간단한 경험으로 근거를 제시한 뒤, 그 역량이 지원 직무에 어떻게 도움이 되는지 언급하며 마무리하면 좋다.

Q. 공무직 채용에 지원한 이유는 무엇입니까?

A. 제 가치관과 역량에 잘 맞는다고 생각했기 때문입니다. 저는 조직의 성격과 구성원의 역량이 맞닿을 때 가장 큰 성과를 만든다고 믿습니다. △△원이 명확한 목표를 갖고 체계적으로 성장 전략을 실천하는 조직 문화를 갖추고 있으며, 구성원들이 도전하면서도 협업을 중시하는 환경에서 일하고 있다는 점이 인상 깊었습니다. 저 또한 ○○시 △△원에서 책임감 있게 협업하고 결과를 내는 사람으로 성장하고 싶어 지원했습니다.

TIP 홈페이지나 채용 공고에서 언급되는 핵심 가치 또는 인재상을 파악하고, 이를 자신의 성향과 연결 지어 기업과 자신의 지향점이 일치함을 강조하는 것이 바람직하다. 마무리는 능동적이고 미래지향적인 표현을 사용해 입사 의지를 드러내면 좋다.

Q. 해당 직무에 지원한 이유는 무엇입니까?

A. 저는 문제를 해결하고 가치를 창출하는 과정에서 큰 성취를 느끼는 사람입니다. 해당 직무가 분석을 바탕으로 명확한 결과를 만들어내며, 팀과 조직 목표 달성에 직접적으로 기여할 수 있다는 점이 매력적으로 다가왔습니다. 이전에도 주어진 과제를 체계적으로 분석하고 접근하여 성과를 낸 경험이 많이 있습니다. 때문에 해당 직무에서 제 흥미와 역량을 가장 효과적으로 발휘할 수 있다고 생각했습니다.

TIP 직무에 대한 지원자의 이해도와 직무 적합성을 파악하기 위한 질문이다. 효과적인 답변을 위해서는 지원하는 직무의 핵심 역할을 정확히 파악하고 있다는 사실을 드러내고, 그 안에서 자신의 역량을 발휘할 수 있다는 점을 어필하는 것이 좋다. 해당 역량을 효과적으로 발휘한 사례를 더하면 설득력을 높일 수 있다.

Q. 자신의 장 · 단점은 무엇이라고 생각합니까?

A. 저의 장점은 인내심입니다. 어렵고 힘든 문제를 만나도 쉽게 포기하지 않고 해결할 때까지 끊임없이 노력하기 때문입니다. 단점은 목표가 없으면 쉽게 나태해진다는 점입니다. 이를 극복하기 위해서 평소에도 맡은 일에 단계별로 구체적인 목표와 계획을 세우고 점검하는 습관을 만들었습니다.

TIP 장 · 단점을 묻는 질문은 자신의 약점을 어떻게 관리하고 성장의 계기로 삼는지를 평가하기 위한 목적이 있다. 따라서 단점을 언급할 때는 너무 사소하거나 추상적인 것보다는 개선 가능성과 보완 의지를 드러낼 수 있는 현실적인 문제를 제시하는 것이 좋다.

Q. 취미가 무엇입니까?

A. 제 취미는 조깅입니다. 운동을 하면 몸과 마음이 개운해질 뿐만 아니라 생각도 정리할 수 있기 때문입니다. 건강관리에 큰 도움이 되고 있기 때문에 조금 바쁘거나 피곤하더라도 시간을 내 꾸준히 조깅이나 산책을 하고 있습니다.

TIP 취미를 통한 지원자의 성실성, 자기관리 태도 등을 파악하려는 의도를 내포한다. 따라서 단순히 '운동을 좋아한다', '독서를 한다'처럼 열거식으로 답하기보다, 해당 취미가 자신에게 어떤 긍정적 영향을 주는지를 들어 답변하는 것이 바람직하다.

Q. 여가 시간은 주로 어떻게 보냅니까?

A. 여가 시간에는 주로 취미인 조깅을 하면서 보내는 편입니다. 하지만 밤이거나 날씨가 안 좋을 때는 책이나 영화를 보기도 합니다. 중요한 것은 균형 있는 활동과 후식을 통해 체력을 관리하며 업무 시간에 필요한 집중력을 확보하는 것이라고 생각합니다.

> **TIP** 시간 분배와 자기관리에 대한 체계적인 태도나 긍정적으로 업구 에너지를 회복하는 모습을 보이면 좋은 인상을 남길 수 있다. 이는 주어진 자원을 효율적으로 활용하고 장기적인 업무 수행에서도 안정적인 성과를 낼 수 있는 사람으로 평가 받는 데 도움을 준다.

Q. 자신만의 스트레스 해소법이 있습니까?

A. 스트레스를 받는 상황이 생기면 우선 감정적으로 반응하기보다 이성적으로 상황을 정리하고 마음을 다스릴 수 있도록 노력합니다. 보통 짧은 산책이나 조깅으로 생각을 환기하는 것이 도움 되었습니다. 스트레스 해소는 감정 배출이 아닌 문제를 해결하기 위한 정리 과정이라고 생각하고 있습니다.

> **TIP** 긍정적이며 건강한 방법을 제시하고, 구체적인 예시를 들어 자신만의 스트레스 해소법을 언급하는 것이 좋다. 이를 통해 압박 상황에서도 일의 균형과 효율을 유지할 수 있는 안정적인 지원자로 인식될 가능성이 높다.

Q. 가장 최근에 읽은 책은 무엇입니까?

A. 카시와기의 「데이터 문해력」을 읽었습니다. 데이터를 어떻게 해석하고 업무 의사결정에 활용할 것인지에 대한 책입니다. 데이터 활용 능력이 더욱 중요해지고 있는 시대인 만큼 데이터를 통해 실제 문제를 해결하는 방법을 더 잘 이해해야 한다고 생각했습니다. 책을 읽으며 데이터를 다루는 기술적 역량뿐만 아니라 그 속의 맥락을 이해하는 능력도 함께 키워야겠다고 느꼈습니다.

> **TIP** 자기 계발과 직무 역량 향상을 위해 노력하는 태도를 어필할 수 있는 질문이다. 단순히 책의 줄거리나 내용 요약을 말하기보다, 그 책을 통해 무엇을 느꼈고 어떤 점을 배우게 되었는지를 중심으로 답변하면 설득력이 높아진다.

Q. 자신을 리더라고 생각합니까, 팔로워라고 생각합니까?

A. 저는 팔로워에 좀 더 가깝다고 생각합니다. 지금까지 상황을 분석하고 소통하는 능력을 통해 리더의 아래에서 팀을 하나로 만든 경험이 많았기 때문입니다. 그러나 좋은 팔로워의 경험이 있어야 좋은 리더도 될 수 있다고 생각합니다. 조율이 필요한 순간에는 앞장서서 의견을 모으고 정리하는 리더 역할도 마다하지 않고자 합니다. 팀의 성과를 위해 두 역할을 유연하게 수행하는 사람이 되겠습니다.

> **TIP** 자신의 강점과 역량에 대해 충분히 이해하고 있는 것이 중요하다. 구체적인 경험을 근거로 들어, 적절한 자리에서 스스로의 역할을 충실히 수행할 수 있는 인재라는 점을 설명한다. 가능하다면 한쪽만 일방적으로 강조하기보다 두 역할을 상황에 따라 조화롭게 수행할 수 있는 유연성을 보여주어도 좋다.

Q. 자신보다 어린 상사에 대해 어떻게 생각합니까?

A. 나이보다는 개인이 가진 전문성과 역량이 더 중요하다고 생각하므로 개의치 않습니다. 실제로 인턴 활동 중 저보다 어린 선배와 함께 일했던 적이 있습니다. 그분은 업무 경험이 많고 문제 해결 능력이 뛰어났기 때문에 옆에서 많이 여쭤보고 배울 수 있었습니다. 조직에서 상사라는 사실은 그만큼 인정받은 경력이 있다는 의미이기 때문에, 나이와 관계없이 존중하며 배우는 자세로 임하겠습니다.

> **TIP** 조직 내 위계에 대한 이해도와 관계 유연성을 파악하기 위한 목적이 있다. 합리적인 근거와 경험을 토대로 연령보다 역량을 중시하는 성숙한 사고방식을 드러내는 것이 좋다.

Q. 상사가 업무와 무관한 사적인 일을 시킨다면 어떻게 하겠습니까?

A. 먼저 지시받은 일의 목적과 필요성을 여쭤보겠습니다. 신입사원인 만큼 제가 해당 지시의 의미를 제대로 파악하지 못했을 수 있다고 생각하기 때문입니다. 그럼에도 명백히 업무와 무관한 사적인 일이라고 판단되면, 현재 더 필요한 업무에 집중하기 위해서 정중하게 거절하겠습니다.

> **TIP** 지원자의 문제 대처 능력, 윤리관 등을 평가할 수 있는 질문이다. 우선 상황을 객관적으로 파악하려는 시도 이후 합리적인 결정을 내리는 모습을 보이면 보다 긍정적인 평가를 받을 수 있다. 언행에서는 예의와 조직 존중의 자세를 잃지 않는 태도 또한 중요하다.

Q. 원하지 않는 부서에 배치를 받는다면 어떻게 하겠습니까?

A. 지원할 때 부서 상황에 따라 배정이 바뀔 수 있다는 사실을 충분히 숙지했기 때문에 기꺼이 받아들일 준비가 되어있습니다. 저는 환경이 바뀌는 것을 어려워하지 않고, 새로운 일에 도전하는 것을 좋아하는 편입니다. 물론 처음에는 낯설 수도 있지만, 그만큼 다양한 경험을 쌓고 폭넓은 시각을 갖춰 보다 성장하는 기회로 삼고자 합니다.

> **TIP** 인사 정책을 존중하면서도 변화에 긍정적으로 대응하려는 자세로 답변하는 것이 바람직하다. 즉, 곤란하다거나 어렵다고 단정 짓기보다는 이를 성장의 기회로 삼아 조직에 기여하겠다는 의지를 드러내는 것이 좋다.

Q. 과도한 업무가 주어져서 일과 개인 시간의 밸런스가 무너진다면 어떻게 하겠습니까?

A. 우선은 저의 업무 처리 방식을 점검해보겠습니다. 업무에 요령이 부족하거나 서툴러서 생긴 문제일 수 있으므로 이를 개선해야 한다고 생각합니다. 선배님께 효율적인 방법을 여쭤보고 불필요한 시간을 줄이는 법을 익힐 계획입니다. 그런데도 업무량이 과다하다고 느껴진다면, 팀 내 상급자분께 상담을 요청해 조율하겠습니다.

> **TIP** 먼저 스스로 업무를 완수하려는 의지를 보이고, 개인의 역량을 넘는 불가피한 상황임을 인지했을 때는 구체적인 해결 전략을 제시하여 원만한 문제 해결 능력과 소통 능력을 갖추었음을 밝히는 것이 바람직하다.

Q. 만약 이번 채용에 불합격한다면 어떻게 하겠습니까?

A. 겸허히 결과를 받아들이고 준비 과정에서 부족했던 부분을 점검하는 계기로 삼겠습니다. 특히 면접을 준비하며 느꼈던 제 역량의 한계나 보완이 필요하다고 생각한 부분을 중심으로 다시 정리하고, 관련 경험과 역량을 보완해 나가겠습니다.

> **TIP** 채용 결과와 관계없이 지원자의 회복 탄력성, 직무에 대한 지속적인 관심과 준비 의지를 확인하고자 하는 질문이다. 감정적으로 반응하기보다는 자신에게 부족했던 점을 돌아보고 향후 계획을 성숙하게 수립하겠다는 태도를 보이는 것이 좋다.

시사용어사전

매일 접하는 각종 기사와 정보! 공기업/언론사/기업체/공무원 채용을 준비하는 수험생과
현대인이 꼭 알아야 할 최신 시사상식을 쏙쏙 뽑아 이해하기 쉽도록 영역별로 정리

경제용더사전

주요 경제용어는 거의 다 실었다! 금융권/공기업/언론사/기업체/공무원 채용을 준비하기 전에,
경제 공부를 시작하기 전에 읽어보면 경제가 쉬워지도록 사전식으로 구성

부동산용어사전

부동산에 대한 이해를 높이고 부동산의 개발과 활용, 투자 및 부동산 용어 학습에도
적극적으로 이용할 수 있는 교재, 공인중개사 출제용어도 수록

자격증

한번에 따기 위한 서원각 교재

한 권에 준비하기 시리즈 / 기출문제 정복하기 시리즈를 통해 자격증 준비하자!